STEPS TOWARD THE DIPLOMA DESIGN

建築系学生のための
卒業設計の進め方

日本建築学会［編］

井上書院

まえがき

　2005年12月，日本建築学会関東支部計画専門委員会の次年度活動計画の打合せで，2004年度ならびに2006年度の主査，幹事が集まり，2つの活動方針が決められた。一つは『ユニバーサルデザイン集』のオンラインデータベース化であり，これは2007年4月，すでに日本建築学会関東支部のホームページに掲載されている。ユニバーサルというテーマ性と，学会活動の社会貢献としての位置づけから，無料で情報提供することを選択した。そして，もう一つが本書『建築系学生のための　卒業設計の進め方』の出版である。

　それはちょうど，各大学で卒業設計が佳境の時期を迎えたころで，「テーマの探し方から指導が必要である」とか，「毎年，伝えなければならない基礎的な決まりごとがある」等の意見が出されたのが発端となった。計画・設計の教育方法は，大学の方針によって異なるものの，学生に伝えている内容には，共通した基本的事項がある。しかし，残念ながら「計画・設計の進め方」の共通事項としてまとめられた出版物は見当たらなかった。

　本企画はこのような状況を踏まえて，教育機関や設計事務所等に所属する日本建築学会の構成員によって，計画・設計の進め方に関する基本的事項を検討し，その内容を卒業設計に着手する学生のテキストとしてまとめることを目的に始められた。

　出版にあたり，建築を計画学から評価することを研究活動の柱とした建築計画委員会「現代建築評価小委員会」に最も共通性があると考えて，主査の服部岑生先生と幹事の西村伸也先生に検討をお願いして，下部組織として出版のための「計画・設計教育ＷＧ」の設置申請を行っていただいた。短期間に出版まで至ったことは，両先生のお力添えがあってのことである。また，出版ワーキング・グループのメンバー以外にも多くの方々から貴重な原稿や写真の提供を賜わった。この場を借りてお礼申し上げる次第である。また，出版の構想から1年10カ月という短期間に，本書を編纂・刊行できたことは，井上書院の関谷勉社長をはじめ，編集部の石川泰章氏の熱心な取組みと，編集委員ならびに執筆者の方々のご尽力の賜物であり，記して謝意を表したい。

　2007年11月

日本建築学会建築計画委員会
計画・設計教育ＷＧ主査　広田直行

本書の構成と使い方

　われわれは，建築系の学生生活における座右の書をつくりたいとの思いからこの本を編集した。本書の欧名を「STEPS toward the DIPLOMA DESIGN」と表したように，和名タイトルの「卒業設計の進め方」という言葉の中には，卒業へ向けてのステップを進んでほしいという思いが込められている。

　まず，卒業設計の流れと心得を伝えるために「1 計る」，「2 備える」，「3 進める」と題してそれぞれ，卒業設計に向けての計画案作成，準備，進め方を記した。建築の諸分野を網羅し，フィールドワークやプレゼンテーションまで，多彩なノウハウが詰め込まれている。卒業設計に取り組む前にこれらを概観し，進行の各段階で随時読み直しながら企画・管理を進めてもらいたい。

　「4 探す」では，設計コンセプトを考える際に参考としてほしい社会的なトピックスについて，それぞれを精査に調べている研究者がさまざまな視点で紹介している。卒業設計だけではなく，1・2年生から始まる各種課題等でのテーマ探しとしても，この部分を大いに参照してほしい。

　「5 卒業設計事例」では，製作を手伝ってくれる後輩との関係，日常の睡眠や食事など，卒業設計が完成するまでの試行錯誤の様子を，実際の卒業生によって紹介している。製作のさまざまな過程や人間模様をのぞくと同時に，全般的な苦悩の息抜きとしても活用してほしい。

　「6 レファレンス」は，本書を基にさらに種々検索を行うための付録として準備した。テーマをさらに絞って調べたり，卒業研究に取り組むうえでも貴重なデータベースとなるだろう。

　以上，卒業設計に向かって歩んでいく諸君が，さまざまな建築の本質を考察する一助としてこの本を活用し，自分なりの卒業設計を創造していただければ幸いである。

2007年11月

日本建築学会建築計画委員会
計画・設計教育WG編集委員　佐藤将之

執筆者一覧

[編集委員]

広田直行	日本大学生産工学部建築工学科准教授
赤木徹也	工学院大学工学部建築学科准教授
勝又英明	武蔵工業大学工学部建築学科教授
佐藤将之	早稲田大学人間科学学術院助手

[執筆者]

赤木徹也	前掲	名和研二	なわけんジム主宰
安藤淳一	道都大学美術学部建築学科准教授	橋本雅好	椙山女学園大学生活科学部生活環境デザイン学科講師
井原 徹	美作大学生活科学部福祉環境デザイン学科教授		
上野佳奈子	東京大学生産技術研究所助教	広田直行	前掲
内田尚宏	スタジオ・ウオヴォクルード一級建築士事務所代表	藤木隆男	藤木隆男建築研究所代表
遠藤義則	東京電機大学情報環境学部情報環境学科講師	細田崇介	東京大学大学院工学研究科博士課程
大崎淳史	東京電機大学情報環境学部情報環境学科講師	堀 祐治	富山大学芸術文化学部准教授
岡本和彦	東京大学大学院工学系研究科建築学専攻助教	宗方 淳	千葉大学大学院准教授
勝又英明	前掲	村上晶子	明星大学理工学部建築学科教授
門脇耕三	首都大学東京大学院都市環境科学研究科建築学専攻助教	村上正浩	工学院大学工学部建築学科准教授
		安武敦子	駒沢女子大学人文学部空間造形学科講師
亀井靖子	日本大学生産工学部建築工学科助手	柳澤 要	千葉大学工学部教授
北野幸樹	日本大学生産工学部建築工学科助手	山﨑俊裕	東海大学工学部建築学科教授
木下芳郎	ベクトル総研	山田哲弥	清水建設技術研究所主任
倉斗綾子	首都大学東京大学院都市環境科学研究科建築学専攻COEリサーチアシスタント	湯本長伯	九州大学産学連携センター・デザイン総合部門教授
小泉雅生	首都大学東京都市環境学部准教授	和田浩一	職業能力開発総合大学校東京校建築系教授
佐藤将之	前掲		

(五十音順)

[2007年度 建築計画委員会]

委員長	布野修司	滋賀県立大学
幹事	宇野 求	東京理科大学
	大原一興	横浜国立大学
	菊地成朋	九州大学
	藤井晴行	東京工業大学
	野城智也	東京大学
委員	(略)	

[計画・設計教育WG]

主査	広田直行	日本大学
幹事	赤木徹也	工学院大学
委員	大崎淳史	東京電機大学
	勝又英明	武蔵工業大学
	亀井靖子	日本大学
	木下芳郎	ベクトル総研
	倉斗綾子	首都大学東京
	佐藤将之	早稲田大学
	篠崎正彦	東洋大学
	谷口久美子	文化女子大学
	村上正浩	工学院大学
	安武敦子	駒沢女子大学
	柳澤 要	千葉大学
	湯本長伯	九州大学

(主査・幹事以外は五十音順)

[目　次]

1 計る
1 　計画とは……………………………………………………………………………… 10
2 　用途計画……………………………………………………………………………… 12
3 　規模計画……………………………………………………………………………… 14
4 　配置計画……………………………………………………………………………… 16
5 　機能計画……………………………………………………………………………… 18
6 　構造計画……………………………………………………………………………… 20
7 　設備計画……………………………………………………………………………… 22

2 備える
1 　卒業設計とは………………………………………………………………………… 26
2 　スケジュール………………………………………………………………………… 28
3 　リサーチ……………………………………………………………………………… 30
4 　テーマ設定…………………………………………………………………………… 32
5 　コンセプト・プログラム…………………………………………………………… 34
6 　敷地選定……………………………………………………………………………… 36
7 　デザインへの変換…………………………………………………………………… 38
8 　マネジメント………………………………………………………………………… 40

3 進める
1 　敷地とテーマの関係性……………………………………………………………… 44
2 　かたちのアイデア集………………………………………………………………… 50
　　01　かたちの知覚・図と地・ゲシュタルト……………………………………… 51
　　02　人間の感覚─パーソナルスペース・ヒューマンスケール………………… 52
　　03　空間単位・中間領域…………………………………………………………… 53
　　04　連続・シークエンス・時間…………………………………………………… 54
　　05　象徴・風景・イメージ………………………………………………………… 55
3 　設計の進め方………………………………………………………………………… 56
4 　建築模型・写真……………………………………………………………………… 64
5 　製図・プレゼンテーション………………………………………………………… 74
　　学生作品：卒業設計プレゼンテーションボード作成について考えたこと
　　01　記憶の園　こどものためのみうらプレイライブラリー…………………… 76
　　02　ENOSHIMA RENOVATION─記憶の建築化─……………………………… 78
　　03　皺襞空間………………………………………………………………………… 80
　　04　「ヒシメキレンサ」─アメ横のDNAを受け継いだ居住型マーケット─… 82
　　05　積層の学校は動く……………………………………………………………… 84
　　建築家に聞く：プレゼンテーションに向けて考えること
　　01　戸田市立芦原小学校…………………………………………………………… 86
　　02　宮城県立がんセンター緩和ケア病棟………………………………………… 88

4 探す

1. ユニバーサルデザイン …… 92
2. バリアフリー …… 94
3. 避難安全性 …… 96
4. 防災 …… 98
5. 防犯 …… 100
6. 少子化 …… 102
7. 子どもと都市環境 …… 104
8. 高齢化 …… 106
9. 認知症 …… 108
10. 医療施設 …… 110
11. 施設の解体 …… 112
12. 教育環境 …… 114
13. インテリア …… 116
14. ワークプレイス …… 118
15. ファシリティマネジメント …… 120
16. 団地再生 …… 122
17. 郊外住宅地の再編 …… 124
18. 景観のコントロール …… 126
19. 公共性 …… 128
20. 複合化 …… 130
21. オープン化 …… 132
22. 余暇と共生 …… 134
23. 保存・修復 …… 136
24. スケルトン・インフィル …… 138
25. 3R …… 140
26. 自然環境 …… 142
27. 風土 …… 144
28. ランドスケープ …… 146
29. ライトスケープ …… 148
30. サウンドスケープ …… 150
31. イベント空間 …… 152
32. 残余空間 …… 154
33. 空間認知 …… 156
34. アフォーダンス …… 158
35. プログラム …… 160
36. ユビキタス(コンピューティング/ネットワーク) …… 163

5 卒業設計事例

卒業設計レポート/東京工業大学 …… 166
卒業設計レポート/東京理科大学 …… 168
卒業設計レポート/日本大学 …… 170
卒業設計レポート/工学院大学 …… 172
卒業設計レポート/千葉大学 …… 174
卒業設計レポート/東京電機大学 …… 176
卒業設計レポート/東海大学 …… 178
卒業設計レポート/首都大学東京 …… 180

6 レファレンス

工学院大学/駒沢女子大学/東海大学/東京芸術大学 …… 184
東京工業大学/東京大学/東京理科大学/東京電機大学 …… 185
日本大学/文化女子大学/武蔵工業大学/早稲田大学 …… 186

索引 …… 188

1 計る

1 計画とは

■計画の概念設定と目標達成手法の検討

　建築の計画という行為を簡単に言うならば，計画しようとする対象を決め，その建築の目指すべき目標を定める。その目標に向かって実現すべき最良の方法を選択し，目標が達成されることにあるといえる。したがって，建築の計画案を作成するためには，まず初めに計画の対象となるものの選定から始まることになる。計画の対象を選択することからすでに計画は始まっており，むやみやたらに計画対象をつくり出すわけにもいかないことは当然であるが，計画のための選択根拠が必要である。

　計画を行おうとする場合には，計画の対象には，必ず解決すべき課題や，明確ではないが何らかの問題が見出されているはずである。そして，計画を行うことによる改善効果や将来的な指針，さらにはアンチテーゼなどが期待されていることであろう。そこで，計画の取りかかりとして，課題設定と目標達成のための検討項目をあげると次のようなものがある。

(1) 計画の課題設定と目標達成手法の検討
　・解決すべき課題や問題の有無
　・社会性のある課題かそれとも私的な課題か
　・達成すべき具体的な計画目標の有無
　・計画達成時期の設定をしたか
　・計画目標達成のための手法は検討し始めたか
　もし，計画すべき対象が見つからない場合のために，いくつかのヒントをあげてみる。

■「ハッ」とした経験を大切にする

　事故の発生の法則として有名な「ハインリッヒの法則」というものがある。これは1回の重大事故の陰には，「ヒヤリ」とした経験29回，「ハッ」とした経験が300回がバックボーンにあることを示したものである。卒業設計にあたっては，この逆がいえそうである。300回ほど何度も考えてみる。同じことを考えるのではなく，視点を変えて考えることが必要である。そのうち，29回くらいは計画へ結びつく，またはキーワードとしてのヒントがありそうである。視点を変えることによって，これぞという案にたどりつく。ただし時間がかかるので，普段からの問題意識が重要である。

　問題意識の所産として，社会性のある課題や非常に個人的，または私的な課題があるが，多くは私的な興味の産物が多い。そこで私は，私的なことや経験から問題意識を見つけ出すことを勧めている。

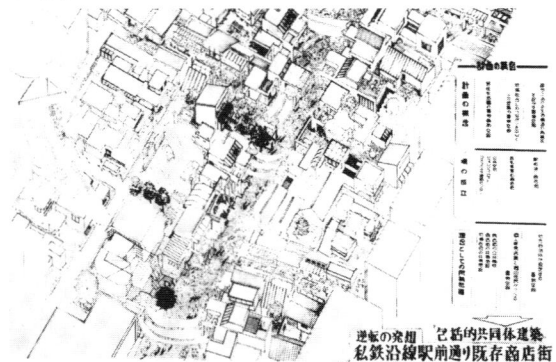

図-1　日本建築学会設計競技（「買い物空間」、昭和53年佳作、筆者）

■小さな着目点でも，印象を大切にする

　小さな子どものころの思い出や，遠く離れた故郷や心象に残ったことの中から計画課題を取りあげることもある。この方法は，対比的に見ることによって問題を発見できる。大都市や地方都市などを対比しながらステレオタイプとして見ることができる。さらには，地理的な場所や歴史など数多くの予備知識をもち合わせている場合も多いので，具体的な目標設定ができるのである。

立体夜間サイン

・トンネル前後のAM・FM電波による「黒木町案内」コミュニティ放送（1620Hz）
・季節の音やサイン情報の計画（五月の鯉のぼりや風車の音）
図-2　小さな着目点の例（町へのゲート提案、平成18年、井原研究室）

■計画のための目標を設定する

　初めの一歩はついつい力が入ってしまうものである。目標を大きく立ててしまいがちなのが卒業設計であるともいえそうである。卒業設計の「せんだいデザインリーグ」の入賞者の作品テーマをあげてみると，肩に力が入りすぎていないように思われる。2006年の中からいくつか拾ってみると，

「図書×住宅」,「断面」,「積層の小学校は動く」など,それほど大胆な言葉もなく,過激なテーマでもない。これは時代性かもしれないが,大上段に構えず,身近な問題意識を大切にしているように思われる。

都市や住居の問題を扱っても,「居住地問題」,「町のリノベーション」など,新刊本のタイトルになりそうなおそれ多いテーマは,問題を明らかにしないしあまり解決も見えない。それよりも,身近な場所での問題のほうが解決策や提案が見えやすい。

普段見ている風景や日常的な景色の中からのほうが,問題を見えやすくする。いわば「等身大で考える」である。

近年の卒業設計では,大規模な計画案は少なくなったように感じられる。学生の見つめる目は新鮮で,経済成長期の大都市のような開発型の課題設定が減少し,都市の中でも自分の足下をじっと見つめているような感覚にさせてくれる。バブル期を知っている指導する側の世代を見抜いているかのようであり,新しい視点を示してくれることもある。計画案の目標設定は時代の鏡でもあるので,自分の足下探しを十分に行うべきである。

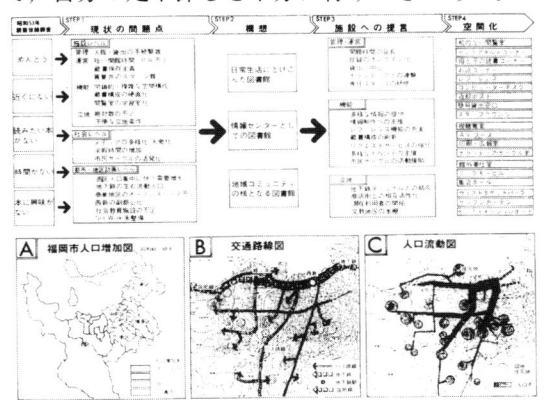

図-3 計画目標設定例(日本建築学会設計競技:「公共図書館」,昭和56年)

■ひとつの提案を目指す

計画案を作成する醍醐味の一つに,計画目標に見合った最適な方法の創出がある。計画のイメージから建築物に変換する過程であり,個人差が大きく現れる。建築経験の少ない学生にとっては,新たな空間システムの創出や空間を多く生み出すことは期待できない。

そこでは,一つの提案が見つかればよい,一つの方法が見つかればそれでよい。あまり目新しい計画の手法を求めずとも,一般的な計画手法を丹念に積み重ねていくことで,一歩でも問題解決へ進むことが求められる。遠回りしてもたどり着こうとすることが必要である。

時間と手間をかけながら,多くのディスカッションを行う方法もあろう。初めから「99%は仮説である」ということもある。計画条件となりそうなことをすべてあげてみる。100%ではないかもしれないが,99%を目指す。計画条件をあげればあげるほど,問題点が先鋭化してくるし,必要な条件が見えてくると思われる。私は条件抽出を重点的に行うことによって,解決方法が見えてくると考えている。

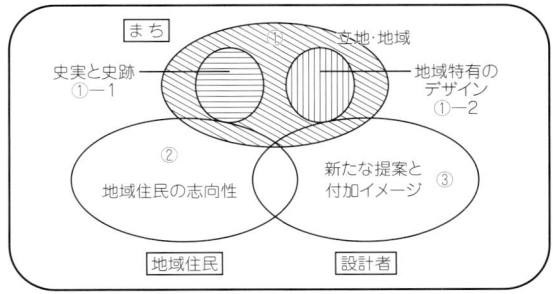

図-4 地域特有のデザインからの提案(平成9年、井原研究室)

■現実から目をそらせない計画提案を

計画案のテーマとして,抽象的なものはほとんどといってよいほど,テーマにかかわる条件設定が曖昧で根拠の薄いものが多く,条件も少なく仮説も薄っぺらなものになりやすい。いわば,テーマが絞り切れていないために抽象的になったのである。計画の始まりである問題点,課題発見が十分に行われずに進んでいるためである。もしも抽象的なテーマとなった場合には,そのテーマの根拠を探し出すことを勧める。

テーマや条件の肉づけが必要である。この肉づけの要素の中でも,建物用途や敷地は最初の取っかかりとなる。

計画案の方向性を示すものとして,「敷地」を大切にする。計画対象の実現の場は「敷地」である。自分のテーマ実現にとって最適な敷地で考える。現実の敷地では,周辺状況や方位のほか,敷地の特性ともいえる地霊(ゲニウスロキ)をもち,固有の問題や方向性を示し,計画を適正に導いてくれることが多い。これは自己満足に陥りやすい計画案を,まさしく地に足のついたものにしてくれる。

経済成長期には,著名建築家のデザインを「まね」した作品を見ることが多かったが,近年では減少しつつある。情報化とともに,今や作品も多様化してきた。そこで求められるのは,こんなものを「創りたい」を大切にすることから始めるべきである。

明確化された問題や課題を,自分の手で適切な解決方法を求め,空間化することが卒業設計に求められた課題である。そのために,ありとあらゆる方法の中から試行錯誤を続けるところに卒業設計の原点が求められており,計画案作成にあたっての目標設定が重要である。　　　　(井原　徹)

2 用途計画

■建物用途の種別にこだわらない

　計画目標を設定する際に，建物用途は建物のもつべき役割や機能にとって重要な方向性を与えてくれる。

　大学の卒業設計には大きな期待と不安が混ざり合う場合も多く，時として誇大妄想的な建物用途を思いつく場合もあろう。しかし，あまり肩に力を入れずに考えていきたいものである。

　4年生になった当初，「卒業設計のテーマは？」と尋ねると，建築士の製図試験問題にでもありそうな美術館や博物館などの建築種別で答えるものが多い。彼らにとって計画のテーマも，建築用途も，違いが明確ではなく，計画案のテーマに対して，それまでに経験したことのある建築種別や建築用途が，混同されて思い浮かぶためにいっそう混乱することが多い。そこで，○○施設ではなく，施設がもつ内容や機能についてもう少し具体的に問いかけてみると，今度は，単機能を並べた名称の施設を答えることになる。

　単機能のものから多機能を有するものまで，建築種別だけで説明するには，どこかもの足りないという自己認識はあるが，建物用途についてはあまり明確化されていないし，用途と施設名称が混乱する場合も多い。

　卒業設計では，計画対象となる建築には設置基準などの法的根拠をもつ建築物の定型的な計画を求めているのではなく，自らが計画しようとする建物は，いったいどのような用途をもち，いかに機能する建物であるかが問題である。そこでは，「いま」，「なぜ」，その建築用途が必要であるのかがまた問われている。いわば，計画案を創ることへの根拠が設計行為のバックボーンとして求められているのである。

　建築に求められる建物用途は，時代によって少しずつ異なっている。公共施設では，親しみやすさの現れとして施設名称に呼称が用いられることもあった。また，建築用途として「カタカナ語」が使用されることによって，明確な定義をもたず，いくつもの定義が現れたために，混乱を招くこともあった。このように，「名は体を表す」という性質があることから，建築用途は計画案をつくる場合の重要な要素となる。

　「名は体を表す」ことから，建築用途は，建築の利用者，建築の内容を示していると考えてよい。そして建築用途には，その建物が存在する地域の状況や歴史性，さらには文化などが付加されたりするので熟考することが必要である。

　この建築用途が決まれば，計画案に対して，計画者である自分が何を求めているか，企画の部分や構想部分が決定されることから，計画の半分は終わったようなものということができよう。

　では，建築用途として求められる条件を考えてみると，「誰が」，「どのような時に」，「どのような目的で」，「何をどのように使うか」を明らかにすることが求められよう。

　「誰が」とは使用主体者，「どのような時」とは建物の使用目的によって時間などが異なるためである。そして，「どのような目的で」，「何をどのように使うのか」によって，目的と方法が決定される。これによって，だれが，何の目的で，何を，どのように使うための建物の計画案を求めようとしているかを明らかにすることを勧める。

　もしも具体的なイメージが思い当たらない場合には，もう少し深く「誰が使うものか」，「その人はどのような人か」，使用主体者の属性を考えることが必要である。使用主体者を明らかにすることで，使用時間なども明らかになるし，どのような目的なのかを考えることもできよう。

表-1　用途変更と諸室の増築例　（昭和58年，井原研究室）

①昭和27～36		②昭和36～49		③昭和50～現在	
室名	活動	室名	活動	室名	活動
和室	生け花 婦人学級 編物	和室 A・B	茶道・華道 書道・着付け 俳句 育児教室	和室 A・B	年長者学級 華道・茶道 和装・着付け 詩吟・日舞 民謡
				学習室1	洋裁 袋物・人形作り
				学習室2	編物・マクラメ 子ども絵画
				学習室3	子ども書道 郷土講座
講堂	農産品評会 研究発表会 映写会	講堂	民・総合学級 公民館結婚式 リーダー研修会	講堂	剣道・卓球 民踊
家庭科教室	生活改善	料理室	料理講座	調理室	料理講座
				図書館	不用

■建物用途には日常と非日常がある

　建物の用途を考えるとき，建物種別によっては，日常的に利用に供される用途もあれば，年に数回しか使われない用途もある。年に数回しか使用されないものであっても不必要というものではない。

ほんの数回であっても重要な意味をもち続ける用途もあるだろう。いわゆる非日常的用途もある。

そこで用途を考える場合に、頻度を考えることを私は勧めている。頻度を考えればその用途はどのような意味をもつかは、すでに述べたようにある程度類推することができる。

建物用途に頻度の問題をもち込むことは、建築的存在を否定するものではないと考えられるし、非日常ならば存在性を考えることもできるし、これに対して、日常的なものであるならば、日常の心理的側面を考えて、用途を考えることも意義のあるものとなりそうである。

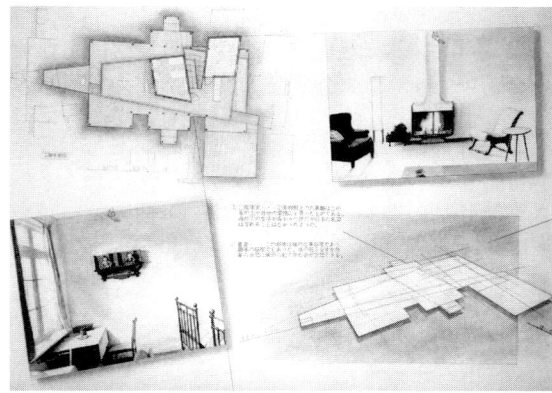

図-1 住まいの「日常と非日常」をテーマとした卒業設計例（平成11年、井原研究室）

■主要な用途と副の用途

建築用途は必ず一つのみとは限らない。建物にとって主要な用途と、そのほかの用途で、何らかの関係性をもつ用途があると思われる。

主要な用途を補完する役割をもつ用途もあれば、いくつかの用途が協調したりすることで新たな用途を生み出す場合もあると考えられる。

学生の卒業設計でよく口にするテーマの例でいうと、「美術館」といった場合や、「アートセンター」といった場合には、それぞれの建築用途は異なったものになるだろう。

「美術館」の中の一つの用途から、「アートセンター」では、「美術館」の用途もあるだろうし、さらに、いろいろな用途が相互に影響しあったり、複合化されたりすることによって、今までの「美術館」の用途を超えたものを目指そうとすることになる。それによって、今までの概念とは異なった用途となる場合も想定される。

このように、建物用途を考える場合には、新しい用途を検討する意味で、単一の用途のみを考えるのではなく、いくつかの用途をあげながら各自の計画テーマを具体化する建築用途を設定することが望ましい。

表-2 用途変更と諸室の増築例（昭和58年、井原研究室）

		①昭和27～36		②昭和36～49		③昭和50～現在	
	室名	面積	(%)	室名 面積 (%)		室名 面積 (%)	
事務管理	事務室	20.35m²	(9.66)	事務室 14.04m² (5.55) 管理人室 13.68m² (5.41) 炊事室 9.72m² (3.84)		事務室 26.46m² (3.75)	
	小計	20.35m²	(9.66)	小計 37.05m² (14.65)		小計 26.46m² (3.75)	
小集団学習				和室A・B 37.05m² (14.65)		和室A・B 70.56m² (10.00) 会議室 41.80m² (5.93) 学習室 44.60m² (6.32) 学習室A 45.9m² (6.51)	
				小計 37.05m² (14.65)		小計 202.86m² (28.75)	
全体集会	講堂 121.03m² (54.42) ステージ 10.60m² (5.03) 控え室 13.97m² (6.63)			講堂 98.8m² (39.08)		講堂 155.5m² (22.04) 倉庫 12.39m² (1.76)	
	小計 145.6m² (69.08)			小計 98.8m² (39.08)		小計 167.87m² (23.8)	
技術習得				料理室 26.64m² (10.54)		調理室 67.3m² (9.54) 図書室 28.6m² (4.05)	
				小計 26.64m² (10.54)		小計 95.9m² (13.59)	
他	その他 44.82m²			その他 52.89m² (20.92)		その他 224.69m² (31.85)	
	延べ床面積 210.77m²			延べ床面積 252.82m²		延べ床面積 705.41m²	
利用層	農業従事者 青年団			地域婦人団体 青年団		一般市民・学生 婦人・児童	
内容	講演会 発表会			各種学級講座中心		サークル中心	
関連事項	・建物は中学校と兼用 （家庭科教室・和室） （公民館・講堂）			・倉庫増築 ・中学校講堂を利用 することもある		・中学校校庭開放 （昭和52～） ・近隣小学校遊び場開放	
事務管理	農協分担事務 ＋ 公民館事務			青年団・婦人会の団体事務 ＋ 公民館事務		サークル・団体事務 ＋ 公民館事務	
建物概要	・木造平屋 ・敷地（学校校地内）			・木造平屋（古材使用） ・敷地（借地）217.725坪 ・管理人居住		・鉄筋コンクリート2階 ・敷地（市有）1,023.25m²	

■「想定外」を「想定」する

現実に建った建物の建築用途を調べてみると、計画当初に設計者が意図した建築用途が、想定したとおりに使われている場合もあるが、当初予想もしなかった使われ方が現れたり、場合によっては建築用途が変更されたりする場面もある。

建築年数の経過とともに用途変更が生じるものなどもあり、これらを想定することも設計要素となる。

（井原　徹）

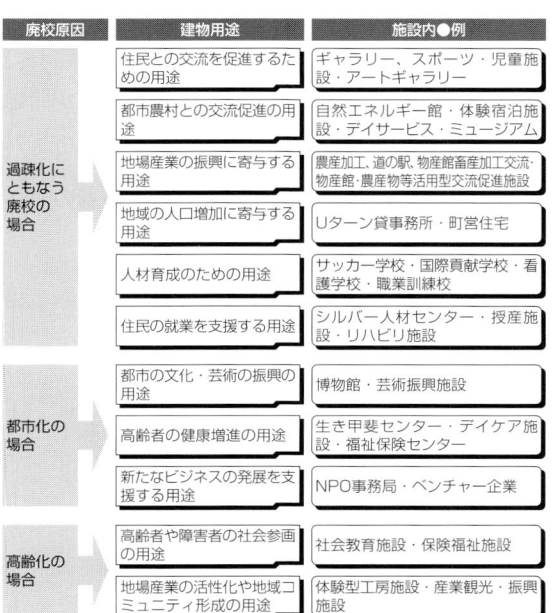

図-2 地域の状況変化から見た建物用途の想定例（平成18年、井原研究室）

3 規模計画

■規模計画

卒業設計では，自由な発想で提案してほしいということから，建築的制約条件をあまり明示しないことが多い。しかし，時として，夢ふくらむことが多いのも卒業設計である。

時には，建築的な表現性を求めるあまり，拡大化したものや，あまりに誇張しすぎて規模を誤ったものを見ることもある。その逆にミニマムを求めて最小化したものもある。

いずれにせよ，機能をもった建築であるためには，それらの機能に見合った規模が想定されるべきであることはいうまでもない。

■規模標準と適正規模

夢の多い計画案ほど強調した部分や凝縮した部分もある。建物の規模を考える場合に，建築関連参考書には各種建築種別ごとに各種の規模データが示されていることがある。音楽ホールでいえば，県立や市町村立の場合など，規模が示されているが，これらは規模標準である。

一般的に県立施設の場合における平均的なものが示されることから，想定するための規模の目安となるものである。

そこで，今度は，計画案に戻ってみるとどうであろうか。計画として想定される規模にはどのような根拠があるだろうか，検討する必要がある。そして，自分が計画する建築では建物用途が問題なく遂行できるよう，適正規模が確保されていることを検討しなければならない。

適正規模を検討する視点として，次のものがあげられる。

1 利用対象者数や利用頻度，社会的根拠

住宅は別として，不特定多数の利用者がある場合には，利用者数に対応した規模が想定される。大まかに言うならば，利用対象者のうち，どの程度の人が利用するかである。利用人数の想定に始まって，利用者1人当たりの規模諸元値を考慮して規模計画を行うことになる。

用途ごとの大まかな1人当たりの規模は指標化されているが，自分が想定している建物には，はたしてどの程度の利用者が見込めるのか，決めかねる場合もあるが，ひとまず目標設定として仮定することが必要である。

卒業設計の計画案の作成では，当面の目標設定が曖昧であると，この規模計画がおろそかになりやすい。

表-1 トイレ規模のまとめ

ケース		便器数					
		男(小)	男(大)	女	小児用	身障者用	合計
A	設計要領建築施設編の算定より	4	1	5	1	1	12
B	一般道路の休憩施設計画指針の表より(「道の駅ガイダンス」より)	10	3	10	—	—	23
C	設計要領休憩施設編の表(売店のあるPA)より	8	3	11	1	1	24
D	設計要領建築施設編の表より	10	3	13	1	1	28
E	全国道の駅からの平均値	9	3	11	—	2	25

トイレ規模に関するこれまでの検討結果および各種指針や設計要領、既存調査データ等の標準値まとめると、上のようになる。

2 規模諸元値からの検討

計画する建築にはいったい何人の人が，どのような行為を行うかを想定することが求められる。いわば，行為に必要な寸法や広さを求めることが必要である。縮小された地図上で，「これくらい」といって安易に決めるわけにはいかない。

その空間内で適切に行動するための規模，さらには，建物として機能するための動線の空間やそれに見合う広さも必要である。余裕をもった空間ではあるが，他の役割や機能を誘発するために必要な空間としてのオープンスペースが必要な建築もある。

用途や機能ごとの規模諸元値は，関連する空間や補完的な空間が含まれていない場合も多い。そのため，用途ごとの規模が決まるとそれで十分な規模が確保されたと思い込む場合があるので注意が必要である。

用途ごとに規模を検討しながら，建築用途がうまく機能するためのオープンスペースなどの余裕，さらには機能の関連も求められる。

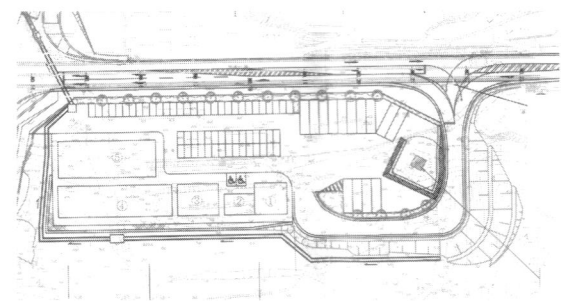

図-1 「道の駅」規模算定によるボリューム検討例（平成19年、井原研究室）

■将来交通量の推計
＊道の駅開駅予定時期（平成20年度）のおおむね10年後を設定する。
→平成30年将来交通量：28,200台/日

■駐車台数の検討結果
①簡易パーキングとしての駐車台数…小型車40台、大型車9台（国土交通省）
②活性化施設利用としての駐車台数…小型車20台、大型車5台（香春町）
☆道の駅において必要となる駐車場規模…小型車60台、大型車14、身障者用2台

■トイレ規模の検討結果
☆道路管理者（国土交通省）が整備する公衆トイレ（24時間サービスに対応）の規模…男（小）10器、男（大）3器、女（10）器、小児用1器、身障者用1器

図-2　駐車場やWC規模検討例（平成17年、井原研究室）

3 規模想定と効果（計画規模と社会効果と経済効果）

規模系計画として用途を検討し，適正な規模が想定できたら，その規模での効果を検討することを私は勧めている。ここでいう効果は，実際に利用率などから評価するような分析ができないものではないが，対象とする地域にとって計画している建築に対し，もっと社会的な意味や時間的な要素を検討すべきであるということである。例えば，ある規模の建物が必要であると仮定して，そのすべてを計画すべきかどうか，場合によっては，段階的に計画をし，逐次計画を修正できるように時間や効果を考慮して，現実に符合させる等を検討することにより，計画案の方向性をいっそう深くしてくれるものである。

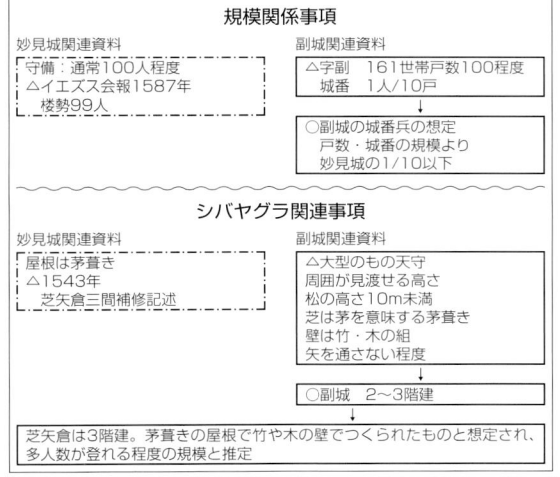

図-3　歴史的建物の規模想定と現代への適応例（平成9年、井原研究室）

■規模計画と地域の関係

規模計画を行う場合，計画対象となる地域の検討は重要である。その場合にデジタルな数値データだけに頼らず，地域を空間として概観する。地域空間には山や川，そして道路など地理的条件が含まれており，これらは利用に大きな影響を及ぼす要素である。計画案を作成する場合の対象となる地域は，ほとんどが現実の地理空間の中にあり，規模計画において判断要素となるものである。

規模計画を判断するための準備をして，計画対象をいろいろな視点から分析することを勧める。

多面的な視点から見る方法である。自然や地理的特徴や道路などの物理的特徴，人口の密集度や人文的な視点，時には多様な分野の知識や視点を援用して検討することもある。分野を問わず検討する視点をあげると，計画対象地域の現況調査から見ることがあげられる。

対象地域全体の状況をマクロに見る。特徴的地域をミクロに見る。自治会等のコミュニティの形成，高齢者人口比等を見ることによって，地域空間を単なる規模計画の対象地域と見るだけでなく，地域を総体として概観することから，より適正な規模計画を進めることができる。

■規模計画と計画イメージ

計画規模を想定する場合に，対比されるものとして計画イメージが問われる。

計画案の作成では，「地に足のついた計画」が必要である。計画案を絵に描いた餅にしないためである。なかでも誤りの多いものが，計画案そのものスケールアウトで，規模設定の誤りである。人間尺度（ヒューマンスケール）に対して，スーパースケールという言葉はあるが，建築においてはケースバイケースである。

もし，規模計画に従い規模を想定した場合に，スケールアウトがあった場合には，夢描いたものと自分が描こうとするものとの違いを謙虚に認めることが必要である。そこで今一度，イメージと規模やスケールを合わせるために，規模根拠を再検討してみることが必要である。常に規模根拠を検討する。「何人くらい利用するから規模は○○程度とした」，「適正規模」か「象徴的規模」か，自分自身で意識することを私は勧めている。

各種建築には，建物用途ごとにおおまかな面積割合が示されている場合がある。計画案を作成しているものと比べて，全体の規模構成が極端ではないだろうか，計画案としてイメージするものが特化したり巨大化したりすることもある。この場合に関連する用途に対する規模が適切でない場合があるので，計画案の用途と想定している機能の構成のバランスチェックが必要と思われる。

計画案の作成にあたって，規模計画は，建物イメージにまで大きく影響する項目である。計画対象となる地域の状況や，想定する建築用途との関係を十分に検討し，独断に陥らずに，計画案の条件設定を適切に行うことが必要である。

（井原　徹）

4 配置計画

■敷地決定と配置計画

　一般に設計では，住宅であれ，公共施設であれ，物理的に敷地が存在して初めて設計作業が具体的に進行する。ただし，大学で取り組んできた設計課題によっては，設計条件が提示され，それに合わせた敷地を自ら選出し設計を行うというような出題もある。その場合，具体的に実存する敷地を明示する（明示させられる）場合もあれば，架空の敷地ということもある。敷地が一箇所の場合もあれば，敷地が複数で分散している場合もある。

　卒業設計では，敷地も自分もしくはチームのメンバーで決定しなければならない。では，どの段階で計画地を決定していくのか。これは一概にここの段階でということは言えない。なぜならば，計画の立案段階から具体的な建物の用途などの詳細が決定されていく過程で，計画内容に合致する計画地を決定する場合もあれば，コンセプトとしてある計画地に対しての設計をすると決定したうえで進めていく場合もあるからである。

　しかし，実在する敷地であれ，架空の敷地であれ，規模・形状・環境条件等をもつ敷地に，どのような建築を，どの位置に，どのくらいの大きさ（ボリューム）で計画するかを検討し決定することが配置計画である。敷地選定にはいくつかの過程はあるが，決定した敷地に対して計画内容を具現化する最初の作業である。

■敷地を知る

　かつて，建築家宮脇檀は「一戸建て住宅を設計するということは，そのただ一つの敷地に最もふさわしい解を見つけることなのである」[1]と言われていた。卒業設計のテーマとして，一戸建住宅を選択することは多くないにしても，さまざまなテーマ設定，そこから生み出される建築の可能性は限りなく広がるのであろうが，敷地に対する考え方は同じと思ってよい。そのためにも，計画を進めるうえで敷地を知ることは不可欠であるし，敷地はもちろん，その外部（周辺状況）との関係を綿密に読み取り把握したうえでの計画が進められる（図-1）。

　これまでの設計課題でも取り組んできたと思うが，敷地に関する具体的な情報を入手する方法としては，以下のものをあげておく。

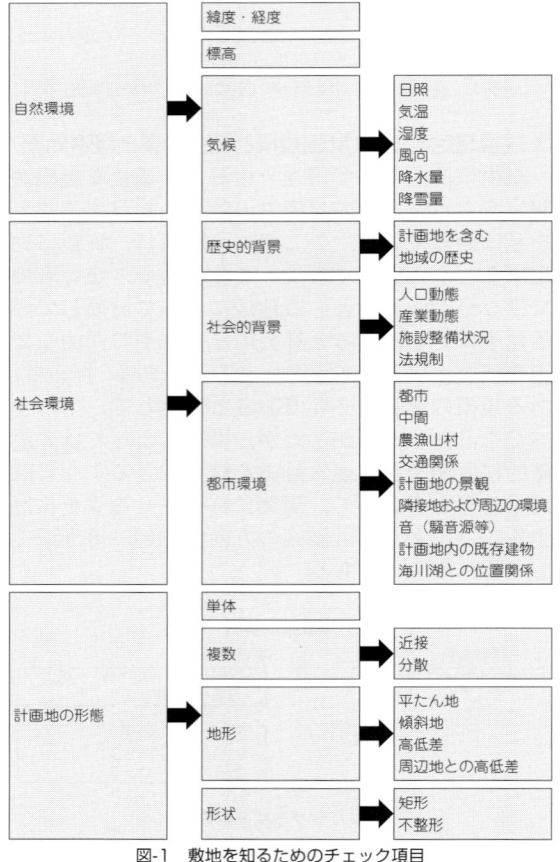

図-1　敷地を知るためのチェック項目

1 敷地および周辺を歩く
　敷地の表情や状況を歩いて観察し把握する。
2 実測（歩測）する
　敷地図（都市計画図等）をもとに，敷地内にあるもの（既存建物や塀，樹木など）の位置と高さ，周囲道路の幅員，敷地を実測する。自分の歩幅を正確に知っておくことで，歩測により歩数で距離がわかり敷地のスケール感がつかめる。
3 写真を撮る
　敷地中心からのパノラマを含め，周囲の写真を撮る。
4 情報の集約
　図-1のチェック項目を含め，上記1～3まで収集した敷地の情報（敷地図を含め）を一枚の大きな用紙に貼り付ける。敷地を観察する過程で気がついたことは，すべて記録する（日照，風向き，音，

周囲の建物の立地状況など）。一枚に情報を集約し，敷地の全貌を知るための情報源を作成する。

■配置計画の作業

　配置計画の作業として，敷地の利用計画を検討することや，イメージを立体化しボリュームを確認するためのスタディ模型の作成がある。

　敷地の現状（形状，規模，植栽，敷地内建造物など）をもとに，建物を配置する計画を行う。同時に，敷地へのアクセス，侵入位置，経路を検討する。ここから敷地内に発生する動線（主要動線やサービス動線など）を検討する段階で，計画する空間のゾーニングへと進む。

　スタディ模型では，計画地周辺の建物や植栽等も制作しておく。敷地にかかわる法的規制などの設計条件を把握するうえでも，ある仮定したボリューム（箱形でよい）を与えることで，敷地内にどのくらいの建物が計画できるのか，できないことは何かなどが見えてくる。ボリュームに使うのは閉じた箱形でも，蓋や底のないものでもよい。後者の場合，重ねた時に空間の上下のつながりを確認することに役立つ。あくまでも敷地に対するボリュームの把握が目的ではあるが，それによって建物のある程度具体的なイメージがつかめる。同じ大きさのボリュームをいろいろ並び替えたり，大きさを変えたりすることで，何種類ものパターンが生まれてくる。この中から選択した模型写真を，前述の一枚に情報を集約した用紙に加えていく。

　敷地が不整形のもの，高低差や斜面地である場合は，まず敷地模型をつくる。敷地の記憶や写真だけでは，敷地全体を把握できないこともある。斜面地などの場合，平たん地以上に断面から発想するという点を計画する際に考慮してほしい。

　図-2のスタディ模型は，初期計画案のものである。計画地の状況より，アプローチの位置を矢印に示す場所に設定した後，計画する建物の主要空間を中央に設置してみる。以下，施設の機能上重要と設定した空間を仮のボリュームに設定し，重要度順に計画地内に配置していく過程を示している。この例では，平面的に拡散した配置になっているが，スタディを進めていく過程で，空間のボリュームが具体的になり，その配置は次第に初期計画案から大きく変化していく。

（安藤淳一）

［参考文献］
1)『眼を養い　手を練れ　宮脇檀住宅設計塾』宮脇塾講師室編著，彰国社，2003

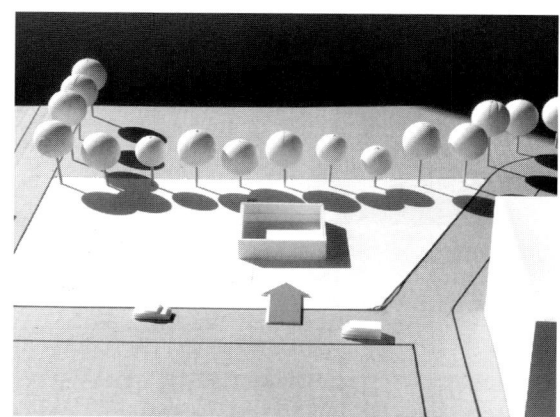
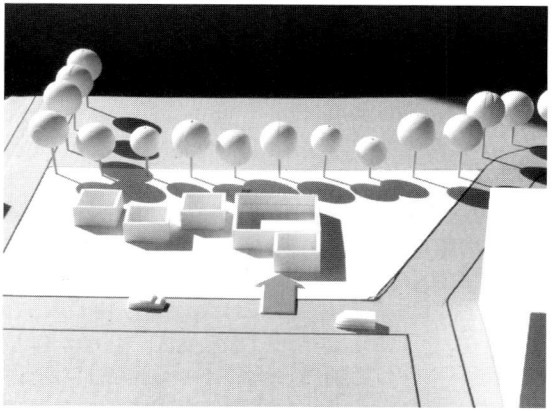

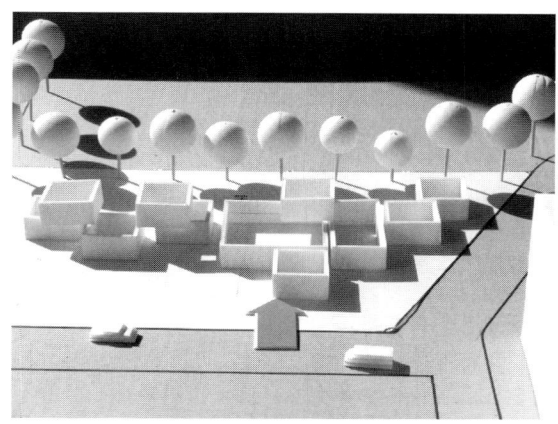

図-2　初期配置計画案（学生作品）

5 機能計画

■機能図とは

　建物の設計で求められる機能図の作成とは，頭の中に漠然と存在する抽象的な空間イメージを，最初はキーワードや働きを示す単語や短い文章などとして取り出し，それらを自分なりに考えた関係性をもとにつなぎ合わせたり，離したりすることによりダイアグラム状に図式化する作業である。つまり設計の初期段階で取り組むものであり，機能図は関係性を示すものの具体的な空間の大きさとは結びつかない。

　機能図作成の初期段階では，必要とする機能（要求機能）[1]の決定が重要となってくる。まず建物の全般的なイメージをもとに，建物に求められる機能を抽出する。ここにはこういう使われ方，あるいはこういうことができる空間・部屋がほしい，というものを抽出し，これらを枠で囲んでいく。次にそれらが具体的な機能を表す名称をともなった所要室や所要空間となり，枠で囲まれたものの結びつきを線でつなぐ。強いと考えれば太い線，弱いつながりと考えるものは細い線というように。

　次に部分の検討へと進む。例えば主要機能の部分，あるいは主要機能を補完する管理部門のような機能について，同様に抽出したものを枠で囲み線でつなぐ。これを繰り返す過程で，全体像が少しずつ固まっていく。しかし，機能図がそのまま平面図になるものではない。建物にするには，ここからの肉付けのようなものが必要となる。言い換えれば，機能図は建物の骨格図のようなものと考えるとよい。

■設計実務での位置づけ

　実際に社会で行われている設計作業の中では，さまざまな設計条件（制限）が含まれた設計依頼者（クライアント）からの建物の企画に対して，機能図は設計者がどのような建物を提案するのかを具体的に表したものとなる。それは個人住宅から大規模な都市計画までと，対象は千差万別である。プロポーザルコンペのような場合には，クライアントに対して複数の設計者がプレゼンテーションを行う。目の前でプレゼンテーションする機会を与えられることもあれば，提出書類や設計図書のみでという場合もある。設計コンセプトや具体的な計画案をその場でのプレゼンテーション，あるいは設計図書から読み取ってもらい，そしてクライアントに理解・納得してもらうためにも，コンセプトの根幹であり，それを明確に示した機能図は重要な役割をもつといえる。

■機能図作成の取り組み

　改めて言うまでもないが，設計は「どんなものをつくるのかを考え，決めていく」[1]ことである。設計過程では，決定し評価するという作業が不可欠な要素となる。

　卒業設計は個人で取り組む場合もあれば，複数名によるチームの場合もある。チームであれば，設計の初期段階からディスカッションしながら考え方や方向性を決定していく，あるいはメンバーそれぞれが提案をもち寄るスタイルを取るのかにもよるが，アイディアを出し合い機能図を作成する過程で，メンバーそれぞれがもっている考え方をまとめていく，方向性を決定し評価するためのコミュニケーション・ツールとしても機能する。お互いの認識や考え方を共有し，再確認するものとしても重要なものとなる。

　個人で取り組む場合，チーム以上に機能図は自問自答しながら進めていく過程での再確認にも必要となる。自ら設定したコンセプトや設計条件に対し，検討した内容を仮決定し評価するというプロセスの連続となる。この繰り返しの中から問題点や制約が発生したり，見えなかったものが見えてきたりする。それをひとつずつ解決し前進していかなければならない。

　これまでの設計作業（設計課題）とは異なり，設計条件に対して，建物の姿（全体計画）にたどり着くまでの過程で多くの決定と評価の作業が必要となる。このような設計プロセスにおいて，自らが進めている設計の方向性が間違っていないかを第三者的視点で評価をしなければならない。往々にして行きつ戻りつという過程を経ることもあり，その確認作業の中で，最初につくり上げた機能図に立ち返ることも必要である。設計には，以下のような繰り返しのプロセスが大切である。

　　　PLAN　→　DO　→　SEE [2]

　頭の中で考えていることを一つ一つ決定する際に拠り所となるものは，経験や知識，勘といわれるひらめき，あるいは嗜好である[1]。設計作業で

は，その設計条件に対して多くの情報を収集し，その中から使えるものか使えないものかを取捨選択する。既存の建築にないコンセプトを生み出すのは問題意識である。そのためには「意識してその問題を考え続けること」，「その問題に対して知識を蓄えること」といわれる[3]。

これまでの設計作業（設計課題）でも同様な取り組みをしてきたであろうが，卒業設計との違いは，自分の問題意識から生み出されたテーマをもとに，前提となる条件設定までも決定するのが自分である。ここにこれまでとの大きな違いがあるのだが，その自分の下した決定に対しても，多くの葛藤が生じるのが卒業設計の特徴ともいえる。したがって機能図は，頭の中で考えられたことを図式化したダイアグラムであり，これを頭の中で検討している内容を再確認するためのツールとして用いてもらいたい。

下の2つの図は，幼児の保育・教育を目的とした施設の計画という設計課題で作られた機能図である。図-1は，まず必要とする機能（要求機能）をバブルダイアグラムとしてまとめたもので，頭のなかにある「こういうことができる空間」をことばに置き換え，空間のつながりや関連性を線で結んだものである。初期の機能図であるため，主要な空間をイメージするものが中心となっていることがわかる。

次に図-2では，このバブルダイアグラムをもとに，要求機能が具体的な空間名で示されたこと，主要な空間に対してそれを補う空間が現れ機能図が肉づけされていること，主要な空間どうしの関係も少しずつ明確になってきていることがわかる。敷地条件も加味され，ある程度具体的なイメージが作られつつある。その中で，バブルダイアグラムの段階ではなかった「廊下」が現れ，主要な空間を機能させるうえで重要な空間として位置づけされたことがわかる。

このように，機能図はその内容を少しずつ発展させていく過程で，初期段階では想像していなかった空間が現れてくることもある。つまり，考えていることを図として視覚化することにより，自らが考え目指すものの内容や方向性の確認が可能となってくる。前述したが，この図がそのまま建物に結びつくとは限らないが，機能図の作成，決定という過程を通して計画を再確認するとともに，初期段階ではとかく拡散しがちなアイデアをまずは一度収斂させるという意味でも作りあげていただきたい。

（安藤淳一）

[引用文献]
1)『岩波講座 現代工学の基礎 設計の方法論 設計系Ⅲ』畑村洋太郎著，岩波書店，2000
2)『一目でわかる建築計画 設計に生かす計画のポイト』青木義次・浅野平八・木下芳郎・広田直行・村坂尚徳著，学芸出版社，2002
3)『発想の論理 発想技法から情報論へ』中山正和著，中央公論新社，1997

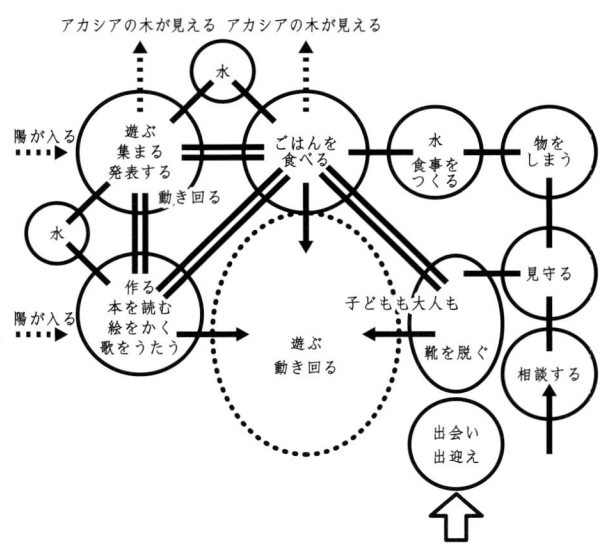

図-1　機能図（初期案の例）

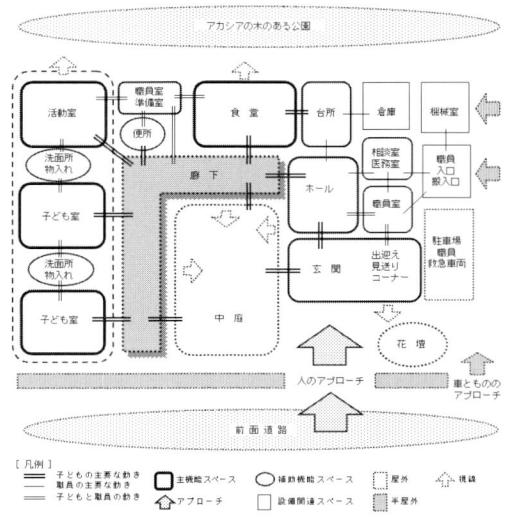

図-2　機能図（初期案から発展させた例）

6 構造計画

■「偉大なる壁」の発見

　この項は，卒業設計における構造のとらえ方についてであるが，はじめに私の卒業設計に対する考え方を述べておきたい。

　私も学生時代，卒業設計を経験したが，自身を振り返るに，卒業設計とはその時点における可能性をはかなくもつかまえようとし，そしてかすかながらつかまえたときであったし，そのつかまえたことは私にとって，その後を展開していく姿勢となったように思える。よって，各人が最終的に提出された卒業設計というある思いの結晶は，各人にとっての好みや姿勢を赤裸々に浮き上がらせるものであり，そして改めて，今まで当人すら気がついていなかった自分というものを見つけることのできる不思議な時のように思える。

　さて，そのとき，どこまでの自分を見つけられるのか。例えば，ある思いがふらふらと走り始め，なぜかそれがままならない壁のような存在を感じ始め，やがてその壁がまぎれもなく自分にとって存在していることを認識し，その壁に当たり，もんどりを打ち，そして再び立ち向かい，最終的にはなぜか抜け出し，広がる流れ，どこまで自分自身が開放されるのかという，ぐんぐん風船が広がるかのような様をイメージする。そしてそのきっかけとなる壁の存在。いうなれば「偉大なる壁」を見つけられるのか，もしくはそれをどのように設定できるかが，卒業設計そのものの意味であるようにすら私は思う。

■卒業設計における構造計画

　ここで改めて，卒業設計における構造計画を考えてみる。構造といえばまず当然，本当にモノや建物を成立させる構造体を思い浮かべる。これを技術的なことをともなった「技術的な構造」と呼ぶとすれば，悲しいかな，卒業設計において「技術的な構造」は「偉大なる壁」になりにくいように思える。

　卒業設計を含めた学生時代の設計の特徴は，それがどんなに優秀であれ，一般的に即実際に建つことを前提としているわけではないということである。例えば，空飛ぶ建築から宇宙，月，はたまた消えた冥王星での計画案ですら，その卒業設計者の「建てます」という前提は，瞬時に，「建ちました」という結果となり，不備があろうが，未配慮の部分があろうが問題にはならない。その製作の過程に，現実に建てる建物が求めるような「技術的な構造」は要求されていないし，また，技術的な問題を考えるときに前提となる知識も乏しいため，踏み込んだ問題提起や解決になりにくい。よって，設計側にもんどりを打たせるような「偉大なる壁」になっていかないように思える。

　例えば，現実はどうであろうか。仮にいまさらながら月に建てる建物を想像してみる。次に，どのように月に行ったか，歴史を紐解いてみる。人類が始めて月に向かおうとしたとき，そもそも大気圏を抜ける速度，音速を超える速さが求められ，そこでまず音速の壁を超える恐怖に人類は遭遇し

たそうだ。度重なる音速間際の激しい振動からの数度の失敗をもとに、その振動が尾翼のわずかな角度調整によって飛行機を安定させるという「技術的な構造」を理解し、それをテスト飛行機に組み込み調整を行い、ついに音速を突破する。その過程における絶望、思考、発見、信頼、実行、爆発する喜び。そして次なる目的への野心。それらが、人類の意思となり、人を宇宙圏に飛ばすマーキュリー計画、その発展のジェミニ計画、そして月面着陸を成し遂げたアポロ計画となって継承された。

音速の壁を超えてから22年、あらゆる想像と、知能と勇気を結集し、ようやく、本当にようやく、人は月に降り立った。要求され克服された数々の「技術的な構造」の問題。音速を打ち破るに必要な速度の算出、それを成立させる弾丸型の機体の採用、その推進力の獲得、大気圏に再突入する時の角度、それを保持する機能、その時の激しい熱とそれに耐えうる耐熱盤の開発、そしてその設置。気の遠くなるような数の、克服すべき「技術的な構造」が、月に家を建てるどころか、行く、という状況だけで湧き上がり、「偉大なる壁」となり存在した。

■建物に対する設計者の思い

どんなに謙虚に向かい合おうとしても、現実感をともなえない学生時代の設計においては、やはり月には家を建てられるし、その時、現実のような激しい「技術的な構造」の要求はない。よって、もはや卒業設計において構造計画はあまり意味がなく、それ以外に力を注いだほうがよいようにも思える。が、そうだろうか。

例えば、再度、卒業設計において、月に建物を建てるとする。超高度で想像もつかない構造体（「技術的な構造」）は考えないでおくとして、ある建物を建てるためにどうやって月まで持っていくかぐらいは頭をよぎるのではないか。自分の考えている建物がどれぐらいの大きさになっているかをみて、それがスペースシャトルだったら何台分なのか、いや、そもそもスペースシャトルで運べるのかぐらいは考えられるのではないか。で、その時どこまでの大きさのパーツを地球でつくって持っていくのか、いや、いっそのことロケットそのものが建物となるほうがよいのか、そうであればどんな形のロケットは飛びにくいらしいということぐらいは調べてみよう。その飛びやすいロケットの形が、どんな生活や機能が生むのか、などといった思いを描くことはできよう。

月に建物を建てる。そう、もし本当に建てようとするならというとき、そのものを成立させようとする前提への思考。ぼんやりと不明瞭ながら、それでも見つめようとするときの視点、その配慮は、その人なりに思いつくのではないか。そして、それらの問題の蓄積は、再び根本的な主題として設計者当人に返ってくるであろう。あらゆる問題を克服しても成立させようとする、この建物に対する設計者の強い思いはなんであろうかと。

■構成的な構造

私自身が思う、卒業設計における「構造」というものは、大きく2つの意味をなすように思う。その一つが実質的な構造体としての「技術的な構造」であり、そしてもう一つが、目的、成り立ち、過程、といった意味でそれを成立させている条件としての構造である。これを「構成的な構造」と呼ぶとすれば、この「構成的な構造」こそが卒業設計でとらえるべき構造であるように思う。いうなれば「構成的な構造」とは、自己という内部と、その外部にある社会とをどうしたら結びつけ成立させることができるのかに対する、各人なりの思いである。それは無限に駆け巡らせ、高めることができるものであり、ゆえに、私の思う卒業設計で重きをなす「偉大なる壁」として、各人の前に立ちふさがるからである。

（名和研二）

7 設備計画

■建築設備

　建築における設備は，構造物に付帯するもののようにとらえることがあるが，人が健康かつ快適に，安全に，さらには機能的な生活を営むためには必要不可欠な要素であり，設備こそが建物機能をつくり出す，いわば建物の本質を担う一翼であるといえる。建物と設備はあたかも車の両輪であるかのようにもたとえられ，この両者の完全な融合があってこそ，完全な建築であるといわれている。すなわち，建物がさまざまな外界条件や利用条件に対抗し，快適かつ健康・安全な生活を営むためのシェルターであると考えるならば，その機能の多くは設備が担っているものであり，十分な設備計画がなされ，建築物のもつ機能が十分に発揮されてこそ，作業能率は増進し，人体の衛生や健康，保安が獲得される。

　また，今日の建築におけるさまざまな材質の利用，環境的見地から見た大胆な空間形成は，設備によって支えられていることを失念してはならない。高層建築，さらには超高層建築を機能させ運用するための運搬およびエネルギー供給システム。ガラスに覆われた大空間において，気温，日照，気候の変化に対応し，快適な熱・空気環境を提供する空調システム等々。今日の建築デザインは，今日の設備をもってして創り出されたデザインであり，十分な設備への知識と計画性を確保して，初めて建物のデザインを創り出すことができるのである。

　ここで，大学における卒業設計について論じれば，設計内容に設備計画を併わせて行っている例はあまり見られない。給排水や電気系統の配管，配線図はもとより，空調機器や熱源機器をどのように配するのか。さらには，空間のデザインに大きくかかわりをもつ照明計画でさえも，卒業設計において論究されている例は希少である。

　卒業設計の限られた枠内では，設備設計のディテールにまで言及することは難しいかもしれない。しかしながら，建物の設計は単に風景を描くものではなく，その建物がもつ機能や建築的環境を計画するべきであり，そのためには必ず設備設計を踏まえる必要がある。設計にあたっては，設備が人体における器官のように建物にはり巡らされていることを意識し，設備による建物機能の計画とともに，建築空間の中に占める設備の配置，存在を意識することが重要である。

■設備計画の意義

　建築設備の計画には，いくつかの段階がある。まずは，建物の機能や法律上の要件を満たすために必要な設備を整理すること。次に，それぞれの設備の数量や容量の決定と製品の選択。そして，配管，配電経路，機器設置箇所など，配置の計画を行う必要がある。また，建築設備は躯体に比べて耐用年数が短いため，将来の改修についても計画しておく必要がある。

表-1　建築の各分野と役割

建築分野		役割	人にたとえると
意匠		必要なスペースと配置 有効な採光と通風の確保 内外面の美観	体型・容姿
構造		台風・地震に耐えられる構造 各種開口の補強	骨格
機械設備	給排水・衛生設備	必要な水，ガス等の取込みと分配 使用後の水や排泄物の排出	消化器系
	空気調和設備	新鮮な空気の取入れ，ろ過，分配 汚れた空気の排出 温湿度の調整	呼吸器系
電気設備	電力設備	電気の引込み 空調・給排水設備機器への電力供給 照明，コンセント 発電，蓄電 避雷，設置	循環器系
	通信・情報設備	中央監視 自動火災報知 電話，インターホン，防犯	神経系

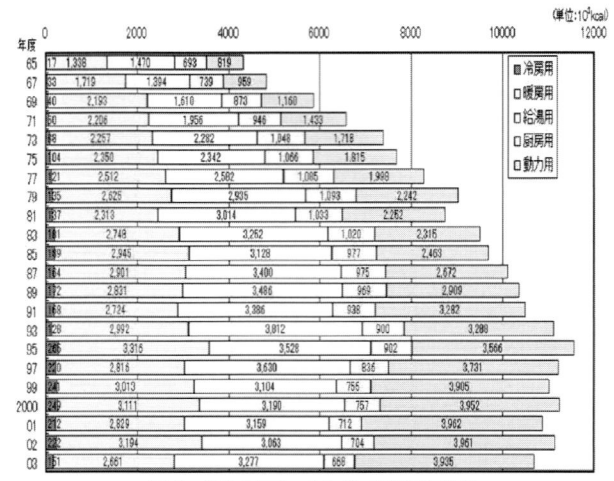

図-1　住宅の年間エネルギー消費量の推移

これらの作業を通して計画された設備は，建物に要求される機能を確保することはもちろんのこと，LCC（ライフサイクルコスト）やLCE（ライフサイクルエネルギー）の観点から，必要以上の設備を設けない「過不足のない最適な計画」を目指す必要がある。生活環境の向上は，同時にエネルギー消費の増大を招いており，より快適かつ安全，利便性の高い建物は，より多量のエネルギーと設備コストを要求する。

　これに対し社会的観点からは，省エネルギー機能と省コストが必要条件として突きつけられており，設備計画においては，このジレンマを抱えた命題の解決にあたらなければならず，場合によってはコストやエネルギー性能の面から建物に求める機能の見直しを図らなければならないこともあるだろう。

　また，設備計画は，単にスケルトンとして完成した躯体に付属するだけでなく，構造計画，意匠計画にも深く関係している。特に，大規模建築においては，人荷の移動・搬送経路が平面計画上の大きな割合を占めるため，エスカレーターやエレベーター等の搬送・運搬・避難設備，熱源機器やダクト・配管用のパイプおよびダクトスペースは，設備の性能や容量によって建築計画に大きく影響することになる。

　設備の計画は，意匠や構造の計画に追従する形をとる場合が多いが，ダクトや配管と構造体との取合いや，壁面や床，天井に取り付けられる（もしくは隠される）設備のデザインなど，ただ後付けして計画し施工されるのではなく，建物の計画時点から総合的に検討しておくことが望ましい。

■設備計画時における課題

　社会的生活水準の向上や工業技術の向上にともない，建築設備に求められる要件は，今日急速な変化を迎えている。その一方で，地球温暖化を背景とした社会的環境問題への対応も重要な課題となっている。これにより，建物には今日の生活水準を満足しうる性能をもたせるとともに，省エネルギー性能を有する義務が生じている。また，LCA（ライフサイクルアセスメント）の観点からは，単に運用時のエネルギー性能のみに着目せず，製造から廃棄，リサイクルにかかわるエネルギーの消費，それにともなうCO_2排出量，ひいては経済性の観点までを含めた建築と設備の性能が問われている。

　また，生活水準の向上と変化や各種設備性能・技術の向上は，建物に設備形態の変化への対応を求めるものである。建築における設備の耐用年数は，躯体の寿命と比較すると非常に短く，設備の種類によっては，建物の完成から取り壊しまでの間に，数回の改修が見込まれるものもある。近年，建物のサスティナビリティの観点から建物の長寿命化が問われており，設備計画も50年から100年先を見据えた計画が求められることになる。もちろん，それほど先の社会情勢を予測することは不可能に近いが，今変わりいく社会情勢を的確かつ迅速にとらえ，建物と設備の計画に反映させることが必要である。設備にかかわる性能，技術，製品情報はもちろんのこと，電力，ガス，石油，水素といったエネルギー供給形態の変化，都市形態の変化や計画と予測，さらにはわが国を取り巻く気候や暮らし方の変化を感じることが，これからの設備計画に求められている。

　現在の社会や生活の情勢をとらえ，建物と設備の計画を行うこと。言い換えれば，「今後の建物のあり方」を示すことが，建物設計，ひいては建築設備に求められる課題であり，それら一つ一つのデザインの提案が，今後の社会を創造していくものと考えられる。

（堀　祐治）

表-2　建築設備の項目

分類	項目
給排水・衛生設備	1. 給水設備 2. 排水設備 3. 衛生器具設備 4. 給湯設備 5. ガス供給設備 6. 消火設備 7. 厨房設備 8. 浄化槽設備
空調設備	1. 機器設備 2. 配管設備 3. ダクト設備 4. 換気設備 5. 自動制御設備
電気設備	1. 受変電設備受電 2. 幹線設備 3. 動力設備・中央監視設備 4. 電灯・コンセント設備 5. 照明器具設備 6. 放送設備 7. 電話設備 8. テレビ共聴設備 9. インターホン設備 10. その他弱電設備 11. 自動火災報知設備 12. 避雷設備
昇降機等搬送設備	1. エレベーター・リフト設備 2. エスカレーター設備 3. ラックリフト設備 4. ダムウェーター設備

図-2　設備を主体とした建築意匠の例
（左：ロイズ・オブ・ロンドン／ロンドン、右：ポンピドーセンター／パリ）

2 備える

1 卒業設計とは

■卒業設計に必要なこと

建築は太古の昔に人類が派生して以来，世界の集落，都市を形成し，人間の生活環境を抱える存在として機能してきた。建築学は世界の歴史とともに発展してきたが，学問としての建築学は古代ギリシャ・ローマ時代にはすでに形成されていたと考えられている。最古の建築書であるヴィトルヴィウスの『建築十書』には，建築家は制作と理論の両方に精通することとあり，さらに「建築家は文章の学を解し，描画に熟達し，幾何学に精通し，多くの歴史を知り，努めて哲学者に聞き，音楽を理解し，医術に無知でなく，法律家の所論を知り，星学あるいは天空理論の知識をもちたいものである」と記述されている。現代の建築学の体系はギリシャ・ローマのころより当然広範化，複雑化しているが，一方，近年国際的視点で規定された建築家職能（UIA）の教育プログラム（表-1）をみると，ヴィトルヴィウスが示した古代の建築家職能論が根源的に存在していると見ることもできる。また，日本技術者教育認定機構（JABEE）の「建築学および建築学関連分野要件の知識・能力等の内容」を見てもほぼ同様であることがわかる（表-2）。

■卒業設計を始める前に

卒業設計を始める前に，準備段階としていくつかできるようにしておかなければならないことがある。まず，普段の設計でイメージする空間の中に自分自身を擬似投影できることである。また，そのイメージは，静止画ではなく，映像としてのイメージがつくれるかである。また，このときに重要なのは，イメージの中で知覚する空間と実空間がフィット（大きさや形に差がないこと）することである。

建築の計画や設計の授業の中で，実空間や物の大きさを測らせているのは，寸法的な納まりに関する知識をもってもらいたいことと，実空間の大きさを感覚的に知ってもらいたいためである。また，空間の形や色，大きさがどのように感じるかを知っておく必要がある。それには，たくさんの実空間を「観よう」という意識をもって体験しておく必要がある。さらに，それらの空間構成のしかたも重要である。いわゆる「空間のシークエンス」である。写真や映像を見ただけでは，なかなかこの部分は鍛えられない。建築設計は，物語性も必要である。設計全体の方針があり，それを実現するための物語がある。また，その物語を豊かにするための「空間のシークエンス」が必要である。そのためには，建築の本のみならず，文学的な小説も読んでおく必要がある。

■卒業設計の目的と姿勢

なぜ，卒業設計を行うのか。それは，一言でいえば，授業の設計課題が与えられたトレーニングだったのに対し，卒業設計は，自分自身のためにやるものだということである。自分のやりたいこと，絶対に譲れないことを見いだし，強い意志をもってそれを実現するために向かっていくことである。そして，それまで自分がもっているものを超えることである。建築家の多くは，卒業設計と現在の仕事に何らかのつながりをもっており，卒業設計が出発点となっている場合が多い。人生の中でも，とても貴重な時間なのである。

■実務と卒業設計

卒業設計と実務との関係を見ると，自ら問題設定して進める「構想型」と実際の建物をつくり上げる「実作型」がある。構想型は，自らの意思だけで設計が進むために自問自答することが多くなる。「建築って何だろう?」，「今やっていることにどんな意味があるのだろう?」とまで考えるようになる。それを乗り越えたときに，生涯にわたって建築を続けていくための原動力が生まれる。実務では重要な

表-1　建築教育の文脈，教育目標，目的（UIA）

建築というのは都市環境，都市空間の形成に関わる中心的な職能であり，したがって，職能人としての建築家を育成する建築教育の特質は少なくとも次のような文脈と，これらにこだわった固有の教育目標の中に求めるべきである。
＊社会的，文化的，政治的意味合い ＊職能，技術者，産業上の意味合い ＊世界：地方的，グローバルな生態的意味合い ＊科学および地域一般を含む学術的な意味合い ＊国際的な意味合い
このほかにもまた，建築産業，建築職能，また，建築そのものの国際化の進展，コンピューターとインターネットの利用が一般化することなど，一連の新しい文脈が見られる。 これらの文脈の詳細が何にであれ，建築教育は以下の二つの基本目的をもつべきである。
＊能力があり，創造性を有し，批判的に考える力と，倫理観をもった，設計者あるいは建築生産技術者を育てること。 ＊知的に成熟し，生態系の問題に敏感で，社会的に責任をもった，良き世界市民を育てること。
これら二つの目的の間には何ら基本的矛盾がないから，学校やプログラム，コースでは，明らかに異なる地理的社会的状況の中で，異なった手段と異なった条件の下でも，この両者を達成するように目指すべきである。

構造，設備，階段，エレベーターなどよりも，新しい建築のとらえ方や考え方のほうが評価される場合も多い。それに対して実作型は，構造や材料，納まり，人とのコミュニケーション等が養われ，実務に対して自信がつくことになる。卒業設計では，そのどちらも選ぶことが可能である。

卒業設計の終盤になると，設計の壁に当たる時が多くなる。そのような時は，ひたすら模型や図面を作成して手足を動かしたり，周りの人に話を聞いてもらうことで自己解決することが多い。この時のディスカッションや自問自答した経験が，将来必ず役に立つ日がくる。

■卒業設計とは何か

世間一般からみれば，大学の建築学科の卒業設計あるいは大学院の修士設計であるのだから，現実に建っている建物の設計と同様に，十分建設可能なものを計画・設計していると思っているのではないだろうか。よく大学の建築学科を卒業してもすぐに実務家としては役に立たないといわれるし，実際そうである。しかし，実はすぐに役に立つような教育は時間さえかければ難しくない。現実には大学の建築学科を卒業して数年経てば，設計の仕事が曲がりなりにもできるようになる。建築学科が社会で求められているのは，そのような実務的な知識・能力であろうか。もちろんプロフェッショナルとして行動するには，最低限の能力や知識は必要である。プロどうしで議論するには専門知識が不可欠である。

では，本当に社会が建築学科に求めているのは何なのだろうか？ これは永遠のテーマであり，教育とは何か，大学とは何か，に対する結論を出すには本項では荷が重い。しかし，こと卒業設計に限ってみたときに，社会が期待するところは，制作者が「建築，都市，社会」に対してどのように考えているのか，どのようなメッセージを「建築，都市，社会」に対して伝えたいのか，「建築，都市，社会」をどのように改善したいのか，であると定義し本項を進めたい。卒業設計が社会に対するメッセージであることを願っている。

このように定義すると，テーマ設定や敷地選定，デザインについて社会性が求められ，建築だけの知識だけでは不十分である。多くの書物を読んだり，新聞を読んだり，旅行や街歩きなどの経験をしたり，教員や友人知人，家族との議論など建築の専門知識を習得する以外の多くの勉強が必要となる。そこがおもしろいと感じてほしい。

卒業設計は制作者の社会性が問われるものであり，テーマ設定や表現など，当然多様である。また多様であることは当然のことであり，大いに羽目をはずしてほしいと思う。

卒業設計は，一般に実務のようにてきぱきと進まない。それは卒業設計のような大作を作成することに慣れていないこともあるが，やはり制作者が「自分はこの初めての作品で何を訴えたいのだろうか」ということを考え続けているからではないのだろうか。大いに悩んでほしい。しかし締切りはやってくるのであり，卒業設計は「考え続けること」と「締切り」のせめぎあいともいえる。最後は「時間」が解決してくれる。

卒業設計は，まずテーマを決め，プログラムを決定し，敷地選定し，デザインをし，そしてドローイングをして模型を作り，提出するということでもでき上がってしまう。しかし「自らテーマ設定し，敷地選定するという行為」は，それまでの課題ではなかったことである。つまり通常の課題ではテーマや敷地が決められており，決められた中でデザインが行われる。卒業設計では，テーマや敷地を自ら決めなければならない。テーマや敷地選定とデザインを一体化させなければならないところにおもしろさと難しさがある。制作者の個性や思想，社会性が問われているのである。

（勝又英明）

表-2 建築学および建築学関連分野要件の知識・能力等の内容（JABEE）

1 デザイン：造形および空間創造のための基礎能力
・デザイン探求のための3次元的思考能力
・建築の歴史と理論，関連する芸術，技術や人文科学を応用する能力
・美的かつ技術的な要求を満足するデザインを創り出す能力
・建築デザインに影響を及ぼす純粋芸術への理解
2 知識：建築を創るための基礎知識
・世界の建築の歴史的・文化的前例の知識
・建築物に対する安全性の知識，および快適性の知識
・建築に関わる哲学，倫理学や経済学の知識
・環境保護や廃棄物管理に関する知識
・サスティナブルな都市・建築空間の構築に関する知識
・建築物の社会的影響に関する理解
・建築家や建築技術者の職業倫理に関する理解
3 表現技術：ハンドワーク・オーラルコミュニケーションを中心とした表現
・資料収集，分析技術を通してアイデアを構想する能力
・共同作業，発表技術を通してアイデアを伝達する能力
・記述能力，描画能力，模型製作技術を通して，アイデアを具体化する能力
4 デザイン：空間創造のための専門能力
・課題の設定，解決手法および批評的な判断のために戦略を構築する能力
・創造的デザインのために諸要素を統合し，技を適用する能力
5 知識：建築を創るための専門知識
・ランドスケープアーキテクチャー，アーバンデザイン，地区・都市計画と人口問題や資源に目を向けた大局的視点からの知識
・構造材料，および生産の技術的知識
・人工的環境の構築におけるデザイン・建設・健康・安全に関連する法規・規則の知識
・サービスシステム，交通，通信，維持管理や保守システムの知識
・デザインの具現化のための実施設計図書や仕様書の役割，コストコントロールの知識
・建築の設計条件に関する知識
6 表現技術：図面作成を中心とする表現技術
・手作業やコンピュータを使ったビジュアルデザインによって設計意図を明確化し，設計・計画の質を向上させる能力
・建築が全体と部分よりなる構築物であることを理解し，ディテールを理解・作成する能力

［参考文献］
1）『UIAと建築教育−所見と勧告』UIA建築教育委員会，島田良一仮訳，UIA，2002
2）『建築学および建築関連分野要件の知識・能力等の内容』日本技術者教育認定機構，日本建築学会編，2002

2 スケジュール

■卒業設計と普段の課題の違いは何か

4年生で卒業設計を行う前に，いくつかの設計課題をこなしているので，課題を遂行するためのマネージメントは一通り体験している。では，卒業設計が普段の課題と違うところはなんだろうか。整理すると具体的に次のようになる。

① 自分でテーマ設定するために，テーマやプログラムを決めるために時間がかかる。
② 建物の規模が大きくなり，設計建物の難易度も上がるので作業量が増える。また，手伝い人を頼むことが多くなる。

■制作のタイプ

卒業設計に他人を手伝わせてもよいのであろうか，という議論はあるかもしれない。すべて自分の力だけで行っても，より良い作品を作成するために協力者に頼んでもどちらでも問題ない。協力者は「助っ人，ヘルプ，手伝い人，お手伝い，パートナー」などと呼ばれ，学校の先輩，同級生，後輩，他学科の友人，他大学の友人などいろいろな人が考えられる。この協力者との関係で，制作には次のタイプがある（図-2）。

　自己完結型：一人（共同）ですべて行う。
　お手伝い型：模型や図面描きなど，部分的に手伝ってもらう。
　組織型：組織的に設計・制作を行う。

それぞれについてメリットとデメリットがある。特に，人の手を借りる場合は，普段からの友人や後輩等とのつき合いが重要となる。また，手伝いの人にやってもらうことを明確にすることと，スタッフのスケジュール管理も必要となる。一般的に，模型の作成やCADによる図面作成を依頼するケースが多い。

■スケジュール作成

卒業設計では，スケジュールの作成が大変重要である。設計の規模によっては，図面の作成に時間がかかったり，模型やパース，あるいはCGによるプレゼンテーションに時間がかかることもある。まず，全体の構想を練り，時間の配分を考えながら計画をする必要がある。

スケジュールの作成にあたり，表-1のような1年間で行うモデルと，半年間で行うモデル（1年間で卒業論文と卒業設計を2つ行うケースや，前期の設計課題と卒業設計を行うケース）を示したので，卒業設計のスケジュール作成に使用するとよい（ただし，テーマの内容によっては順番が変わったり，戻ることもある）。

ここでは，長期的スケジュール（月単位）を示したが，初・中盤では中期的スケジュール（週間単位），中盤では短期的スケジュール（日単位），最後の2週間は，超短期スケジュール（時間単位）が必要となる。計画は，遅れがちになりやすく，そのしわ寄せが終盤にくる。いくら良い設計をしても，最後のプレゼンテーションが上手くできな

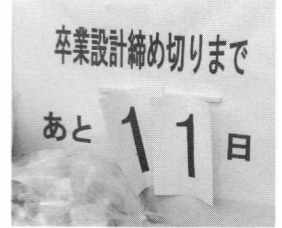

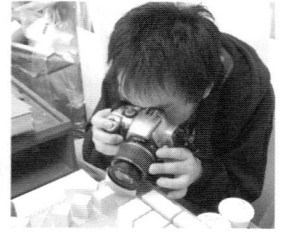

図-1　模型制作

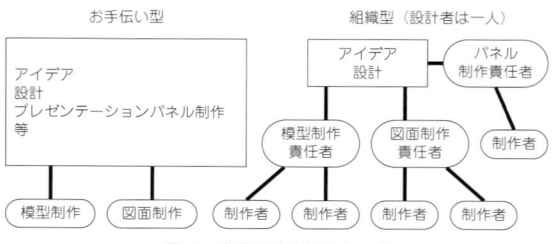

図-2　卒業設計の制作タイプ

いと，聴衆にその意図は伝わらない。そのためにも，序盤のスケジュール管理からしっかりと行うことが大事である。

■中間報告で何を示すか

各大学とも，最終の発表前に中間報告を設けている。中間報告を行う理由は，卒業設計の進度の確認と設計を行う意義の確認である。そのため学生は，次の内容を盛り込まなくてはならない。
- テーマ
- コンセプトとプログラム
- 敷地
- ボリューム模型

■作業が遅延することの原因

卒業設計において，提出間際に予期せぬ作業が発生し慌てるのは，次のようなケースが多い。

1 作業時間の見込み違い

卒業設計の作業時間の予測ができていないことと，卒業設計の作業の全貌がわからないために計画が破綻してしまうことがしばしば発生する。それを防ぐには，先輩の卒業設計を手伝っておくことが必要である。できれば複数の先輩の手伝いをして，作業の進め方の比較をすることも重要である。また設計事務所でアルバイトをしながら，実務での設計作業の進め方を学んでほしい。

2 データ破損

パソコンのデータのトラブルで最も多いのが，データの呼び出しができなくなったり消えてしまったり，コンピュータウイルスに感染してしまうことである。データにまつわるトラブルに対処するため，データのバックアップをまめに取ることが必要である。貴重なデータは常に外付けハードディスクなどに3重バックアップを取っておく。

3 プリンタトラブル

作品の出力は締切り間際になる場合が多く，出力が集中することによりプリンタのトラブルが発生しやすくなる。対処法は，余裕があるうちに出力しておいたり，利用のシェアリングについて同級生と事前に話し合っておく必要がある。

（和田浩一）

表-1 卒業設計スケジュールチェックリスト

項目	1年	半年
■基本方針を立てる	4月	8月〜9月
■リサーチ 　文献や論文の調査 　近代建築，卒業設計作品集 　過去の優秀作の解析		
■テーマの仮決定	5月	
■必要に応じて手伝いの募集		
■リサーチ 　テーマに関する建物や設計作品の調査 　コンセプトや類似事例の調査 　敷地の調査 　テーマに関連する周辺の調査（建築以外の分野）		
■テーマの決定	6月	10月初
■敷地の決定		
■プログラムの決定	7月	10月中
■粗いエスキス	8月	10月下
■ボリューム模型の作成	9月	11月初
■中間報告 　テーマ，コンセプト，プログラム， 　ボリューム模型の提示	10月	12月初
■方針やテーマ，コンセプトの再確認		
■詳細なエスキス 　（ここでコンセプトが変わることもある）	11月	
■エスキス模型の作成		
■図面の作成 　手描き，CAD	12月	12月下
■最終模型の作成と写真撮影，パースの作成		1月初
■プレゼンテーション用パネルの作成	1月	1月下
■卒業設計のまとめと提出		
■卒業設計発表会		2月中
■卒業設計展示会準備	2月	2月
■卒業設計展示会		
■卒業設計作品賞への応募 　JIA，日本一，日本建築学会，レモン等	3月〜	3月〜

図-3 卒業設計発表会の様子（武蔵工業大学）

図-4 卒業設計展準備の様子（新潟大学）

3 リサーチ

■リサーチの目的・意義

卒業設計のためのリサーチとは，設計に必要な情報収集や各種調査・分析を行うことである。辞書によれば調査とは「物事の実態・動向などを明確にするために調べること」（『大辞泉』）と定義されている。卒業設計における調査・分析は，建築が社会に及ぼす影響を理解・認識し，建築を創るために必要な設計条件の設定や解決すべき課題・手法を探索するうえで重要な意味を有している。

テーマ設定の背景にはどのような動機があったか，課題解決にはどのようなアプローチ・手法が考えられるか，等を考究するため，現在の社会状況や対象地の地理・都市的文脈，交通，歴史的背景，さらに現地の界隈性や雰囲気等について多角的な調査・分析が必要である。

■情報収集，調査・分析内容

1 卒業設計作品の事例研究

大学で作品集を編纂している場合は，過去の作品の設計要旨，コンセプト・プログラム，敷地設定に注目するほか，プレゼンテーション方法等を大いに参考にしてもらいたい。作品集を発刊していない場合は，過去の『月刊近代建築「全国大学建築系学科卒業設計優秀作品集」』（近代建築社）を参照したり，全国を巡回する日本建築学会卒業設計展，レモン画翠主催展覧会等に出向き，作品を実際に見ることが重要である。これらの展覧会の作品レイアウトや構成，展示方法からは実に多くのことが学べるはずである。

2 モデル作品・話題作品の事例分析

『建築設計資料集成』（日本建築学会編：丸善）や『建築雑誌』（日本建築学会）等に掲載されているモデル作品や話題作品の事例分析は，卒業設計を進めるうえで必要不可欠である。特に『建築設計資料集成』は日本建築学会が中心となって長年にわたり編纂・改訂された経緯があり，事例分析のバイブルとして活用したい。これらの建築作品を読み解く際には，平面，断面図，特記事項等に着目しながら，各室空間機能，動線・ゾーニング，内観・外観デザイン特性等について空間分析を行うことが基本である。これらの分析を通して調査対象となる建築を選定し，できるだけ早い時期にスケジュールを組んで現地訪問調査を行いたい。

3 コンペ応募作品のアイデア・表現技術の研究

話題となったコンペ応募作品の設計要旨や具体的アイデア，スケッチ，技術提案等を丹念に調べることは，有用な知見となる。また，建築家の各種表現技術を学ぶことは，自分の卒業設計での図面表現，プレゼンテーションを考えるうえで大いに参考になる。卒業設計に取り組む前に，各種設計課題・即日設計等を通して，これらの表現技術をできるだけ実践しておきたい。

表-1 『建築設計資料集成』（旧版）における分野・テーマ

1集	環境	音/振動/日照/日影/採光/照明/色彩/熱/空気/湿気/水/放射線/火力
2集	物品	飲食/調理/休息/就寝/用便/入浴/化粧/更衣/装身/生活管理/宗教・行事/趣味/創作/スポーツ/演技/演奏/教育/事務/医療/販売/生産/物流/交通/音響・光学機器/設備機器/造園
3集	単位空間 I	人体寸法/動作物/知覚/人の集合/動作空間/便所/浴室/洗面・化粧室/洗濯室/調理室/食堂/寝室
4集	単位空間 II	教室・集会・会議/教室/閲覧/アトリエ/スタジオ/客席/舞台/展示/病室/診察/リハビリテーション/実験・検査
5集	単位空間 III	出入口/カウンター/廊下・階段/居間・ラウンジ/収納/駐車/情報処理/設備機械/飼育・栽培/スポーツ
6集	建築―生活	住居/福祉/教育/医療
7集	建築―文化	図書/研究/芸能/集会/余暇/宿泊
8集	建築―産業	業務/商業/農業/工業/流通/交通
9集	地域	農漁村地区/工業地区/流通・交通/業務・商業地区/住宅地区/教育・文化/リクリエーション地区/広場・通り
10集	技術	安全/構造/構法/設備/サイン/植栽/建築形/地域特性

表-2 『建築設計資料集成』（新版）における分野・テーマ

総合編	1.構築環境/2.室と場面/3.空間配列とプログラム/4.地域とエコロジー
環境	1.人間・環境・設備/2.建築と環境/3.建築と設備/4.地域環境/5.環境設計事例
物品	1.生活/2.趣味・スポーツ/3.教育・情報・技術/医療/4.生産・流通/5.設備・造園
人間	1.人間と環境/2.形態・動作/3.生理/4.環境・行動/5.群集・安全
居住	1.独立住宅（バナキュラーなすまい/近代のすまい/文化・風土の反映/住宅の開放/中間領域の重視/環境への配慮/ライフステージの変化/ライフスタイルの実現/象徴としての家）/2.集合住宅（住戸/連続/積層/立体街路/高層化/配置/都市型/耐久性と構法/保存/多様な集住様式）
福祉・医療	1.福祉（福祉と施設の体系，地域福祉とまちづくり，児童福祉・通所系，身体障害者福祉，知的障害者福祉，高齢者福祉―居住系・通所系・居住＋通所系）/2.医療（診療所，歯科医院，リハビリ，健康プラザ，病院＋健康センター，各種検査室，小規模病院，リハビリテーション，温泉病院，療養所，サナトリウム，小児病院，精神病院，外来病院，救急救命センター，救急ICU，歴史的病院，総合病院，大学病院，病室プラン，高度専門医療，病棟基準階プラン，ホスピス）
教育・図書	1.教育（学校建築/幼稚園/小・中・高等学校/学校連携/複合/盲・養護学校/学校空間）/2.図書（国立・大規模/中規模/小規模/大学図書館/特殊な図書館/構成要素）
展示・芸能	1.展示（博物館・美術館/博物館・美術館/科学博物館/展示場/動物園・植物園/水族館/パビリオン）/2.芸能（オペラハウス/劇場/地域劇場/商業劇場/スタジオ劇場/多目的ホール/コンサートホール/劇場計画/伝統劇場/野外劇場/仮設劇場/教育施設/練習施設/ライブハウス/レストランシアター/人形劇/プラネタリウム/映画館）
集会・市民サービス	1.集会（児童/青少年センター/女性・高齢者センター/集会所/公民館/生涯学習センター/集会施設）/2.冠婚葬祭（結婚式場/葬儀式場/火葬場/納骨堂/墓地/社寺/教会）/3.市民サービス（町・村庁舎/市庁舎/県庁舎/警察署/消防署/出先機関/出張所/複合化施設/国の庁舎/中央街区/保存再生）
余暇・宿泊	1.余暇（運動系/あそび系/交流系/文化系/自然系）/2.宿泊（歴史的ホテル/シティホテル/ビジネスコミュニティホテル/小規模ホテル/リゾートホテル/旅館/公共宿泊施設）
業務・商業	1.業務（概要/空間構成/小規模/高層/金融/証券/放送・スタジオ）/2.商業（概要/独立店舗/テナント店舗/ショールーム/百貨店/量販店/ショッピングセンター/パッサージュ・モール/複合）
生産・交通	1.生産（概要/畜産・水産施設/基礎素材型/加工組立型/生活関連型/エネルギー・廃棄物処理）/2.交通（自動車系/鉄道系/航空系/船舶系）
地域・都市 I	1.都市拠点の再開発/2.都心の再整備/3.中心市街地の再生/4.コミュニティの再生/5.地域社会のデザイン/6.エコロジカル・デザイン
地域・都市 II	1.都市空間の構成（都市空間の解読とボキャブラリー/都市空間のスケールと密度）/2.都市空間の計画（環境計画/土地利用計画/交通計画/都市インフラ計画/都市の安全環境計画）/3.都市空間のデザイン（ランドスケープ・デザイン/ストリートファニチャー・デザイン/ユニバーサルデザイン/環境色彩）/4.都市デザインの実現化方策（都市計画・開発の法制度の枠組み/都市開発の企画・計画/都市開発の事業手法/デザイン・ガイドライン/プロセス・デザイン/まちづくり組織）

4 研究論文レビュー

卒業設計を専攻する学生にとって，研究論文を調べることは一般に敬遠されがちである。しかし研究論文の成果は，『建築設計資料集成』や一般図書，雑誌に先がけた情報源であり，特に論文中に掲載された図表は，卒業設計のコンセプト・プログラム等をダイアグラムとして作成・表現する際に大いに役立つ。

なお，建築関係の研究論文の検索は，日本建築学会ホームページでサービスされている。このほか，国立情報学研究所（NII）やJDreamⅡ（科学技術振興機構）等のデータベースにも多数の学術論文が登録されており，キーワードでテーマに関連する研究論文・図書・雑誌等が検索可能である。これらのシステムを最大限に活用して，卒業設計に必要な情報収集を試みてほしい。

5 施設訪問調査の進め方

現地調査に際して，施設管理・運営者に事前に電話・文書で調査の趣旨，調査内容・方法，訪問者，連絡先等を伝えておくと，円滑な調査を行うことができる。また図面等の資料提供やヒアリング・アンケート等を依頼する場合，現地調査に先駆けて調査依頼書を作成・送付しておくと効率的な調査の実施が可能である。

■敷地調査の実際

1 敷地候補地の探索

敷地選定のためには，できるだけ多くの都市・地域を実踏調査したい。候補地を絞り込むには，地形を読み解くことが基本である。古来より都市・集落は人間の生活に必要な水・食料が比較的容易に得られる場所，あるいは外敵から身を守るのに適した地形の特異点に成立してきた。上下水道技術の発展により居住可能地区は拡大してきたが，地理的な水系や関連する地形をマクロな視点でとらえると案外おもしろい敷地発見につながる。都市部では住宅地，商業・工業・農業・漁業等の生業発生ゾーン，平地・丘陵地・河川・海・湖沼等の自然環境ゾーン，これら相互の境界（エッジ）や借景となり得る風景，自然景観・人工景観等に着目することが，都市・地域・場所の構造・文脈・特異性を読み解くうえでヒントになる。

2 調査内容・方法

調査では対象地域の住宅地図，カメラ，スケッチブック，コンベックス等を持参し，対象地域を可能な限り歩くことが基本となる。現場では自分が感覚的におもしろいと感じ取ったところを地図にプロットしたり，気づいたことをメモ・スケッチ・写真撮影し，できるだけ詳細に記録を残す。調査には複数メンバーで行き，現場で意見を出し合うと自己本位の視点に陥らず，おもしろい場所や視点が発見できる可能性も高まる。

調査内容としては，既存建築・工作物の位置，敷地・道路・建物の面積・長さ・高さ，交通インフラ，方位，日影，周辺建物・公共施設・公園・オープンスペースの活用状況，植栽・緑地の場所や量，さらに周辺地域と相互に関係する風・熱・空気・光・水・音・電気・電波・振動等の環境要因も分析したい。都市計画区域であれば事前に都市計画地図で用途地域や法規制を確認しておくとよい。

また，これらの時間・曜日変動をとらえるため，調査は日時を変えて何度も実施したい。なお，隣接敷地はいつまでも同じ状況とは限らないので，敷地周辺の将来予測をする視点も重要である。対象地および周辺の界隈性・雰囲気をとらえるため，私的領域から公的領域に表出する物・看板・仮設工作物等に着目し，公的領域と私的領域の境界を判定してみるのもおもしろい。対象地周辺の人の流れ・滞留状況，さらに観察される行為・行動等を併せて把握することも場所の性格を明らかにするうえで重要である。なお，これらの調査結果はできるだけ早いうちにまとめて図面・文書化し，ゼミ等で発表することを常としたい。

（山﨑俊裕）

表-3 敷地・周辺状況のリサーチポイント

敷地に実際に足を運んで現地をくまなく歩く。
気づいた点をメモしたり，スケッチ・写真撮影する。
時間・曜日変動をとらえるため，日時を変えて何度も見に行く。
地形や周辺地域の文脈を読み解く。
人の流れ，溜まりを観察する。
交通インフラ（最寄駅，バス停等）を調べる。
周辺道路の車の流れ，溜まりを調べる。
敷地の方位，周辺建物の日影を確認する。
周辺公共施設，オープンスペースの立地状況を把握する。
敷地周辺からの影響（風・光・熱・空気・水・音・電気・電波，振動等）を考えてみる。
隣接敷地の将来的な変化をイメージしてみる。

図-1 都市デザインサーベイの記述例（制作：菅原亮人）

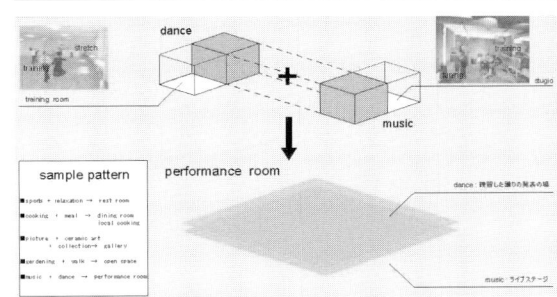

図-2 リサーチに基づく空間モデル例（制作：菅原亮人）

4 テーマ設定

■テーマ設定の目的・意義

卒業設計のテーマは，その時代・時々の社会的・経済的さらには政治的状況を色濃く反映して設定される傾向にある。卒業設計のテーマ設定は重要なプロセスであり，ここでは潜在化した社会的問題を発掘したり，顕在化した課題解決に向けた具体的方法論を探索・提案することが目標の一つとなる。テーマ設定では社会の動向，ならびに建築界の先端的作品の意匠，構造・材料，構法，環境システム等に着目しながら，可能な限り独創的なテーマを発掘したいところである。

一方，時代性やトレンドを追うことに終始しても，テーマ設定の手がかりになるとは限らない。建築が人間との相互関係によって成立する以上，人間の生活行動にかかわる普遍的なテーマは必ず存在する。一時的な流れによらない長期的・継続的テーマも十分対象になるであろう。しかしながら，近年の高度な情報技術の進展にともない，社会・組織・家族・個人の生活行動様式は従来に比べて著しく多様化・個別化し，発掘すべき問題や解決すべき命題はますます複雑かつ潜在化する傾向にある。テーマ設定にあたっては，過去に取り組まれたテーマの十分なリサーチとともに，今日社会が直面する状況と今後の動向に関する多角的な情報収集・分析を精力的に行う必要がある。

情報収集の手段としては，新聞をはじめ各種メディアに日常的に慣れ親しみ，社会で何が問題になっているか常に興味・関心を抱くことが大切である。また，テーマ設定のきっかけとなる問題発掘や課題解決方法，提案のための柔軟な発想法等を日頃からトーニングしておくことも重要である。

■テーマ設定のポイント

卒業設計は大学で学んだ建築学の集大成であり，建築を目指した原点と目標を見直すことにもなる。社会に卒業設計を通してメッセージをどのように伝えるか，建物を建てることで問題が解決できるのか，さらに計画・設計の背景や提案に向けたチェック項目として5W1Hを常に問うことを心がけたい。すなわち①Why：なぜそのプロジェクトがあるのか，②Who, whom：誰が利用するのか，また誰が管理・運営するのか，③What：どのような機能，空間なのか，④When：いつ頃建築するのか，⑤Where：どこに建築するのか，⑥How：どのように建築するのか，等である。これらのポイントに留意しながら，最近の卒業設計事例や関連する作品群のテーマの広がり，多様性，バリエーション等を分類し，傾向分析を試みることも有用である。

■テーマの広がりと探索の方法

卒業設計で取り組むテーマには実に多様なものが存在する。概念的なもの，リアリティを追求したもの，位相幾何学的な空間モデルや形態形成のプロセスを追及するもの，新しい設計手法そのものを提案しようとするもの，また社会に対する批判・風刺・皮肉的なメッセージを込めたものもある。

最近では，情報通信技術やCAD・CG技術の普

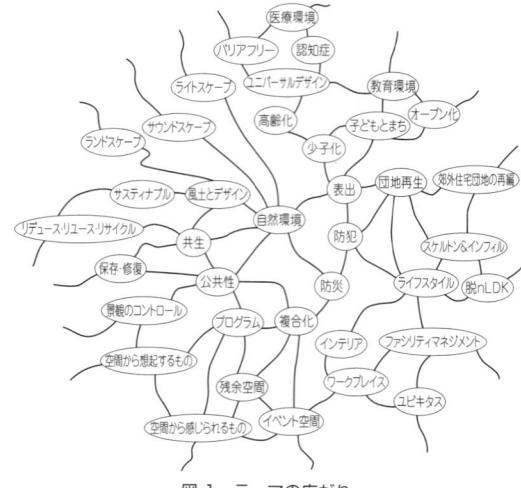

図-1 テーマの広がり

表-1 卒業設計日本一受賞者のテーマとコンセプト（2006年）

テーマ	コンセプト	受賞者	所属大学
『kyabetsu』	小さな住空間に様々な扉を与えることで都市との関係に強弱をつける。人々の生活はキャベツの断面のように幾重にも重なり，都市へと広がる。	藤田桃子	京都大学
『おどる住宅地 - A new suburbia』	丘と谷の広場の間に建つ，見慣れた同じような家のかたち。でも，地面は自然のまま，家はちょっと傾いて見えます。いつもと少し変わった空間をひとつひとつ想像してみる。そんな場所に住んでいるような気分で。	有原寿典	筑波大学
『余白密集体』	木造住宅密集市街地における一つのアーキタイプとして，反転という手法を用い，環境改善・サスティナブルな建築を目的とし，木造住宅密集重点整備地域をそれぞれ中心とし，都市に派生するように展開する。	桔川卓也	日本大学
『overdrive function』	人の行為を空間が強く決定しないそんな状態をみんなが使う公共建築でできたら面白いんじゃないかと思う。それは機能主義的で窮屈な一義的な空間ではない人の集まり方で空間が現れるようなそんな風景のような建築を目指した。	降矢宜幸	明治大学
『都市のvisual image』	ギャラリーのような商業施設。それぞれの場は純粋に人とモノだけがあふれるような構成を持つ。全体を巡ったときに建築の構造が消え，人とモノだけでできたこの街の風景が積層したような建築を目指す。	木村友彦	明治大学

及にともなって，場所に依存しないユビキタス社会を想定したテーマや仮想現実空間・コンピュータネットワーク空間をベースにした提案もみられる。また，過去の未完の建築をCGで復元したり，大規模な3次元バーチャル都市空間でのシミュレーション等も試みられている。

高度情報通信社会のもう一つの断面として，地域の特定の集団・個人に注目したローカルコミュニティや生活者の視点に立ったテーマ設定も増えている。敷地がテーマ設定に先立って決定している場合，敷地に強いインスピレーションを感じてそこからテーマ・イメージを膨らませることもある。さらに，文学作品や作家をテーマに取りあげることもある。この場合，文学作品に登場する場面・シーンをイメージスケッチに起こしたり，時間の流れをフロー図として記述してみてもおもしろい。敷地を規定する設計ではなく，都市空間に派生するすき間や場所に依存しない寄生的モデルを追及するテーマも少なくない。最近の都市・建築デザインのトレンドに呼応したテーマとして，商業建築の装飾・ファッション，あるいはブランドとしての建物の表層・ファサードを取りあげたテーマも増えている。携帯電話の普及にともなって個人（パーソナル）と社会（コモン），私（プライベート）と公（パブリック）の概念を領域性・関係性のテーマとして取り組む事例もある。

また，従来の機能に支配された建築計画論に対して，多様化・複合化・曖昧化する機能と空間をどのようにとらえ直し再編するかという，逆説的メッセージを込めたものも少なからず存在する。都市や地域のリサーチの際には人や物，広告・看板等の建築以外の工作物・情報が存在し，これらを包括した界隈性の概念がテーマになることもある。歴史的な建築物の保存・再生も最近にわかに注目されている。これらと関連してまちづくりの実践活動や各種NPO組織の活動・運営そのものをテーマに据え，卒業設計に取り組む場合も少なくない。さらに建築の枠組みを超えて，グローバルな視点からのランドスケープデザイン，地球環境に配慮したエコロジカルデザイン，持続可能な都市・地域・建築環境を目指したサスティナブルデザインの関連テーマも増えている。近年頻発する犯罪や地震の影響から都市・地域の防犯・防災機能や避難所のあり方，仮設住宅やコミュニティ再編に関するテーマ等も近年積極的に取り組まれつつある。

以上あげた以外にも，卒業設計で対象となるテーマは多数存在する。テーマの広がりを知り，できるだけ早い段階でテーマ設定を行うためには，過去のアイデアコンペのテーマやプロポーザルコンペ，実施コンペ入賞作品の設計要旨・コンセプト，プレゼンテーションを入念に調べ，先人の取り組みについて事例研究を十分に行いたい。

（山崎俊裕）

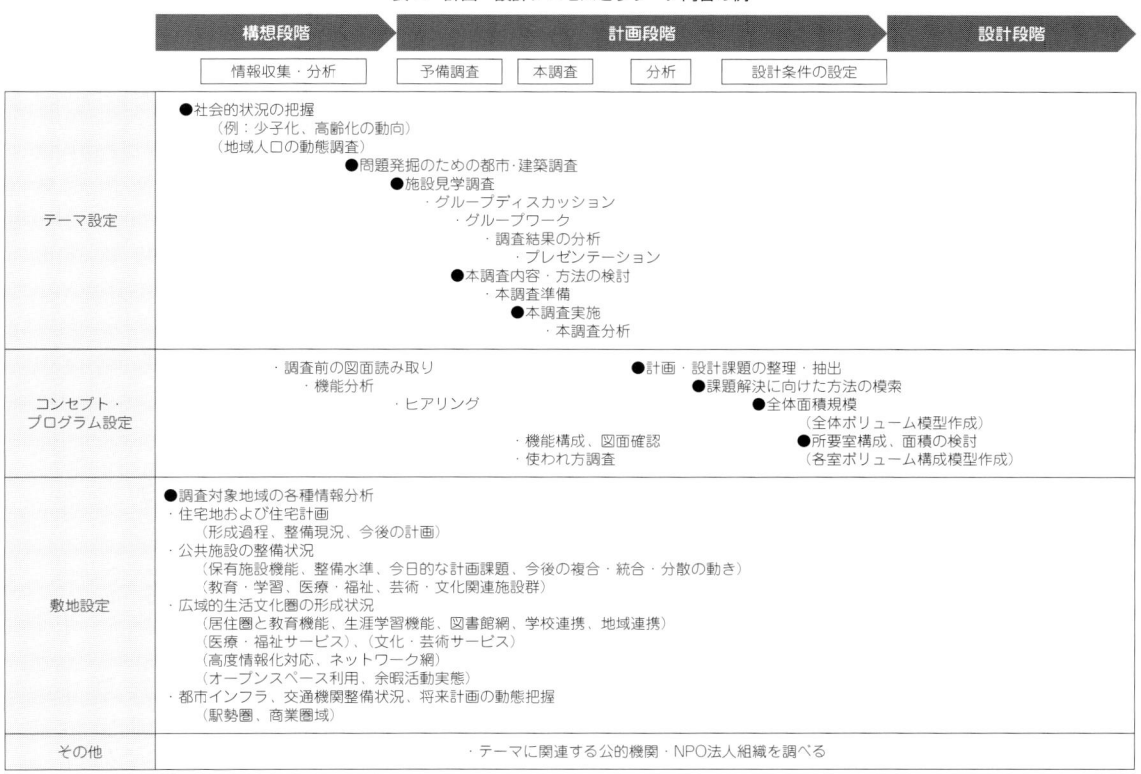

表-2　計画・設計プロセスとリサーチ内容の例

5　コンセプト・プログラム

■コンセプトとは何か

コンセプト（概念・考え方）とは，「創造された作品や商品全体に貫かれた，骨格となる発想や観点」（『大辞泉』），広告の場合は「既成概念にとらわれず，商品やサービスを新しい視点からとらえ，新しい意味づけを与えてそれを広告の主張とする考え方」（『大辞林』）と説明されている。卒業設計におけるコンセプトとは，テーマに対する解釈や提案を建築として表現する際の計画・設計要旨であり，コンセプトの斬新さや話題性，説得力・リアリティ，ユニークさ等が，最終的な評価に大いに影響するといっても過言ではない。卒業設計では最終的に何をやりたかったかを簡潔明瞭にわかりやすく第三者に伝えることが最も重要であり，プレゼンテーションではコンセプト，プログラム，空間構成等をダイアグラム等で図式化することを心がけたい。

■型を知り，型を打ち破る

斬新なコンセプトを創出するためには，構想・立案する考え方が新しいモデルになり得るかどうかを検証する必要がある。そのためには可能な限り多数の既存計画・設計実例や空間機能・構成の読み取り・分析が重要である。作品分析から型を特徴づける基本要因，出現するバリエーション・多様性を理解・認識・評価し，既成の型にない新しい型を探索・発見・提案することが可能となる。このプロセスを経ず，単なる思いつきで構想・提案した場合，往々にして新しい提案と考えたものが，実は過去の事例の焼き直しやマイナーチェンジであったと後で気づく場合も少なくない。

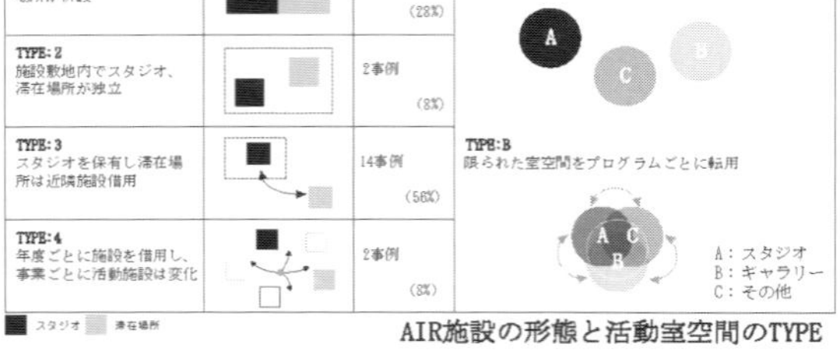

テーマ設定と同様，コンセプト設定においても既往の事例調査・分析は重要である。さらに型がなぜ創られたか，またどのような経緯でこれまで発展してきたか，を認識・理解することも大切である。昨今，型の意味や発展経緯を十分理解せず，やみくもに型を壊すことのみに執心する傾向が見られることも注意を喚起しておきたい。なお，自分本位のコンセプトに陥らないためには，自分がなんとなく気になっている点，引っかかっている点を書き出し，複数の人に自分の考え方を投げかけ，意見を聞くことを心がけたい。

従来の建築用途別計画各論は，近年の情報通信や材料・構法技術の進展により，今新しいパラダイムを迎えつつある。近代の機能集約化の概念は必ずしも物理的距離の近接性に依存しなくなっており，空間構成は集約化と分散化という二極化の流れが形成されつつある。多様な集団単位，多様な行為・行動に対応した弾力的な空間構成，システム提案が今日の大きな課題といえよう。

■プログラムとは何か

建築設計におけるプログラムの概念には，複数のとらえ方が存在する。卒業設計以前の課題は通常，課題の趣旨，延べ床面積，施設機能に対応する所要室構成と面積等が設計条件として示される。一方，卒業設計ではこれらの設計条件は製作者がテーマやコンセプトに応じて独自に設定できる自由度を有しており，テーマ設定，コンセプトの提案と同じく，プログラム設定の考え方やプロセス

図-1　アーティストレジデンスの空間構成ダイアグラム（制作：鈴木都司）

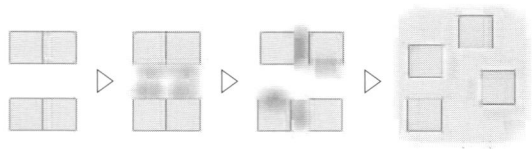

図-2　空間構成モデル（制作：宇谷淳）

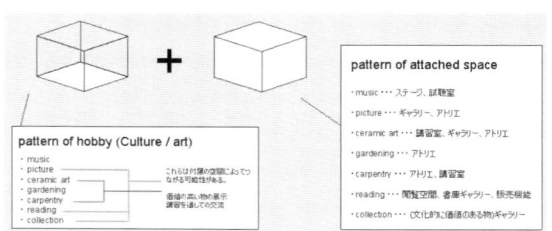

図-3　プログラム再編モデル（制作：菅原亮人）

は評価のポイントにもなる。プログラム設定の自由度がある反面，体系化された規模計画の方法論や所要室構成に関する建築計画知識が不十分のまま曖昧に設計を進めてしまう場合も少なくない。建築プログラムは，今日人々の余暇活動時間の増加や各種生涯学習空間・場に対する需要，多様化・個別化する要求の高まり等により，複合化と専用化，集約化と分散化，大規模化と小規模化の流れに二極化する傾向にある。これらの動向を見据えたプログラム提案が期待されるところである。

卒業設計のテーマによっては，プログラム自体の概念がはっきりしない，あるいはプログラムそのものが存在しない場合もある。抽象的・概念的な空間造形や空間構成手法の提案をテーマにするような場合，プログラムは一般に曖昧である。この場合，敷地が設定されないこともあり，評価が分かれることも少なくない。提案された設計手法に汎用性があると考えるならば，概念モデルを具現化した敷地，建築用途・機能としてパイロットモデルを示すことが望ましいと考えられる。

■プログラム設定の方法

テーマに沿った各部空間の機能と面積を設定することが，プログラム設定のおもな目的である。ここでの機能設定は，想定される利用者の行動・行為場面をどのようにイメージし得るかがポイントとなる。では複雑化・多様化・曖昧化する機能要求に対して，空間そのものをどのようにイメージすればよいであろうか。最近のまちづくりや公共施設計画では，基本構想や基本計画段階で利用者の多様なニーズを検討する手段として，まちづくりマップや機能設定のためのワークショップ等が試みられている。ワークショップを通して効果的かつ有意義な成果や知見を得るためには，議論の途中に専門的観点からアドバイスしたり，出された意見を調整するファシリテータの存在が重要になる。卒業設計の場合にはゼミ等を活用し，製作者や指導教員がファシリテータとなってワークショップ的機会・場面を開催してみるのも一考である。

規模計画としてのボリュームチェック，面積の設定方法は，敷地が確定している場合，周辺建物との関係に配慮しながら確保し得るボリューム・延べ床面積を求め，想定する機能・ゾーンの一般的な面積構成割合から各所要室面積を算出する方法（分割法），必要な所要室機能と面積を1人当たりの標準的な面積原単位（m²／人）や単位空間距離・容積等を指標にして必要諸室面積・想定ゾーン面積を算出し，これらに共用スペース面積を加算して全体面積を求める方法（積み上げ法）の2つが代表的である。本来両者の方法を併用することが望ましいが，テーマや想定プログラムによっては既存の面積指標が使えない場合もある。その場合は，代替できそうな面積指標を選定し面積を試算してみるとよい。

敷地選定の際に，現行の法規にどれだけ準拠するかも課題である。実現性を追求した場合，ある程度法規を抑える必要が出てくるが，通常の卒業設計では法規にあまりこだわる必要はないと考えられる。しかし，地域・地区に依存しない単体規定に抵触する設計，例えば2方向避難の確保や階段がなくエレベーターでしかアクセスできないような卒業設計は論外となるので，最低限の法規は抑えておく必要がある。

■コンセプト・プログラム設定の実際

ここでは想定するボリューム・規模・機能等の条件が妥当であるか，ゾーニングや動線計画に対してリアリティがあるか等を構想段階で事前に検討する必要がある。コンセプト・プログラム構想の段階でもイメージスケッチ，スタディ模型製作は必要不可欠であり，テーマによっては形のスタディを先行させる場合も当然出てくる。

ここではコンセプト・プログラム設定の実例として，卒業設計の中間発表時に製作されたプレゼンテーション事例を参考として示した。

(山﨑俊裕)

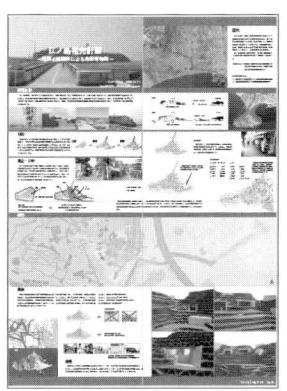

「ENOSHIMA RENOVATION」 井村英之　　「私的領域連続体」 宇谷淳　　「記憶の園」 花岡雄太　　「趣役達の道楽」 菅原亮人

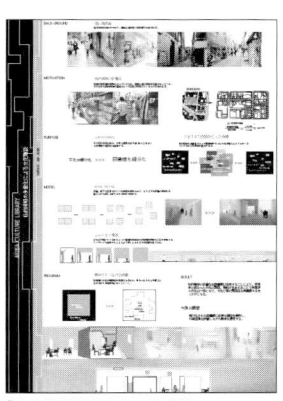

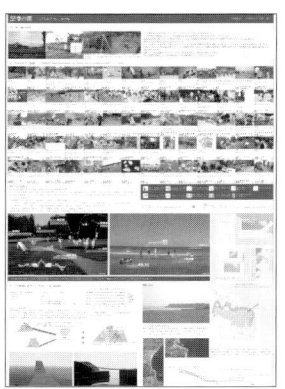

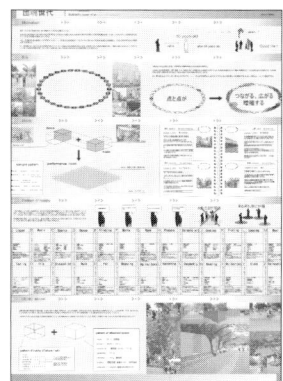

図-4　卒業設計中間発表パネル事例（東海大学）

6 敷地選定

■敷地選定の意味

卒業設計の敷地を選定する場合，いろいろなケースがある。例えば，テーマも敷地も決まっている場合がある。この場合は，特に敷地選定に悩むことはないかもしれない。しかし，この本を読むことにより，選定したテーマに，「より適した敷地」がほかにないのかどうかチェックをしてほしい。次のケースは，卒業設計の指導を受けている教員（あるいは建築学科教室）により敷地が指定される場合である。このケースの場合，なぜその敷地が選定されたかという理由を考えてほしい。その理由の中に卒業設計のテーマを設定するカギが隠されている。この場合も，この本を読むことにより敷地の意味を考えてほしい。次に敷地を自分で選定する場合である。本項はこのケースを想定して解説する。

■敷地とは何か

「敷地」とはなんだろうか？『建築大辞典 第2版』（彰国社）によれば，「①建築物の占める土地，広義には街区，画地などの総称。②道路，河川などの占める土地。③一つの建築物，または用途上不可分の関係にある2以上の建築物のある一団の土地，用途上不可分の関係にあたるものであっても，建築基準法上の道路によって分けられている場合は，別敷地として扱われる。「建築敷地」ともいう」と記されている。

また，『広辞苑 第4版』（岩波書店）によれば，「建物や施設を設けるための土地。また道路・堤防・河川などの占める土地」とあり，さらに建築基準法においても，敷地の定義がされている。建築基準法施行令第1条（用語の定義）一によれば，敷地の定義は，「一の建築物又は用途上不可分の関係にある二以上の建築物のある一団の土地をいう」とある。

これらの定義からいえることは，建物の建つことのできる場所が敷地であり，道路や河川なども含まれる。建物が建設可能な土地が敷地といえる。これらは狭義の敷地であり，卒業設計の場合は何らかの形で建物あるいはそれに類するものを構築できさえすれば，敷地について定義になくてもよいともいえる。

■法規による敷地と用途の関係

建築基準法第48条・別表第2「用途地域による建築物の用途制限」では，「用途地域の種類」と「建築物の用途」の関係が示されている。用途地域の種類は，各市町村のウェブサイトの都市計画課ページに，それぞれに敷地の用途地域が明示されている。例えば，劇場・映画館で客席面積200㎡以上のものは，商業地域と準工業地域にしか建てることができない。住宅は工業専用地域では建てることができない。敷地（用途地域）とテーマの関係をチェックする意味で，選定した敷地の用途地域を調べ，別表第2「用途地域による建築物の用途制限」により，考えているテーマが法と合致しているかどうかを調べることは，敷地とテーマを考える際の一助となるので，ぜひ調べてみてほしい。

■テーマとの関係

基本的には，卒業設計のテーマと敷地は別々に考えることはできない。テーマの中にはプログラム，ビルディングタイプも含まれている。テーマが先に決まるケース，敷地が先に決まるケースのどちらもありうる。非常に魅力的な敷地があり，そこに何かを建てたいという場合，テーマの設定，すなわちそこの敷地に何を建てるかを決定しなければならない。その敷地の魅力を生かすテーマ設定をしなければならない。

表-1 敷地の分類

■日常系			■コンテクスト系		
日本国内か外国か？	日本国内	外国	生活のインフラはあるか？	生活のインフラあり	生活のインフラなし
都市か郊外か？	都市部	郊外	既存の建物はあるか？	既存の建物あり	既存の建物なし
陸上か海上か？	陸上	海上	交通手段はあるか？	交通手段のある敷地	簡単に到達できない敷地
現存する敷地か？	現存する敷地	今はない敷地	景観的に特徴があるか？	景観的に特徴がある	景観的に特徴がない
■非日常系			歴史的環境である敷地か？	歴史的環境である敷地	歴史的環境でない敷地
実在敷地か架空敷地か？	実在敷地	架空敷地	発展に期待できるか？	発展に期待できる	発展に期待できない
地上か空中か？	地上，地中	空中，宇宙	問題のある土地か？	瑕疵のある敷地	特に問題のない敷地
地球上か他の天体か？	地球上	他の天体，宇宙空間	■経験系		
静止しているか？	静止している	動いている	自分に土地勘があるか？	自分に土地勘がある敷地	自分に土地勘がない敷地
人類の生存が可能か？	人類の生存可能	人類の生存不可能	他人に土地勘があるか？	他人に土地勘がある	他人に土地勘がない
地盤に定着しているか？	地盤に定着	地盤からは離れている	自分の出身地か？	自分の出身地ではない	自分の出身地である
■リサーチ系			■認知度系		
敷地調査の可能性？	調査可能	調査不可能	有名な土地か？	有名の土地	無名の土地
立ち入りが可能か？	立ち入りが可能	立ち入りが不可能	よく卒業設計に登場する敷地か？	よく登場する敷地	無名の敷地

2 備える

通常，実務では，一般に敷地は決まっているところから計画・設計がスタートする。もちろん逆のケースもある。建てたいものが決まっていて敷地を探すという場合である。集合住宅を建設するディベロッパーは，集合住宅を建てるための敷地を探す。ショッピングセンターを計画している会社は，ショッピングセンターに適した敷地を探す。

■なぜ敷地選定が重要なのか

建築デザインは，敷地からインスピレーションを受ける場合が多い。逆に言えば，敷地のもつポテンシャルをいかに引き出すかが建築デザインのポイントの一つである。

それでは，ポテンシャルをもっている敷地とはどのようなものだろうか。例えば，周囲に優れた景観をもっている，優れたロケーションをもっている場合がある。しかし，敷地の周辺があまりにも優れた景観やロケーションをもっていると，建築デザインが負けてしまう場合もある。

敷地選定で重要なポイントは，敷地のコンテクストとテーマ（計画建物の用途）が合致しているかどうかである。計画している建物が，計画敷地に建つ必然性はあるかどうかである。建築は利用されないと意味がない。計画建物に誰も来ないような敷地を選定してもしょうがない。もちろん計画建物の出現によって，計画敷地周辺を変えていきたいという意図をもって，あえて（用途にマッチしていない）敷地を選定することはありうる。しかし原則としては，選定した土地にマッチしたテーマの建物が計画されることが望ましい。

■敷地の分類

36ページの表-1は敷地の分類について示している。この敷地の分類をみて，「敷地」といってもいろいろな見方があることを理解してほしい。そして，敷地選定をする際に多面的な見方で検討してほしい。

例えば，「実在敷地か架空敷地か？」を考えてみたい。通常，敷地は実在するものであるし，実在しなければ，敷地のコンテクストを読み解くことはできない。しかし，敷地を必要としない，デザインの提案もあるかもしれないし，まったく架空の土地あるいは想像の土地を敷地とするかもしれない。必ずしも敷地は実在するとは限らない。卒業設計は，「敷地のコンテクストを読み解く」ということが重要な課題であり，訓練でもある。実在しない敷地とする場合は，明確な説明が必要である。

■敷地の選定モデル

最近，卒業設計の敷地としてよく登場するものをまとめたものが表-2である。例えば，「特異都市立地モデル」は，浅草や秋葉原，歌舞伎町など個性的な街を例示したものである。街そのものが個性的であるため，その個性を生かすデザインをしたり，街の個性の力を借りてデザインしたりする場合もある。表-1と比較して，敷地の多様性を理解してほしい。これらの表からインスピレーションを受けてほしい。

敷地の地名にはイメージがある場合がある。例えば東京でいえば，松濤や白金，田園調布は高級住宅地，歌舞伎町や渋谷センター街，六本木は繁華街，西新宿，汐留は超高層ビル街，浅草，北品川は歴史のある街，代官山は洒落た街，上野は文化の街のようなものである。

卒業設計発表会の際に，計画した敷地がどのような地名であるかにより，説明を受ける人たち（一般聴衆や審査員）に，敷地とテーマを結ぶイメージができる。そのイメージが地名からくるイメージ，敷地のもつ建物用途を彷彿させるイメージとテーマが合致すれば，頭の中にイメージを膨らませた前提でテーマやデザインを理解しようとする。地名のもつイメージとテーマが合致しない場合は，なぜイメージ通りの用途が建ってないのかを理解しようとする。その違和感が新たなプログラムを生む素地になるかもしれないし，それが建物のデザインにも好影響を及ぼすかもしれない。もし，地名のもつイメージと計画建物の用途がミスマッチとなってしまったら，その違和感から評価自体に影響を及ぼす場合もある。

（勝又英明）

表-2 敷地の例（モデル）

■特異都市立地モデル	■住宅地モデル	■公園モデル	■避暑地モデル	■埋立地モデル	■伝統的建造物群モデル
浅草	田園調布	日比谷公園	軽井沢	佃	奈良井宿
秋葉原	松濤	上野公園	箱根	月島	妻籠宿
渋谷	白金	新宿御苑	清里	ポートアイランド	倉敷
上野	芦屋	浜離宮	日光	幕張	祇園新橋
新橋	成城学園	山下公園		有明	白川郷・五箇山
下北沢	大磯	野毛公園	■基地モデル	宍道湖	川越
自由ヶ丘	■ニュータウンモデル	■港モデル	座間	■島モデル	大内宿
代官山	多摩ニュータウン	横浜	横田	佐渡島	■世界遺産(文化遺産)モデル
吉祥寺	港北ニュータウン	神戸	横須賀	江ノ島	厳島神社
東京駅(丸の内・八重洲)	千里ニュータウン	小樽	嘉手納	直島	琉球王国のグスク
六本木	高蔵寺ニュータウン	門司，下関	岩国		紀伊山地の霊場と参詣道
歌舞伎町	筑波研究学園都市		■廃墟モデル	■古都モデル	■世界遺産(自然遺産)モデル
西新宿	■ターミナルモデル	■河川・橋モデル	軍艦島	京都	屋久島
池袋	東京駅	隅田川	横濱競馬場	奈良	白神山地
表参道	上野駅	神田川	九龍城砦	鎌倉	知床
代官山	新宿駅	渋谷川	大谷	■城下町モデル	■湿原モデル
大久保(新宿)	大阪駅	賀茂川	廃坑	金沢	釧路
巣鴨	博多駅	信濃川	■市場モデル	松本	尾瀬
伊勢崎町(横浜)		道頓堀	築地	姫路	
黄金町(横浜)			大阪市中央卸売市場	小田原	
北品川(旧東海道)					

7 デザインへの変換

■デザイン方法について

いよいよ設計が始まり，構想したものを何らかの方法でデザインしなければならない。ここでは，一般的なデザイン方法を述べ，具体的な建築家の事例については「3 設計の進め方」（56～63ページ）に記述している。デザインは，設計者の得意とする方法で行えばよいが，ここに収録している方法について一度確認しておきたい。デザイン方法の幅を広げ，いきづまったときの打開策となることもある。

■言葉からデザインへの変換

建築設計は，ボキャブラリーに左右される。ボキャブラリーには，二つの意味があり，一つは言葉のボキャブラリーで，もう一つは空間のボキャブラリーである。ある言葉から連想し，物語を展開する能力が必要である。そこからコンセプトや空間のシークエンスが生まれることが多い。具体的には，言葉を書き連ね，そこから部分スケッチをする。これらの部分スケッチを集積し空間化する。空間のボキャブラリーは，豊かな空間をどれだけ知っているかである。そのためには，ひたすら建築空間を見て知識を蓄積することである。実在する空間を見ることで，インスピレーションが浮かぶことも多い。

卒業設計では，その個人がもっているボキャブラリーを超えることである。すなわち，それまでに見た建築や空間を超えることである。

■条件からデザインへの変換

建築設計では，条件設定が重要なカギを握る。建物用途や敷地の形状などから与えられる条件もあれば，コンセプトや規模計画など設計者が自ら設定する条件もある。重要なのは，条件設定が関連付いていることである。この自己の条件設定に対する答え（設計）ができるかどうかが設計の良し悪しを決めることになる。設計が進まない原因は，この条件が上手く設定されていない場合も多い。

条件が緩い土地よりも厳しい土地のほうが，設計を進めやすい。また，動線計画もプログラムの一つであるが，動線計画のバブルダイアグラムが

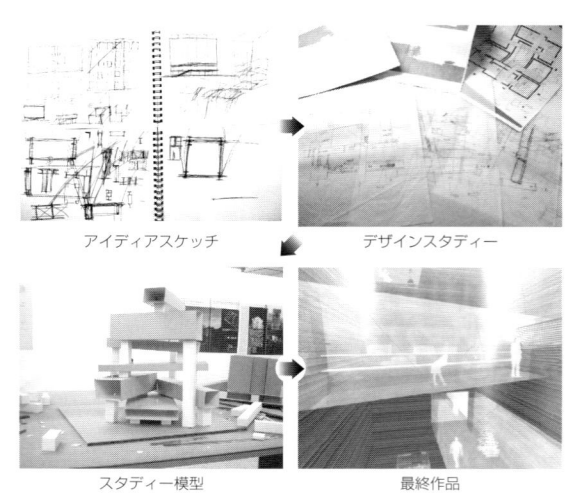

図-1 デザインへの変換例（制作：森屋隆洋）

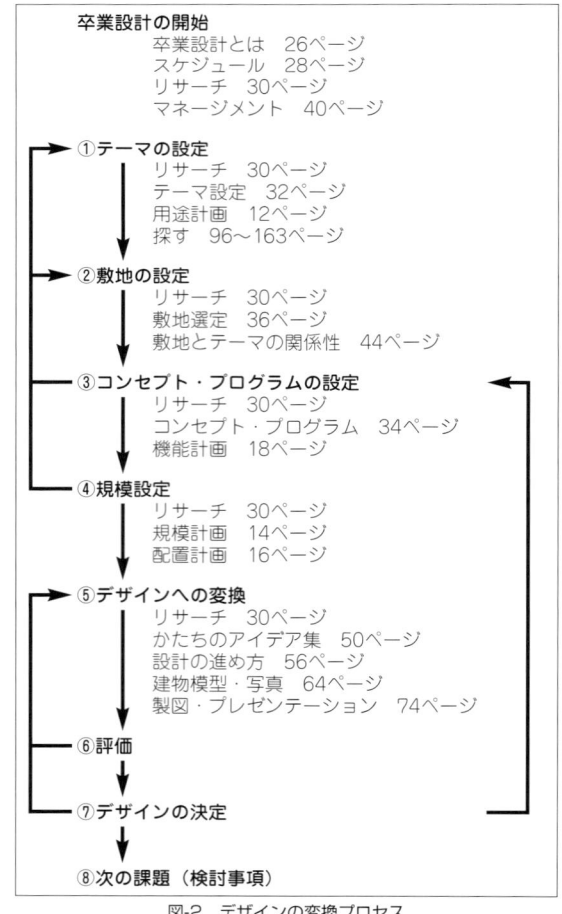

図-2 デザインの変換プロセス

```
卒業設計の開始
    卒業設計とは    26ページ
    スケジュール    28ページ
    リサーチ    30ページ
    マネージメント    40ページ
↓
①テーマの設定
    リサーチ    30ページ
    テーマ設定    32ページ
    用途計画    12ページ
    探す    96～163ページ
↓
②敷地の設定
    リサーチ    30ページ
    敷地選定    36ページ
    敷地とテーマの関係性    44ページ
↓
③コンセプト・プログラムの設定
    リサーチ    30ページ
    コンセプト・プログラム    34ページ
    機能計画    18ページ
↓
④規模設定
    リサーチ    30ページ
    規模計画    14ページ
    配置計画    16ページ
↓
⑤デザインへの変換
    リサーチ    30ページ
    かたちのアイデア集    50ページ
    設計の進め方    56ページ
    建物模型・写真    64ページ
    製図・プレゼンテーション    74ページ
↓
⑥評価
↓
⑦デザインの決定
↓
⑧次の課題（検討事項）
```

そのまま設計空間にならないように注意したい。

卒業設計では，社会的なメッセージや建築的なおもしろさのほうが評価されるケースが多いため，構造や設備についてまったく考えていない学生も多い。ただし，建築を学んだ集大成ということからすると，設計した建物の状況を把握しておくことは必要である。また，構造的に優れた建築は美しいものも多い。

■造形のルールからデザインへの変換

人間が美しいと思うものには，ある一定の法則がある。そのことを理解しながらデザインすることは重要である。画家のピカソは，晩年にキュビズムという独特な表現方法を用いているが，初期の作品では，写実的な作品を多く出している。基礎を知ったうえでオリジナリティを出すことが必要で，それがない場合は独りよがりになる危険性がある。次のことは，最低理解しておきたい。

1 コンポジション（composition：構成・組み立て）
設計全体に統一感をもたせるような比例や関係，秩序のことで，軸線，統一性と多様性，対象と非対称，黄金比，図と地（設計でいえば，建物と余白の関係）。

2 アナロジー（Analogy：類似・類推）
すでに存在するものの形からイメージされたデザインのことで，シドニーオペラハウス（図-3）が，帆や貝殻をモチーフにしていることで有名。

3 メタファー（Metaphor：隠喩）
建物や空間を，より具体的なイメージを喚起する言葉で置き換えて表現する方法のことで，典型的には「人生はドラマだ」のような形式を取ることをいう。建築では，林のように柱が並ぶなどとたとえ，たくさん並ぶ柱の様子を表し，ル・コルビュジエも得意とした。

■自ら行う評価

言葉や条件，造形的な側面でデザインしたものを自ら評価することが必要である。学生の設計に多く見られるのは，デザインからプレゼンテーションへ一遍通りで設計が終わるケースである。設計の途中では，部分と全体の設計を繰り返し行い，全体の進め方では，空間を付け加えたり削ぎ落としたりを繰り返し行うことが重要である。まさに彫刻のような作業が必要となる。そのつど，論理的な面と美的な面の評価が必要となり，評価と再評価のループが発生する（38ページ・図-2および57ページ・図-1）。その際，取捨選択したときに，捨てたものに対する代替案も考えると，デザインの幅が広がる。

また，評価するときに必要なのはスケール感である。設計を評価する側と設計者間でのスケール感が異なった場合，設計評価は良くならない。学生はスケール感が足りないため，スケールアウトに陥りやすい。模型やパースに人間や家具を置いてみれば，スケールが適切かどうか理解できる。

■設計が進まないケース

設計初期にデザインが進まないケースとして，すべてのフェーズのコンセプトを決めないと設計に移れないと思い込んでいることや，頭の中だけであれこれと考えていることが多い。頭の中だけで進めようとすると，アンカー(デザインの基点)となるものが何もなく，いつでもリセットされてしまい，堂々巡りになって前進しないことが多い。考えたものを一度スケッチや模型にしてみたり，形にしてからコンセプトを考える方法もある。場合によっては，模型を先に作り，模型を見ながら図面を描く方法もある。設計が進まないときは，小さなことでもまず形にして，それに対して評価し，次の提案に結びつけることが大切である。

（和田浩一）

図-3　アナロジー／シドニーオペラハウス　（撮影：赤木徹也）

8 マネジメント

■卒業設計のマネジメントを学ぶ理由

卒業設計を行う人たちは，4年生までに設計課題をこなしているので，課題を行ううえでのマネジメントは一通り体験している。卒業設計のマネジメントが必要なのは，効率的に作業を進めるためである。卒業設計において，提出間際にあわてるのは，卒業設計の作業時間の予測ができないことが原因であることと，卒業設計の作業の全貌がわからず，締切りが近づくにつれ，予期せぬ作業が発生することである。「作業時間の予測」と「作業の全貌」を学ぶために，先輩の卒業設計を手伝っておくことをお勧めする（28ページ「2 スケジュール」参照）。

■卒業設計と実社会での設計実務の違い

実社会での設計実務（例えば，実施コンペやプロポーザル）と異なるところは何だろうか？　これらの実社会での作業の進め方から，卒業設計での作業のマネジメントを学んでほしい。
①実社会では，締切りが厳格である。「遅れ」は絶対に許されない。
②実務では一般に，意匠設計者が中心となり，チーム構成，スケジュール管理がされている（表-1）。
③実務では，作品の制作にそれなりのコストをかけることができる。仕事を獲得するために必要なお金をかけることとなる。
④チームで設計を行う。すべて一人で行うことが少ない。アルバイトの協力がある場合がある。また，デザインなどに責任をもつチーフがいる。
⑤模型やパースなどの専門家や構造，設備，積算などの共同設計者や，法規・防災コンサルタント，プレゼンテーションの専門家との共同作業となる。

■卒業設計のマネジメント

1 アドバイス

卒業設計は，学校の教員の下で行われることが多い。指導教員のアドバイスを定期的に受けながら行われることが多い。指導教員には，常に設計の進捗状況や問題点などを把握しておいてもらう。自分の指導教員に自分の作品の最もよき理解者になってもらうことは，卒業設計の審査の場面を考えると重要なことである。指導教員は，審査の際に説明が不十分な部分を他の審査員に補足してくれる場合もある。指導教員以外に先輩，同級生，後輩，友人，知人の建築家など，いろいろな立場でアドバイスをしてくれる人たちもいる。

ここで重要なことは，継続的にアドバイスを受けているかどうかである。単発的に相談を受けた場合，その相談の前後関係を理解せずに，アドバイスをしてしまう場合もある。できれば同じ人物に継続的にアドバイスしてもらうほうがベターである。しかし，どのようなアドバイスを受けたとしても，決めるのは本人である。他人のアドバイスはあくまで参考意見であり，最後は自分で決断すべきである（表-2）。

表-1　コンペのチーム構成（例）

建築チーム
意匠
構造
設備
積算
施工計画
インテリアデザイン
防災
ランドスケープ
音響
照明デザイン
サイン
昇降機
維持管理
セキュリティ
専門コンサルタント
学校施設
病院・福祉施設
劇場・ホール
博物館・美術館
図書館
空港
プレゼンテーション
模型
CG
アニメーション
提案書デザイン

表-2　アドバイスを受ける人々（例）

大学内
指導教員
他の設計系教員
エンジニアリング系教員
非建築系の教員
同級生，先輩，後輩（設計系）
同級生，先輩，後輩（エンジニアリング系）
同級生，先輩，後輩（非建築系）
大学外
建築家
他大学建築学科の教員
他大学建築学科の学生
友人・知人，家族，親戚
ネット友達
敷地関係
役所の人たち
周辺の街づくり関係者
敷地の近所の人たち
敷地の利用者
専門家
構造，設備，防災
学校，博物館，病院，劇場
運営者・利用者
学校運営者・利用者
博物館運営者・利用者
病院運営者・利用者
劇場・ホール運営者・利用者

表-3　卒業設計のコスト算定リスト（例）

イニシャルコスト
パソコン
プリンター
デジタルカメラ
スキャナー
外付けハードディスク
メモリー（アップ用）
フラッシュメモリー
CADソフト
プレゼンテーションソフト
CGソフト
コピー機
ヒートカッター
撮影用具
模型作成用具
製図用具
参考文献
ランニングコスト
プリント用の用紙
プリンター用インク
模型材料
プレゼンテーション用の材料
手伝ってくれる人たちの食費
リサーチ，買物などのための交通費
リサーチのための複写費用
模型運搬のためのレンタカー費用
連絡のための通信費

2 コスト管理

　卒業設計はただでできるわけではない。ある程度の制作費用を準備しておく必要がある。よくいわれるのは10万円程度である。それでも卒業設計のコストは，事前には予測しにくい。例えば，イニシャルコストとしては，
- パソコン，プリンターなどハード購入費用
- メモリーのアップやバックアップ用のハードディスクなどのストレージ購入費用
- CAD，CGなどのソフトウエア購入費用

などを用意しておかなければならない。
　ランニングコストとしては，
- 模型の材料費
- インク代
- 手伝い人の食費
- 買い物のための交通費

などがある（表-3）。
　あらかじめ概算の予算書を作成しておくことを勧める。卒業設計の締切り近くになると，本人がアルバイトなどでお金を稼ぎながら，卒業設計の作業を進めるというのも難しい。精神的にも身体に無理がかかるので，時間的に余裕のあるうちに必要な費用を用意しておくことを勧める。

3 作業スペース

　作品の大きさ，パソコンの台数，協力者の人数，徹夜で仕事を行うかなどで，作業に必要なスペースは違ってくる。作業スペースの確保は早めに行っておく必要がある。大学の製図室などで行う場合は，話し合いにより作業スペースが決まる場合が多い。だいたいの場合，スペースは不足している。特に，問題になるのは模型の作成スペースである。パソコンによる作業は，複数の場所で分散して行うことが可能である。しかし，模型製作のためのスペースは確保する必要がある。模型の大きさはよく考えたうえで決めたほうがよい。大きすぎると，製作スペースから展示会場に搬出できなかったり，保存スペースが確保できないこともある（図-2）。模型製作の際には，壁や床を汚さないようにスプレーボックス（図-1）は必須であり，製作者が共同で設けてもよい。

4 時間があるときに行っておく作業

　何かの都合で協力者の手があいてしまったり，自分の手があいてしまう場合がある。そのような時のために，「手があいてしまった時の作業」をつくっておくほうがよい。協力者の手があかないようにすることも，卒業設計をうまくこなすためのコツである。一例をあげれば，敷地のトレース，家具や点景の入力，敷地模型の作成，周辺模型の作成，模型の人物点景の作成，模型の家具の作成，模型の樹木の作成などである。

5 健康管理

　卒業設計の佳境である冬季は風邪をひきやすく，学校では多くの人が集まっているので風邪に感染しやすい。また不規則な生活，偏った食事，製図室や研究室での寒い空間での睡眠など，風邪をひきやすい環境にあることが多い。一般的な風邪の予防をしておくべきである。また風邪だけではなく，過労で倒れないよう注意する。協力者の健康管理にも気を使うことである。

6 安全対策

　予想される事故としては，まず火事である。特に，模型に照明を仕込む際に，発熱により火事が発生しやすい。コンセントを入れたまま放置しないことである。またカッターなどの工具などによるけがの危険もある。特に徹夜続きで意識がもうろうとしていたり，急いでいる時が危険である。切れないカッターで指を切ってしまうことも多い。

7 盗難

　大学内で作業している際は，盗難に対する危機意識が薄くなる。パソコンよりもさらに貴重なものは，卒業設計のCADデータ等のデジタルデータである。失ったデータはお金では買えない。

8 発表会，審査会への対応

　卒業設計の最後の山場は発表会，審査会である。徹夜が続いたりで十分な準備ができない可能性があり，ここでは当日あわてないように，発表会，審査会へ向けたチェック項目を示す。
- 審査会・発表会の時間，場所は確認したか。
- 発表用のスーツは用意したか。
- 展示用スペースの確保はされているか。掃除は済んでいるか。
- 模型に必要な電源は確保されているか。
- パソコンでのプレゼンテーションをする場合の電源は確保されているか。
- 展示するための画びょうやパネルが用意してあるか。
- 作品に均等な照明が当たるか。照明にムラはないか。
- 発表時の差し棒は用意してあるか。
- 発表のリハーサルは行ったか。　　（勝又英明）

図-1　自作のスプレーボックス

図-2　模型を収納する自作のダンボール箱

3 進める

1 敷地とテーマの関係性

■はじめに

1 概要

　この項は卒業設計に関する統計データから，近年の傾向を描き出すものである。集計の母体は，2003年度の日本建築学会「全国大学・高専卒業設計展示会」に応募された173作品のうち171作品を対象とした。

　個々の作品は印象的な造形美をもつものから，豊かな地域性の賛美や切れ味鋭いエスプリなど百花繚乱の様相を呈しており，全体を通して一口にまとめることは難しい。ここでは「敷地」，「テーマ」，「プログラム」の大きく3つの側面（詳細後述）から集計を行い，できるだけ客観的に現状を示すことを目指した。

2 集計の方針

　「敷地」では，設計を行った敷地について集計を行った。はじめに敷地と大学の位置関係の比較から，敷地選択の傾向を読み取り，次に敷地の所在地を人工的な環境から大自然まで開発の程度を軸に定め，都市から田舎，僻地まで細分も含めて32種に分類・集計を行なった。

　「テーマ」では，個々の作品の主旨に関して，工学的な論理を中心に据えて，真理を突きつめようとするものから社会との接点を強く意識したものまで17項目に分類した。

　「プログラム」では，作品中で設計した結果，最終的に完成されるものについて集計を行なった。家具に準ずるような小さなものから壮大な都市のマスタープランまで，ここでは設計したもののスケールがカギとなっている。

　最後に「敷地×テーマ」，「テーマ×プログラム」のクロス集計を掲載し，相互の関係を示してまとめとすることとした。

■敷地について

1 大学の所在と「敷地」

　作品は日本全国から集まり，それぞれに気候風土も違えば市街化の程度も異なることは想像に難くない。そこで設定敷地，および作者の所属大学の所在地について都道府県ごとに集計し，敷地との親密さを示したのが図-1である。<図-1.A>が大学数，<図-1.C>が敷地数，<図-1.B>が流出入数（大学数－敷地数）を表している。

　敷地，大学とも東京・大阪・名古屋をはじめとした政令指定都市のある自治体に集まっていることは一目瞭然だが，〈図-1.B〉の「〜-3」に注目すると大阪府，京都府など大規模市街地を抱える自治体でも流出していることが読み取れる。一方，大学数が5校以下の県では流出入が少なく，大都市よりも近場を考察の対象として選択していることがうかがわれる。

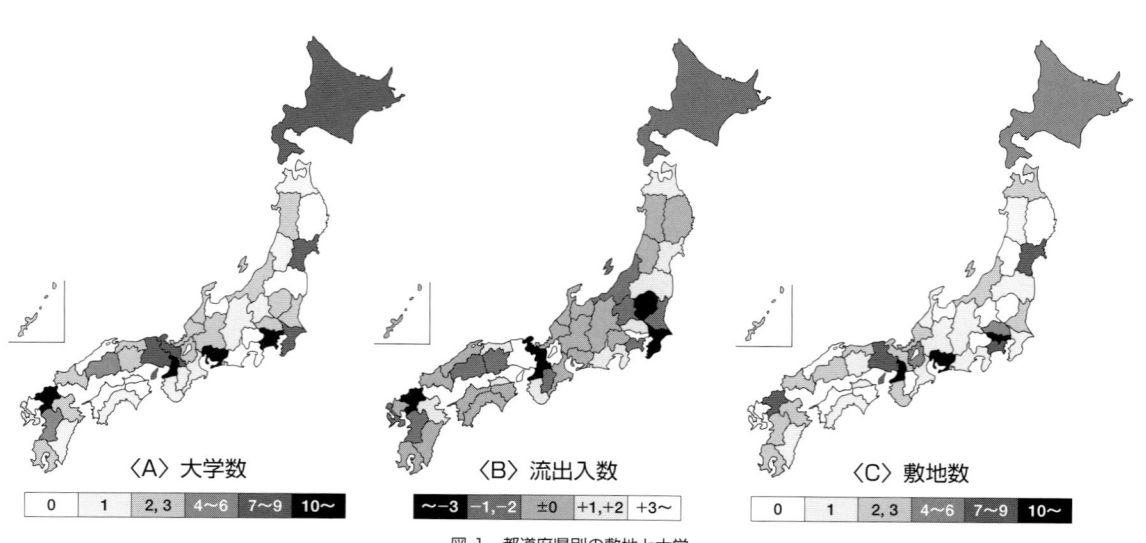

図-1　都道府県別の敷地と大学

2「敷地」の意味合い

建築の設計では，敷地は所与の条件であることが多いが，設計を綾取る要素ともなっている。仮想の計画案である卒業設計に目を向けると，魅力的な敷地を見つけられることもあれば，イメージを先行させて後から敷地探しをすることも可能であるが，いずれの場合でもコンセプトを明快に描き出すための背景として大きな役割を果たしている。ここでは，設定されている敷地を含む周辺地域から，作品群のおかれている状況を描き出すことを目指した。

なお集計に際しては，作品中の敷地図から所在地を割り出し，衛星写真（Google Map，2007年1-3月）にて確認のうえで分類した。また，架空の敷地を設定する場合でも，例えば周囲に高層建築物を想定しているならば都心部と判定し，分類を行っている。

3「敷地」の傾向

「類型ごとの集計」からは，人の多さに比例して作品数も多く，特に「都市」の「非都市基盤」に集中していることが読み取れる。この類型の「細分ごとの集計」では，「繁華街」を中心に学生に親しみのあるところに設定する作品が多く，逆に「オフィス街」には馴染みが薄く取り上げにくいことがうかがわれる。知らない場所で課題を見つけることの難しさが，同じような敷地に集中する原因と推察される。

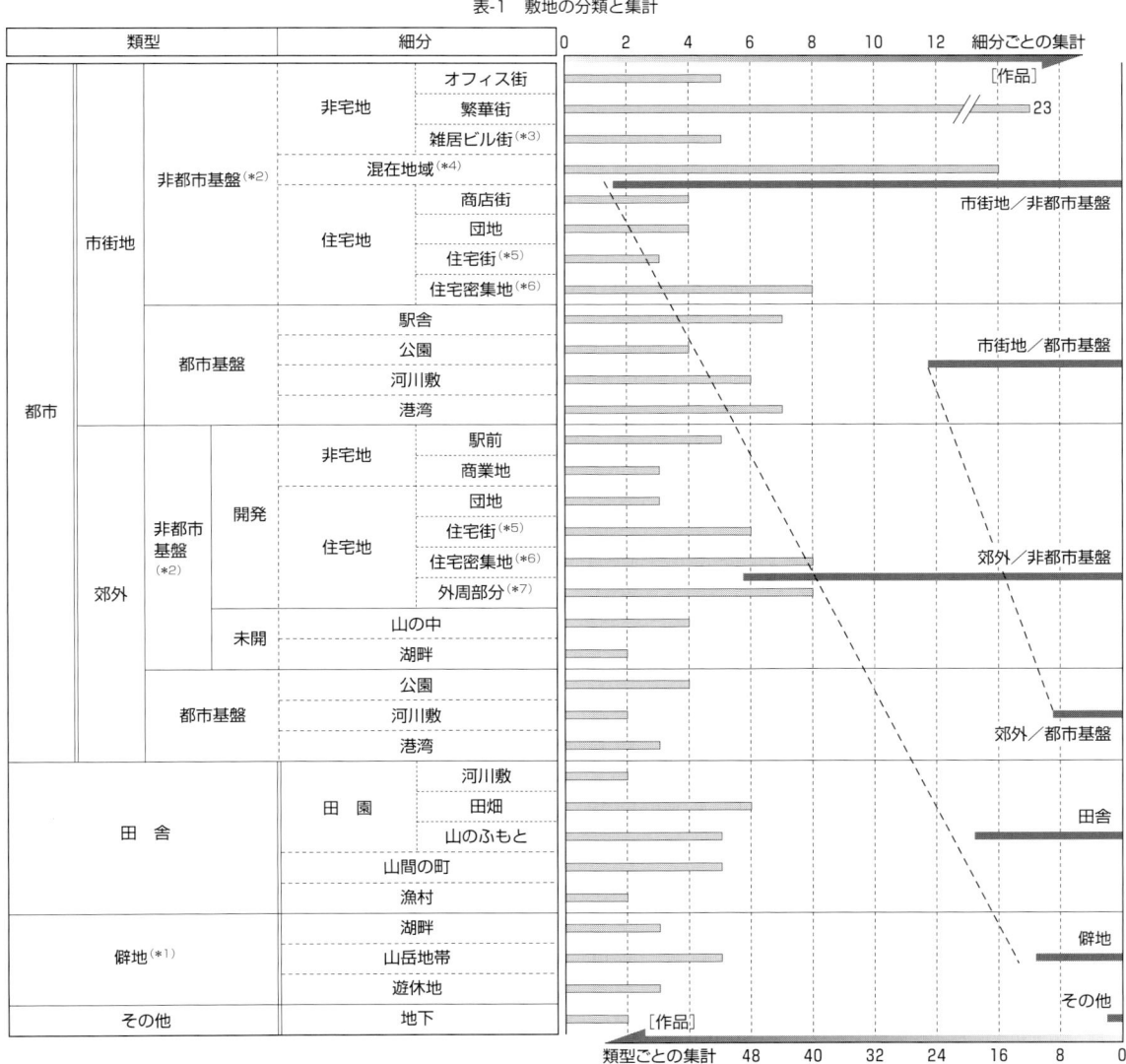

表-1 敷地の分類と集計

類型			細分	細分ごとの集計
都市	市街地	非都市基盤(*2)	オフィス街	
			繁華街	23
			雑居ビル街(*3)	
			混在地域(*4)	
			商店街	
			団地	
			住宅街(*5)	
			住宅密集地(*6)	
	都市基盤		駅舎	
			公園	
			河川敷	
			港湾	
	郊外	非都市基盤(*2)	開発 非宅地 駅前	
			商業地	
			団地	
			住宅街(*5)	
			住宅密集地(*6)	
			外周部分(*7)	
		未開	山の中	
			湖畔	
	都市基盤		公園	
			河川敷	
			港湾	
田舎		田園	河川敷	
			田畑	
			山のふもと	
			山間の町	
			漁村	
僻地(*1)			湖畔	
			山岳地帯	
			遊休地	
その他			地下	

類型ごとの集計

- (*1) 僻地：自然のまったただ中で，人が生活していないような場所。
- (*2) 都市基盤：日常生活の基礎となっている公共的な施設やその敷地。土木構築物としての性格が強いものが多い。
- (*3) 雑居ビル街：さまざまなビルが立ち並び，用途の統一されていない地域。
- (*4) 混在地域：住宅と他の施設が混在し，まとまりのない街並みの地域。雑然とした魅力をもつことも多い。
- (*5) 住宅街：敷地に余裕のある住宅が多く道幅も広い地域。良好な生活環境を維持している地域が多い。
- (*6) 住宅密集地：敷地いっぱいに建物が建ち，集合住宅も混在する地域。路地が入り組み日当たりや通風が十分ではない地域が多い。
- (*7) 外周部分：宅地開発をした地域の未開部分との境目に当たる場所。公園や小学校などが大きな敷地を利用していることが多い。

■テーマについて

1「テーマ」の役割

ここでは，設計の核となっている作者の意図を「テーマ」として扱う。個人的な興味はもとより，社会への関心や現在の建築設計がおかれている状況への意識など，さまざまな要素が絡み合いながら，作者本人の思いが込められている。

卒業設計のテーマは作者自らが決めるもので，それまでの設計課題との大きな相違点であり，内容を大きく左右する重要な分岐点となっている。これは実際の設計業務にはない醍醐味でもある。

なお当然のことながら，設計で目指すところは一人ひとりが異にし，優劣をつけるような性格のものでもないことを強調しておく。

ところで，テーマを分類する際に，読み手の資質によって解釈に差が出るおそれがあることに注意が必要である。意欲的な作品に顕著で，客観性をないがしろにするものである。その対策として，作品中で主旨説明として書かれている文章から，テーマに該当する部分を抜き出し，分類した。あくまで作者の言葉による主張に沿ったものであり，図版による解説やパースの印象から読み取れる内容は一切加味していない。

2「テーマ」の傾向

はじめにテーマ分類の特徴として「思想哲学」と「批評」があげられる。いずれも極度に観念的であり，その総数を見ても少数派であることは疑う余地がない。ただ，歴史的には連綿と受け継がれている内容を含んでおり，建築設計の奥行きが垣間見える部分である。

その他のデザイン領域では，建築を周辺環境から複合的にとらえる「地域・都市」をテーマとする作品が多く，「意匠」，「計画」と同等の割合となっていることが特徴としてあげられる。

設計に際し，敷地の中を対象にする局所的視点と，敷地を取り巻く環境をとらえる大局的視点があることを示している。このことは細分からも読み取れる。作品が集中する範囲（集計数10案程度）に「地域・都市」の4つのうち3つが該当し，建築を取り巻く地域社会に対して建築が果たす役割に関心が集まっていることがうかがわれる。

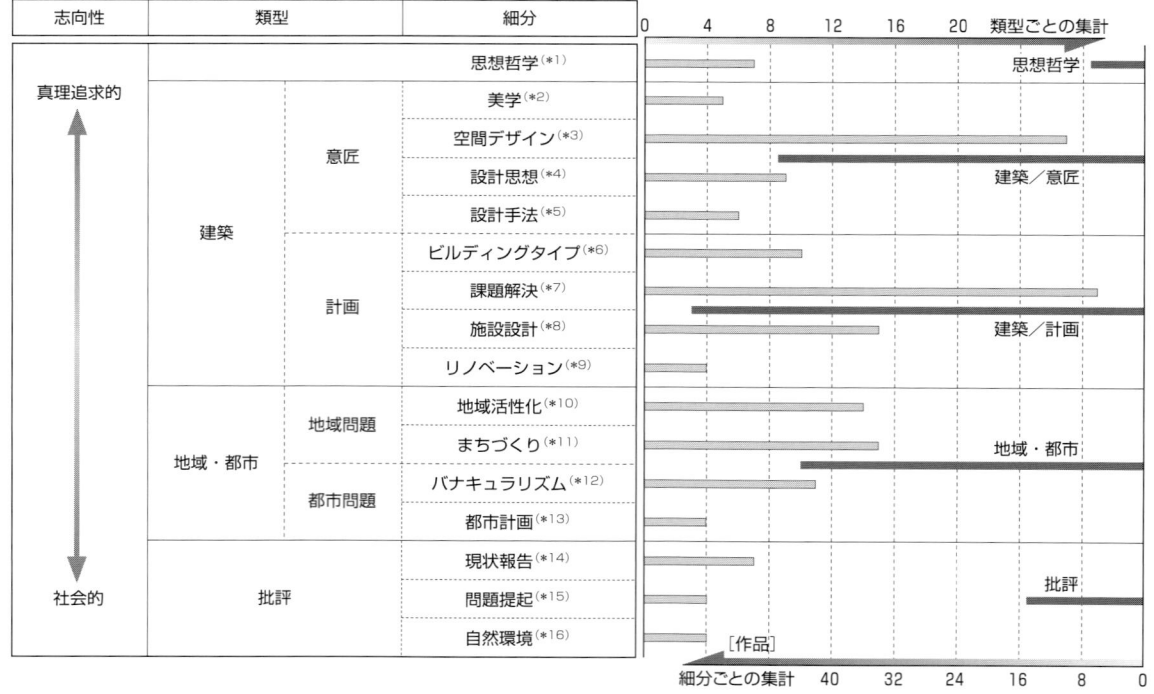

表-2 テーマの分類と集計

志向性	類型		細分
真理追求的 ↑↓ 社会的	建築	意匠	思想哲学(*1)
			美学(*2)
			空間デザイン(*3)
			設計思想(*4)
			設計手法(*5)
		計画	ビルディングタイプ(*6)
			課題解決(*7)
			施設設計(*8)
			リノベーション(*9)
	地域・都市	地域問題	地域活性化(*10)
			まちづくり(*11)
		都市問題	バナキュラリズム(*12)
			都市計画(*13)
	批評		現状報告(*14)
			問題提起(*15)
			自然環境(*16)

（＊1）思想哲学：普遍的な抽象概念をもとに設計を進めるもの。哲学的な主張の引用が見られることが特徴である。
（＊2）美学：純粋に造形美を求めるもの。
（＊3）空間デザイン：空間の形態に注目し新しい空間をつくろうとするもの。
（＊4）設計思想：空間生成に至る思考過程の体系化にこだわりがあるもの。
（＊5）設計手法：独自の規則を用いて空間の形態を操作することで，合理的に設計を進めようとするもの。
（＊6）ビルディングタイプ：新しいビルディングタイプを発明することを目的としているもの。
（＊7）課題解決：生活にかかわるさまざまな問題を空間の図式に置き換えて考察し解決しようとするもの。
（＊8）施設設計：すでに確立された施設を物理的・社会的な状況に合わせて，最適な形で設計するもの。
（＊9）リノベーション：用途転用や大規模改修で既存建築物の価値を高めようとするもの。
（＊10）地域活性化：商店街や住宅地において，建築によってにぎわいを取り戻そうとするもの。
（＊11）まちづくり：時間をかけて地域社会を改善しようとするもの。
（＊12）バナキュラリズム：土地固有の価値や地域の独自性を建築によって表そうとするもの。敷地の選択理由が強調される。
（＊13）都市計画：広域を対象としたマスタープランに主眼があるもの。具体的な建築は必要としていないことが特徴である。
（＊14）現状報告：すでに顕在化している問題を設計で批判するもの。
（＊15）問題提起：設計を通して制度や慣習の目に見えない問題をあぶり出そうとするもの。
（＊16）自然環境：自然環境の保護を目的に設計を進めるもの。

■プログラムについて

1 大学の所在と「敷地」

設計の過程は最初のアイデアがデザインのバランスを取りながら，周辺の物理的・社会的状況との調整を経てリアリティーを獲得していく，変形の過程である。特に発想の豊かさを求められることが多い卒業設計では，アイデアの価値がわかるように実在の施設に建艦する翻訳作業とも言えよう。その変換の結果でき上がったものをプログラムとしてまとめ変換の傾向を示すのが，この項の目的である。

作品中の図面を中心に，作者が記している具体的な機能を示す図版や言葉を読み取り，施設タイプごとに分類し集計を行った。

2「プログラム」の傾向

プログラム類型ごとの集計では「文化施設」が突出し，全体の約1/3を占める。設計の自由度が高くデザインしやすいことを素直に反映した結果といえる。従来から重視され，設計課題としても必ず採用される「住宅」への傾倒も依然として強いことも示されている。また「複合施設」の多さは卒業設計への意気込みの表れなのではないだろうか。意欲的に大きなボリュームに取り組み，複数の機能を複合させざるを得なくなった結果と考えられる。

細分を見ると，類型で集中した項目（文化施設3種，集合住宅，複合施設2種）が総数10案を越えているものの，残りの項目には分散しており，作者の意図を反映させることも十分に可能であることを示している。

表-3 プログラムの分類と集計

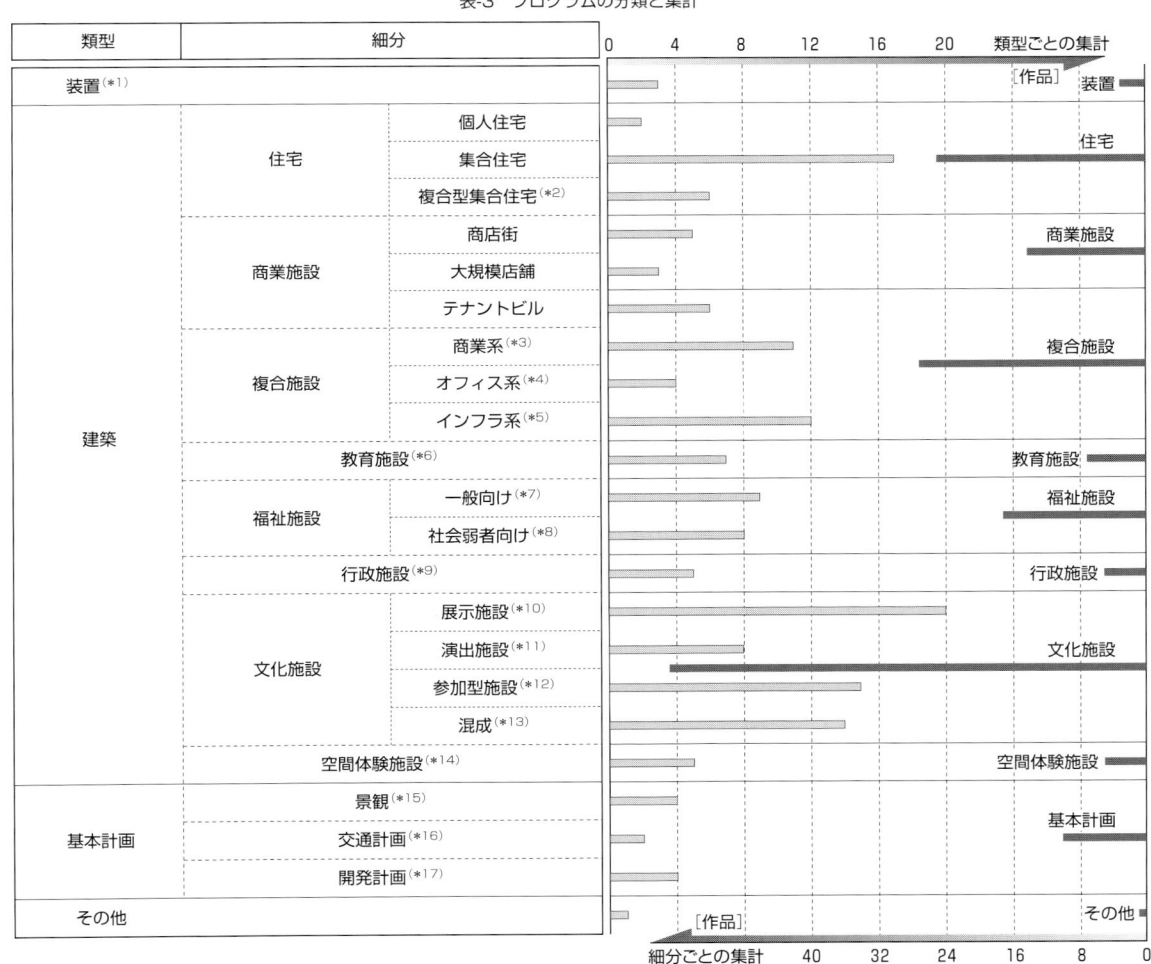

(*1) 装置：ストリートファニチャー，可動式東屋
(*2) 複合型集合住宅：低層部に住宅以外の機能を計画した集合住宅
(*3) 複合施設／商業系：商業施設を核に複数の機能をもつ複合施設
(*4) 複合施設／オフィス系：オフィスを核に複数の機能をもつ複合施設
(*5) 複合施設／インフラ系：駅や船着場等の交通拠点機能を核に複数の機能をもつ複合施設
(*6) 教育施設：幼稚園，小学校，中学校，大学
(*7) 福祉施設／一般向け：公民館，交流施設
(*8) 福祉施設／社会弱者向け：児童館，高齢者福祉施設，病院
(*9) 行政施設：役所，公的忌避施設
(*10) 文化施設／展示施設：美術館，博物館，ギャラリー
(*11) 文化施設／演出施設：劇場，競技場
(*12) 文化施設／参加型施設：工房やアトリエからなる体験型／学習施設，ワークショップのための施設
(*13) 文化施設／混成：上記の文化施設が複数組み合わさった施設
(*14) 空間体験施設：明確な機能がなく空間自体を体験するための施設
(*15) 景観：通り沿いのファサードデザイン，スカイラインのデザイン
(*16) 交通計画：交通網の整備計画
(*17) 開発計画：街をつくる計画案

表-4 クロス集計「敷地×テーマ」

敷地(類型)	敷地(細分)	敷地(詳細)			思想哲学	美学	空間デザイン	設計思想	設計手法	ビルディングタイプ	課題解決	施設設計	リノベーション	地域活性化	まちづくり	バナキュラリズム	都市計画	現状報告	問題提起	自然環境
都市	市街地	非都市基盤	非宅地	オフィス街	1			2						1	1					
都市	市街地	非都市基盤	非宅地	繁華街	1	1	4		1	2	5	3						1	1	3
都市	市街地	非都市基盤	非宅地	雑居ビル街				1							2	1				
都市	市街地	非都市基盤		混在地域	1	1	2		1	1	1		1	2	2				1	
都市	市街地	住宅地		商店街			1							2						
都市	市街地	住宅地		団地			1	1			1			1						
都市	市街地	住宅地		住宅街							1	1		1						
都市	市街地	住宅地		住宅密集地			1	1					3							
都市	市街地	都市基盤		駅舎			3				2	1					1			
都市	市街地	都市基盤		公園		1					2									
都市	市街地	都市基盤		河川敷			1		1		1	1						1		
都市	市街地	都市基盤		港湾			2	1	1					1	1	1				
都市	郊外	非都市基盤	開発・非宅地	駅前			2					1		1	1					
都市	郊外	非都市基盤	開発・非宅地	商業地							1	1								
都市	郊外	非都市基盤	開発・住宅地	団地							2	1								
都市	郊外	非都市基盤	開発・住宅地	住宅街		1					2	1		2						
都市	郊外	非都市基盤	開発・住宅地	住宅密集地		1						4		1	2					
都市	郊外	非都市基盤	開発・住宅地	外周部分			2	2			2	1		1						
都市	郊外	非都市基盤	未開	山の中				1			2							1		
都市	郊外	非都市基盤	未開	湖畔					1	1										
都市	郊外	都市基盤		公園			1				1									
都市	郊外	都市基盤		河川敷											1			1		
都市	郊外	都市基盤		港湾	1	1								1						
田舎	田園			河川敷	2															
田舎	田園			田畑							2	1	1					1	1	
田舎	田園			山のふもと			1				2							1		
田舎				山間の町	1									1		1				
田舎				漁村										1		1				
僻地				湖畔										1		1				1
僻地				山岳地帯			2	1						1			1			
僻地				遊休地		1	1									1				
その他				地下						1									1	

注)類型もしくは細分グループごとに枠内の集計数を合計し、色分けしたものである。

凡例: 0 | 1〜2 | 3〜5 | 6〜8 | 9〜11 | 12〜

■「敷地×テーマ」の傾向

「思想哲学」,「批評」は人が住んでいないところ,「意匠」は影響の大きいところ,「計画」は人の多いところを敷地に設定していることが読み取れる。見方を変えると「市街地/非住宅地」はすべてに当てはまり,考察対象としての条件を備えた地域である。

また,「地域問題」は「都市」,「田舎」のどちらでも偏りなく採り上げられるが,「都市問題」は「郊外」で考えるのは難しいようである。現実には「郊外」でも必要としているが。

■「テーマ×プログラム」の傾向

まず目に付くのが「文化施設」への一局集中であり,例えば「地域・都市」を論じるものが多数含まれ,合理性に疑問が残る。他方で「地域問題」と「都市問題」では,前者が単機能な施設,後者は機能の複合する施設と分かれており,明確な取捨選択の傾向が示される例もあるが,これ以外には見られなかった。

意識的な選択の傾向の欠落は,多様性が維持された良好な環境なのか,それとも取り組むべき課題がないことの表れなのかはわからない。

(細田崇介)

表-5 クロス集計「テーマ×プログラム」

類型		細分		思想哲学	建築 意匠			建築 計画			地域・都市 地域問題	地域・都市 都市問題		批評		
					美学	空間デザイン	設計思想	設計手法	ビルディングタイプ	課題解決	施設設計	リノベーション	地域活性化	まちづくり	バナキュラリズム	都市計画	現状報告	問題提起	自然環境
装置					1		1							1				
建築	住宅	個人住宅				1			1		1							
		集合住宅		2	2	1		3	3	2			3	1				
		複合型集合住宅				1	1	1	2			1						
	商業施設	商店街			1							3	1					
		大規模店舗						1				1						
		テナントビル		1	1		1	1	1									
	複合施設	商業系			1	1			3		1	1	2			1		1
		オフィス系			1									1				
		インフラ系			1	1			3	1		1			1		1	1
		教育施設			2				3	1								
	福祉施設	一般向け						1	1	1		2	3					
		社会弱者向け			3	1			1	3								
		行政施設			2											1	1	
	文化施設	展示施設		1	3	3	1		1	4	1		2	1		2		
		演出施設		2		2			1		2					1		
		参加型施設				2		1				1	2	1				2
		混成		1	3				2	1		2	2	3				
	空間体験施設				2				1	1		1						
基本計画		景観			1		1				1	1						
		交通計画			1													
		開発計画			1									1	1	1		
その他																1		

| 0 | 1~2 | 3~5 | 6~8 | 9~11 | 12~ |

2 かたちのアイデア集

■「かたちのアイデア集」の使い方

　本項は，かたちのアイデアを得るためのヒントとしてごく簡単なキーワードを提供することが目的である。
　「4 探す」は，さまざまな社会的トピックスから設計テーマを考える役割を果たすのに対して，本章は，実際の卒業設計をつくり込んでいくための一助となることを目的としている。なかでも本項「2 かたちのアイデア集」は，具体的な造形のための，あるいは形づくられた環境の意味や価値を読み解く視点を提供しようとしている。
　卒業設計には，身の回りの話題から都市や国のことまでさまざまなスケールでの提案がある。そこで今回は，それらのさまざまな世界をおおよそ縮尺順に並べている。本項で見つけたキーワードをきっかけとして，読み手がさらにそのキーワードについて熟考し，設計作品として提案されることを期待している。

■建築・都市空間とかたち

　かたちにはさまざまな分類，議論がある。高木隆司氏は『「かたち」の探究』の中で，私たちの目に触れるものを次のように分類している。第一は，「自然の中で無生物の世界に現れているもの」で，表面張力に支配されるシャボン膜や水滴，鎖の両端をもって弛ませた時の曲線などである。第二は，「生物の体形や器官，あるいはハチの巣のように，生物が作り出すもの」で，クラゲのような軸対称性やほとんどの動物にある左右対称性など形態上の著しい規則性がある（図-1）。第三は，「食器，家具，建築物などのような人間が作り上げた形」である。建築・都市空間は，第三のかたちであるが，それはもちろん第一や第二をヒントに構築されている。19世紀後半から増えたアール・ヌーボーと呼ばれる自然や生物のかたちを用いた設計例が，第二のかたちを用いた例である。アントニオ・ガウディはこの時期（スペインでは，この時期はモデル・ニスモと呼ばれていた）の代表的な建築家である。
　「形態は機能に従う」とは，アメリカの建築家，ルイス・サリバンの名言だ。これは，建物が高層化される構造の礎を築いたサリバンが，建築が縦へと乱立されていくことを危惧して述べられた言葉である。現代の公共建築では，機能だけではなく，室機能と連動した施設の運営プログラムにともなってかたちのバランスが決められていることもある。
　以上，ディテールから建築・都市のバランスまで無限なかたちの可能性があるわけだが，次のページからあげていくさまざまなかたちのキーワードをもとに，とりあえずのかたちを決め，友人や先生との活発な建築・都市論が起こることを筆者は熱望している。

（佐藤将之）

図-1　壺のようなかたちの巣をつくるハチ（撮影：佐藤靖男）

［参考文献］
1)『建築・都市計画のための空間学事典 改訂版』日本建築学会編，井上書院，2005
2)『空間デザイン事典』日本建築学会編，井上書院，2006
3)『空間体験―世界の建築・都市デザイン』日本建築学会編，井上書院，1998
4)『空間演出―世界の建築・都市デザイン』日本建築学会編，井上書院，2000
5)『空間要素―世界の建築・都市デザイン』日本建築学会編，井上書院，2003
6)『かたちのデータファイル デザインにおける発想の道具箱』東京大学建築学科高橋研究室編，彰国社，1984
7)『環境行動のデータファイル 空間デザインのための道具箱』高橋鷹志＋EBS編著，彰国社，2003
8)『単位の辞典 第5版』二村隆夫監修，丸善，2002

01 かたちの知覚・図と地・ゲシュタルト

Books of Recommendation
- 『生物から見た世界』ユクスキュル、岩波書店、2005
- 『まだらの芸術工学』鈴木成文監修、杉浦康平編、工作社、2001
- 『街並みの美学』芦原義信、岩波現代文庫、1979

Example of Design
都市や建築の機能、何かの有無などの状況把握や説明に用いられる。ゲシュタルトは、部分ではなく全体、かたちに活かすというよりも、かたちのバランスやコンセプトの構築やその検証に用いられることが多い。

■知覚する

人間には、視覚、聴覚、嗅覚、味覚、触覚があり、それらは俗に五感と呼ばれる。知覚とは、目、耳、鼻、肌など種々受容器の性質に依存して、内外環境の事物・事実を知ることを意味する。そして、知覚はおもな感覚内容について、視知覚、聴知覚、触知覚など受容器に特有な性質から分類される一方、運動知覚、時間知覚、空間知覚など知覚の時間的・空間的カテゴリーに関して分類されることもある。また両者が併用されて、例えば視空間知覚、聴空間知覚、触空間知覚などが区別されるともいわれている。

■図と地の分節

知覚の基本構造は、物が周囲から境界をもって区別されることである。この時、浮き上がって見える「図」と背景となる「地」、これらの関係はゲシュタルト心理学の基本概念となっている。

卒業設計や設計課題の過程では、建物を黒く塗って「図」とし、それ以外の余白を「地」として敷地の計画を行ったり、都市の道や鉄道等の移動手段を「図」として塗ることで都市の機能を分析するような作業が考えられる。囲まれた部分が図となり、囲む部分が地となることがあるが、条件によっては図と地が交代して見え、この図と地の反転図形によって見方が変わることに注意が必要である。知覚したかたちをどのように読み取るかが、環境デザインのヒントになる。また、この作業はかたちに直結しなくとも、設計過程における概念図の作成や運営プログラムの検証に役立つ重要な作業である。

■ゲシュタルト

ゲシュタルトは、ドイツ語で"Gestalt"であり、日本語では、形、形態、といった言葉に訳される。そして、ゲシュタルト心理学は、部分に対する全体性の優位を説き、部分の性質は全体の構造によって規定されるとする立場をとっている。

図はいくつかのまとまりとして見えることがある。このような知覚上のまとまりや群化を決定する要因がゲシュタルト要因と呼ばれ、これらはM.ヴェルトハイマーにより研究された。

以上のことから「ゲシュタルト」は設計の過程で外観等のボリュームバランスを検証する役割をもつ。それに加え、機能や活動の単位、部分や全体に着目することも必要であり、そういった人々の共存する場を文節するためにもゲシュタルトを用いてほしい。

（佐藤将之）

黒は水、白は陸を示している。人造的な陸や水路が多いことがわかる。
図-1 東京下町の水路：図と地

一つひとつのかたちやその大きさが違っていても、それらをまとまりとして見ると、色・高さ・ボリュームバランスに何らかの傾向があることがわかる。
図-2 ヴェネツィアの街並み：ゲシュタルト

02 人間の感覚―パーソナルスペース・ヒューマンスケール

Books of Recommendation
- 『人体・動作寸法図集』小原二郎編、彰国社、1984
- 『環境認知の発達心理学』加藤孝義、新曜社、2003
- 『バリアフリーの生活環境論』野村みどり、医歯薬出版、1997

Example of Design
- せんだいメディアテークのベンチ
- フランス国会図書館の閲覧座席配置

■距離はコミュニケーション

感覚とは，視覚・聴覚・嗅覚・味覚・触覚などを受容器によって受けたときに経験する心的現象のことである。なかでも場を特徴づける人間の存在は，対人距離によって大きくそれらの感覚を変化させるといわれている。

都市や建築空間における人間生活にはさまざまなスケールがあり，人間どうしの距離や空間の使い方によってコミュニケーション機能はまったく異なったものとなる。人間が他者との距離や空間を保ち，自己の個体周りに他人を入れさせたくないと思う心理的な領域をパーソナルスペースと呼んでいる。R.ソマーはそのような見えないパーソナルスペースについてさまざまな実験・研究を行っている。

また，「距離はコミュニケーションである」と語ったE.ホールは，次にあげる人間の4つの距離帯を提示している。プライベートな行為においてとられる密接距離（〜45cm），表情を読み取ることができプライベートな会話が交換される個体距離（45〜120cm），仕事上の用件や社会的な集まりで使われる社会距離（120〜360cm），講演など公的な場で使用される公衆距離（360cm〜）である。これをもとに西出和彦氏は日本人を対象として図-1のような対人距離を示している。

■ヒューマンスケールとユニバーサルデザイン

都市や建築空間におけるさまざまなスケールの中でも，人体，人間の感覚・行動に基づく尺度をヒューマンスケールといい，より人間生活に適合したものをつくるためには，これらの寸法を選んでいく必要がある。就学前の保育施設では階段の蹴上げが低かったり，高齢者施設では段差がなかったりする。高齢者や障害者などの環境弱者と呼ばれる人たちのために，自由な移動を妨げる障壁をなくすことをバリアフリーと呼び，老若男女誰もが適応・利用することができる設計をユニバーサルデザインという。注意したいのは，完全にユニバーサルなものはなく，ある視点からは使いやすいデザインだということである。設計するうえでその視点を考えることが重要である。

環境弱者に対する配慮は重要であるが，子どもの施設にあえて大人サイズの物理的環境を提供することで，その施設以外での過ごし方を教授したり，高齢者施設に部分的にでも段差のある設計をし，残存能力の維持に努めることも大切な環境デザインの視座であることを付記しておく。　（佐藤将之）

[引用文献]
1)『人と人の間の距離』西出和彦，建築士と実務，1985年11月号，95〜99ページ
2)『環境認知の発達心理学』加藤考義，新曜社，2003，116ページ，図7-1

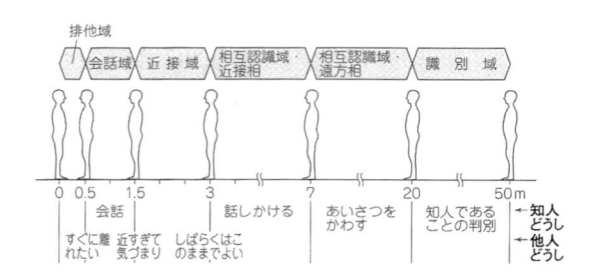

距離の数字はあくまでだいたいの目安である。これらは，体の向け方によって変わりうるもので，ここでの距離は人間の胴体の中心と中心の間の距離で示してある。

図-1　人間どうしの距離の段階[1)2)]

図-2　せんだいメディアテークのベンチ

03 空間単位・中間領域

Books of Recommendation
- 『モデュロール』ル・コルビュジエ、鹿島出版会、1979
- 『自宅でない在宅』外山義、医学書院、2003
- 『空間〈機能から様相へ〉』原広司、岩波書店、1987

Example of Design
- 国立西洋美術館（コルビュジエ／東京都台東区）
- 中銀カプセルタワービル（黒川紀章／東京都中央区）
- おらはうす宇奈月（外山義＋公共施設研究所／富山県）

■空間の単位と構成

　測定や機能の単位を示す「モデュール」は，建築設計では寸法を決める際に基準となる単位寸法を意味し，細かな寸法を決定する要因となっている。建築家ル・コルビュジエは人体寸法から独自にモデュロール（モデュールとセクションドール（黄金比）を掛け合わせた造語）を考案し，国立西洋美術館などの設計でそれを実現している。

　空間を構成する単位には，煉瓦，コンクリートブロック，畳など建築素材を基にするものや，病院では看護単位，高齢者施設では生活単位（ユニットケア）などように建築を使う人の動きや機能を基にするものがあり，それらのまとめ方によってさまざまな空間が形づくられることもある。

　まとめ方には，例えば，生活空間でのパブリックとプライベート（公と私）がある。外山義は自ら設計した高齢者施設の設計において，個室と外の間に内玄関（セミ・プライベートゾーン）を設けたり，個室のいくつかのまとまりごとに，個室前に談話できる場（セミ・パブリックゾーン）を設け，これらの中間領域で段階的に人が集まる環境設定を提案した。

　ほかにも，屋内と屋外，1階と2階，来館者と運営者等々，設計する場の特徴において二極を探し，それら二極の中間領域の有無やそのつくり方が建築の質を決めるのである。

■プロポーション・ファサード

　高さ方向に関する関心も忘れてはならない。モデュロールにも用いられている「黄金比」は，その代表的なものだ。黄金比とは，$1:(\sqrt{5}\pm1)/2$の比率であり，最も調和のとれた比としてさまざまなデザインに応用されている。葉書やA4用紙などの縦横比も黄金比と近似した値で構成されている。

　ガウディ設計のサグラダファミリア教会堂では，先の尖った塔があるが，あれはロープを垂らしたときにできる「懸垂線」を利用した空間であり，その単位空間が連立することで空間が構成されていると同時に，象徴的なファサードを印象深くつくりだしている（図-3）。

　また，上でとりあげた空間単位は，積層されることで，図-2のようなタワーや五重塔のようなランドマーク建築となることもある。　（佐藤将之）

［引用文献］
1) 『建築設計資料集成—福祉・医療』日本建築学会編，丸善，2002，52ページ，左下図

図-1　おらはうす宇奈月（設計：外山義＋公共施設研究所／富山県）[1]

図-2　中銀カプセルタワービル（設計：黒川紀章／東京都中央区）

図-3　サグラダファミリア教会堂（設計：A.ガウディ／バルセロナ）

04 連続・シークエンス・時間

Books of Recommendation
■『ルイス・カーンの空間構成』原口秀昭、彰国社、1998
■『東京リノベーション』フリックスタジオ編、廣済堂、2001
■『原っぱと遊園地 建築にとってその場の質とは何か』青木淳、王国社、2004

Example of Design
■六義園（回遊式庭園／東京都文京区）
■新潟博物館（設計：青木淳／新潟県豊栄市）
■横浜港大さん橋国際旅客ターミナル（横浜市）

■並べる・連続させる空間

　柱やトラスが連続する空間では、方向・距離・時間などを感じることができる（図-1）。時には、それらが並んでいる空間は、場をつくられせた人の権威の大きさを表現するためにも用いられてきた。また、この空間は場所や領域をつなぐための手法としても用いられている。並べることは、空間づくりの原点であり、さまざまな心理的な感情を生み出す空間は、象徴的な場としても有効的である。

■空間移動によって生まれる変化

　空間の移動は、さまざまな感覚を備えた身体で体験できる機会となる。建築は「用」・「強」・「美」を保つべきだとヴィトルヴィウスが唱えたが、空間デザインはそれらをもち合わせることで人々の移動体験を創造している。空間移動によって景観や環境が連続・変化すること、またそれらのつながりをシークエンスと呼んでいる。
　同じような街並みが道沿いに続く場所では統一性を感じられるが、吹抜けや階段など空間の高低差があるような場所では、進んだ先で見えるものに対する期待感や高揚感が生まれやすい。特に、回遊式庭園や参道などは、それらの感覚に富む空間だといわれている。階段などのレベル差や折れ曲がる通路から、上下左右にさまざまな変化があるからである。また、これらの空間には季節という時間的な移行があり、1年を通して変化し続ける場となっている。

■時間変化に対応する建築・都市のかたち

　空間の時間的変化を想定していくことも建築・都市の提案には必要である。通勤・通学では、都市を横断する。学校では一日を通してさまざまな移動があり、学齢が上がると教室も変わる。雪国では、秋口から雪囲いを行い、季節ごとに建築が衣服をまとっているかのような衣替えを行う。年を経ると、家族の増減で増築だけではなく減築も見られるようになった。戦後数十年で土地が分割され、「狭小住宅」と呼ばれる最小限住宅が増えた。少子化が進んだ町の学校は転用され、宿泊施設やオフィス、いろいろな用途に変更（コンバージョン）されている。さまざまな時間変化をとらえた建築・都市の提案が求められる。（佐藤将之）

図-1　シャルル・ド・ゴール空港（パリ）

連なって建つ長屋は個々が支え合う構造体であり、同じ空間構成で成り立っている。
図-2　谷中の四軒長屋（東京都台東区）

子ども図書館として増築され、もともとの図書館の外壁（写真左）が内壁となった。
図-3　国際子ども図書館（設計：安藤忠雄・日建設計／東京都台東区）

3 進める

05 象徴・風景・イメージ

Books of Recommendation
- 『風景学入門』中村良夫, 中央公論新社, 1982
- 『都市のイメージ（新装版）』ケヴィン・リンチ, 丹下健三・富田玲子訳, 岩波書店, 2007
- 『日本の景観』樋口忠彦, 筑摩書房, 1993

Example of Design
- フィレンツェの大聖堂（イタリア）
- ランドマークタワー（横浜市）
- モエレ沼公園（札幌市）

■象徴としての建築

象徴とは，シンボル・記号であり，直接知覚できない事象を具象化したものである。教会と聞けば十字架，神社と聞けば鳥居を思い浮かべる人が多いだろう。それらは，地図上では記号化されて表現されている。そして，バルセロナといえばアントニオ・ガウディ設計のサグラダファミリア教会堂，バチカン市国といえばサン・ピエトロ寺院，札幌といえば時計台やテレビ塔，といったように都市を連想・象徴するものとして，建築物がその役割を担っている（図-1）。

■風景としてのデザイン

また建築は，自然を取り込んだり，自然になじんだりすることで風景をつくる。六甲の傾斜地に沿って建つ安藤忠雄設計の集合住宅，新潟の河岸の堤防や神社と地形をつくるように建つ長谷川逸子設計の新潟市民芸術文化会館などがその代表的な建築物であろう（図-2）。

さらに大きな規模で風景自体を創りだしていくランドスケープデザインは，建物を設計することとは違い，土地を操作するので，気温・湿度・雨などの気候や土・樹木の土壌を計画しなければならない（図-3）。

■日常生活で構築されるイメージ

人間は日常生活を重ねる中で，都市に関するイメージを構築している。K.リンチは，都市が客観的にどう見えるかではなく，そこに住む人々が実際に都市をどのように眺めているのかを，心の中のイメージから明らかにした（『都市のイメージ』）。その著書の中で，都市の視覚的形態は，次の5つのように分類されている。

①パス：道，②エッジ：縁，③ノード：接合・集中点，④ディストリクト：地域，⑤ランドマーク：目印

これらは，人間が都市を読み解く際の手がかりとして考えることができ，これらをいかに計画し互いの要素の相互作用を創り出していくかが，人間行動からみた魅力的な都市環境を設計する際のカギとなる。

（佐藤将之）

まちの象徴としてそびえ建っている。
図-1 フィレンツェの大聖堂（イタリア）

河岸の堤防から連続した空中庭園があり，地上からも屋上が見える傾斜となることで建築物が自然と一体となっている。
図-2 新潟市民芸術文化会館（設計：長谷川逸子／撮影：長谷川崇）

都市にあるこのランドスケープデザインは，時間や次元を嗜好する非日常的な場所となっている。
図-3 モエレ沼公園（撮影：橋本雅好／札幌市）

3 設計の進め方

■設計プロセス

　設計は，さまざまな思考のプロセスを経て行われる。ここでは，卒業設計のプロセスについて述べるが，卒業設計と授業で出される設計課題，施主に依頼される実務の設計とを比較すると，共通する部分と異なる部分がある。一般的に，最も自由なのは卒業設計で，最も制限されるのは実務の設計である。実務の設計では施主がいるために，具体的な敷地や用途，建築費，詳細な条件が決まっている場合が多いが，卒業設計では，設計条件や設計対象そのものを自己設定する。また，設計の内容を見ると，抽象的（コンセプチュアル）な設計と具体的な設計に分かれる。コンセプチュアルな設計が，社会的なメッセージやひらめきに深く関係しているのに対して，具体的な設計の場合は，熟練者に見られるいくつかの共通したプロセスが存在する。

　ここでは，プロの設計者の例をあげ，スケッチを描きながら具体的な空間をつくるためのプロセスについて説明する。そのため，卒業設計のみならず，日ごろの設計課題や実務の設計においても考え方のツールとして利用できる。

　本項の構成は，左段には設計時における一般的な思考の方法，右段には，ある建築家（以下，「建築家A」という）が小規模なコミュニティ施設の設計課題に取り組んだときの設計プロセスの一部（思考していることを話しながら設計してもらい，後にテープ起こしした内容の抜粋である）を記述し，思考方法のプロセスが具体的にどういうものかわかるようにした。

　学生の設計プロセスでは，課題を決め，条件設定し，それに対して建築空間を一遍通りにつくって終わるというケースがよく見られる。しかし，John Zeisel（1981）も述べているように，建築設計は「デザイナーはある時期には逆戻りする。問題の解決を推進するという目的に向かうというよりは，そこから離れる方向に向かうようである。デザイナーは一連の活動を何度も繰り返し，その繰り返しの度に新しい問題を解決する。これらの一見したところ多方向的な運動が集まって，結果として単一の行為に向かう一つの運動となる」と述べているように，デザイン行為を「らせん型プロセス」としている。また，R.D.Watts（1981）

Design Process／建築家Aの例

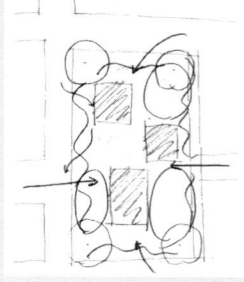

■Process1　敷地状況の把握
■Process2　配置計画
■Process3　コンセプト・ボリューム計画
■Process4　動線計画
■Process5　機能・規模計画
■Process6　外観・環境計画、シーンによる空間操作
■Process7　外観設計、空間群の操作
■Process8　ボリューム配置の再検討
■Process9　ボリュームのつながり方の確認
■Process10　コンセプト・ボリュームの確認
■Process11　ディテールの検討
■Process12　シーンによる機能の確認
■Process13　ボリュームバランスの確認
■Process14　ボリュームと機能の確認
■Process15　ディテール設計
■Process16　シーンによる機能の確認
■Process17　空間の微調整
■Process18　図面化

[設計条件]
設計内容：コミュニティ施設
現況：東京都郊外の平たんな土地で、公園として利用中。
用途地域：第二種高度地区
敷地面積：698㎡　建蔽率：60％　容積率：200％
提出図面：手書きによる各階平面図
　　　　　立面図2面および断面図1面（各1/200程度）
設計時間：3時間程度
＊下記に示す思考内容は、実際の1/4程度である。

■Process1　敷地状況の把握

　僕らがものを考えるときに、まず敷地の周辺の状況というものをどういうふうにとらえていこうかということではなくて、まず何を考えていこうかが大事である。敷地の輪郭というものをラフにとらえると、いろんなところから、この土地がどのように見えるかっていうことも意識してゆく。それを自分なりに、敷地の輪郭線をたどる段階で、いくつかどんなふうに見えるのかなってことを考える。特に方位。そして敷地の角々ぐらいに少し緑を四隅に単純におく。歩道が非常に直線的ですが、なぜ直線でなきゃいけないかということを普段から疑いをもってる。あるときは道路から自然に入ってこれる。歩くときでも、こっちへ入って出てみたりとかいうような、道路やいろんなところからアプローチするということを考える。この敷地の中にいく

Process1　敷地状況の把握

つかの施設が点在してることも

も「分析」，「総合」，「評価」のサイクルを同一空間で繰り返しながら次元が高まってゆく様子を図-1のように表している。実際の設計では，建築家Aのようなプロセスを何度も繰り返しながら最終的な作品（答え）へと向かっている。

設計中の思考を大別すると，図-2のような「定義」，「配置」，「つながり」，「機能」，「スケール」，「ディテール」，「シーン」について考えている（ここでは，空間のつくり方を主として説明するために，建築家が思考した法規や建設費，工法等については省いた）。これらの要素を組み合わせながら設計を進めている。この要素の中で，「配置」，「機能」，「スケール」，「ディテール」は，建築の知識によるところが大きい。一方，「定義」，「空間のつながり」，「シーン」は，つかみどころがなく，個人の創造性を要する部分である。この良し悪しが設計の評価を大きく左右するのである。ここでは，「定義」，「空間のつながり」をコントロールしている「シーン」のつくり方を中心に説明する。

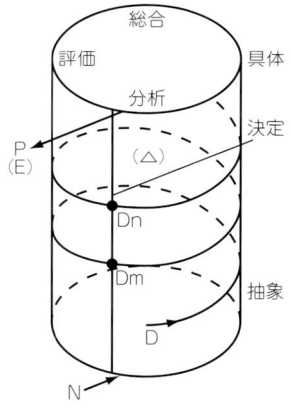

(△)：デザイン・チーム
(E)：環境
D：ドキュメント
N：人間の要求
P：デザイン・チームから環境に向うコミュニケーション

図-1 R.D.Wattsモデル[1]

定義	「落ち着きのある空間がほしい」など 比喩的表現や建築的なあり方などの表現
配置	「管理室はどこがよいか」など 空間を置く場所や状態といった空間の操作
つながり	「階段から外が見える」など 2つ以上の空間でのつながりや，関わり
機能	「ここは可動間仕切りにして」など 詳細な機能に関すること
スケール	「ここは奥行2mとる」など 大きさ，ボリュームに関すること
ディテール	「ここは全面ガラスにする」など 全体の中での細かい部分や，具体的な納まり
シーン	「雑誌が読んでいる人が疲れて休憩する」など 頭の中で起きているシーン

図-2 思考の内容

考える。例えば，ボリュームはわからないけれど，いくつかの機能が点在することを考える。そして，残っている部分，余白になっているところが，空間として存在する。

■Process2 配置計画

コミュニティプラザという機能から考えると，固まった建物，南北に長いような考え方もある。点在型を置いてみたのも実は，建物が一つあるのと違って，いろんな動きがある。例えばそれが建物全体のエントランスになるかもしれないし，場合によってはホールみたいなもの，次のスペースへつながっていくときの可能性というのもある。こういうふうに点在することによって，ただバラバラに配置するのではなくて，どんなふうに統一した形の建物に仕上げていくかというのがこれからの課題になる。ここでの変化というものを，自分が建物の中を歩いていったときにどんなものが見えたらいいかなというようなことも想像する。これから，日本も世界もバリアフリーだけでなく，ユニバーサルなデザインの時代となるので，障害をもった人たちと健常者の人たちが同時に使えることが課題になってくる。それをどんなふうにしたらいいか。ほんとうのユニバーサルや，バリアフリーというものは，精神

Process2 配置計画

的な人間と人間との接点である。コミュニティプラザというテーマからすると，手すりをつけたり，段差がないのは一つの条件としていいんだけども，もっと自然に人たちが触れあえるような，そんな雰囲気をつくりたい。

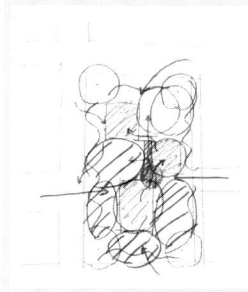

■Process3 コンセプト・ボリューム計画

使う人たちに楽しく使えるかっこよさというのが，特にコミュニティプラザでは必要になると思う（定義）。ここに仮に緑と書いておいたときに，木の種類まで考える。例えば，ケヤキという木を植えたらどうなるか，大きすぎてだめかな。落葉広葉樹であることが，いろんな町並みと絡むというか，変化があり，四季の表情がでてくる。こういうものが地域とうまく結びついてくれたらいい。これは，建物の設計と同時に考えているけど，周辺をどういうふうにつくったらいいか，ある程度公共性をもった建物には重要だ。街に開いて住環境をどのようにするかを考えると，全部ガラス張りにして（ディテール）しまう開き方がある。あるいは，塀があっても開くことができる。また，その管理をどういうふうにするのか。理想としては，どこからでも自由に出入りができるのがいいと思う。同時に，周辺にそんなに高い建物がないから立地条件からしても，2階建から3階建，それと平たんな土地に対して平たんなまんまで行くか，少し地形に変化をつけるほうがいいのか，そのようなことも同時に考えながら容積一杯の3階建位を想定してゆく（配置）。ダウンゾーニングを考えると，建物のよさというのは量だけではなく，小さくても質の良さを考えなければならない。同じ時間に一度に何人の人が使えるかを考えると，コミュニティプラザだったら集会があると考えると100人程度でいいのか，もっと大勢の人が来るのか（機能）。これからだんだん形とボリュームのバランスを考えるようにな

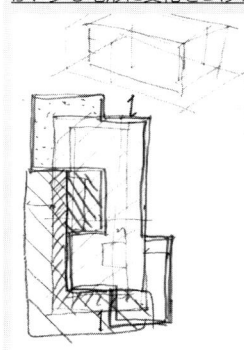

Process3 コンセプト・ボリューム計画

■「シーン」とは

「シーン」とは，エスキスを進めるときに思い浮かべる情景のことである。建築家Aを例にあげると「ここで集まった人達が，受付を済ましたら，ぐちゃぐちゃしないですっと流れるようにいくと，ホールに出れば街並みとの接点みたいなものを感じることができる」といったシーンを思い浮かべている。この例では，「エントランス」，「受付」，「ホール」，「街並み」の4つの空間にまたがって「シーン」がつくられていることがわかる（図-3）。言い換えれば，「シーン」が4つの空間を「つなげている」のである。熟練した設計者は，それぞれの空間にスケールを当ててそのつど大きさを決定しているわけではないが，スケッチを描く際のペンを動かす体感的な大きさで実空間をおおまかに認識し，擬似体験しながら設計を進めている。さらに，この段階では，「受付」を考えているものの，位置までも曖昧にとらえ，「シーン」による空間のつながりを重視して考えている。この「シーン」で使われた思考の中の仮想的な行為についてみると，「集まった人達」，「受付を済まし」，「ぐちゃぐちゃしないですっと流れるようにいく」などのように第三者を設定し（この例では第三者であるが，自ら仮想的な行為を行う場合が多い），さまざまな行為を行わせている。このような豊かな「シーン」を数多くイメージし，設計に反映させることが必要である。

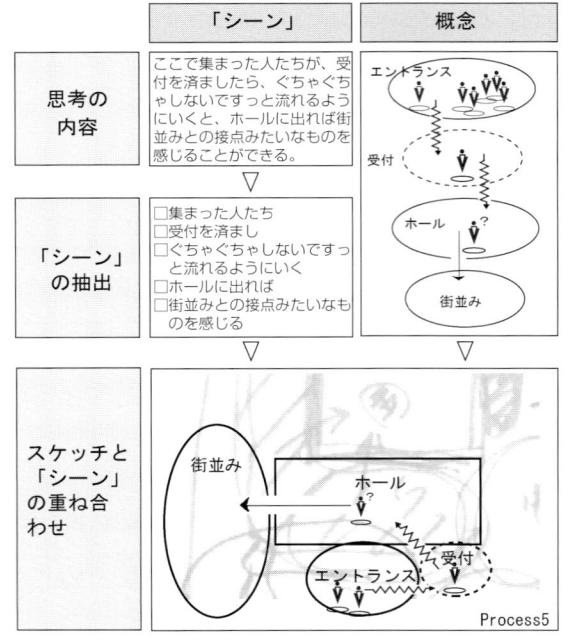

ってくる。ここで先ほど3つのゾーンをつくったけど，均等の大きさにするのではなく，大中小と使い分けができるような方法を意識しておきたい。南側がメインになったほうがいいと考えたときに，メインのほうに大きなボリュームを考えるのが一つと，逆にちょっと控えたところに大きなボリュームを考えた（配置）。われわれは，普段考えるときに，表と裏，あるいは，主と従というようなことを考える。これが，一体の物であるから，表だけをデザインするのではなく，裏もデザインしなければならない。一方向だけをきれいにつくって，トイレだけは汚なくてもよいというわけではない。レストランを設計してもお客様が出入りするようなところから，生ごみや何かを排出するわけにはいかない。

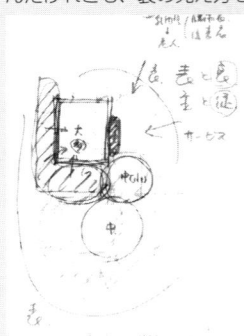

■Process4　動線計画

陰影とか，すべてがガラス張りがいいかというとそうでもない。隠すとこは隠す。南でも全部開口部にしてたら明るくて良いけど，南だけど壁があると，逆に開いたとこが強く感じると。どういうふうに見えたらよいかというようなことを考えながら開口部を考える。表があれば裏，見えるといえば全部表なんだけれども，裏の見え方も考えてあげたい。こちら側を裏と考えると，表から車と人という問題，裏のサービスからの車と人という問題も出てくる。最初考えたように緑を植える。そうすると，緑の影が出てくる。こんなところにも緑を置いて駐車する。木の下にも何台か留められるような，そのぐらいの配慮をして駐車場を確保したい。正面からは，まともに車は見えない。

安全を考えるとき，あまり生垣を高くしちゃうと運転席から見えない（シーン）ということもあるので，そこは，まだ考えなければならない。もっと厳密に交通量が激しい通りでは，日本は左側通行だから，左から来てどう入るとかっていうようなことまで意識する。これから，もう少し具体的に進めてゆく。

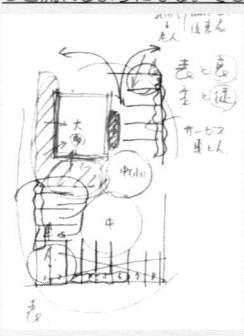

■Process5　機能・規模計画

公共的な建物の場合は管理，受付のような部分が必ず出てくる。使う側からすると目立たないのが良いと思うけど，出入りがチェックしにくい。裏側から入ってきて，伝票渡すとか，いろんなことをチェックしなければならない。そうすると，先ほどの人の出入りは，あんまり受付周りで人が停滞しちゃうと，ごちゃごちゃしちゃって大変なので，人が流れやすいように，この広さを受付事務で対応しなければならない。そうすると，ここで集まった人達が受付を済まし，ぐちゃぐちゃしないですっと流れるようになる。そして，ホールに出れば町並みとの接点みたいなものを感じることができる（つながり）（Type6）。受付や必要な場所に行きやすくなってくると，少しずつボリュームが，人の動きや使い方によってある程度だんだん決まってくる。こちらは，いきなり大勢の人がワッと入ってしまうんじゃなくて，分散して入ってもらえるような可能性を考える。例えば，ホールを通って，トイレや何かに行くということになっ

図-3　「場面」の抽出例

■イメージする空間で行われる「行為」

「シーン」をイメージするときの行為は無限にあるが，大別すると「見る」「思う」「振る舞う」「移動する」の4つに分類できる（図-4）。この系・「見る」，「移動する」は，複数の空間で設定することから，空間をつなぐ行為に使われる。また，系・「振る舞う」は，空間をつくったり確認することに使われる。この中で系・「思う」は，空間の知覚に大きく影響しているので，普段の設計の中でこの「思う」の行為が少ない場合は，イメージする空間の中に自分自身を擬似投影できていないことが多い。十分に擬似投影できている場合は，類系・「雰囲気を感じる」，「気分」，「環境の知覚」などのような，設計者自身が感じる感覚が多く発生してくる。なかでも類系・「〜したい」，「疑問に思う」は，「シーン」を連続的に展開する場合に有効に働く。これまでの自分の設計で，どのような「行為」を多く使っていたか自己点検してみるのもよい。

系	類型	「シーン」で使われる行為の例	
見る	見る	見る ちらりと見える 内から見る 見下ろす ぼんやり見る	見物する 見えない 見下ろす 見上げる 電車から見える
	眺める	眺める 見渡す	一望する 見晴らす
思う	思う	思う 考える	知る わかる
	〜したい	見たい くつろぎたい 行ってみよう	休憩してみたくなる 歌いたい 入ってみよう
	疑問に思う	何だと思う 興味を引く	気になる 疑問を抱く
	雰囲気を感じる	ゆったりと時が流れる感じ やわらかい 暖かそう 引き寄せられる 低い感じ	ほんわかした雰囲気 船に乗った気持ち すがすがしく気持ち良さそう 奥に誘われる ぱっと広がった感じ
	気分	和やかな気分 明るくうきうきした気分 爽快 おもしろい 圧倒される テンションが上がる おなかが空いたな	明るくやわらかい気持ち しっとり落ち着いた気分 楽しい 疲れた 退屈でない 次第にどきどき 開放感
	環境の知覚	明るい 薄暗い 騒がしい 風車の走る音	暗い 静か 光が入る 水の音
振る舞う	その場で振る舞う	話をする 振り返る お弁当を広げる 扉を開く 本を読める	立つ ゆっくり食事をする コーヒーが飲める チケットを切ってもらう 遊ぶ
	休む	ひなたぼっこをする 一息つく 落ち着く	休む 座る 寝る
	移動をともなって振る舞う	犬の散歩をする 歩きながら食べる 歩きながら美術品を見る	階段を下りながら見て回る 歩き回って アーチをくぐる
移動する	空間の出入り	入る 出る	気楽に入る くぐって入る
	水平移動	行く 渡る 歩く	通る 走る 抜ける
	垂直移動	階段を上る 坂を下りる	エスカレーターで上がる エレベーターに乗る
	回転	その場で回る	ぐるっと回る
	集合	集まる	固まる

図-4 「シーン」で使われる行為の種類

てくると，トイレのほうからも行けるほうがいいかもしれない（曖昧な空間）（Type4）。しかし，あんまりダイレクトにトイレの出入りが見えてしまうと，ちょっといやだな（Type3）。例えばここ舞台だとすると，話をしている人の両脇からゴチャゴチャ人が遅れてきて入っちゃうと，なんとなく落ち着かないということから考えると（Type1），受けて立てるような正面はこちらになるだろう。全体をワンルームで使うとき，椅子をこう置いてセミナーみたいに使いたいといったときに，当然後ろから入ってもらうと，少しはザワザワするかもしれないけど，一応雰囲気が保ちやすい（Type5）。

大きなボリュームの上に，2階建，あるいは3階建にする方法もあるけど，1,000㎡ぐらいの大きな空間は，天井高2,400ぐらいだと圧迫感がある（スケール）。あるいは，低く入ってきて，高い空間をつくってあげる。大きな空間の上にボリュームを乗せようとすると，乗せにくい。構造的な部分もそうですけど，高さも高くなる。

■Process6　外観・環境計画、シーンによる空間操作

今度は意匠について考える。デザインは，建物の表情でコントロールするために，縦に垂直のルーバーをつけるとか，あるいは水平にしようとか，位置によっては東だったらルーバーがいらないなとか，日本だから西日が強いなとか，そういうことを同時に考える。このように徐々に形のイメージをつくっていく。それが最後に，垂直のルーバーがいいか，水平のルーバーがいいかっていうのは，立面図を起こしたときに考える。例えば，もっと進んでくると，本当に全部見えたほうがいいのか，午後2時になってくると30°ぐらい，こういう角度で光が入ってくると想定しているので，仮に

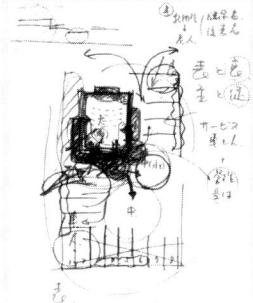

Process6　外観・環境計画、シーンによる空間操作

前面ガラスにしちゃうと相当入りすぎて，夏なんかは，ここに居られないんじゃないかという問題も出てくる。せっかくガラス張りにしたのに，省エネだとか環境問題をどうするかという話になってくる。歴史や過去の時間軸のなかで，地域にとってこの建物はどういう意味があるのかというようなことまで，提案していきたい。単なる現代の機能だけでなく，過去がどうだったか，そして現在がどうである，そしてこれが将来どういうふうな形で使われて受け継がれていくというような提案も，公共性のある建物であればぜひやりたい。

端のほうは上から下まで細いスリットになって日が北側からすっと入ると，徐々に開口部のイメージを決め，人の動きをどのように導き入れようか，外観から見たときにどのように見えたらいいかってことも同時に考える。入口周りから，こんなのできたらいいかなとなってくると，残ってたこちらの部分が関連してどんどん出てくる。このようにして次の段階へ進む。

■Process7　外観設計、空間群の操作

建物によって，こういうディテールがいいかなというのは，早い段階から出てくる場合もある。徐々に，敷地の中で機能と同時に，余白を土地に対してそのボリュームとの関係で決めてゆく。今度はエントランスを直線で斜めに膨らますっていうこともあるが，斜めではなくて蛇行させるような感じで奥へ奥へ導き入れられるような，そういうエントランスがこの辺にあったらどうか。われわれが大事に

Process7　外観設計、空間群の操作

■空間を「つくる」ことと「つなぐ」こと

いくつかの設計条件から設計が完了するまでの間に空間をつくり出したり，空間をつなげるという作業を繰り返す（図-5）。空間をつくるとは，雰囲気や形をつくることであり，空間をつなぐとは，空間と空間の間に何かの関連性をもたせることである。それは，必ずしも空間相互が隣接しているとは限らず，離れている場合もある。

例えば，「ここを舞台だとすると，話をしている人の両脇からごちゃごちゃ人が遅れてきて入っちゃうと，なんとなく落ち着かない」というのは，ホールの中の舞台と客の入口の関係を考えて空間をつくり込んでいる。また，「ホールを通って，トイレや何かに行くということになってくると，トイレのほうからも行けるほうがいいかもしれない」というのは，歩いて動き回ることにより，ホールとトイレが隣接してつながっていることを設計し，「あんまりダイレクトにトイレの出入りが見えてしまうと，ちょっといやだな」で視覚的な行為によってホールとトイレのつながり方を明らかにして，適切なつながり方を模索している。

このように，空間をつなげるときに「雰囲気を感じる」，「気分」，「環境の知覚」などと一緒に考えることが，豊かなシークエンスをつくることにつながっている。学生の設計では，Type1やType4，Type6に偏っている場合が多い。さまざまな方法を使って空間をつくったりつなぐことが望まれる。

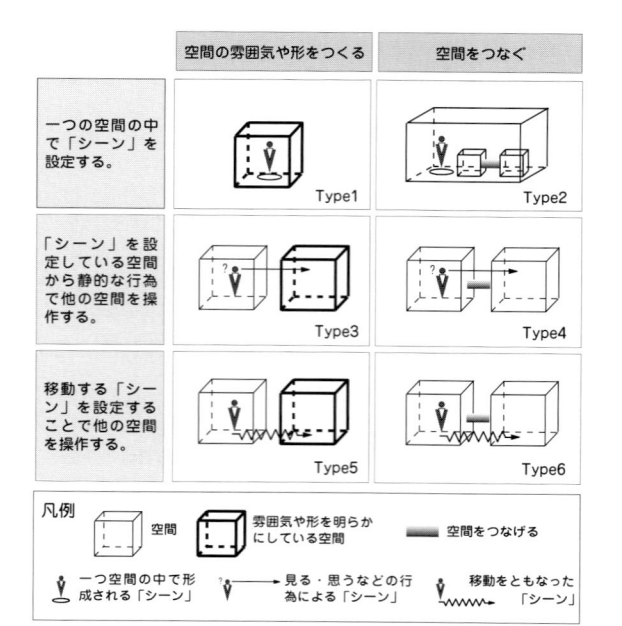

図-5 「シーン」と空間生成

したいのは，入ってきたら自分の位置がわかるようにしてあげたい。エントランスから入ってきて，2階に上がれば自分の位置がわかるような，場合によっては吹き抜けになっててもいいんじゃないか（空間群のつながり方）。いつも自分の入ってきた位置が確認できると，こっち側は大ホール，こっち側は小ホール，こっちは中ホールだなと，わかるようなことも考えておく（Type2）。コミュニティプラザというのは，折りたたみの椅子やテーブルのストックをしとく収納も考えなくてはいけない。大きく全体で使うことと，小さく使えることが必要だ。小さなセミナーをやるところが上座になって，脇から出し入れができる。こちらが町並みとつながって，いろいろ抜けられるようになっている。それぞれの雰囲気ができ上がってきた。

■Process8 ボリューム配置の再検討

建物を立体的なボリュームで見たときに，どかんとした大きなボリュームを崩しながらつくっていくのと違って，大きいもの，小さいもの，中間的なもののバランスを見ながらでき上がった形をイメージする。町並みの中で多少変化をつけたいというイメージが最初にある。小さなものが前にあると非常に余裕があって良さそうに見えるけど，公共の建物のランドマーク性でいうと弱い。そのために，大中小をランドマークとして意識してもいいか。

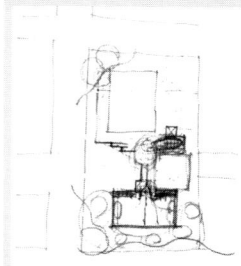

Process8 ボリューム配置の再検討

■Process9 ボリュームのつながり方の確認

入ってきた時に比較的大ホールはわかりやすい。受付事務から小ホール，中ホールへと。あるいは，もしかすると，中ホールが手前にあって，小ホールが一番遠いところでもいいかもしれない。いずれにしても，機能的にはくっつけておいたほうがいいけど，これをちょっとずらせば，入る前に違った雰囲気をつくることができる。この辺の間に入り込んでくるようなスペースを考える（曖昧な空間をつかった空間群のつながり方）。こういうスペースを人が通るときに同時にチラッと抜けてこっちも見えると，視覚的な交流ができるのであればおもしろい。最後の段階で形と機能のバランスの取り合いを考える。

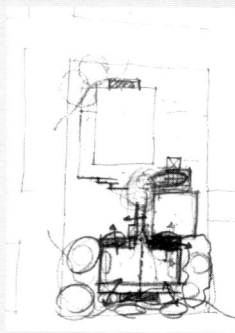

Process9 ボリュームのつながり方の確認

■Process10 コンセプト・ボリュームの確認

だんだん想定したボリュームが出てくると，それぞれの位置の関係を再度，敷地の中で動かしながら，ゾーンを機能的に満足に使えるか考えていかなければならない。受付事務を通らなければならない。階段はどちらがいいか，建物が煮詰まってくると，動きにくくなる。

本来ならば，ここで構造とか設備を考えながらまとめていく。最初は分散配置型にしようといっていたものが，最終的には分散にならなくてこっちに近づいてくる可能性もある。これをもう一回分散配置型にしたいから，最後の形づくりということになる。これだと機能がくっついてきたから，何とかもうちょっとすき間が空けられないか。歩きながら，こっちは開放される，

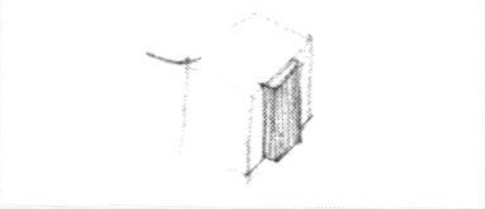

Process10 コンセプト・ボリュームの確認

■曖昧な空間

設計者が設計を進めるとき，曖昧な空間表現を使うときがしばしば見られる（図-6）。建築家Aの例では，「ホールを通って，トイレや何かに行くということになってくると」「この辺の間に入り込んでくるようなスペースを考える」と思考している。このように，室名や空間機能などがはっきりしていない曖昧な空間を使う場合がある。曖昧な空間は，固定的な概念や空間の質がないために，さまざまな用途の空間とつながることができる。そのために，しばしば空間群（次の項で説明）相互をつなぐ役目を果たすことがある。また，建築家Aの例でも見られるように，考えている一連の空間群の終端に用いて，次に空間を思考するときに考えやすいように，空間がつながる余地を残しておくケースもある。この曖昧な空間は，設計の行き詰まりを防ぎ，設計の進行をスムーズに進めるために有効である。

学生の設計でよく見られるのは，空間が決定してしまうとなかなか変更ができない点である。熟練者の場合は，空間を一度決定しても最後まで曖昧さをもち続けているところに特徴がある。

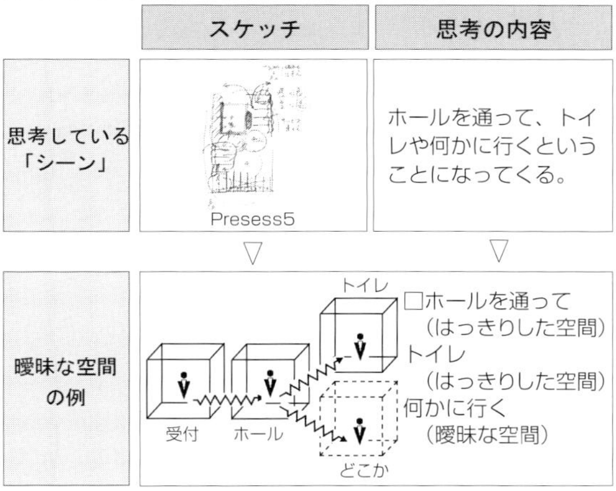

	スケッチ	思考の内容
思考している「シーン」	Presess5	ホールを通って，トイレや何かに行くということになってくる。
曖昧な空間の例	受付―ホール―□ホールを通って（はっきりした空間）トイレ（はっきりした空間）何かに行く（曖昧な空間）どこか	

図-6 曖昧な空間

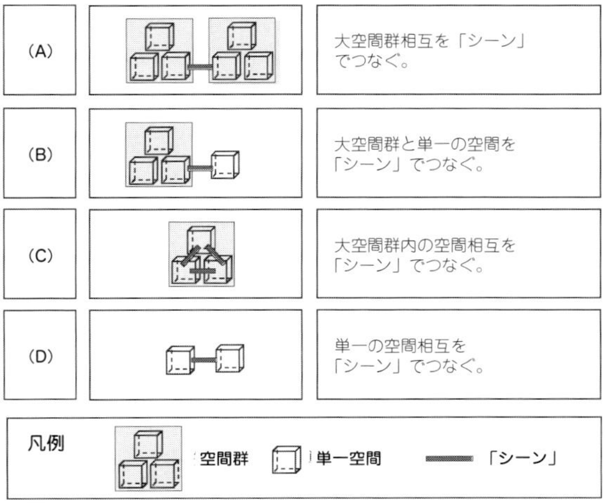

(A)		大空間群相互を「シーン」でつなぐ。
(B)		大空間群と単一の空間を「シーン」でつなぐ。
(C)		大空間群内の空間相互を「シーン」でつなぐ。
(D)		単一の空間相互を「シーン」でつなぐ。
凡例	空間群　単一空間　「シーン」	

図-7 「シーン」を用いた空間群のつながり方

階段からこっちは開放される。たけど、こっちは部屋の中から外が見える、これは止むを得ない。2階にするのか、3階にするのか、もうワンフロアをつくるとか。そうすると、だんだん正面が高くなってきてしまう。

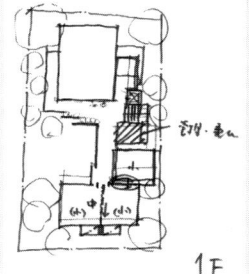

Process11 ディテールの検討

■Process11　ディテールの検討

これは容積も考え、壁であれば、展示とかしたときに、展示物を見て休憩もできるというぐらいのボリュームは、いっぱいにつくらなくてもよいと思う。外を見たときに、周りに緑があって、全体の建物のバランスができている。

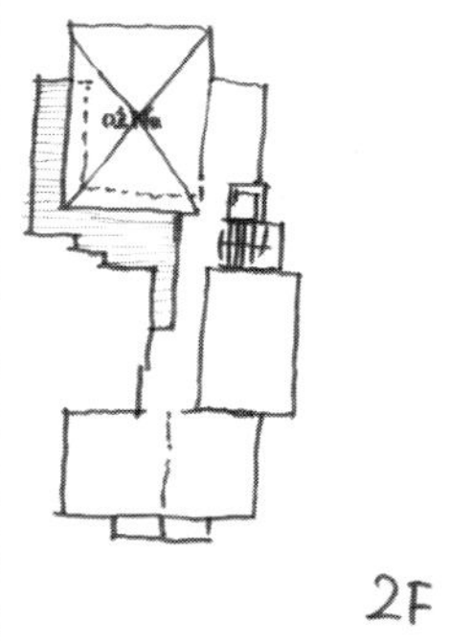

Process12 シーンによる機能の確認

■Process12　シーンによる機能の確認

部分と全体、内と外を同時に行ったり来たりしていかなければならない。建物の中とだけではなく、敷地の外や中も歩くというように自分の中でイメージしていく。最終的に、自分の一人よがりではなくて、できるだけ多くの人たちに共有してもらえるようにつくる。

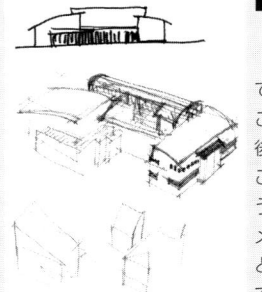

Process13 ボリュームバランスの確認

■Process13　ボリュームバランスの確認

ここで一度、形をチェックしてみる。立面図を描きながら、この辺が1階の受付事務で、この後ろ側に小さな部屋をつくる。これを実際に建物の形としてどうまとめあげようか。最初のイメージでこういうふうにしたいとスパッと出てるときと分散して出てくるときとある。自分の最初のイメージでは分散しているけど、バラバラで、こちらにボリュームがあって、こちらに中間的な大きさのものがあって、ここに小さめのものがあるといったイメージがある。例えば、それぞれがそっぽを向いてるようなイメージ。それが、真ん中にぎゅっと向いてて通路みたいなものでつながっているという、分散的な存在のしかたもある。

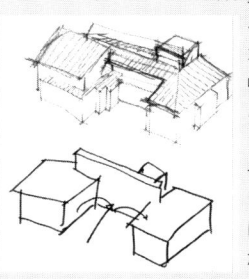

Process14 ボリュームと機能の確認

■Process14　ボリュームと機能の確認

僕らは模型で自分のイメージをつくって、最後の模型でバランスとか納まりとか、もうちょっとどうかなと考えることが多い。あとは機能によって、形に表情が足りないと思ったとき、断面でもう一度考えてみる。1階のGLがあり、エントランスがや

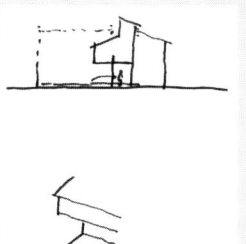

Process15 ディテール設計

■空間群を「つなぐ」

　空間と空間をつなぐことは，前述したとおりである。ここでは，空間群とそのつながり方を説明する。空間群相互，空間群と空間，空間相互のつながり方を分類したのが図-7になる。右段の建築家の場合，ホールとそれに付随した室の空間群，1，2階の中セミナー室の空間群，事務室と小セミナー室の空間群，2階のセミナー室と展示ホール，デッキの空間群である。この場合は，類似した空間群をつなげているため，空間群の質に大きな隔たりはないが，複合施設等を設計する場合は，映画館やショッピングセンター，オフィスなどまったく質や用途が異なった空間群をつなぐため，とても苦労することになる。

　空間相互をつなぐよりも空間群をつなぐほうの難易度が高く，そのつなぎ方が設計の良し悪しを大きく左右することになる。空間群のつなぎ方には，さまざまな方法があるが，ここでは曖昧な空間と「シーン」を用いて空間群をつないだ例を紹介する（図-8）。大別すると，曖昧な空間が空間群に属する場合と属さない場合に分けられる。属さない場合は，曖昧な空間が挟まれるケースと共有するケースがある。

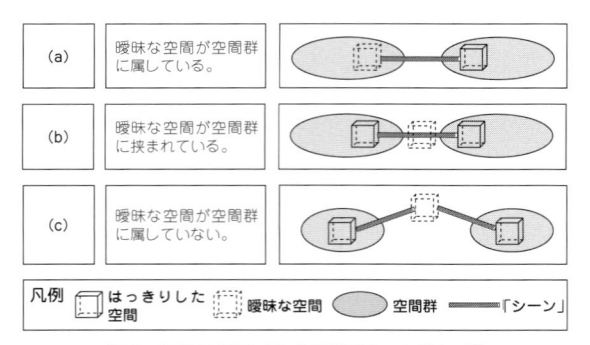

図-8　曖昧な空間を用いた空間群のつなぎ方の例

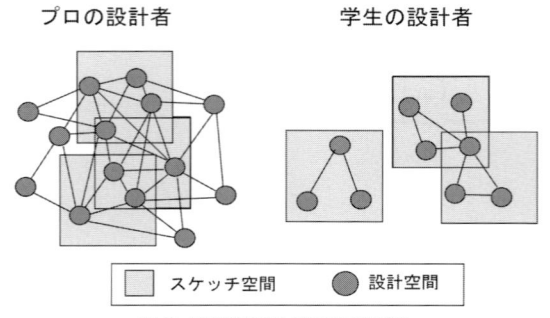

図-9　空間の知覚と空間のつながり

や少し上がって，上の廊下部分があり，こちら側に小ホールなりセミナー室部分があって，大ホールのボリュームがある。

■Process15　ディテール設計

　これをここから入ってきて，いっそのこと，もうちょっと伸ばして前へせり出してくるような，上に乗っかって奥へ引っ込んで，軒のような形になってきて，立体的に表情が出てくる。この辺なんか使えないかなと，玄関ポーチみたいな懐が使えないかな。

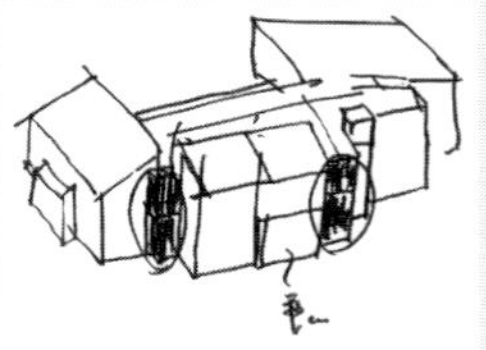

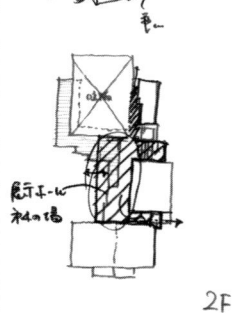

■Process16　シーンによる機能の確認

　ここが展示ホールみたいな，そうすると大中小というのに対して第4の場みたいな所がある。1階だと人の出入りによって煩雑になるけど，2階だと落ち着いて使ってもらえないかな。面積の調整をしたり，建物の立体的な形が変わってくる。

Process16　シーンによる機能の確認

■Process17　空間の微調整

　ここで模型とかを作ると，確認しながら変化していける。パソコンよりも模型を作って，自分の中で建物の最終的な形をつくり上げる。小ホールと中ホールの間に，こういうところに凹んだスペースがいいか，思い切って出してみるか，出てるスペースがいいか，わずかでもいいから出してみる。最初に考えた分散してそれぞれの機能があるようなところまで戻せないか。この辺で一度まとめてみる。

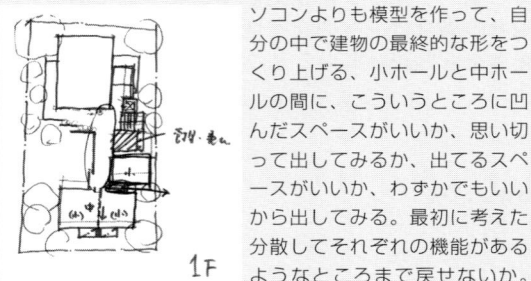

Process17　空間の微調整

■Process18　図面化（Sketchi18,19,20）

　ここで基準になるように，あんまりずれないようにしながら1mずつ置いてゆく。自分で確認のためにとっていくときに，10mの8mというボリューム，通路部分が今までラフに考えていた段階では3，4mぐらい，ここで書いたスペースは4mぐらいある。一番広いところからだんだん入っていくときに2mぐらい，奥のほうへ入っていくとき3mぐらい，エレベーター前のスペースというものは，車椅子のことも考えて最低2mぐらい。最後の微調整で構造とか階段のことまで考える。車椅子がこっちへ入っちゃっていいのか，2m角ぐらいのシャフトは必要かと，日本人の心理的な部分も考える。面積上どういうふうにとったらいいか，いろんなスペースのとり方も考える。大人数が入ってくるとなると1階だけでは足りないと，2階も利用することを想定している。階段の幅，階段高も意識しながら割付けていく。管理事務は，どれくらい必要なのか，6畳くらいで足りるのか，ここは揃っていたほうがいいのか，ホワイトボードや黒板とか，椅子を入れるときに奥行きが浅いほうがよいのか，人間が入れるくらい考えるのか。最後は機能的なことを考え，出入口は，引き戸がいいかドアがいいか，あるいは物の出し入れを考えたときに親子扉がいいか，開き具合や大きさ，いろんな現実的なことも考えていく。上は外まで出てるけど，1階は出なくてもよいとか，上はデッキがあり，下は小さな坪庭みたいな形をイメージしている。出入り口の周りにもひと休みできるようなゆとりをとってあげる。四角な形より，なんとな

■スケッチ領域と設計空間領域

設計を進めるときに描くスケッチの認知空間領域には，設計者の良し悪しの差が出る（図-9）。プロの設計者は，スケッチに描いている空間領域の外側も認識し，それぞれの空間を「シーン」で密につなげているが，学生は，スケッチに描いた空間しか認識しておらず，「シーン」による空間のつなげ方も粗いことが多い。空間のつながり方が弱いということは，空間の配置の理由が不明確で，上手く説明できない場合が多い。

■設計の進め方のタイプ

設計の進め方は，人それぞれであるが，大別すると建築家Aのように複数の案を多く出し，空間や「シーン」の選択肢を広げながらコンセプトを固めていくタイプと，建築家Bのように，中心になる空間や「シーン」に（初めからコンセプトになっているとは限らない）周りの空間や「シーン」を付け足して膨らませていくタイプに分けられる（図-10）。設計者によっては，これらをミックスしながら設計を進めている。

建築家Aの例では，「点在型と一つの建物型」，「垂直のルーバーと水平のルーバー」などのように，比較をしながら進めており，特に「点在型と一つの建物型」については，設計の最後まで曖昧さを保ちながらコンセプトを追求している。一方，建築家Bは，一方向の視点で進めた結果，最後に整合性が取れなくなり，障壁にぶつかり，試行錯誤の結果乗り越えた。設計では，このような障壁がいく度も出てきて乗り越える必要が出てくる。障壁は，設計にとって悪いことではなく，それを乗り越えたところに設計内容のおもしろさがある。

（和田浩一）

く曲線のような形にするのか。直線にするのか，ある程度むだがあっても柔らかくするのかということも考えてつくっていく。入口から入って来て事務の部分，ここからも庭が楽しめる。お互いに視線が合わないように，上下に開口部を分けてあげるような微妙にずらすというような配慮も必要だろう。

［設計終了／3時間9分］

1階平面図敷地配置図　　2階平面図

断面図

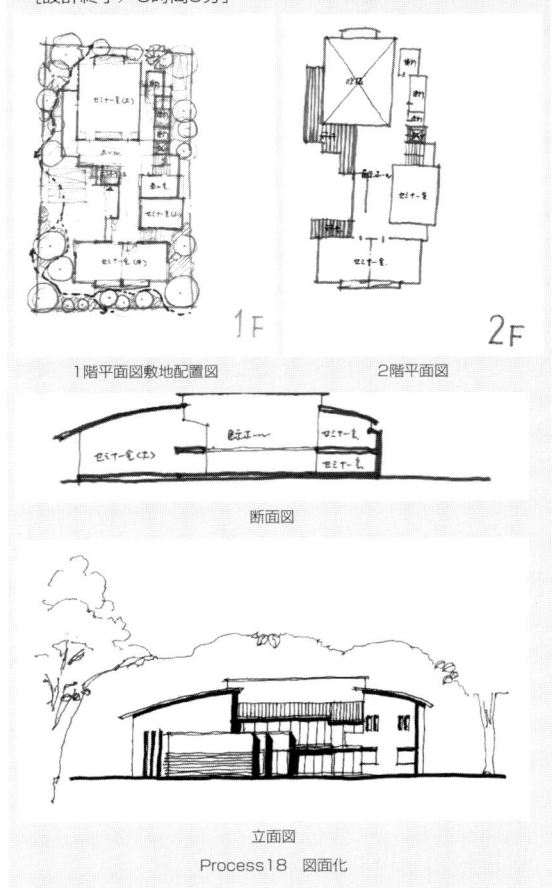

立面図
Process18　図面化

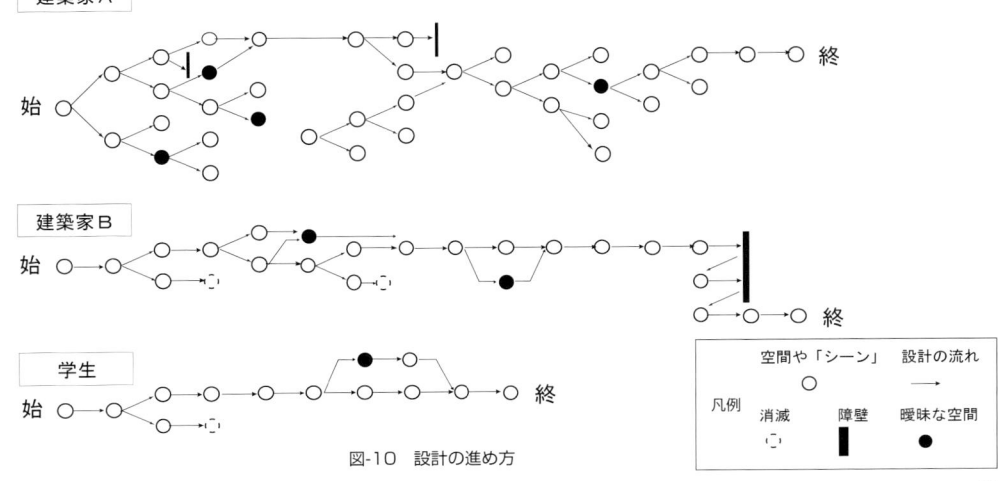

［引用文献］
1)『新建築学大系23 建築計画』原広司・鈴木成文・服部岑生・太田利彦・守屋孝夫，彰国社，1982，201ページ，図3.16(b)

図-10　設計の進め方

4 建築模型・写真

■建物模型の製作について

2〜4年間建築を学んできたことの集大成として，卒業設計に取り組むことになる。この時点では，多くの学生が実務的な設計も実施設計図面を描くことも，ほど遠いのが現実なのではないだろうか。これは，「建築」を学ぶことの難しさや，習得するのに時間がかかることなどを示している。そのため，評価する側も，現実的制限，既成概念に制約されない構想力の壮大さや斬新さを求めており，それらのコンセプトを建築空間という3次元立体においてまとめ上げる能力を見ている。

このように見てくると，各自が考えたコンセプトを第三者，とりわけ評価する人間に，いかに伝えるかということが，卒業設計では大きなウエイトを占めていることがわかるだろう。いわゆる，プレゼンテーションである。プレゼンテーションには2次元で伝達する「図面」と，3次元で伝達する「模型」，「パース」がある。

本項では，3次元プレゼンテーションとして従来から利用されている「模型」について解説する。ただし，一般的な模型の作り方や道具などは，概略だけの記述に留めようと思う。建築模型に関する書籍も多く出版されているし，各大学において先輩，後輩間で模型についての情報も流通しているためである。一般的な模型の作り方が必要な場合は，参考図書をあげておくのでそちらを参照してほしい。

■模型材料

模型材料として特に決められたものがあるわけではないが，実際は定番と呼べるような決まった材料をよく使っている。これらを「ボード系素材」，「透明素材」，「木質系素材」，「プラスチック系素材」，「特殊素材」，「点景」に分類して解説する。ここにあげた材料の多くが，画材屋さんやDIYショップに行けば購入することができる（図-1）。

1 ボード系素材

ボード系素材には，スチレンボード，スチレンペーパー，コルク，段ボールなどがある。スチレンボードは，板状の発泡スチロールの両面にケント紙を貼ったもので，1, 2, 3, 5, 7mmの厚さがある。スチレンペーパーは板状の発泡スチロールそのもので，両面にケント紙が張られていない。スチレンボードと同じように，1, 2, 3, 5, 7mmの厚さがある。

いずれも，切断する際にはカッターナイフを用いる。スチレンボード，スチレンペーパーの接着にはスチのり，ソニーボンドを用いる。コルク，段ボールの接着には，ボンド木工用がよいだろう。

スタイロフォーム 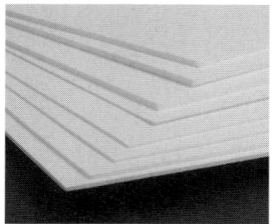 　スチレンボード

段ボール 　バルサ材 　塩ビ板

図-1　各種模型材料

枯れ木の枝を拾い集め、それにアクリル絵の具で着彩する。 　着彩した枯れ木に、市販のカスミソウを接着していく。 　カスミソウに、スポンジパウダーをまぶして接着していく。 　完成した樹木

図-2　点景・植栽の作成例

人物を撮影した写真を、PC上で切り抜いて色を付け、それをOHPシートに印刷し、切り抜いたもの。平面的ではあるが、オリジナリティのある人物表現である。（協力：花岡雄太）　フィギュアメーカーとして有名な、ドイツ・プライザー社の人物模型。さまざまなポーズと、縮尺が揃っている。

図-3　点景・人物の作成例

2 透明素材

アクリル板，塩ビ板，プラ板などがある。特に，アクリル板は，その透明性が時代の感覚に合っているようで，最近多用されることが多い。切断，接着が難しいことなどを覚悟して使う必要がある。アクリル板の切断にはアクリルカッターを用い，接着には，専用の接着剤を用いる。

塩ビ板は，カッターナイフで切断することができるうえ，曲げたりなどの加工も容易である。塩ビ板を接着するには，塩ビ用の専用接着剤を用いるのがよいが，慎重に接着すれば，スチのりでも代用することができる。

プラ板は，塩ビ板に比べると少し硬い。その上，透明なプラ板であっても若干黄ばんでいるので，ガラスの表現には少し難があるかもしれない。接着は，プラスチック専用の接着剤を用いる。スチのりでも代用できるが，塩ビ板を止めるときほどの接着力はなく，乾燥するとはがれやすい。

3 木質系素材

バルサ材，角棒，竹ひごなどがある。バルサ材とは，比重0.07～0.25の世界で一番軽い木材で，模型用に薄い板状（80×600，900mm）で市販されている。スチレンボードがない頃は，バルサで模型を作っていた。スチレンボードなどの白色系の材料で模型を作った場合にも，フローリングなどの木部の表現にバルサ材を使用することも多い。木製の柱を表現する場合には，ヒノキなどの角棒が用いられることが多く，正角材と円形材のものが市販されている。

4 プラスチック系素材

プラ棒と呼ばれるプラスチックでできた棒材である。円柱材と角柱材があり，それぞれ，数mmサイズのものが市販されている。鉄骨の柱などを表現する場合に用いる。

その他特殊なものには，H形鋼の形をしたものが，プラスチック製，バルサ材製で市販されている。

5 特殊素材

断熱材として使われているスタイロフォームがある。ニクロム線の熱で溶かしながら切断するヒートカッターが普及しているため，ボリューム模型，スタディ模型に利用される。また，地形を作るときの下地にも利用され，接着には，スチのり，ソニーボンドを用いる。

6 点景（添景）

植栽や，人物などを点景（添景）という。植栽に利用される模型材料として，てっとり早くそれらしいリアリティを見せてくれるドライフラワーのカスミソウが，最近はよく用いられている。白色が定番であるが，緑色や黄色に着色されたものも市販されている（図-2）。

人物の表現には，立体的で，種々のポーズ，縮尺が揃っているなどの理由から，ドイツのプライザー社の人物模型が用いられることが最近は多い（図-3）。

できるならば，これら既成のものをそのまま用いるのではなく，添景の表現もまた，各自のコンセプト表明の一つと考え，表現方法を工夫してほしい。

ここに実際の卒業設計で用いられたオリジナルの方法を紹介する。これらを参考に，各自で創意工夫をしてほしい。人物の写真を撮影し，それを，パソコンで切り抜いて人物像の輪郭を取り出す。そこへいろいろな色を塗って，OHPシートに印刷し，それを切り抜いて用いるという方法である。

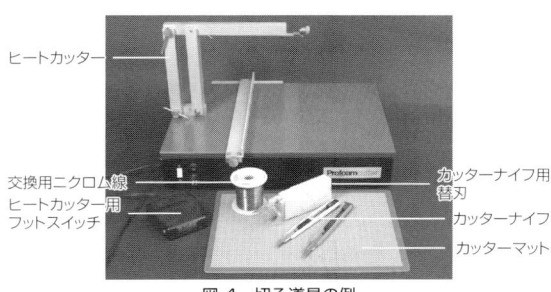

図-4 切る道具の例

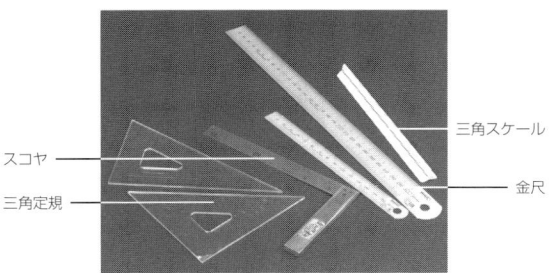

図-5 定規の例

図-6 接着，補助的接着道具の例

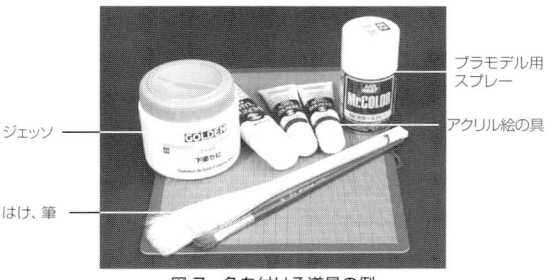

図-7 色を付ける道具の例

■模型の道具

模型を製作するための道具は，模型材料に応じて選択することになるが，ここでは，一般的に用いられる道具を「切る道具」，「定規」，「接着する道具」，「補助的な接着道具」，「色を付ける道具」に分類して解説する。

1 切る道具（図-4）

建築模型を作るときに，切る道具としてよく用いられるのがカッターナイフである。デザインカッター，サークルカッター，アクリルカッターなど，特殊なカッターも用いられる。

建築模型を作る場合，市販されているカッターに付属している45°の替刃ではなく，30°の替刃が用いられる。こちらのほうが，正確な加工がしやすいためである。

スタイロフォームを切るには，ニクロム線に熱を通し，スタイロフォームを溶かしながら切断する道具であるヒートカッターを用いる。

2 定規（図-5）

カッターを使って材料を切断する際に用いられるのが，金属製の定規である。頻繁に用いられるものに，直角を出す定規のスコヤ，直定規の金尺（かなじゃく）などがある。

アクリル製の直定規，三角定規など，透明素材の定規も切断状態が透けて見えるため，よく用いられる。

3 接着する道具（図-6）

材料を接着するには，接着剤を用いる。建築模型でよく利用される接着剤はスチのり，ソニーボンド，ボンド木工用・速乾などである。これらは，接着する材料に応じて使い分けることになる。

発泡スチロールを接着する場合，セメダインなどの有機溶剤系の接着剤を用いることはできない。溶剤でスタイロフォームやスチレンボードが溶けてしまうからである。スタイロフォームやスチレンボードを接着する場合は，アルコール溶剤系のスチのり，ソニーボンドを用いる。スチのりやソニーボンドは，アルコールで薄めることができるため，アルコールを入れた注射器を利用すればスタイロフォームやスチレンボードをはがすことができる。スタディ模型で多くの案をシミュレーションしなければならないときに便利である。

4 補助的な接着道具（図-6）

補助的な接着道具には，ドラフティングテープ，メンディングテープ，両面テープ，スプレーのり，ペーパーセメントなどがある。

印刷やコピーした図面をもとに，材料を切り出すことになるが，部材寸法を模型材料に転写するとき，出力した図面を材料に貼るという方法が一般的だろう。材料を切り出した後，図面をはがすことになるため，粘着力の弱いもので貼る必要がある。最近では，スプレーのり（一般的には，55（ゴー・ゴー）と呼ばれているもの）が使いやすく，作業が早く行えるため，よく使われている。スプレーのりは，スプレーでのりを噴霧するため，模型材料以外の場所にのりが散乱してしまう。そのため，新聞紙を敷いたり，段ボールで囲ったりなどの工夫が必要である。そのほか，ペーパーセメントというものも用いられる。ペーパーセメントには，両面用と片面用がある。片面用を用いると，図面をはがした後，材料のほうにのりが残ることがない。そのため，材料を切り出すときに材料を汚すことがない。

5 色を付ける道具（図-7）

「色を付ける」という意味合いとは少しずれる

表-1　模型分類ダイアグラム

表-2　卒業設計におけるプレゼンテーション模型の広がり

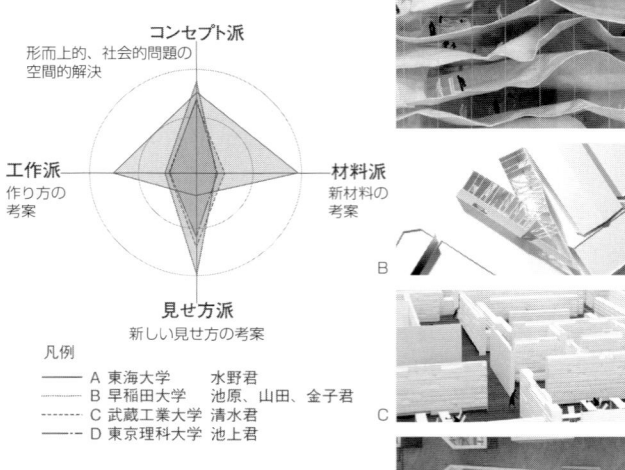

凡例
- ── A 東海大学　　　　水野君
- ---- B 早稲田大学　　　池原、山田、金子君
- ⋯⋯ C 武蔵工業大学　　清水君
- ─·─ D 東京理科大学　　池上君

主観的ではあるが、取材に協力してくれた学生のうち、特徴的な4人をグラフにプロットしてみた。卒業設計では、コンセプトと見せ方にこだわった模型が多いようである。この4つの指標に均等に力が注がれるのが実施設計なのではないだろうか。

が，アクリル絵具の地塗り材として市販されている「ジェッソ」は水溶性で手軽に使え，乾燥した後は，石膏モデルのような白色の風合いを出すことができるため模型制作ではよく使われる。

そのほかの着色塗料には，アクリル絵具や，田宮模型からプラモデル用の着色スプレーとして市販されている「スプレーカラー」などがある。

■建築模型の種類と効果

一口に模型といっても，いくつかの種類があり，それぞれ利用効果が違っている。これらの種類に明確な区分があるわけではないのだが，実際には，ある程度使い分けがなされている。卒業設計で模型を利用する場合，各自のプレゼンテーション意図に適合した模型を用いることが重要で，それによってプレゼンテーション効果が増大する。そのため，ここでは模型の種類を分類整理して解説する。これらの模型の種類と特徴を理解し，その中から，各自の表現意図に適切な模型を選択するか，またはアレンジを加えていただきたい。

最初に，建築設計で利用される模型を「スタディ模型」，「コンセプト模型」，「プレゼンテーション模型」という一般的な分類で概説し，次に卒業設計の模型の大半が該当するプレゼンテーション模型について，より細かく解説する（表-1）。

1 スタディ模型（図-8）

思考の視覚化，顕在化を行うのがスケッチだが，3次元的に同じような役割を果たすのがスタディ模型である。てっとり早く作れるということが重要で，「マス（量塊）」で作ることが多い。そのため，マスで加工しやすいものが材料として利用される。欧米では加工道具が揃っている木の塊を利用することが多いが，わが国では，スタイロフォーム（発泡スチロールの一種）と呼ばれる断熱材に利用されているものを用いることが多い。

ここに紹介する段ボールもまた，手早く加工することができるので，塊ではないが，スタディ模型に用いられる。

2 コンセプト模型（図-9）

コンセプト模型とは，コンセプトを3次元的にヴィジュアライゼーションするという目的で用いる模型のことである。表現内容によって，実際に建設されるものに近いものから，コンセプチュアルアートに近い抽象的なものまで，コンセプトの数だけ模型の表現方法が存在する。

コンセプト模型では，作り方そのものがコンセプトの表明にもなるので，作り方から考案していくことになる。材料も一般的なものを利用するのではつまらない。自分が考えているコンセプトを的確に表現してくれる材料を自らの足で探してくることから始めることになるだろう。

3 プレゼンテーション模型（図-10）

プレゼンテーション模型は，模型の利用方法としては最も一般的である。設計した建築を3次元化して示す方法の一つで，パース（完成予想図）とともに多用される。パースとの大きな違いは，視点を変えて見ることができるという点だろう。プレゼンテーション模型は，設計内容をいかに忠実に第三者に伝えるかということが主たる目的になる。そのためリアリティが増すほど利用効果は大きく，添景である植栽，人，外構を加えたり，仕上げ材料を忠実に再現するなど，細部まで作り込むことでリアリティが増す。

■卒業設計の「模型」

卒業設計の「模型」は，大半がプレゼンテーシ

ダンボールによるスタディ模型
（写真提供：近藤潤）

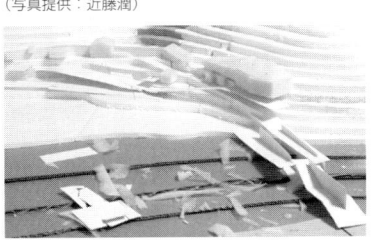

（写真提供：北上紘太郎）

（写真提供：東海大学工学部）
図-9 コンセプト模型の例

スタイロフォームによるスタディ模型の例
（写真提供：花岡雄太）

図-8 スタディ模型の例

図-10 プレゼンテーション模型の例 （写真提供：ATELIER ENDO）

ョン模型に該当するように思われる。ところが，実施設計で利用されるプレゼンテーション模型に比べると，その幅がかなり広いのが特徴である。コンセプト模型に近いものから純粋にプレゼンテーション模型と呼ばれるものまで，かなりの振幅をもってはいるものの，何かをプレゼンテーションしているという位置づけには変わりがない。そこで，このような広がりを「材料派」，「見せ方派」，「工作派」，「コンセプト派」という4つのキーワードで分類することで整理したいと思う。(表-1, 2)

これらのキーワードは，読者が理解しやすいようにと著者が任意につけた名称であって，一般的な言葉ではない。また，実際の卒業設計の模型を見てみると，これらの分類のどれか一つに含まれるというより，分類のいくつかにまたがっていることのほうが多い。

1 材料派

各自が設定したコンセプトを的確に表現してくれる材料を探し出すか，または考案することによって模型を作るのがこの分類に該当する。材料そのものを考案したり，新しい材料を探しだしてくるということも，コンセプト表現の一つになってくる。

2 見せ方派

実施設計に近い形で現実感のある設計を行った場合の模型が，ここに分類される。設計した空間，コンセプトを第三者に伝えるために見せ方を工夫していることに特長がある。見せ方別に「鳥瞰模型」，「照明模型」，「レリーフ模型」，「断面模型」というふうに位置づけ，さらに細かく見てみることにする。

a) 鳥瞰模型（図-11）

鳥の目になって上空から俯瞰する視点を「鳥瞰」というが，これを主要視点と位置づけられた模型を「鳥瞰模型」とした。小学校や大学のキャンパス計画，あるいは都市計画的な規模の計画など，複数の建築群が集まって施設全体を形成するような場合に用いられることが多い。

b) 照明模型（図-12）

模型に照明装置を組み込んで，ライトアップさせたような場合を指している。ライティングを一つのコンセプトに据えた計画で利用されることが多い。地下街の計画などのように，地上では不可視である地下のアクティビティを顕在化させるための模型にも利用されることがある。

c) レリーフ模型（図-13）

平面図をそのまま模型化したもので，天井や上階を取り去り，壁だけを立体化した模型のことをいう。平面図は通常，FL＋1,500 mmあたりの箇所を切断するのがよいとされるが，この平面図を描くときの水平断面図を，そのまま模型化したものを「レリーフ模型」とした。壁構造など壁の関係がその建物の関係性，コンセプトを示すような場合に用いられることが多い。

d) 断面模型（図-14）

断面図を模型化したものと考えるとよいだろう。立体的な構成をなす建築物において，高さ方向の連関を示す場合に用いると効果的である。例えば劇場などは，舞台と観客席との関係がとても重要で，その関係を一目でわかるようにするために断面模型が利用される。また，ここに取り上げた例のように，地下洞窟的な計画の場合にも断面模型の利用は有効だろう（図-1）。

3 工作派

模型を作る技術を駆使して作る場合をいう。例えば，3次曲面で構成された建築であるとか，特殊

（写真提供：花岡雄太）
図-11 鳥瞰模型の例

図-12 照明模型の例（写真提供：近藤潤）

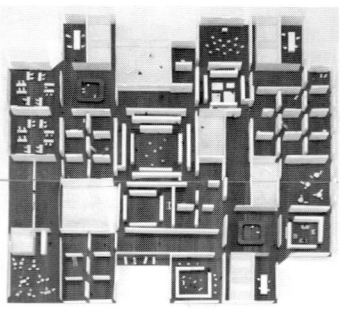

（写真提供：清水豪輝）
図-13 レリーフ模型の例

（写真提供：北上紘太郎）
図-14 断面模型の例

な構造をテーマに据えた場合がここに分類される。自ら考案した特殊な構造や形態を，3次元的に表現できる模型の製作技術が必要になってくる。

4 コンセプト派（図-15）

空間における実験的な計画であるとか，抽象的・概念的なテーマを建築として具現化することをテーマに据え，それを表現した模型をいう。コンセプト派の場合，コンセプトの有意性と，コンセプトの是非の両方が模型によって第三者に伝達される必要がある。したがって，模型に対する高度な技術と発想力を要する。

■模型制作の段取り

ここからは，実際に卒業設計で模型を作るという状況においての段取りを，順を追って説明することにする。

1 模型の種類と利用方法の設定

卒業設計に取りかかるにあたっては，模型を使って何をプレゼンテーションしたいのか，何を伝えたいのかを各自の中で明確にしなければならない。これまで見てきた模型の分類の中で，自分の計画ではどの種類の模型を利用することが最も適切なのかを判断する必要がある。なぜなら，模型の種類によって，その後の作業時間の割り振りが変わってくるためである。

「材料派」のアプローチでは，材料を探し出し，材料の使い方を模索することに多くの時間が割かれることになるだろうし，「工作派」の場合には，建築計画のスタディをするのと同じくらいの労力をかけて，構造システム，形態を模型で表現することのスタディが必要になる。「コンセプト派」は，材料派と工作派の両方のアプローチが必要になるだろう。自分のコンセプトを的確に表現してくれる模型材料を探しだし，3次元立体として，第三者に伝えるための模型の作り方についてスタディする必要がある。「見せ方派」は，アプローチとしては最もオーソドックスであるが，実施設計と同じくらいの密度の設計を行うことになる。そのため，設計した空間を最も適切に表現できる模型の作り方を考えなければならない。

コンセプト派の例として，「皺襞」というタイトルの卒業設計を行った模型を紹介する（図-15）。紙を皺くちゃにして，それを広げることで空間形成が可能であるという発見が，彼の卒業設計の始まりになっている。そこに空間の可能性を発見したのか，あるいは既存の空間に対する何らかのアンチテーゼがあったのかもしれない。こうして彼は，コンセプトを明確にし，次にこの「皺」を模型として表現するための材料と技術の開発をおよそ1年ほどかけて行っている。多くの試作，失敗の果てに，最終的に紙片を水で溶いた石膏で固めるというアイデアに行きついたのである。

2 模型の作業計画（図-16）

模型を使って表現しようとしている各自のコンセプトが明確になったら，次に模型制作の工程，手順，作業分担などの計画を立てる。いわゆる，プロジェクトマネジメントと呼ばれるものである。こういうと大層なものに聞こえてしまうが，要は全体を見通した作業計画を立てるということである。大てい，卒業設計では，これまでの課題のように一人で取り組むのではなく，後輩や友人に模型制作を手伝ってもらいながら取り組むことになるだろう。さながら設計事務所を構えるように，設計チーム，作業チームを編成するのである。このように，多人数で並行して作業をする場合，時間をむだにせず，効率よく，作業を進めていく

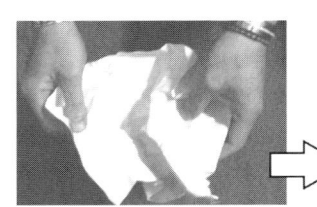

紙を皺くちゃにして広げることで，空間形成の可能性を発見する。

建築空間として可能な形態の模索。

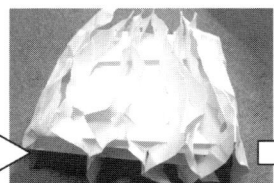

皺を空間化するためのシステムの追及。

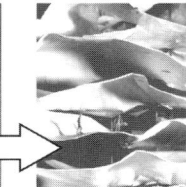

建築空間として結実する。

水で濡らした紙を型に押し当て，水溶きの石膏でその形を固定するという方法を考案し，模型として表現することを可能にした。
（写真提供：水野悠一郎）

図-15　コンセプト派の例

には，全体を見通した作業計画を立てるのがよい。これは，実際の建設現場でも行われている方法であり，社会に出たときのよい練習にもなる。

実施設計でもそうであるが，多少の修正があっても計画案をある程度確定させてから模型に着手したほうが作業効率は良い。設計案をまとめる作業と模型を作る作業とが並行してしまうと，手伝ってくれる人の手がむだにあいてしまう一方で，スケジュールは遅れがちになる。

卒業設計の全体スケジュールの中で，模型制作時間を差し引いた設計案確定の「デッドライン」を定め，それを目標に設計をまとめるようにする。また，模型写真を撮影して図面に貼り込む場合には，撮影の時間と，図面レイアウトの時間も含めて模型制作時間と考え，デッドラインを定める必要があるだろう。デッドラインを守って設計を行えば，設計案確定後は，3次元のプレゼンテーション（模型）と，2次元のプレゼンテーション（図面）を並行して作業することも可能になってくる。

■模型写真

卒業設計では，現物の模型をそのまま提出，展示するだけでなく，模型写真を撮影し，図面の一部に貼り込んで提出することも多い。そのため，模型写真撮影も模型制作の重要な一項目だろう。模型写真を表現としてとらえた場合，写真をどのように撮影し見せるかは，各自が設計した空間を効果的に表現することが最も重要であるため，常道といえる方法はない。その一方で，模型写真は，建築物の形，大きさ，立地条件などを正確に記録，伝達するという役割も担っている。この点では，心得ておいたほうがよい模型写真の撮影知識，テクニックがあり，ここではそれを解説する。

カメラを選択する場合，フィルムカメラとデジタルカメラに大きく分けられるが，最近ではデジタルを選択することのほうが主流だと思う。そのため，ここではデジタルカメラの使用を前提として解説することにする。

■模型写真の道具（図-17）

1 カメラ
デジタルカメラは，コンパクトタイプと一眼レフタイプに分けられる。最近はコンパクトデジタルカメラの性能も向上しているため，学生が卒業設計を撮影するというのであれば，コンパクトデジタルカメラを利用するという選択肢もあるだろう。しかし，デジタル一眼レフカメラを利用すると，より細かく設定した写真を撮ることが可能である。

2 ライト
模型写真を室内で撮影する場合，写真の良し悪しはライティングに左右される。そのため，室内撮影用の専用ライトを利用することをお勧めする。

3 三脚
模型写真を室内で撮影する場合，三脚の使用は必須である。シャッター速度が遅くなってしまい，手持ち撮影では手ブレを起こしてしまうからである。

4 レリーズ
レリーズはカメラのシャッターボタンを遠隔で押すためのもので，ボタンを押すときの指の力が直接カメラにかからない。そのため，シャッターを長時間人間の手で押し続けていてもカメラが動かない。

5 レフ板
レフ板とは，反射板のことである。光源の光をいったんレフ板に当て，レフ板の光で模型を照射する（図-18）。スチレンボードやスチレンペーパーで代用することもできる。

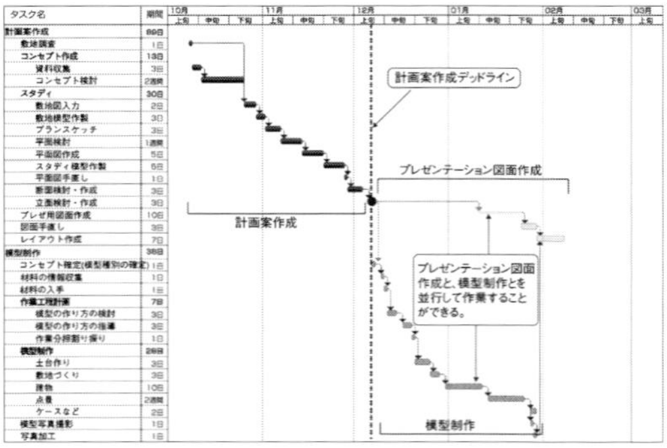

図-16 作業計画例（上）と後輩たちとの作業の様子（下）

上：Microsft Projectを使ったプロジェクトマネジメント例。作業の段取りや，個々の作業の締切りが見えてくる。後輩も，手伝い以外の予定を立てやすくなる。
下：東京理科大学理工学部での作業の様子。（写真提供：近藤潤）

デジタル1眼レフカメラ 　　三脚
コンパクトデジタルカメラ 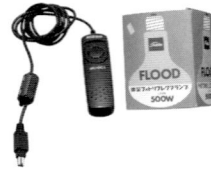 　　リモコン（レリーズ）　撮影用専用ライト 

図-17 写真撮影の道具

6 背景幕
模型の背景にする幕である。黒か，暗いブルーの布，もしくは紙がよい。紙の場合，光を反射してしまうこともあるので，使用する場合，注意が必要である。

7 トレーシングペーパー
模型とライトとの間にトレーシングペーパーを挟むことで，光を拡散させる。

■ライティング
模型写真でのライティングは，美しい写真を撮るためと，建築物の光環境のシミュレーションという二つの役割を兼ねている。影の向き，長さから私たちは太陽光源の位置を無意識にも察知し，建築物の立地場所や，時間，季節などの情報を写真から得ている。このことを理解したライティングの設定が必要である。

1 色温度について
色温度が低くなると，光の色は赤くなり，色温度が高くなると青い光になる。真夏の太陽光源は色温度が高いため青い光である。一方，白熱球などの光は色温度が低く，赤い色（オレンジ色）の光になる。

色温度の違いが写真に色かぶりを生じさせるため，フィルムカメラのときには色温度の補色となるフィルターをレンズにかぶせて，白色光（昼光色）になるようにしていた。デジタルカメラでは，カメラが色温度を感知し電子的なフィルターをかけてくれる。それが「ホワイトバランス」である。

カメラ自身がフィルターをかけてくれるとはいえ，使っている光源の種別を適切にカメラで設定する必要がある。さらに，色温度の違う光源を混在させないことが重要である。昼間，窓から太陽光が差し込む室内で蛍光灯をつけて撮影するような場合，太陽の光と蛍光灯という色温度の違う光が混在していることになる。このようなときには，暗幕で窓をふさいで蛍光灯で撮影するか，夜に撮影するなど，どちらかの光に限定するのがよい。太陽光を使うのであれば，思い切って外で撮影するのも一つの方法である。

2 投光の方法（図-18）
ライトは1灯でも可能であるが，できれば2灯ないし3灯を基本に考える。1灯をメイン光源とし，実際の太陽に見立てて投光する。メイン光源だけでは，光源と反対側が暗くなってしまいコントラストが強くなりすぎる。そのため，反対側から補助光を当てる。補助光はレフ板に向けて照射し，レフ板の光が模型に当たるようにする。あるいは，光源と模型の間にトレーシングペーパーを挟むのでもよいだろう。こうして拡散光で照射することにより，コントラストを和らげると同時に全体の光量を増すようにする。

■露出（絞りとシャッター速度）の設定
「露出」とは，カメラやフィルムに与える光の量を決めることで，「絞り」と「シャッター速度」の相対的な関係で決まる。絞り値で光の量を多くした場合（開放）には，シャッター速度を短く（早く）するというような関係になる。しかし，どの絞り値を採用するかは，被写界深度との関係で決めることになる。これらの関係について，要点を解説する（表-3）。

1 適正露出の決め方
模型や建築物などのように静止しているものを撮影する場合，カメラの適正露出を決める方法は「絞り優先」という方法がよいだろう。「絞り優先」

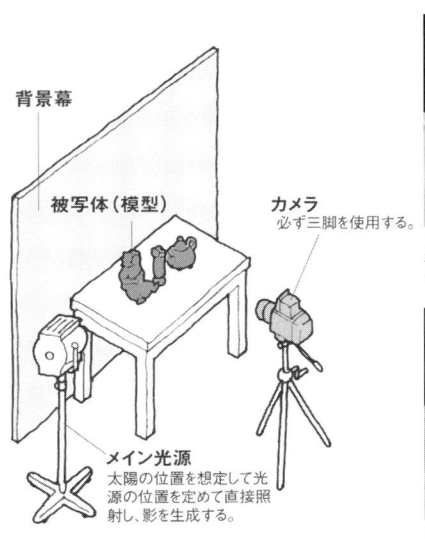

図-18 投光方法（1灯と2灯の場合の違い）

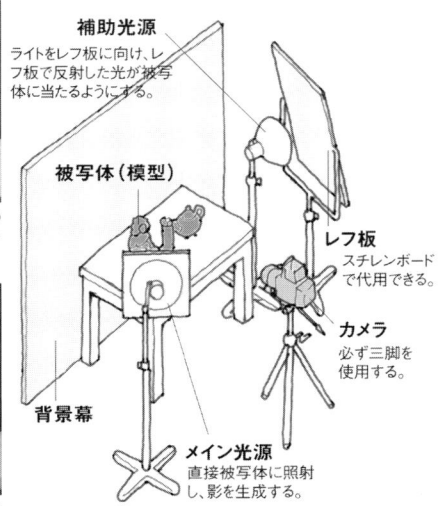

とは、「絞り」を自分で決めて、「シャッター速度」はカメラに計算して決めてもらうという方法である。「絞り」を自分で決める必要があるのは、「被写界深度」が影響してくるためである。

2 被写界深度について（図-19）

「被写界深度」とは、簡単に言うとピントが合う範囲のことである。ピントを合わせた対象の前後にピントが合う範囲があって、これを被写界深度と呼んでいる。「絞り」を絞り込むほど範囲は大きくなり、「絞り」を開くほど狭くなる。ポートレートなどは絞りを開放して被写界深度を狭め、背景をぼかすことでピントを合わせた人物だけをくっきりと際立たせている。模型写真の場合、模型の前後、全部にピントが合うようにする。そのため、絞りをできるだけ絞り込み、被写界深度を拡げることになる。それにともなって、シャッター速度は遅くなってくる。手持ちで撮影できるシャッター速度の限度は1/60秒といわれるが、それより長くなってしまうため、三脚が必要になる。

3 露出補正

絞り優先でカメラにシャッター速度を決めさせると、カメラの特性で、撮影した写真が当初イメージしていたよりも明るかったり、暗かったりということが発生する。そのため、「露出補正」という機能がカメラには用意されている。露出補正によって、適正露出よりも多めに光を与えたり、少なめにしたりという調整を行う。

最近のカメラは大体1/3刻みで、±2.0まで設定できるようになっている。同じ構図でいくつかの露出補正値で撮影しておくと、後から自分のイメージにあった写真を選択することができる。特に、デジタルカメラになってからは、フィルム代、現像代を気にする必要がないので、多く撮影して、その中から選択するという方法がよいだろう。

■構図の設定

建築写真、模型写真は空間の正確な記録という役目をもっている。そのため、構図を決める場合、各自の空間、表現イメージと、空間の正確な伝達という相対立する目的の間で葛藤することになる。構図を決める場合に考慮すべき基本的な事柄を解説する。これらのことに配慮しながら、自分の設計した建築物の形態や大きさ、空間構成がどうすれば第三者に正確に伝わるかということを念頭におき、各自の空間イメージを適切に表現できる構図を探してほしい。

1 視点の高さ（図-20）

視点の高さ、つまりカメラの高さを決める場合、「アイレベル」での撮影が基本になる。アイレベルとは、建築空間を体験する人間の視点の高さをいう。完成した建築物は、常に人間の視点において体験される。模型写真は、このことを計画段階でシミュレーションしてみるのである。そのため、アイレベルで撮影された写真によって、第三者もまた、まだでき上がっていない建築空間を体験してみることができる。

そのほか、鳥の目の位置から俯瞰してみるという鳥瞰視点や、内部模型などで吹き抜けを撮るときのように、空間のダイナミックさを強調するため、低い視点にカメラを据え、天井を仰ぎ見るという仰角視点が有効な場合もある。

2 2点透視（図-21）

建築写真、模型写真、パースでは「2点透視」が用いられている。本来カメラは3点透視であるため、超高層ビルを見上げて撮影すると、上すぼまりの写真になる。これを2点透視に矯正するのがアオリレンズと呼ばれる特殊レンズで、高さ方向の消失点をなくして、建築物の縦の線を平行にする。人間の目が建物を見ているときの状態に近

表-3 絞りとシャッタースピードの関係

	◀絞る						開ける▶	
絞り値	f22	f16	f11	f8	f5.6	f4	f2.8	f2	f1.4
シャッタースピード	1/8	1/15	1/30	f8	1/125	1/250	1/500	1/1000	1/2000
	◀遅い					速い▶		

絞りを絞り込む（被写界深度の範囲を広げる）と、模型の前と後すべてにピントが合っている。

鳥瞰視点からの写真

絞りを開放する（被写界深度の範囲を狭める）と、模型の手前はぼけてしまっている。

アイレベル視点からの写真

図-19 被写界深度によるピントの違い　　図-20 視点の違い

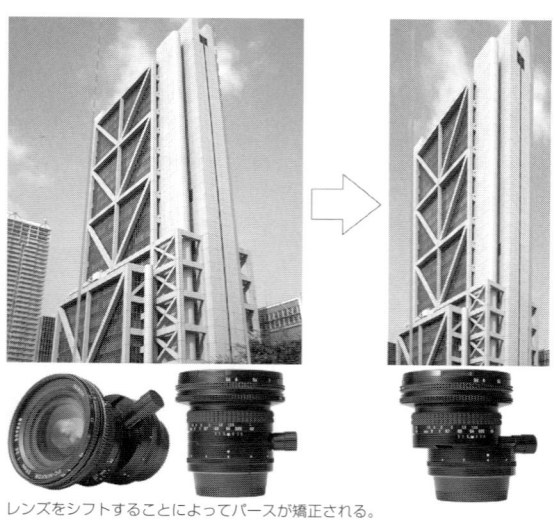

レンズをシフトすることによってパースが矯正される。

図-21 パースペクティブの矯正例

づき，ある程度正確な建物の形状を認識することができるようになる。

デジタルカメラで撮影した写真であれば，遠近法の矯正は，パソコン上でPhotoshopなどのフォトレタッチソフトを使ってできる。画像が荒れることは覚悟しないといけないが，アオリレンズがなくても2点透視の写真を作ることが可能である（図-24）。

3 画角（図-22）

画角（がかく）とは，どのくらいの範囲が画面に収まるかを示した角度のことで，焦点距離とは反比例の関係にある。画角が広くなれば，焦点距離は短くなり対象に近づくことができる。これが広角レンズである。広角の「広い角度」とは，画角が広いということを表している。

一方，画角が狭くなると，焦点距離は長くなる。これが望遠レンズである。広角レンズと望遠レンズの間に，人間の視点に近い標準レンズと呼ばれるレンズがある。一応の目安として，標準レンズの焦点距離50mmという数値を覚えておくとよいだろう。これより数字が大きい場合を望遠レンズ，小さい場合を広角レンズと呼んでいる。

■デジタル写真の解像度（図-23）

画像の美しさは，「解像度」（dpi：dots per inch）という単位で表している。直訳すると「1インチ当たりの点の数」というような意味である。点の粗密で画像の美しさを表すという考え方で，数字が大きいほど美しい画像になる。

図面に模型写真を貼り込む場合，解像度という単位ではなく，cmやmmという長さの単位で大きさやレイアウトを考えることが多いだろう。そこで，例として10cm×20cmの大きさの模型写真を印刷したときに，画像が荒れることなく印刷できる解像度の算出方法を示しておく。カラープリンターとしてよく用いられるインクジェットプリンターで印刷する場合，144dpi以上あれば，画像が荒れることはない。1inch=2.54cmとすると，10cm×20cm＝(10/2.54)×(20/2.54)×144＝3.94×7.87×144＝567pixel×1,134pixelである。カメラの撮影解像度を，この値以上になるように設定しておくとよいのである。

■模型写真の図面への貼込み

模型写真を図面に貼り込む場合，ベクトルデータで作成された図面データに，ラスターデータ（写真）を取り込むという作業が発生する。このとき，印刷してみると，予想に反して写真がぼけてしまったという失敗がよくある。これは，撮影した写真の解像度が低い，あるいは撮影した写真の大きさが小さいのに無理やり拡大した，画像のファイル形式が適切でなかったというような場合に起きる失敗である。

このような失敗を避けるためには，レイアウトソフト上に模型写真を取り込んだ後，そこでの写真データの拡大・縮小は避けたほうがよい。拡大・縮小が必要な場合は，Photoshopなどのフォトレタッチソフトに戻り，解像度を考えながら，拡大・縮小を行うべきである。特に，拡大する場合には，単位長さ当たりのドットの数は変えないまま，長さを変更（長く）することになるので，解像度は下がってしまう。そのため，解像度の余裕を見て写真撮影をしておく必要がある。

（遠藤義則）

［参考文献］
1) 『イラストでわかる建築模型のつくり方』大脇賢次，彰国社，2007
2) 『建築模型の表現 Architecture in Models』図研究会，東海大学出版会，2002
3) 『The Photographer's Handbook 3rd Edition』John Hedgecoe, Alfred A.Knopf, 1996

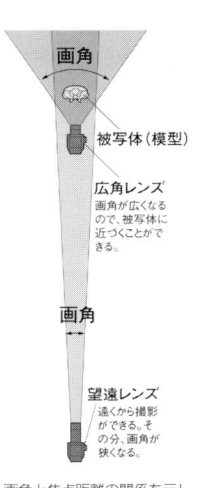

図-22　画角

図-23　解像度の考え方

図-24　さまざまなアイデアを使った模型写真

5 製図・プレゼンテーション

■建築の図面

建築系学生が，大学時代の設計活動の集大成として作り上げる作品こそが卒業設計である。その作品は，与えられた敷地も，テーマも，設計条件もないところから自らの問題意識や設計意欲だけを頼りにつくるものである。したがって，いつの時代もそれらの作品は個性的で，独創的で，見る者に清々しい刺激を与えるものであってほしい。

近年パソコンの普及により，多様な表現方法を用いたさまざまなプレゼンテーションシートを目にすることができる。しかしその一方で，それらのツールに頼ってしまい，設計図面として本来表現すべきものを疎かにしてしまう傾向も否めない。ここでは，簡単にではあるが，設計図面・設計作業において重要な要素を改めて解説する。

1 スケール（縮尺）

設計図面はいうまでもなく縮尺があり，その縮尺により，見る人は設計作品の規模・空間をイメージする。したがって，設計作品を表現するうえで，その作品の趣旨を伝えるために最も適した縮尺を選ぶことは非常に重要である。また，近年設計作業をCADで行う学生が増えたことから，縮尺に適した図面表現を選ぶことが忘れられている。CADで作業を行う際も常に，本来示す縮尺を意識し，書き込みの密度を選択することは設計作業において基本的な心得である。

2 通り芯（基準線）

設計図面は，その図を見て多くの人が共同して実際の建物を建てるために必要不可欠な共通言語となる。その上で建築物の芯である基準線は，非常に重要な役割をもっており，実際の建物はこの基準線なくしては，成立しない。設計作品をCGやアニメーションで表現できる時代になっている。しかし，建築を目指す以上，これを意識することは重要である。

3 線の意味

設計図面において，1本の線は非常に多くの意味をもつ。その線の太さ・細さ，種類により，見る者に想像させる要素はまったく別のものとなる。壁の断面，見えの線，仕上げの表現，上部に存在する建物等の線の太さ・種類だけで，見る者はその平面的な線の集まりに奥行きを与え，立体的な空間としてイメージできるようになる。手書

表-1 縮尺による図面表現の例（材料・構造表示記号 JIS A 0150）

き時代からCADの時代へ移行し，線の太さを意識しないでも次々と効率的に図面が描かれるようになっているが，線が意味するものは手法により変化することはない。

4 人に見せる

プレゼンテーションとは，自分の作品を人にアピールするために行う作業である。そこで示される図面は，自らの作品を最も美しく，印象よく表現した「お見合い写真」のようなものだといえるだろう。

したがって，プレゼンテーション図面はふさわしい縮尺で，ふさわしい線で描かれた図面を，ふさわしい形でレイアウトし，その結果をプレゼンテーションシートという1つの作品として完成させることを目指すべきである。小さな紙で出力したものをつぎはぎして作成したプレゼンテーションシートが後を絶たないが，これは数年間の学生生活の最終課題のプレゼンテーションとしてふさわしいものなのだろうか，今一度考えてもらいたい。

プレゼンテーション図面を作成するうえでは，以上にあげた基本的要素があるという前提を忘れずに，それらをどのように表現するか（しないか），自らのデザインの中で検討していくことが求められる。

■見せたいこと・伝えたいことを考える

卒業設計では，設計提案とともに，この作品を制作するうえで，どのような思考のプロセスを経たか，なぜこの場所を選んだかなど，それぞれの作品に，それぞれの背景がある。

次のページから紹介するいくつかの卒業設計作品は，それぞれに設計者が抱いていた設計への意欲，きっかけ，ねらいが異なっており，その結果プレゼンテーションの表現方法，構成，レイアウトなどすべてがまったく違っていることが見てとれるだろう。

プレゼンテーションシートの制作においては，設計と同等もしくはそれ以上に，自分がこの作品の中で何を一番伝えたかったのか，何が一番大きな問題意識だったのか，どうしたら見る人が自分と同じ感覚をもって作品を見ることができるのか，を十分に考える作業が重要となる。

■表現手法・テクニックの選び方

見せたいこと，伝えたいことが整理できたら次に考えるべきは，実際にプレゼンシートを作るうえで使用する表現手法やテクニックである。しかし，何を見せたいのか，伝えたいのかを十分に整理したうえで行えば自ずと，その図面で表現したい雰囲気，色合い，テイストなどが見えてくる。

先にも述べたように，現在，手軽に多種多様な手法を使うことができる時代になっている。しかし，それだけに選択することは非常に難しく，自分の作品にベストの方法を見つける努力は不可欠になる。

一時期，CADの普及により100%に近い学生がCAD図面によるプレゼンテーションを行っていた。しかし，近年の卒業設計展等をのぞいてみると，手書き図面，フリーハンド図面も多く見られるようになっており，一方でアニメーションやインスタレーションのような新しい表現方法を利用した作品も見られる。また，既存の技法に頼るものばかりでなく，古い技法，新しい技法，独自の技法を組み合わせてユニークな手法を用いることも可能である。

このように今は，設計者が自分の作品に最もふさわしいツールを自由な発想で選べる時代になっている。そのメリットを十分に生かし，自らの作品を最適な方法で作り上げてほしい。（倉斗綾子）

図-1 設計作品プレゼンテーションの風景（左：日本大学（撮影：亀井靖子）／右：武蔵工業大学（撮影：勝又英明））

01	学生作品：卒業設計プレゼンテーションボード作成について考えたこと	設計者	花岡雄太
卒業設計タイトル	記憶の園 こどものためのみうらプレイライブラリー	制作時の所属	東海大学工学部山﨑研究室
プレゼンテーションシート枚数	A1/8枚	卒業年度	平成18年度

■設計の着眼点

建築計画研究室に所属していることから，社会性のあるテーマでの卒業設計を目指した。そのため，テーマ設定に時間をかけ，調査や敷地探しに時間をかけた。子どもの遊びに対する問題意識から，子どもの遊び場，居場所を設計のテーマとして選び，そうした活動が行われている施設や場所に通い，子どもたちの活動を観察した。

■設計概要

外で遊ぶ子どもの姿が減っている。本来子どもの遊び場として解放されていたグランドや公園では使用制限が設けられ，固定遊具は子どもが手を挟むなどの事故につながるとして撤去される傾向が見られる。これらのことは，子どもの遊び場を減らし発達のきっかけを奪っている。遊ぶことは発達段階の子どもにとって一つの学びの場になっている。人と関わる力を養い，知識をつけるために本を読むなど，多様な環境要素に触れ合い体験することが，子どもの発達において有効であると考える。本計画では，子どもが遊びの中から想像力や考える力を身につけられるきっかけづくりの場をつくり出すことを目的としている。そこで，多様な環境要素の溢れる山や海を設計の舞台として選定。そこでは季節感や風の匂いを感じたり，子どもと自然とがかかわり合える遊びの場を提案する。

■プレゼンテーション方法

1 表現方法

この設計を見る人々に，そこで発生する子どもたちの活動を，まずイメージしてほしい。生き生きとした活動を最も表現したいと考え，子どもたちの活動風景の写真をコラージュするという方法で図面を表現した。

また，計画内容の表現も模型写真を活用し，子どもたちのスケールと空間を併せて表現している。

2 敷地設定と色のイメージ

設計プログラム，自らの問題意識から，その内容にふさわしい敷地探しを開始した。その結果，コンセプトに合致する敷地として選んだ場所のイメージは緑と青。プレゼンシートを緑と青に構成し，提案施設が緑に埋もれる施設であることを表現したかった。

3 レイアウト

A1シート8枚を2枚1組と考え，①コンセプト，②敷地や問題意識に対する調査，③敷地について，④提案計画内容という流れでシートを構成。

4 アイコン

設計・計画の中で最も重視した子どもたちの活動，居場所，遊びなどを自らの調査に基づきアイコン化し，設計要素として用いる。

（花岡雄太／聞き手：倉斗綾子）

Play Of A Child

子どもの遊びの特性を知るために遊び場を複数例としてあげる。その中からその遊びに見られるキーワードを抽出。

論文調査：幼稚園の構築環境が園児の行動・意識に及ぼす影響について　山﨑研究室　藤田大輔

幼稚園の建築計画・設計論において，構築された環境が園児の行動・意識にどのような相互関係があるのかを調べた研究である。その研究の過程で右記のような行動特性がまとめられており，幼稚園を設計する際の一つの指標としてまとめられている。本計画においては子どもの遊びの中における行為に焦点を当て，その中に見られる子どもの行動特性をこの図をあてはめて用いるものとする。

図-1　子どもたちの居場所や活動を要素として整理し、アイコン化して表現

3 進める

事前に設計者が調査する中で、収集された子どもたちの活動場面や風景をパターン化して表現している。

図-2 提案する計画内容をイメージさせるコンセプトシート

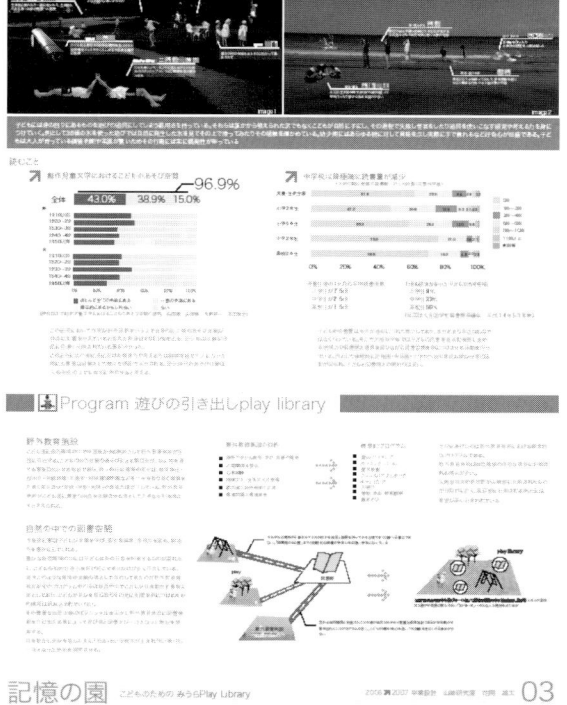

設計者が抱いた問題意識と、その背景となる状況の調査結果などを表現。なぜ設計者がこの提案をしようとしているのかを見る人に伝えようとするシート。

図-3 問題意識と調査

A1シートを2枚連続的に使用。模型写真を図面的に使うことで立体的に空間のスケール感などを表現している。

図-4 模型写真を活用した設計内容の説明シート

02	学生作品：卒業設計プレゼンテーションボード作成について考えたこと	設計者	井村英之
卒業設計タイトル	ENOSHIMA RENOVATION －記憶の建築化－	制作時の所属	東海大学工学部吉松研究室
プレゼンテーションシート枚数	A1/8枚	卒業年度	平成18年度

■設計概要

「江ノ島を提案する」ことが，卒業設計が始まってから抱き続けてきたテーマだった。江ノ島を調べ，何度も足を運ぶことで江ノ島の現在，過去を把握し，そこから生まれる問題意識に対して，江ノ島自身がもつ（もっていた）魅力を引き出し，再びよみがえらせることで再生しようとする作品である。提案されたプログラムは「体験型museum」であるが，この作品のテーマ・目的はあくまでも「江ノ島の再生」であるといえる。

埋立てや開発といった近代化により江ノ島の自然・文化・生活は分断され，かつての参拝者（観光客）と生活者（漁村）の関係，つながりは消えてしまった。そこで21世紀型の江ノ島として復活していくために，現在もっている自然・文化・生活・スポーツが交感し合うEARTH WORK（環境芸術）を提案する。EARTH WORKによって，江ノ島の記憶を未来に継承し，魅力ある島へリノベーションする。

島の文化や生活を分断する近代化部分を取り除くことで，自然（海や人の流れ）の回遊性を再現し，訪れる人々に水上バスおよび徒歩で島中を回遊させる。島を回遊する人々は島の記憶となる視界・風景を切り抜いた建築的仕掛けに足を止め島を体験する。

■プレゼンテーション方法

1 何を表現するか

この設計の中心は，江ノ島という場所であり，その場所がもつ背景・歴史・現状すべてが，提案の対象となっている。そのため，プレゼンテーションシートにおいても島そのものを主役として扱っており，建築的な図面表現よりも島全体の長期的な再生計画を主軸に構成している。

2 表現方法

島のさまざまなところに開ける視界を切り取り，島を訪れる人々に気づかせる仕掛けを提案するこ

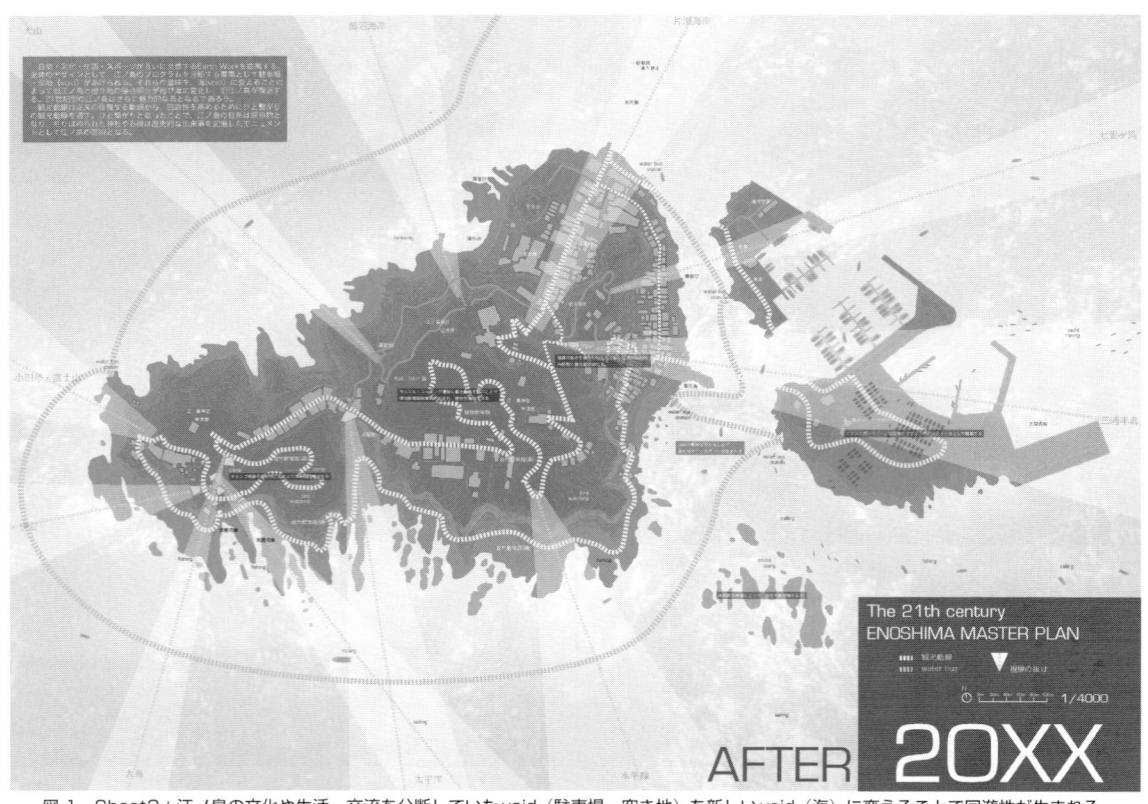

図-1　Sheet3：江ノ島の文化や生活、交流を分断していたvoid（駐車場・空き地）を新しいvoid（海）に変えることで回遊性が生まれる。

の作品は，巨大な岩山に突然抜ける視界が重要な要素となる。そのために必要な表現は巨大な模型を用いて示しているため，プレゼンテーションシートでも模型写真を多用している。

3 色

モノトーンを基調にアクセントカラーのみを使用。また，この作品の最も重要な要素となる「視線の抜け」については，部分的にカラー写真を利用することで効果的に表現している。

4 時間経過

この作品は，島がたどってきた歴史を振り返り，新しい物を提案することで過去の良いものを取り戻そうとするものである。そのため，プレゼンテーションシートでも，過去から現在に変わったものが，この提案によりどう変わっていくか，という時間経過が表現されている。

5 構成の検討

8枚のプレゼンテーションシートを通して，見る者の印象に圧倒的に残るのは，島の過去から現在への変容，島の回遊性の再現である。シートの前半で表現されるそうした部分の印象が強いために，建築的な仕掛けとして提案された「EARTH WORK」の存在が若干弱く，「結果として何を設計したのか」という印象をもってしまう。よく考えられたプレゼンテーションではあるが，提案の要となるSite A〜Cの表現をやや丁寧にすることで，卒業設計としてよりわかりやすいものとなったのではないだろうか。

（井村英之／聞き手：倉斗綾子）

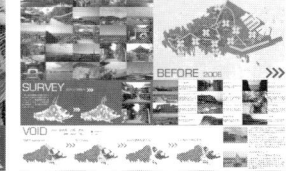

図-2 Sheet1 江ノ島の魅力と歴史・設計コンセプト
図-3 Sheet2 江ノ島の現状
図-4 Sheet5 Site Aの提案コンセプト
図-5 Sheet6 Site Aの提案図面
図-6 Sheet7 SiteB，Cの提案コンセプト・図面
図-7 Sheet8 模型写真によるイメージ

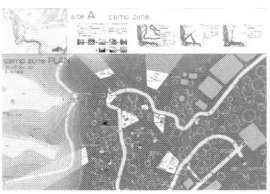

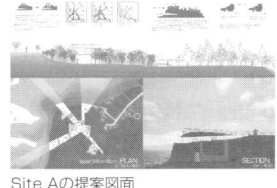

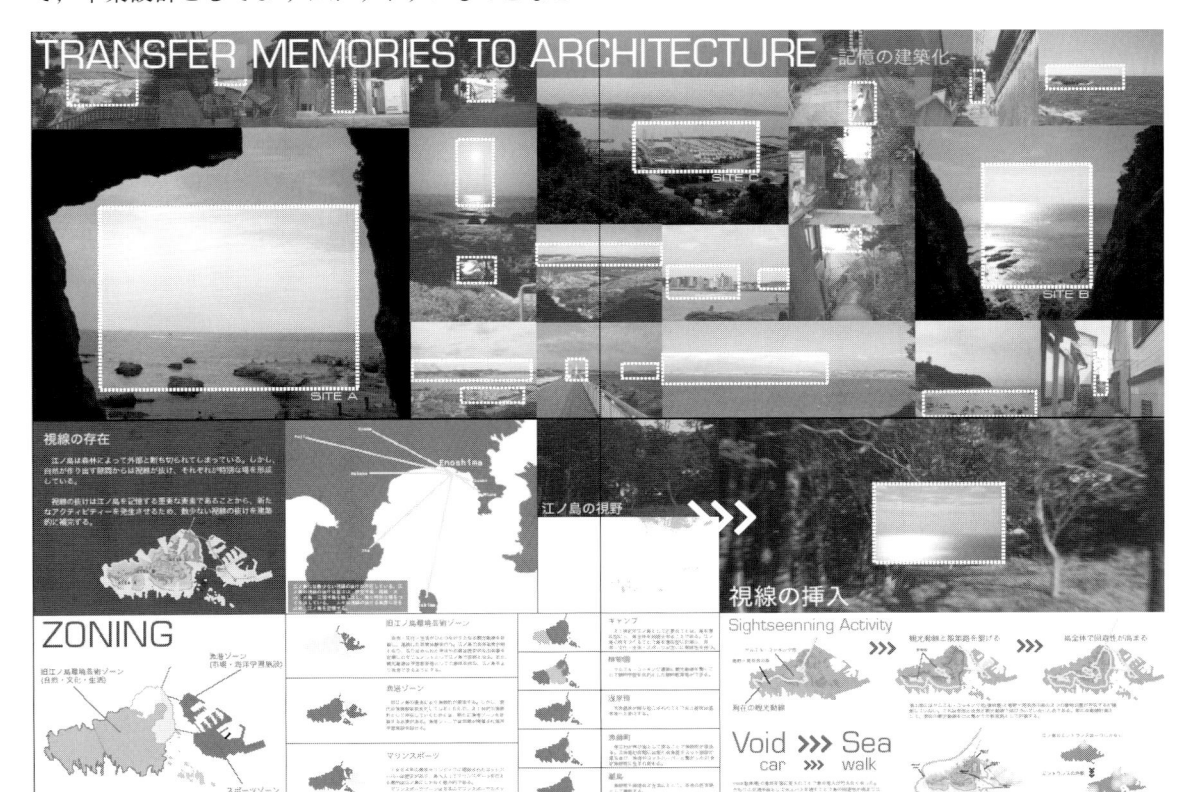

図-8 Sheet4：江ノ島の視線。島の中に点在する視界の抜ける場所に建築的仕掛けを挿入する。

03	学生作品：卒業設計プレゼンテーションボード作成について考えたこと	設計者	水野悠一郎
卒業設計タイトル	皺襞空間	制作時の所属	東海大学工学部吉松研究室
プレゼンテーションシート枚数	A2/20枚	卒業年度	平成18年度

■設計の着眼点

この作品では，紙を丸め広げたときに生まれる偶然の凹凸，またそれらによって生まれる空間（皺襞空間）の魅力を建築に具現化することがテーマとなっている。

■設計概要

都市は一見複雑で，混沌としているように見える。過密化が進み，交通，動線の立体化，人工地盤，建築の高層化によって，「GL」は複雑になり，「階」もあやふやになる。多くの場合，それらは方眼用紙に図面を引くように単調な線でつくられているため，均質のレイヤーの積層によってつくられている。そのために本来のアドレス性や場所性が失われ，魅力やアイデンティティーのない単調な空間となり，それらは記号により統括される。しかし，多くの場合，情報としてのそれらの記号はもはや必ずしも意味をもたなくなっている。

本来，場所性，アドレス性は色や記号でつくられたものではない。人はその場に適した場所を見つけ行動する。アドレス性や場とは与えられるものではなく自分で発見し経験することで生まれる。

皺襞空間の美術館におけるサイトスペシフィックな作品とは，作品を鑑賞する者，そして作品を取り巻く環境，それらのすべてが作品の一部である，とみなされていることである。また，製作，展示，鑑賞により建築，作家，鑑賞者の間に関係が生まれる。

■プレゼンテーション方法

1 何を表現するか

多くの卒業設計がそうであるように，敷地に対する思い入れ，社会的な課題に対する問題意識などからこの設計提案はなされるのではない。設計者があるとき発見した，紙面上に偶発的に生まれる皺が作り出す空間の魅力が，この設計作品のすべてとなっている。そのため，計20枚にわたるA2サイズのプレゼンテーションシートのうち，多くのシートでこの皺襞空間そのものの魅力を模型写真やイメージ図により表現している。

2 レイアウト

A2サイズのプレゼンテーションシートそれぞれは，紙面の大部分を占めるコンセプトやイメー

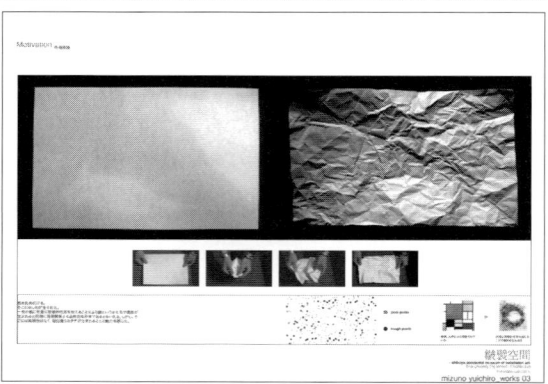

紙を丸め広げる。そこには皺（しわ）が生まれる。一枚の紙に任意に物理的作用を加えることにより皺という形で偶然が生まれると同時に，因果関係による必然的な形態であるともいえる。しかし，そこは再現性はなく，毎回違う形が生まれることに魅力を感じた。

図-1　Sheet1（上）、Sheet3（下）

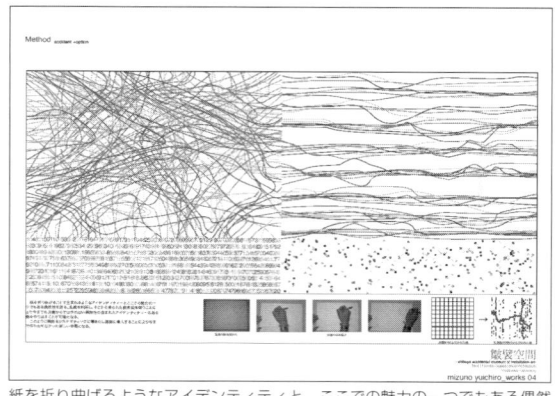

紙を折り曲げるようなアイデンティティと，ここでの魅力の一つでもある偶然性をつくる。乱数を利用し，そこから得られた散布図を使うことにより，今までの方眼からではつくれない偶然性の含まれたアイデンティティのある線をつくり出すことが可能となる。このように，偶然をシステマティックに導き出し，建築に導入することにより，今までつくり出せなかった新しい空間となる。

図-2　Sheet4

ジを伝える写真・図と，その下に帯状にまとめられた実際に建築として具現化していくために必要な図面，プロセス，概要説明により構成している。

3 プレゼンテーションシートの構成

プレゼンテーションシートは，最初の5枚を使って形づくりのプロセスについて表現している。残りのシートは，この空間に挿入するプログラムとその特徴，断面図，平面図，立面図などの建築図面を，それぞれ模型写真によるイメージシートと合わせながら表現している。

4 表現方法

スタディ用につくられた形のコンセプトを表現するパーツ模型や，建築化した際の空間イメージ模型などをメインに使い，見る人にこの建築形状・空間イメージをよりわかりやすく伝える工夫をしている。

5 色

設計者は，これまでの学生時代の作品において，自分のスタイルとしてモノトーンを基調としたシンプルなプレゼンテーションを心がけてきた。そのため，この作品でもそのスタイルを継続している。

6 プログラム

皺襞空間という特徴的な空間の発見から始まった設計作品であるが，この空間を建築として具現化し，この空間特性とプログラム（現代芸術の美術館）の挿入がこの作品のポイントとなっている。しかし，20枚のプレゼンテーションシートを通して，見る者の印象として強く残るのは，やはりこの空間形状のおもしろさであり，プログラムへの印象が若干残りにくい。この点についてプレゼンテーションシートの構成・表現方法への工夫をさらに期待する。（水野悠一郎／聞き手：倉斗綾子）

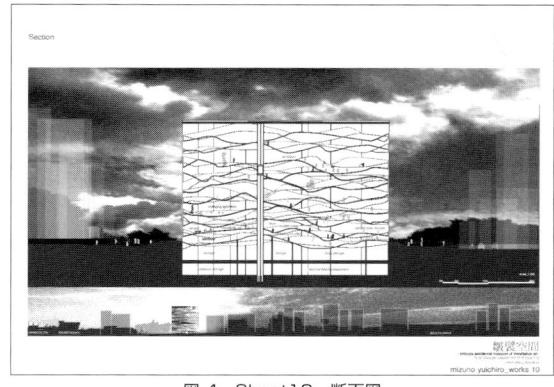

図-4　Sheet10　断面図

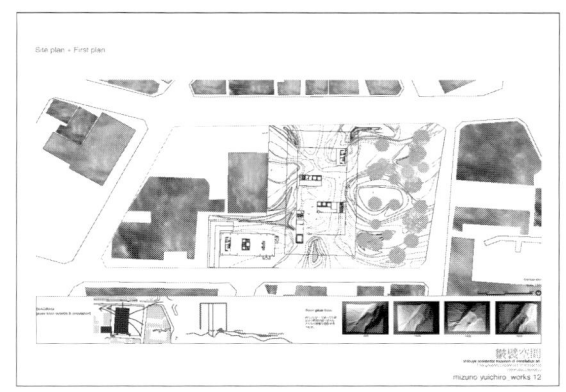

図-5　Sheet12　配置・1階平面図

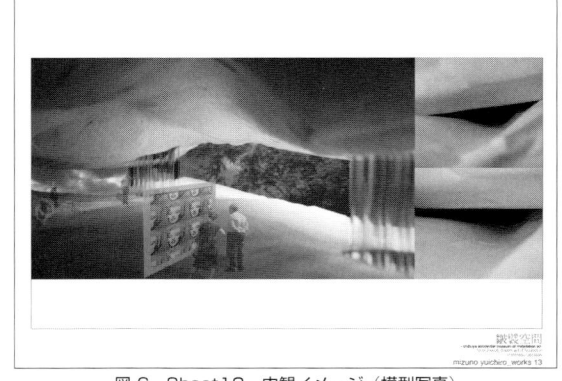

図-6　Sheet13　内観イメージ（模型写真）

図-3　Sheet9　空間イメージ（模型写真）とスカイライン

図-7　Sheet20　完成予想イメージパース（模型写真）

04	学生作品：卒業設計プレゼンテーションボード作成について考えたこと	設計者	近藤潤
卒業設計タイトル	「ヒシメキレンサ」―アメ横のDNAを受け継いだ居住型マーケット―	制作時の所属	東京理科大学理工学部小嶋研究室
プレゼンテーションシート枚数	A1/8枚	卒業年度	平成18年度

■設計の着眼点

近年，埋立て地や再開発地域に計画される近代的な商業施設に対するアンチテーゼとしての商業施設を提案している。

■設計概要

上野のアメ横に見られるような，アジア的，カオティック（混沌とした）自然発生的な商業空間を，現在近代的商業空間が立地するお台場地区に提案する。

リング状の基本ユニットを連鎖させることで，リングの集合とそれらのすき間から生まれる空間を一つの商業施設とする構成。リング状ユニットの連鎖が取り囲む中庭的空間や，すき間がつくり出す街路空間が自然発生的な形状で存在する。

リング状ユニットは，居住空間，共有空間（動線，店舗など），設備・バックヤード空間などで構成され，それ自体が複合的な建築物となっている。リング内側（中庭的空間に面する部分）には，それぞれの商店のオーナーが，自分なりのデザインで設計した店舗が建ち並ぶイメージ。このシステムによって，設計者がイメージする「アメ横」的，自然発生的，不確定的商業施設が誕生する。

■プレゼンテーション方法

1 デザインモチーフ

スタディの経過を示すうえで，この作品の形状，デザインのモチーフとなった植物プランクトンの写真を背景的に用いた。また，このプレゼンテーションシート全体をモノトーンで構成し，作品コンセプト上，最も重要となる建築の開口部に着色をすることで，一番示したいものを表現する工夫をしている。

2 ダイアグラムによる作品の構成表現

樹形図として表現されたこの作品のダイアグラムでは，この建築システムが展開する，進化や連

図-2 作品のスタディの経過およびデザインモチーフ

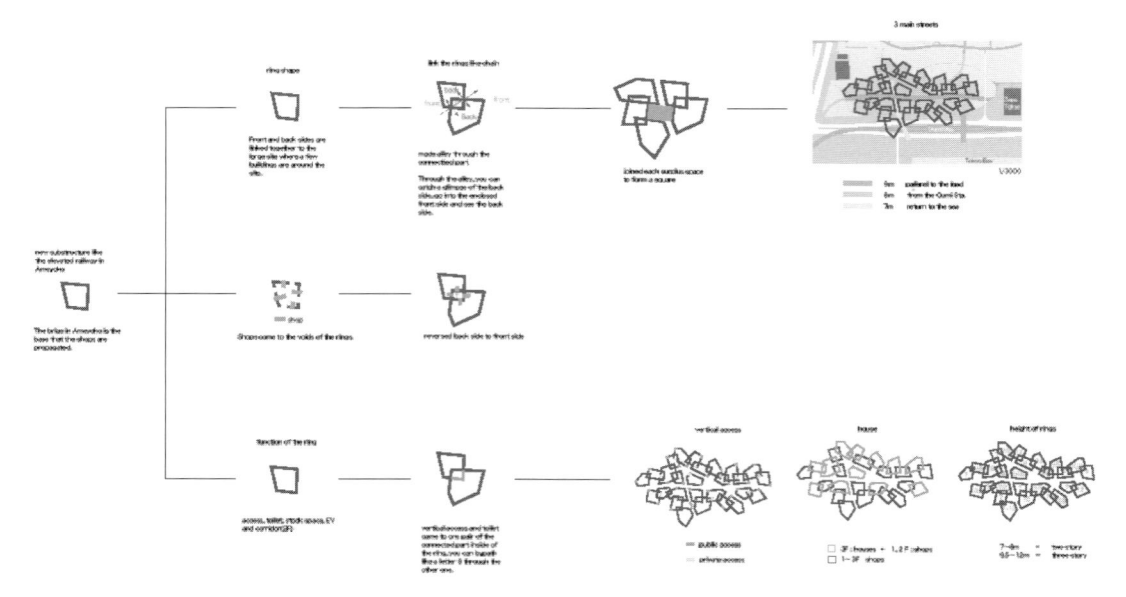

図-1 建築のダイアグラムとそのシステムを樹形図として表現

鎖の過程を「縦軸→包摂機能」、「横軸→進化プロセス」として表現している。

3 時間経過の表現
　この計画が都市に挿入された後、自然増殖していくプロセスを、模型写真と図面により1枚のプレゼンテーションシートで表現。

4 模型による表現
　店舗が屋台のように商品を街路に陳列する姿、街路側に商業施設が拡充する様子をイメージさせるため、臨場感のある模型を作成し、それらの写真を用いてプレゼンテーションシートでも商店の拡充の様子を表現している。一軒一軒異なるオーナーによる独自の店舗であることを表現するために、第三者（後輩）にそれぞれの商店主として思い思いの商店を計画させている。

（近藤　潤／聞き手：倉斗綾子）

図-3　店舗の表出の様子（街路の雰囲気を伝える臨場感のある模型写真で1枚のプレゼンシートを構成）

図-4　提案した建築が時間軸（上から下へ）の中で変化していく様子を模型写真により表現

05	学生作品：卒業設計プレゼンテーションボード作成について考えたこと	設計者	中田裕一
卒業設計タイトル	積層の学校は動く	制作時の所属	武蔵工業大学
プレゼンテーションシート枚数	A1/1枚	卒業年度	平成17年度

■設計概要

　建築で遊ぶ。学校というビルディングタイプをビルディングタイプとしてとらえるのではなく，その中に隠された多様で個性的な空間に着目して設計を重ねていく。

　音楽室，家庭科室，体育館，美術室，図書館，プール等といった個々の空間を，その個性を大切に，本当に小さい部分から設計を重ね，それぞれの空間にキャラクターを創り出している。そうした作業やイメージは終わることなく発展し，繰り返され，重ねられ，思考の上でも形態の上でも積層されていく。まさに「積層する学校」である。

　プレゼンテーションシートにも模型にも，この設計趣旨は色濃く表現されており，設計者が長い時間をかけて，一つひとつの空間，子どもの動きを生き生きと想像し，表現していることがみてとれる。

　「こんな風にして山登りをするかのように，上っていく。小学生はこの学校を駆けずり回るだろう。建築を使って遊んでくれるだろう。このように自分の中の小さなイメージを大きく大きく膨らませて，建築を作ることができたらすばらしいと思う」（設計者本人の解説文より）

■プレゼンテーション方法（設計者本人の解説）

1 手法
　CADでは雰囲気が伝わりにくかったため，手描きで表現することで独特の雰囲気の世界をつくった。

2 表現方法
　マンガを読むかのように見て楽しめる，絵と簡単な文字で表現されるシンプルなプレゼンテーション。

3 構成
　遠くからは一枚の絵のように見えることを狙い，近づくとかなり細かく描かれている。

4 レイアウト
　常に自由に柔らかく配置し，絵の硬さをなくした。

5 色
　多くの色を使わず，薄く淡い色とすることで幻想的な雰囲気を出す。

6 蓄積
　最終段階でプレゼンにまとめるのではなく，少しずつ書き足し，時間をかけることで蓄積の重さも感じさせる効果を表現した。

7 設計とプレゼン
　設計は小さなことの連続が大きな建築をつくる。プレゼンもその考えを踏襲した。

8 終わりのないプレゼン
　1枚の紙で完結せず，さらに描き足していける，ずっと続くプレゼンにしたかった。

9 人を描くこと
　建築には必ず人がいる。人がプレゼンの中で動き回る。そして楽しく。

（中田裕一）

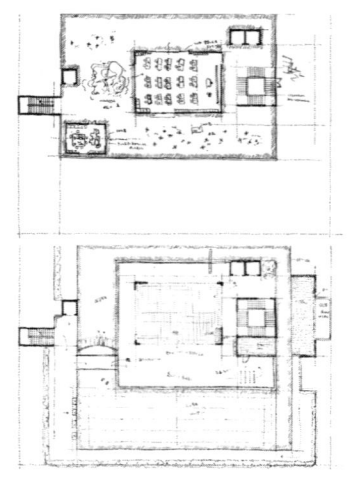

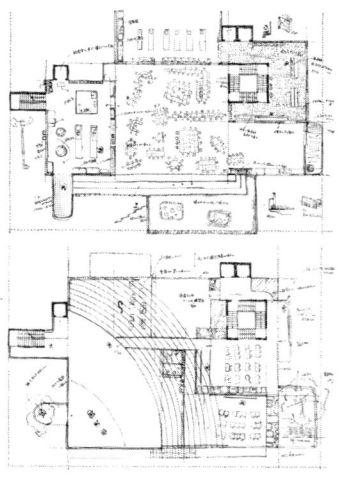

図-1　A1図面に描かれたフリーハンドの細かな設計図

図-2　プレゼンテーション模型

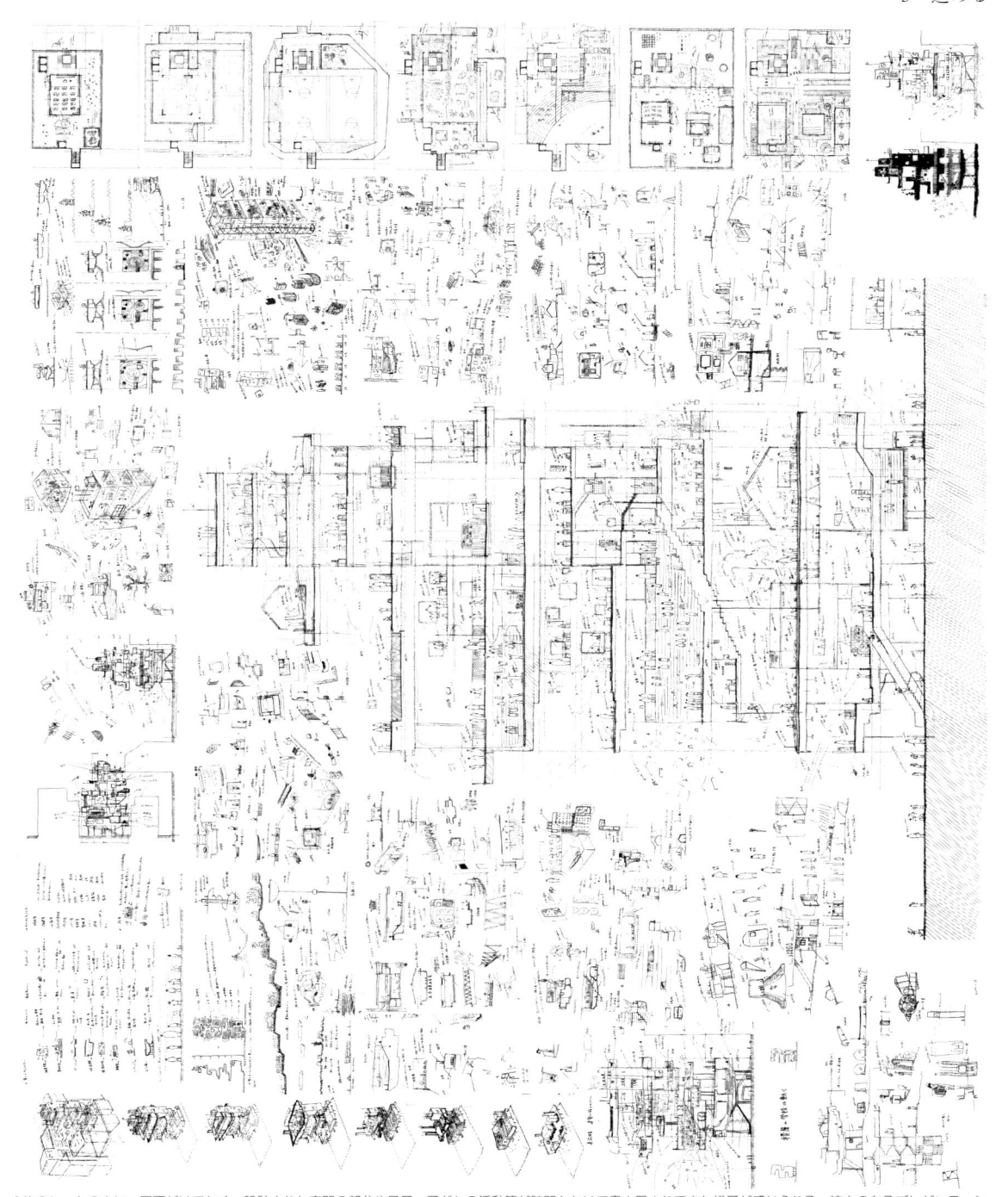

3 進める

1枚のシートの中に、図面だけでなく、設計された空間の部分や風景、子どもの活動等が時間をかけて書き足されてきた様子が感じられる。迫力のあるプレゼンテーションシート。

図-3 A1サイズの「雰囲気図」

01	建築家に聞く：プレゼンテーションに向けて考えること
作品名	戸田市立芦原小学校
建築家名	小泉雅生（小泉アトリエ／首都大学東京准教授）

■建物の概要

　戸田市立芦原小学校は，郊外の駅前に計画された生涯学習施設等を併設する小学校である。この学校は教室の一方が廊下に開いている，いわゆるオープンスクールという形式をとっている。固定化された教室内での画一的一斉授業に対して，流動的な空間の中での自発性を重視した多様な学習活動にも対応できる教室回りが目指されている。

　断面的には，1階と3階に落ち着いた「拠点となる空間」としての学年ゾーンをしつらえており，それらの中間に開放的な特別教室群を設けている。開放的な空間が「拠点となる空間」にサンドイッチされ，どちらの拠点からも等距離でアクセスできるというゾーニングである。ここは市場や商店街のようにさまざまな学習の機会が並んでおり，「MEDIA MARKET」と呼ばれる流動的でアクティビティに満ちた都市的空間となっている。ちょっと背伸びしてチャレンジしてみようという，子どもの可能性を拡げる，いうなれば「可能性の空間」である。

　平面的には，児童のアクティビティが校舎全体に拡がるように，体育館・生涯学習施設を校舎棟と一体化させた，ひとかたまりのボリュームの建築として提案している。さまざまな世代や異なる立場の人たちの交流が自然と行われるような配置計画である。均質な教室が並ぶ施設としてではなく，学校そのものが多様性をもった一つの「街」としてこの複合施設をとらえ直している。特徴的な内・外空間が三層のスクェアなボリュームに立体的に組み合わされていく中に，さまざまな子どもたちの活動が誘発されることを期待している。

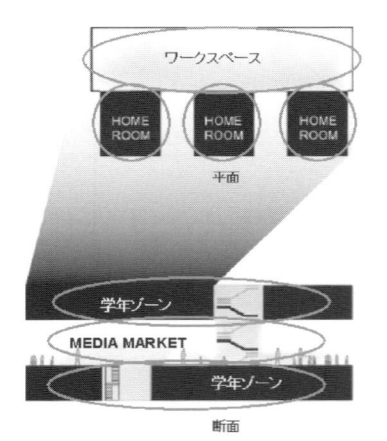

図-1　平面、断面の「拠点となる空間」と「可能性を拡げる空間」の関係性を示したダイアグラム

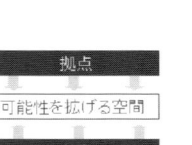

図-2　特別教室ゾーンと、普通教室ゾーンの関係を示した断面ダイアグラム

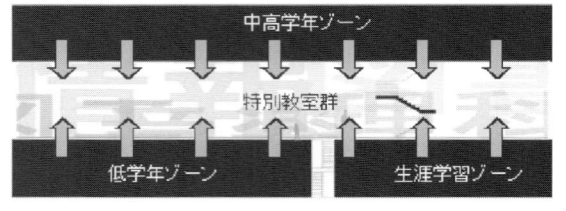

2階を強調した。模型写真とCGの合成パース。
図-3　イメージパース（新建築写真部）

■二つの「拠点」，二つの「可能性」

戸田市立芦原小学校の中には，平面における「拠点」と「可能性」，断面における「拠点」と「可能性」が，相似の形で配されている。平面的な拠点としての普通教室，可能性を拡げる空間としてのオープンスペース（ワークスペース）に対して，断面的な拠点としての1階，3階の学年ゾーン，そして可能性を拡げる空間としての2階の特別教室群（メディアマーケット）である。2種類の空間による構成を表現するイメージドローイングを作成した。

1 ダイアグラム

図-1は，プロポーザルコンペのプレゼンテーションに用いた「拠点となる空間」と「可能性を拡げる空間」の関係性について示したダイアグラムである。断面において「拠点」として位置づけられる学年ゾーンの中に，平面的に普通教室（＝「拠点」）とワークスペース（＝「可能性」）が入れ子状に組み込まれている構成を表している。

図-2は，断面の構成について示したダイアグラムである。図-1と同様にプロポーザルコンペの際に作成したものであり，特別教室が，上下の学年ゾーンから等距離にアクセスすることのできる，建物の中心に位置していることを示している。

2 コンセプトドローイング

図-4は，基本設計の段階で雑誌発表用に作成したコンセプトドローイングである。建物全体の平面図と普通教室，ワークスペースの模式図，学年ゾーンとメディアマーケットの断面的な模式図を，1枚の絵に構成している。このドローイングでは，建物内外における子どもたちの活動が，平面，断面それぞれの「拠点としての空間」と「可能性を拡げる空間」の中で，連続的にかつ立体的に展開していく様子を表現している。子どもが街路を散策するように学校の中を歩き回り，そしてさまざまな出会いや発見をしていくという，街の縮図としての小学校のコンセプトをグラフィカルに示したものである。

■プレゼンテーションに臨む姿勢

ここまで具体的な手法を述べてきたが，最後にプレゼンテーションに臨む姿勢について述べてみたい。何はともあれ，プレゼンテーション自体をエスキース・スタディするという視点が必要である。いかにいろいろなことを考えようとも相手に伝わらなければ，考えたことは無に帰す。どのようなダイアグラムや模型があれば相手に伝えられるのか，逆に伝えるような案に見直すことだってあり得るだろう。つまり，プレゼンテーションをスタディすることは，自らの案をブラッシュアップするよい機会ともいえる。計画案をエスキースするのと同じくらいの時間をプレゼンテーションのエスキースにかける，そのくらいの意識でプレゼンテーションに臨んでほしい。　　　　（小泉雅生）

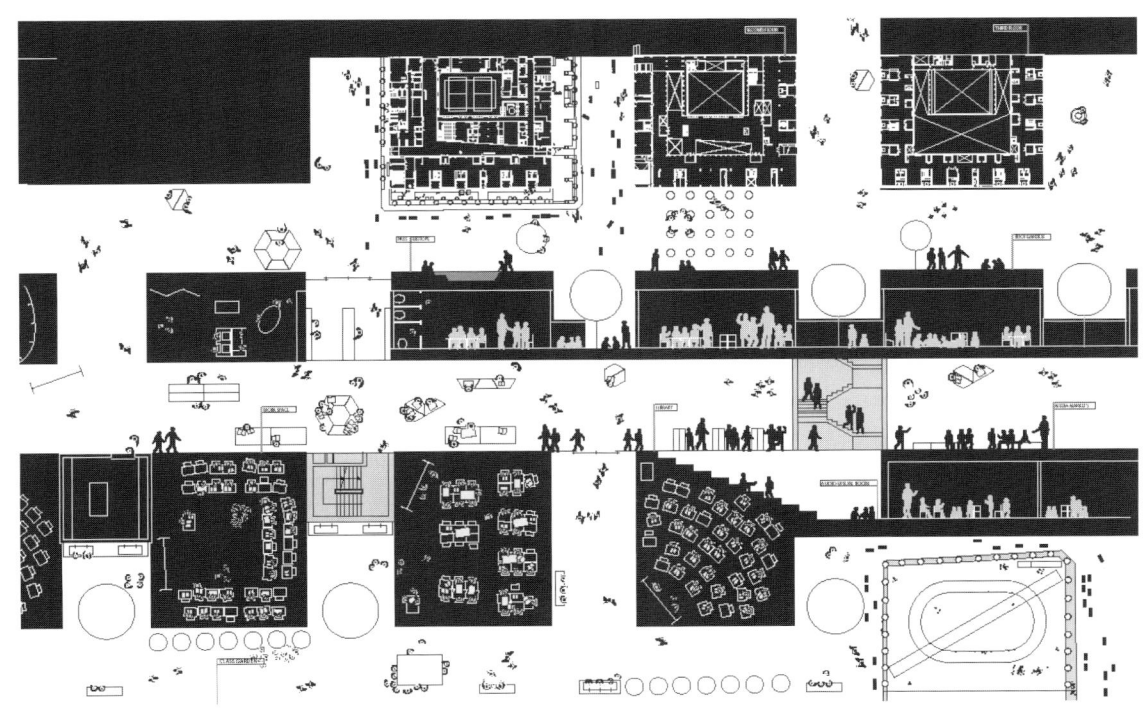

図-4　プロジェクトの発表のために作成したイメージドローイング

02 建築家に聞く：プレゼンテーションに向けて考えること

作品名	宮城県立がんセンター緩和ケア病棟
建築家名	藤木隆男（藤木隆男建築研究所）

■卒業設計に大事なこと

　卒業設計にあたり押さえておくべきプレゼンテーションのポイントと，実務におけるプロポーザルや施主説明での表現の手法や内容に，基本的な大きな違いはないと思われる。卒業設計の出来ばえを決定するのは，①適切な問題意識／テーマ設定，②取っておきの敷地選定，③表現意欲と高い志，などである。

　私自身の卒業設計（東京都立大学（現首都大学東京）・1969・Motor Station on Asian Highway）は，すでに遠い過去のことであり，今見ると「ARCHIGRAM，セドリック・プライスの思想」の影響の強いものだが，上の卒業設計に対する気構えは当時すでに意識していたように思う（図-1）。つまり私の場合，①貧困アジア地域開発／自立，②シルクロード上の隊商都市，③毎日学生デザイン賞への挑戦，である。そしてこの設計への姿勢は，30年余りの間の実務設計活動を通じて一貫して持続してきたつもりである。ここに紹介する表題の作品も例外ではない。

■プロポーザルがそのまま建築に

　5者のプロポーザルで幸いにも最優秀賞と認められ，設計委託され実現したものだが，それはいわば「一枚の提案シート」（図-2）から生まれたものである。私たちの提案の骨子は，このA3たった1枚のシートにすべてが込められ，言い尽くされている。もちろん，実施設計や工事監理の全過程で，数多く微修正され，細々と改善され，あるいはすべての細部が新たに決定された結果が現在の建築であるのだが，にもかかわらず，できた建築は，おおむね当初の提案がそっくり実現されているのである（図-3，4）。それは恐ろしいくらい変わっていない。設計・監理の過程の無数の判断，決定の成果なくして現在の建築のはっきりした「目鼻立ち」はあり得ないのだが，最初の提案シートは建築の骨格や存在感をすでに十分に備えきっていたのである。つまり，建築家の何気なく描く線の1本1本が重大な意味と役割をもっているわけで，設計上のどんな些細なこともおろそかにできないのだ。常々おそれをもって建築には立ち向かわなければならないということだろう。

■プレゼンテーションのポイント

　ここで，その「提案シート」の具体的な表現方法，内容について触れてみたい。私たちの提案は，①緩和ケア病棟（ホスピス病棟）は，医療施設でもあるが，よりまして人の終末期を安らかに，尊厳をもって過ごすためのもうひとつの「家」であ

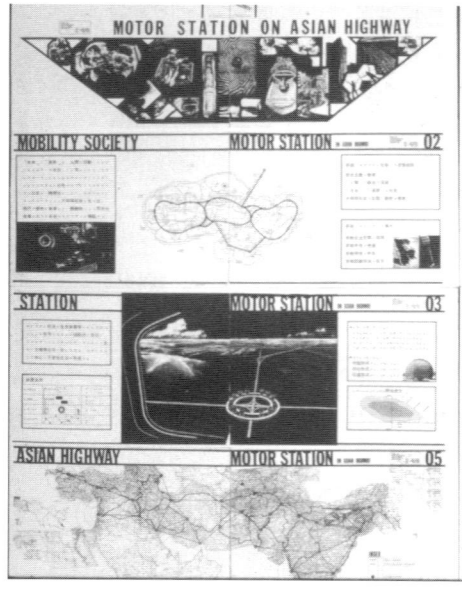

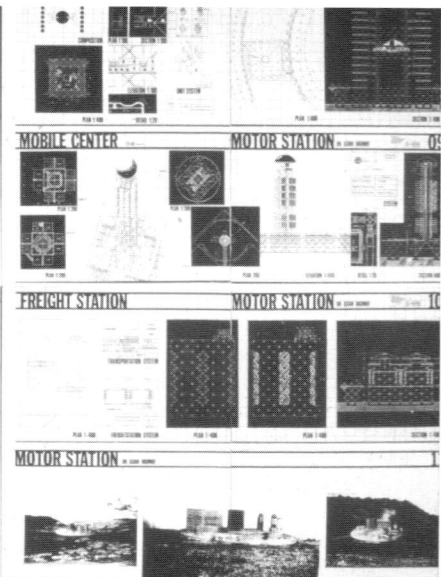

図-1 Motor Station on Asian Highway：藤木隆男（東京都立大学卒業設計・1969）

り，その病室は住宅的素材ででき，患者と家族が一緒にいることができる広さと設備と雰囲気をもった空間であること，②安全で豊かな中庭をもち，そこに車椅子やベッドのまま容易に出られ，外気に触れ，花や鳥を愛でることができること，③それにより看護動線が長くなることをカバーするために，看護拠点を要所に3箇所配置し，プライマリーケアを十分に可能にすること，である。

つまりエッセンスは，「美しいコートハウスでの末期患者のQOLの確保」である。限られたA3のシート1枚という紙面だが，まず1/4のスペースを割いて全景白模型写真と詩的なタイトル，キーワードを明確にした1,000字ほどの説明文，中庭のスケッチパースである。その狙いはどのような提案なのかをまずビジュアルとキーワードでわかりやすく伝え，相手（審査員）の目と気持ちをひきつけることである。

次の1/4に，「中庭型」という病棟平面計画としては異例の形式が，緩和ケア病棟としてふさわしく，無理なく成立することを，多くの図版を駆使して解説している。「病院本館との位置関係」，「ナースステーションの分散配置」，「目的室の明快なゾーニング」，「中庭の環境構成」と「自然と中庭に開かれた病棟／"棲み家"」など提案の具体的な内容を4つのダイアグラムと1カットの断面・平面イラストで歯切れよく，明快に表現した。それは建築家や研究者／学者による審査員の専門性に耐える高度な説得力が必要と感じられたからである。

残り1/2のスペースは平面図と断面図であるが，図中に細かなキャプションを加えた絵的な表現のカラフルな図面である。見る人をあきさせない配慮である。全体にかなり多くの情報を詰め込んだ提案シートになったが，そのプレゼンテーションは決して上手とはいえぬものの，私たちの提案の要点である「中庭型」を徹底的に強調し，誠実に訴えたものとなった。むしろそれが功を奏したと言えなくもない。

（藤木隆男）

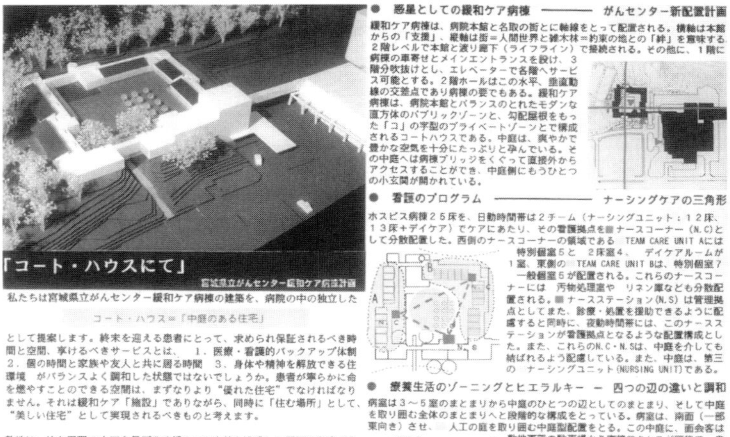

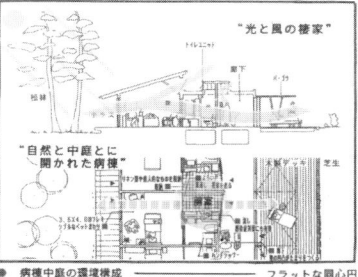

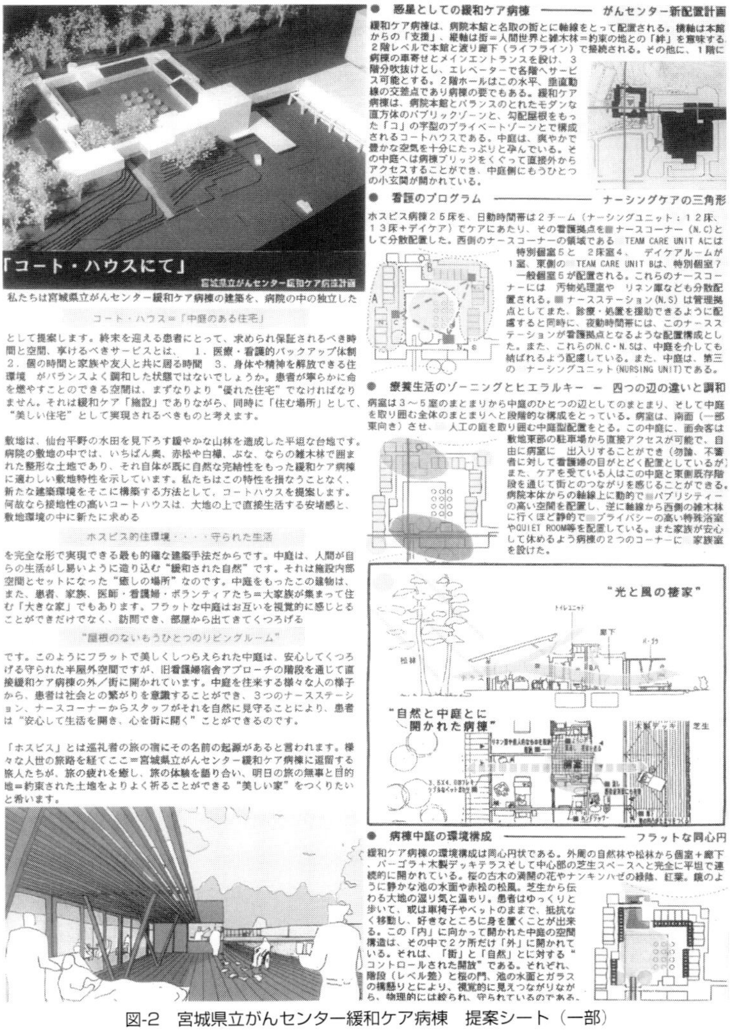

図-2　宮城県立がんセンター緩和ケア病棟　提案シート（一部）

図-3　宮城県立がんセンター緩和ケア病棟外観

図-4　フラットな中庭の景観

図-5　住宅的な特別個室

4 探す

1 ユニバーサルデザイン
Universal Design

| Keywords | Normalization ノーマライゼーション | Barrier Free バリアフリー | Public Space 公共空間 |

建築計画
福祉住環境

Books of Recommendation
- 『図解 高齢者・障害者を考えた建築設計 改訂版』楢崎雄之、井上書院、2004
- 『誰のためのデザイン？ 認知科学者のデザイン言論』D. A. ノーマン著、野島久雄訳、新曜社、1990
- 『新・環境倫理学のすすめ』加藤尚武、丸善、2005
- 『完全言語の探求』ウンベルト・エーコ、上村忠男・広石正和訳、平凡社、1995

■ユニバーサルデザインとは

　ユニバーサルデザインに類似した意味の用語に「バリアフリーデザイン」がある。まず，この用語との違いを説明することで，ユニバーサルデザインとは何かを明確にしておく。ユニバーサルデザインは，バリアフリーデザインに対する反省を経て提唱された概念である。バリアフリーデザインとは，建物のエントランスにある段差など，高齢者や身体障害者の方にとっての「バリア」をスロープの設置などによって取り除いたデザインを指す。しかし，バリアフリーデザインが今まで不都合を感じていた人にとってのバリアを取り除くあまり，健常者にとって利用しづらいデザインとなるジレンマが生じた。この反省点を踏まえて提唱されたのがユニバーサルデザインである。身体障害者であれ健常者であれ，ある特定の人のみに適したデザインをするのではなく，誰にでも使いやすいデザインとすることを目指したのがユニバーサルデザインであり，これがバリアフリーデザインとの相違点である。対象とする利用者を限定しないユニバーサルデザインは，ある特定の条件を満たす形状のデザインを指すのではなく，誰にでも便利に，安全に利用できるデザインを目指す取組みとしてとらえるべきだろう。ちなみに，ノーマライゼーションはユニバーサルデザインとほぼ同義の意味として用いられている。

　ユニバーサルデザインのための基礎知識としては，さまざまな特性をもつ人についての知識が必要であり，一般的な動作空間を把握するためには人間工学が，特に高齢者の利用を考慮する場合には，住福祉環境のテキストが参考になるだろう。さらに，利用しやすいデザインを考える場合には，物と人の寸法関係だけではなく，使う人がどのようなイメージをもっているかといった認知プロセスを考慮に入れる必要がある。特に機器の操作板やサインをデザインする場合には，利用者のもつイメージを考慮に入れないと，間違いや事故を発生させることにもつながるため，十分注意する必要がある。そのためには，記憶やイメージといった人の心をモデル化し，行動や判断を説明しようとする認知心理学が参考になるだろう。

■ユニバーサルデザインに関する取組み

　ユニバーサルデザインの取組みは，公共空間の中に多く見つけることができる。案内板やサイン，多機能トイレなどは，特定の人の利便性に配慮したバリアフリーにとどまらない，誰にでもわかりやすい，使いやすいことを考慮してデザインされた例といえる。このように，ユニバーサルデザイ

表-1　ユニバーサルデザインの7原則

1	誰もが公平に使えるデザイン
2	使用上柔軟な対応ができる自由度の高いデザイン
3	直感的にすぐ使える簡単なデザイン
4	認識しやすい必要な情報が提供されるデザイン
5	誤った操作をしても危険につながらない、また、誤操作を起こさないデザイン
6	無理な姿勢をとることなく、身体的負担の少ないデザイン
7	アプローチしやすく、使用しやすいスペースとサイズが確保されたデザイン

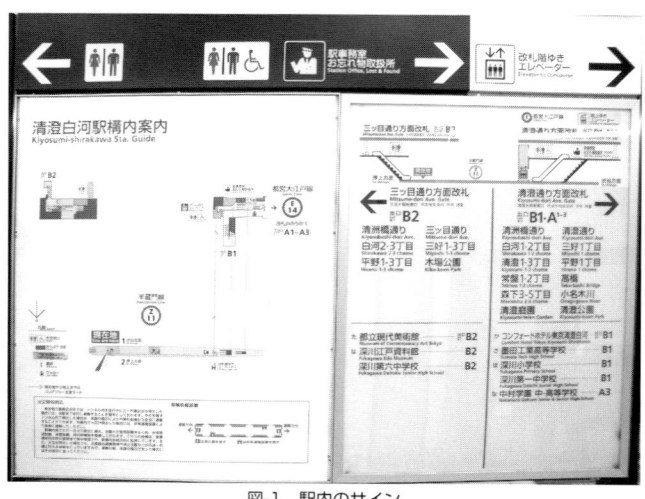

図-1　駅内のサイン

ンは現在研究とともに実践の段階にあり，さまざまな試みがなされている。普段の生活で目にするデザインをきっかけに，不十分と思われる点を探し，利用対象者をさらに広げるための改良を考えてみるのもよいだろう。

■現在のユニバーサルデザインの課題

現在のユニバーサルデザインがもつ課題点の1つとして，平常時の利用状況のみが考えられたデザインがほとんどであるという点があげられる。例えば，エレベーターが多く設置され，平常時に誰にでも利用しやすい建物が，災害時にエレベーターが利用できなくなると，バリアだらけの空間になってしまうという事態が起こり得る。この場合，ユニバーサルデザインによって災害時に危険な状況に陥る人が増加する，という皮肉な結果を生み出してしまう。病院や高齢者施設など，自力で避難が困難な災害時要援護者が多く滞在する施設では，この問題は特に重要である。ユニバーサルデザインは利用者にとってだけでなく，状況についてもユニバーサルであるべきだろう。

一部の地下鉄駅ではホーム上に図-3のような通信機器が整備されている。これを災害時に利用することで，車椅子使用者などの自力で避難することの困難な人の位置と状況を迅速に把握し，指示を与えることが可能である。

このような情報機器を活用しつつ，空間として災害時を考慮したユニバーサルデザインを提案することは現在の重要な課題である。

■究極のユニバーサルデザインは可能か

ユニバーサルデザインはさまざまな身体的特性を考慮するだけでなく，外国人にとってもわかりやすいといった，人の文化的な差異も考慮したグローバル化が求められる。サインなどのように，デザインが情報を適切に伝えるという言語としての側面をもつ場合，ユニバーサルデザインは，誰にでも理解可能な言語を求めているととらえることもできるだろう。このように文化的な差異も考慮に入れた場合，ユニバーサルデザインの目指す試みが究極的に空間として可能なのか，また望ましいといえるのかについて立ち戻って考えてみることも必要ではないだろうか。

■「ユニバーサル」からひらめく

ユニバーサルデザインは一般に，サインや機器の使い勝手といった比較的規模の小さな対象をデザインする際に考慮されることが多い。そのため，取り組みやすい反面，建築を構想する大きな枠組みとしては考えにくい面もあるだろう。卒業設計では，一般的なユニバーサルデザインの意味を超え，ユニバーサルという言葉をきっかけに，建築コンセプトをつくる試みをしてみてもよいのではないだろうか。ユニバーサルデザインは，対象とする利用者を限りなく広げていく取組みととらえることができる。これを拡大解釈し，今まで考慮されてこなかった対象を見つけ，デザインの視野を広げてみるのもよいだろう。例えば，現在生きている人の価値観だけではなく，将来生まれてくる人の利用も考慮に入れる，さらに人に限らない，生物にまで視野を広げることは，厳密な意味ではユニバーサルデザインが扱う内容ではないが，環境倫理学といった現在の社会が抱える大きな課題を建築デザインとして考えるきっかけとなり得る。

最後に，建築でユニバーサルデザインに類似した言葉にユニバーサルスペースがあり，関連事項としてあげておきたい。こちらはミースが提唱した用語であり，さまざまな機能へ適用可能な空間を目指す試みであった。この試みについての経緯を検討し，ユニバーサルデザインとあわせて考えるのもよいだろう。

〈木下芳郎〉

図-2　多機能トイレ

図-3　地下鉄駅に設置された通信機器

2 バリアフリー　Barrier Free

建築計画
福祉住環境

Keywords: Normalization ノーマライゼーション ／ Handicapped Person 障害者 ／ Environment 環境

Books of Recommendation:
- 『バリアフリーの生活環境論 第3版』野村みどり編、医歯薬出版、2004
- 『住環境へのバリアフリーデザインブック 福祉用具・機器の選択から住まいの新築・改修の手法まで』野村歓・橋本美芽監修、彰国社、2003
- 『世界の社会福祉 第6巻 デンマーク・ノルウェー』仲村優一（編集委員代表）、旬報社、1999

■バリアフリーとは

「障害者が地域社会のなかで特別に区別されることなく皆と同じように生活できることが本来望ましい姿である」、いわゆるノーマライゼーションの理念のもと、1982年国連が「完全参加と平等」の実現を呼びかけて以来、日本では障害者に向けた施策を長期にわたり推し進めてきた。建築分野・交通分野における「ハートビル法」（1996年）、「交通バリアフリー法」（2002年）の制定はその取り組みの一環だといえる。しかし今日に至ってなお検討すべき課題は多い。

障害者が社会生活の中で直面する困難、「障壁」にはさまざまな種類があるといえよう。建築や都市環境における物理的な障壁はもちろんのこと、資格制限、就職など制度的な障壁、点字や手話サービスなど情報保障の欠如による文化・情報面の障壁、無理解、差別、偏見など意識上の障壁などをあげることができる。それら障壁を解消することがバリアフリーである。

では、バリアフリーとは具体的にどうすることだと考えればよいだろうか。バリアフリーの考え方は次の「ギャップ」論からとらえることができる。「ギャップ」とは、個人の素質や条件と、環境からの要求との間にある格差を意味する。この格差を埋めるためには、例えば、まず筋力を訓練して（b）のレベルまで引き上げ、適切な動作方法を習得することで（c）のレベルまで引き上げる、さらに自助具やコミュニケーション補助器具など福祉器具を用い（d）のレベルまで引き上げる。これで格差が解消されなければ、住居や職場など環境を改善する必要がある。社会的レベルでは、障害者が社会参加できるか否かは、建築、交通、コミュニケーション手段等の整備にかかっている（e）。格差を完全に埋めることによって、はじめて社会参加を可能にするのである（図-1）。

■ノルウェーの福祉施策

ここで、日本の取り組みには見られない北欧ノルウェーの福祉施策について紹介したい。ノルウェーはスカンジナビア半島西岸に位置する。近隣のデンマークやスウェーデンとともに福祉施策に力を入れている国である。人口は約460万人（2005年現在）。国土は日本と同等（約38万km²）だが、3分の2は不毛の荒地である。

ノルウェーでは、「完全参加と平等」の理念を政策の主流にかかげている。施策は社会省を中心に数多くの関連機関が支えており、中でもテクニカル・エイド・センター（TAC）は福祉器具を管理する機関として重要な位置づけにある（図-2）。

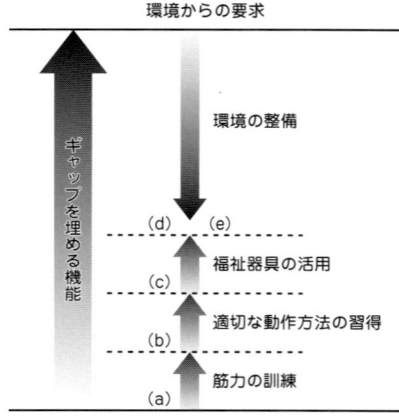

図-1　ギャップ論
『世界の社会福祉 第6巻 デンマーク・ノルウェー』を参考に作成。

図-2　クリスチャンサンにあるTAC
TACは19県すべてに1つずつあり、社会保険局に属する。おもな機能は福祉用具の支給・保管・回収・利用者に対する指導である。作業療法士や理学療法士、エンジニアが在中する。

図-3　TACの中にある管理部門の様子
福祉器具は、申請して審査に合格すると無償で貸与を受けられる。必要がなくなると、TACに返却し、エンジニアが整備した後、また他の利用者の手に移ることになる。

図-4　障害をもつ子どもの住宅
天井にはリフターが設置してある。「責任グループ」の介在により、学校と同様の介助環境が得られる。

1 「責任グループ」と連携した福祉支援体制

　ノルウェーでは，子どもが生まれ，障害が判明するとすぐに「責任グループ」を結成する。親をはじめ，自治体，医師，作業療法士，理学療法士，教員などさまざまな関連機関・専門家が連携し，生涯にわたりその子どもを支援する。

　子どもは成長過程に応じて病院，リハビリテーションセンター，学校などさまざまな施設とかかわることになるが，おのおのの施設で子どもへの支援が完結してしまうことはない。施設から家庭へ連続した支援が実施でき，各施設間で情報を共有できる。どの施設にいても「責任グループ」の誰かが担当の子どもと接することで，治療・訓練等の状況をグループ全体が把握できる。施設によって支援方針が異なったり，サポートが分断されることもない。したがって，子どもの成長を長期的に計画し，支援することができるといえる。

2 バリアフリー環境の整備状況

　ノルウェーの中でも特に福祉に力を入れている街クリスチャンサンでは，バリアフリー環境が整えられていた。建物は車いす利用者，視覚障害者に配慮した設計となっている。建築計画には，障害者主体の考え方や意見を反映させることができるという。例えば，障害者協会が設計プロセスの監視・修正を行ったり，自治体の中に障害者と建設担当者によるアドバイザー委員会を設け，政策の決定や建物の調整に関して発言できる。

　病院では，子どもに対し，診療治療だけでなく，遊び・教育の環境を整え，家族のためのスペースを確保していた。入院中の子どもに対しても成長や発達に十分留意しているといえる。

　学校では，インクルーシブ教育を行う。つまり学校には，障害をもつ子どもも皆と同じように受け入れる体制を整える義務がある。自治体が責任の一切を負う。

3 個別のニーズに沿ったサポート体制

　現障害者への支援内容を整理してみると，ソフト面として「専門家による支援」，「各種サービス」，ハード面として「福祉用具の支援」，「障害特性に配慮した空間づくり」の4項目に集約できる。環境が誰にでも使いやすい状態であることは理想といえるが，すべての人にとって満足のいくものを提供することは難しい。障害者一人一人の身体機能，ニーズを把握し，個別の調整を図ることはその障害者にとって最適なバリアフリー環境を構築することだといえる。個別の状況にあった体制を整えるには，ハード，ソフト両面から検討する必要がある。

4 障害者アドバイザー委員・女性の言葉

　クリスチャンサンでは，障害者アドバイザー委員を務める女性と話をする機会を得た。女性自身障害を抱え，車いすによる生活を送る。彼女はさまざまな機関を案内してくれた後，感銘深い言葉を残した。

　「私はよく友達と公園に出かけます。公園には所々に松の木があって，毎年秋になると松の枝から松ヤニがふり落ちるようになります。ノルウェーでは松ヤニをよけてはしゃぐのが定番の遊びなんです。でも車いすの私には到底そんな遊びはできません。だからいつもわたしだけ松の下から外れて皆を見るしかなかったんです。でもある時，いつもと同じように松の外から皆を見ていると，そのうちの1人が私に声をかけてくれました。『何してるの？　あなたもいっしょに遊びましょうよ！』。そして私の車いすを押していっしょにはしゃいでくれました。私はそれがとてもうれしかったんです。みんなと同じ場所，同じ時間を共有できたことがうれしかったんです。バリアフリーの原点はここにあるんだと思います」。

（大崎淳史）

車いすからボートへ移乗するためのリフトがある。車いす生活者でもボートを楽しむことができる。

図-5　ボート乗り場

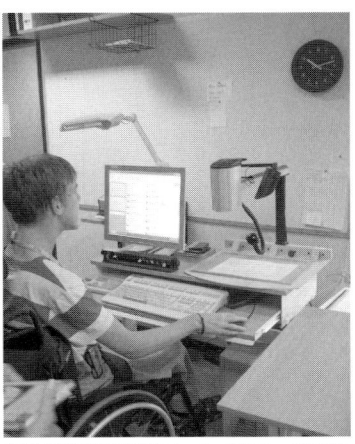

生徒は教室内に個別のコーナーをもつ。必要があれば間仕切り壁を入れて個室をつくることもある。

図-6　養護学校の教室

調査チーム一行は，女性にクリスチャンサン郊外にある公園を案内してもらった。

図-7　クリスチャンサン郊外にある公園

3 避難安全性 Evacuation Safety

建築防火
建築防災
建築計画

| Keywords | Evacuation 避難 | Fire Prevention Zone 防災区画 | Disaster Prevention 防災 |

Books of Recommendation
- 「群集流の観測に基く避難施設の研究」戸川喜久二、「建築研究報告」、建設省建築研究所、14、1955
- 「建築学の基礎7 建築防災」大宮喜文・奥田泰雄・喜々津仁密・古賀純子・勅使川原正臣・福山洋・遊佐秀逸、共立出版、2005
- 「9・11生死を分けた102分 崩壊する超高層ビル内部からの驚くべき証言」ジム・ドワイヤー、ケヴィン・フリン、文藝春秋、2005

■避難安全性の目的

建築物の避難安全性は，基本的に火災時の避難を想定して計画されている。火災時の避難安全性について，まずはじめに，避難計画についての戸川喜久二博士の文章を引用したい。

「防火の目的は，財産の保護である。
避難の目的は，人命の保護である。

これは，特に高層建築についてだけの問題ではなく，どの種類の建物の設計についても共通する，基本の命題である。そして，避難こそ最優先に取扱うべきもので，防火とは決して同列のものでない，と，筆者は思っている。これを同列において考える習慣が，避難計画を甚だしい間違いに，陥れているのである。（中略）避難計画は，設計初期の段階から検討するのが当然と思うが，実際には，設計最終の段階になって，検討されることが多いようである。その段階で，致命的欠陥が解ったとしても，設計が修正されることは余りない。ひたすら，内装仕上材の防火を強化したり，防火区画を加えることによって，その不備を補おうとする。こういう事例が多いのは，最初から避難計画など，念頭になかったか，無視したか，或は法規一辺倒であったか，そのうちのいづれかであろうと思う」

戸川博士は鉄道駅のラッシュ時の群集流動から，現在の避難安全性を評価する方法の基礎を作成した。バルコニーによる避難経路，階段附室の整備など基本的な避難安全性確保の方法を当時から主張している。

引用した文章の後半での指摘は現在でも問題とされている点である。規模の大きな建築物を設計することが多い卒業設計では，ぜひこの指摘を心に留めて，設計の初期段階から避難安全性を考慮してほしい。

■避難安全性の基本

避難安全性は避難経路の確保が第一である。そのために，危険なゾーンと安全なゾーンを分けるといった，建築計画の基本であるゾーニングの考え方が適用される。火災時の防火，避難安全性のためのゾーニングは区画と呼ばれ，表-1に示すいくつかの区画によって空間は構成されている。

また，避難時における人の行動も考慮に入れておく必要がある。緊急時にはパニックが起きやすいと一般にいわれる。パニックとは，緊急時において人が非合理的な行動を起こすこととらえられるが，明確なパニックの定義は専門家によって異なり，どのような事態をパニックとみなすのか，それがどのような状況で起きるのかといった点に

表-1 区画の種類

区画する目的による分類	防火区画
	防煙区画
区画する対象による分類	面積区画
	層間区画
	竪穴区画
	異種用途区画

表-2 避難行動の特性

- 日常動線を使って避難しやすい
- もと来た経路を戻りやすい
- 明るいほうへ逃げやすい
- 広いほうへ逃げやすい
- 最短の経路を選択しやすい
- まっすぐな経路を選択しやすい
- 大勢が行動する方向に行きやすい

図-1 都心部の超高層住宅

ついては明らかにされているとはいえない。パニックは一般に考えられているほど起きる可能性は低いともいわれ，パニックという状況を扱う際には，自分がどのような状況を対象として問題設定をしているかについて注意が必要である。避難時には表-2に示す行動をとりやすいと言われ，この点を計画の際に十分考慮しておくことが必要である。これらの行動は避難時に限ったことではなく，平常時の行動にも少なからず見られる。つまり，避難安全性に配慮したデザインは，災害時にだけ役立つのではなく，平常時の利用における空間構成のわかりやすさや利便性にも生かされる。

■現在の避難計画の課題

現在の建築物の避難計画の大きな課題のひとつは，高齢者，身体障害者などの災害時要援護者の避難安全性の確保である。近年，避難者の人数が把握できる，避難誘導を行う管理者がいるといった条件を満たす施設において，非常用エレベーターを避難に用いることが検討されている。しかし，このような条件を満たす施設は一部に限られる。バリアフリーが整えられ，平常時には誰もが利用しやすい建築物が増えている一方で，災害時に誰もが安全に避難できる建築物とはなっていないのが現状である。病院などでは，手術中の患者など，そもそも避難自体が困難な人についての安全性をいかに確保するかについて考える必要がある。このような場合，一定時間，火災などの危険から患者を守るように空間をゾーニングする篭城区画といった手段が用いられる。このように，自力で避難することが困難な人が安全に避難するための避難方法，ゾーニングの手段はいくつかあるものの，さらに新しい提案が求められている。

また，高層建築物での一斉避難時の安全性確保も近年の課題である。高層建築物では，火災時に出火した階で火災を食い止めることで，周辺の階の在館者のみが避難することが想定されている。しかし，テロや，大地震による複数階での同時出火などでは，建築物内にいる全員が一斉に避難を行う場合を想定する必要性があることが指摘されている。この場合，階段に避難者が殺到し，階段室の容量を大きく超えてしまう。避難経路となる階段室の広さの再検討，避難誘導方法の検討・整備について，新しいアイデアが必要とされている。高層建築物は今まで事務所が主であったが，都心部では超高層の集合住宅が多く建設されている。住宅では，就寝中に避難が必要となる事態が生じた場合に避難開始が遅れるため，避難安全性は事務所建築よりもさらに高度な対策が必要となる。

■避難安全性がつくり出す建築デザイン

建物の避難安全性は，デザインと無関係なものとしてとらえがちであるが，避難安全性を積極的に建築デザインに生かすことが試みられてもよいだろう。参考になる例として，都営白髭団地がある。これは東側に広がる住宅地が火災となった場合に，延焼を食い止め，西側の避難場所を守る地域の防火壁として機能することを考慮してつくられている。複数の建築物が連携して地域の安全性を確保するというアイデアは，大きな規模を扱う卒業設計を考える際の参考になるだろう。

最近では水幕による防火区画，美術館の吹き抜け空間に竜巻をつくって排煙する技術も開発され，実用化されている。映画「タワーリング・インフェルノ」では高層ビルの火災を消火するために最上階の貯水槽を消火に使った。これは実現性がないそうだが，一見突拍子もないようなアイデアから，新たな避難安全性の技術を具体化してはどうだろうか。

（木下芳郎）

［引用文献］
1) 戸川喜久二「構造計画」『建築雑誌』，日本建築学会，No.81，496～498ページ，1966.9

図-2　都営白髭団地

図-3　都営白髭団地

4 防災 Disaster Reduction

都市計画

| Keywords | Community Development for Disaster Prevention 防災まちづくり | Densely-inhabited District 密集市街地 | Streetscape 街並み景観 |

Books of Recommendation
- 『まちづくり教科書 第7巻 安全・安心のまちづくり』日本建築学会編、丸善、2005
- 『まちづくりキーワード事典 第二版』三船康道＋まちづくりコラボレーション、学芸出版社、2002
- 『路地からのまちづくり』西村幸夫編著、学芸出版社、2006
- 『都市防災学 地震対策の理論と実践』梶秀樹・塚越功編著、学芸出版社、2007

■防災とは

わが国には，地理的条件から地震，火山などの自然災害に加え，大規模な都市大火といったさまざまな災害の危険性がある。こうした災害の発生によって人的・物的な被害が生じるが，災害の規模や地域性などによって災害様相は大きく変化する。阪神・淡路大震災（1995）などの近年の地震災害では，人的・物的被害とともに，ライフラインの途絶による都市機能のマヒや復旧・復興の遅れ，避難生活の長期化など，現代都市の新たな形の被害も顕在化している。

現代においては，生命の安全と財産の保全に加え，社会システムの維持・保全も防災の重要な目的であり，構造物の耐震対策といった工学的アプローチとともに，法・規制の整備，組織体制の確立，人材育成，災害管理技術の向上といった社会工学的アプローチが不可欠である。

近年は，防災の代わりに「減災」という言葉が多用されるが，防災への取り組みは，伊勢湾台風（1959）を契機とした「災害対策基本法」（1961）の制定によって災害対策全般を対象に大きく躍進していった。都市の地震対策としての都市防災は，新潟地震（1964）をきっかけとして展開され，当時，大規模地震の危険性が指摘されていた東京では，「東京都震災予防条例」（1971）などによって，地震に関する地域危険度の測定とともに，それによる危険度が高い地域では「防災生活圏構想」に基づく生活圏域やコミュニティを単位とした「防災まちづくり」が推進されていった。今日，各地で頻発する災害や地震の切迫性を背景に，いずれのまちでも「防災まちづくり」の展開が求められている。

■防災まちづくり

防災まちづくりは，安全な空間づくりというハードな側面にとどまらず，そこで生活する人々の防災意識・活動の向上や行政等の防災組織体制の整備などのソフトな側面も含み，建物個別から街区，都市全体まで多用なスケールで取り組まれている。想定する災害は，地震，風水害，豪雪，火山などさまざまである。以下では，地震対策としての防災まちづくりの取り組みを概観する。

ハード面では，阪神・淡路大震災の経験から地区レベルの空間要素の整備による防災性向上が重要な視点となっている。それには，①円滑な消火活動や迅速な避難行動を目的とした，狭あい道路の拡幅，②火災時の2方向避難や円滑な消火活動を可能とする，通り抜け道路の確保，③オープンスペースの確保と防災機能の付加，④補強・補修や生垣化といったブロック塀対策，⑤断水時に備えた井戸・雨水の

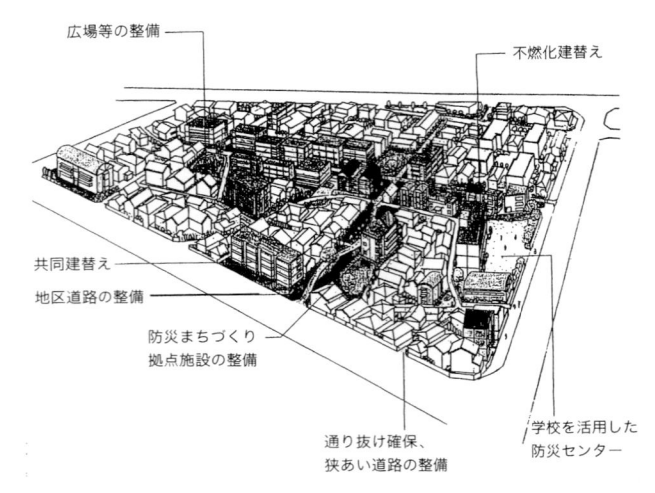

図-1 密集市街地の整備イメージ

図-2 初期消火を目的とした発災対応型訓練の事例（都内）

WebGISを活用した災害図上訓練支援システム（工学院大学開発）。近年，参加者の理解の深化や情報共有などを目的として，さまざまなICTを活用したワークショップが増えている。

図-3 ワークショップへのICTの活用事例

活用，⑥防火効果や落下物・倒壊物の緩衝効果等をもつ「緑」の活用などがある。特に，安全で良好な居住環境の形成のために，さまざまな防災効果をもつ緑を活用して，現存の緑と連携した緑のネットワークづくりが求められている。

一方，ソフト面については，地域の防災力を高めるために組織づくりや防災教育，防災訓練が行われている。近年は，大学やまちづくり協議会などが中心となって，住民参加によるまち歩き・地域点検マップづくりや街並み模型を使ったデザインゲームなどを，ワークショップ形式で実施する事例が多い。また，実際の地震時の状況を想定して町中で実施する発災対応型訓練，災害図上訓練（DIG），事前復興まちづくり模擬訓練といった新たな方法も定着してきている。

■防災まちづくりの課題

防災まちづくりの大きな課題に，防災上危険な密集市街地の整備がある。近年，都市再生本部は，特に大火の危険性の高い約8,000haを重点地区に指定し，民間事業者の活用により住民主体の取り組みを支援しつつ整備を進めている。防災まちづくりは，ものづくりと同時に人づくり・仕組みづくりをともなう社会システムづくりであり，従って，文化・歴史なども踏まえつつ，多面的かつ総合的な視点から災害に強く住み続けていけるまちへと密集市街地を変えていくことが求められている。

以下に，密集市街地の防災まちづくりに関する研究動向を踏まえ，いくつかの問題提起をしたい。

1 地方都市の防災まちづくり

大都市に限らず，地方都市にも防災上危険な密集市街地は存在するが，規模・建物密度・質・危険度ともに大都市とは異なる。また，その市街地は戦災を受けずに戦前からの街並みが継承・残存し，地域資源としての景観的価値を有するところも多々みられる。都市景観的な視点からみれば，低い防災性とは逆に優れた街並みの景観を形成している場合もあるのである。当然ながら，そのような地区では新市街地にはない旧来の地域コミュニティが存在している。大都市とは特徴が大きく異なる，地方都市の密集市街地の防災まちづくりをどのように考えていけばよいのか，その具体的な計画・設計手法が模索されている。

2 保存地区の防災まちづくり

「伝統的建造物群保存地区」や「重要伝統的建造物群保存地区」では，伝統的な建造物が歴史的な街並み景観を形成している。しかし，建造物の多くはすでに耐用年数を超えた木造建築であり，茅葺といった火災に弱い建物も少なくない。また，道路が狭く，避難路の確保も十分でない地区もあり，いわゆる密集市街地と似た問題を抱えている。保存地区にはさまざまな法規制があるが，伝統的な建造物と歴史的な街並み景観のもつ魅力を保存し，将来へ継承していくためには，防災まちづくりの観点からの取り組みも必要となっている。

3 路地を生かした防災まちづくり

密集市街地の中で，建ち並ぶ家屋と一体となって一つの生活空間を形成しているのが「路地」であり，そこに暮らす人々の生活基盤ともなっている。一方，防災の視点からみれば，必ずしも安全とはいえない側面ももっている。しかし，路地に息づくコミュニティの力は，災害時において被害を軽減させる重要な役割を果たすものである。すべての路地を否定し拡幅するのではなく，路地の魅力を活かしつつ，密集市街地の防災性を向上させるための新たな手法の検討が課題となっている。

（村上正浩）

［参考文献］
1)『都市防災学　地震対策の理論と実践』梶秀樹・塚越功編著，学芸出版社，2007
2)『まちづくりキーワード事典　第二版』三船康道＋まちづくりコラボレーション，学芸出版社，2002

小さなオープンスペースを創出し，防火水槽を埋設している。
図-4　オープンスペースに防災機能を付加した事例（金沢市）

図-5　密集市街地内の路地空間の事例（都内）

金沢市には，歴史的な町並みが多く残っている。市では，こうした「ちょっとした良い街並み」を「こまちなみ」として守り，防災にも配慮しつつその雰囲気を生かしたまちづくりに取り組んでいる。
図-6　金沢のこまちなみ保存

5 防犯 Crime Prevention

建築計画 都市計画

Keywords: Crime Prevention through Environmental Design 防犯環境設計 / Quality of Life 生活の質 / Fear of Crime 犯罪不安

Books of Recommendation:
- 『まちづくり教科書 第7巻 安全・安心のまちづくり』日本建築学会編、丸善、2005
- 『Design Out Crime: Creating Safe and Sustainable Communities』Ian Colquhoun, Architectural Press, 2004
- 『都市の防犯 工学・心理学からのアプローチ』小出治監修、樋村恭一編集、北大路書房、2003
- 『安全・安心まちづくりハンドブック 防犯まちづくり実践手法編』安全・安心まちづくり研究会編集、ぎょうせい、2001

■事後対応から事前対応の防犯へ

防犯には，刑事司法による犯罪者の矯正等を目的とした事後対策と，欧米のコミュニティ防犯活動に代表される，犯罪被害者の保護を目的とした事前対策の2つに大別される。コミュニティ防犯活動とは，市民防犯活動，防犯環境設計（通称CPTED），地域警察活動の総称，欧米では，刑事司法による犯罪予防の限界から，1970年代後半より国家プロジェクトとしてその推進を図ってきた。わが国でも身近な生活における犯罪の急増や犯罪不安の増大により，コミュニティ防犯活動の考えに基づいた犯罪予防が喫緊の課題となっている。特に，犯罪の対象となる環境（建物・道路・公園など）がもつ防犯性を向上させて犯罪を未然に防ごうとする，CPTEDへの期待は大きい。

CPTEDは，「犯罪予防を行うには潜在的犯行者から犯罪機会を奪うことが緊要であり，犯罪を物理的に阻止するほかに，犯罪実行を躊躇させる状況を創出する必要がある」，あるいは「人間によってつくられる環境の適切なデザインと効果的な使用によって，犯罪に対する不安感と犯罪発生の減少，そして生活の質の向上を導くことができる」という考え方に基づくものであり，ジェイコブスやニューマンらの研究によって洗練された犯罪予防手法として発展をとげ，犯罪学，建築学，都市工学，地理学など多岐にわたる分野で現在も研究が進められている。住環境・都市環境の快適性や生活の質の向上を追求することは建築計画・都市計画の重要な目標の1つであり，近年のわが国の犯罪情勢を考えると，建築計画・都市計画分野においてCPTEDは有効な手段となりうる。

■CPTEDの推進

CPTEDには，被害対象の強化・回避と接近の制御という直接的な手法と，監視性の確保と領域性の強化という間接的な手法があり，これらを住空間・都市空間づくりに適用して，犯意の抑制と犯罪被害の軽減，そして生活の質の向上を目指す。1980年代から90年代には，防犯モデル道路や防犯モデル団地の整備，また共用空間への視線の管理などに留意した中高層公団住宅の開発など，CPTEDのさまざまな先進的試みがなされてきたが，住宅・都市計画行政に防犯に係る法的な位置づけがなく，あまり普及はしなかった。2000年以降，犯罪情勢の悪化を背景にCPTEDによる犯罪予防の重要性が再認識されるようになり，警察庁による「安全・安心まちづくり推進要綱」とそれに基づいた「道路，公園，駐車・駐輪場及び公衆便所に係る防犯基準」および「共同住宅に係る防

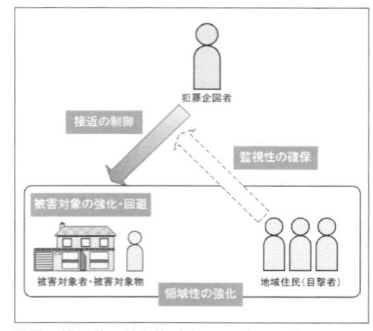

犯罪環境設計の基本的手法には，被害対象の強化・回避（犯罪の被害対象となることを回避するため，部材や設備など破壊されにくくする），接近の制御（犯罪者の動きを制限し，被害対象への接近を妨げる），監視性の確保（人の目と周囲からの見通しを確保する），領域性の強化（帰属意識の向上，コミュニティの形成を促進する）があり，これらは相互に関係している。

図-1 防犯環境設計の基本的な考え方

近年，子どもの危険回避力の向上を目的として，子どもたち自らが犯罪危険地図づくりを行うワークショップが多くみられるようになった。子どもの視点から作成された犯罪危険地図をみると，子どもが犯罪不安を感じる場所あるいは犯罪被害に遭う場所は，われわれ大人とは異なる点が多いことがわかる。

図-2 子どもが犯罪不安を感じる空間例と子どもが作成した犯罪危険地図の事例（東京都）

犯上の留意事項」、国土交通省住宅局による「防犯に配慮した共同住宅に係る設計指針」、また東京都の安全・安心まちづくり条例など、防犯に配慮した住空間・都市空間づくりの指針・基準・条例などが急速に整備されてきた。特に、防犯まちづくり関係省庁協議会によって、人の目の確保（監視性の確保）、犯罪企図者の接近の制御、地区に対する住民等の帰属意識・共同意識の向上（領域性の強化）など、CPTEDに基づいた「防犯まちづくりにおける公共施設等の整備・管理に係る留意事項」が策定され、犯罪対策閣僚会議の「犯罪に強い社会の実現のための行動計画」でもその普及促進が明確に位置づけられた意義は大きい。

■CPTEDの課題

わが国でも防犯に配慮した住空間・都市空間づくりの設計指針・基準が整備されてきたが、概念的な部分が多いことは否めない。それは、欧米諸国の住環境・都市環境に適応した手法をわが国にそのまま導入するのが難しいことや、わが国の犯罪発生頻度が欧米に比べて少ないため、わが国の環境の中でCPTEDによる防犯効果の定量的な検証が困難であること、またCPTEDの実践経験の不足などが大きな要因である。いずれにしても、CPTEDによる犯罪予防は有効な手段であり、わが国に適応したCPTEDの確立とそのデザインの具体化が切望されている。

以下に、近年のわが国の犯罪情勢や社会情勢を鑑みながら、CPTEDを住空間・都市空間づくりに応用していく場合のいくつかの課題を示す。

1 犯罪不安の軽減

近年の犯罪情勢を背景に、国民の犯罪被害に対する不安感が高まりをみせている。生活の質の向上というCPTEDの目的からすれば、この犯罪不安の軽減は重要な課題である。しかし、犯罪不安は必ずしも犯罪被害の実態と一致するわけではなく、また性別や年齢によっても犯罪不安は異なり、アプローチの方法が難しい。また、既往の犯罪不安研究では、空間の見通しや道路形状、落書きやゴミの散乱といった場の雰囲気など、さまざまな不安喚起要因が指摘されているが、空間をどのようにデザインしたら、犯罪不安を軽減できるのか、といった具体的手法は示されていない。

2 地域へ開かれた学校の実現

近年、学校と地域の連携による子どもを犯罪から守る活動の推進や学校の地域交流拠点としての機能など、「地域へ開かれた学校」への社会的要請が強まっている。しかしながら、学校では大阪教育大付属池田小学校の事件以降も不審者侵入事件などが後を絶たない。学校を地域へ開放しつつ、子どもの安全を確保するためには、地域と連携した安全管理に関する運営体制づくりはいうまでもなく、守るべき領域へのアクセスのコントロール（動線の管理・計画）、大人の目の確保と緊急時の迅速な避難・応急対応が可能な教室等の配置計画と、空間のデザインといった建築・都市計画的な視点での取り組みが重要な課題となっている。

3 他の機能とのバランスに配慮したCPTEDの実践

住空間・都市空間には快適性や利便性などさまざまな機能が求められるが、防犯性の向上は他の機能とトレードオフの関係にあり、行き過ぎた対策は生活の質を低下させるおそれがある。高齢社会の進展にともない、住空間・都市空間のバリアフリー化が進むなか、バリアフリーと防犯性をどう共存させていくかなど、他の機能とのバランスに配慮したCPTEDの実践が大きな課題となっている。

（村上正浩）

［引用文献］
1）『日経アーキテクチュア』日経BP社、2005.5.30、「特別編集版 これからの学校2005」、69ページ、2階平面図 1/1200

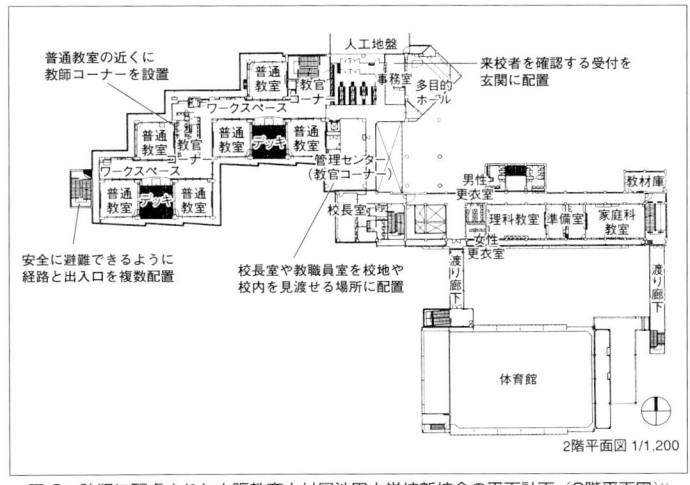

図-3 防犯に配慮された大阪教育大付属池田小学校新校舎の平面計画（2階平面図）[1]

図-4 犯罪被害が発生した空間の例（東京都）

上段は、都市部で深刻な落書き（軽犯罪）被害の例。落書きは犯罪不安を喚起する要因ともなる。下段は、ひったくりが発生した道路の例。こうした空間の快適性や利便性などに配慮しつつ、防犯性をいかに高めていくかが課題である。

6 少子化

The Declining Birthrate

| Keywords | Child Care Center 子育て支援施設 | Preschool こども園 | Child Raising 子育て |

建築計画
地域計画

Books of Recommendation
■『子どもの生活と保育施設』小川信子、彰国社、2004
■『世界に学ぼう！子育て支援』汐見稔幸・大枝桂子、フレーベル館、2003

■少子化・出生数の動向

厚生労働省が発表する年間出生数は、第2次ベビーブームといわれる1973年に209万人を記録して以降、減少傾向が続いている。2006年に前年比2万人増を記録したものの、その数は108万人であり、約半数となった。1人の女性が生涯に産む子どもの数（合計特殊出生率）も戦後すぐは4人程度であったが、2004年には、1.3人を下回り、着実に子どもの数が少なくなっている。

少子化の原因は多々あるが、最も直接的な原因は、晩婚・晩産化、未婚化によって女性が生涯に産む子どもの数が減少したためと考えられており、またそれらは女性の社会進出と大きくかかわりのある現象だといえる。

■少子化にともなう施設の変化

少子化の影響を受け、変化し続ける都市の居場所は、子育て支援施設、幼稚園、保育所といえるだろう。

そのなかでも近年急増したのが、0、1、2、3歳の子どもとその親を対象として誕生した子育て支援施設だ。子育て中の人たちが集え、情報交換や交流が行われるようにと、1989年に武蔵野市で始まったのが最初とされている。さらに、子育てを終えた主婦や退職者、地域の小学生を巻き込んで多次元化し、コミュニティ形成の場となったものも増えてきた。

例えば、東京都北区にある「育ち愛ほっと館」では、2歳児の子どもを連れてきた父と、「赤ちゃんに出会い隊」と命名された地域の小学生が自然発生的に交流している様子が見られる（図-1）。このような交流は、本来まちかどや路地で見られていたものだ。耳をふさぎたくなるような、子どもが被害者となる犯罪や子どもが少なくなったことでこういう光景がまちから消え、施設内へと移行してきたのだ。また、この施設では、エプロンをつけたスタッフが相談役となるだけではなく、人々をつなぐキーパーソンとして活躍している。スタッフを媒介として居合わせた人々が交流し始めるのだ。そして実は、この施設が少子化により廃園となった幼稚園の園舎を転用して開かれているところに、社会変化の特徴が表れている。

一方、幼稚園や保育所は、ともに明治に誕生したとされ、それぞれ文部科学省が管轄する学校教育施設、厚生労働省が管轄する児童福祉施設としてその役割を果たしてきた。それらが近年、預かり機能をもつ幼稚園の保育所化、教育に力を入れ始めた保育所の幼稚園化が進み、両者が互いの機能をもち合わせることで幼保一体化が見られるよ

図-1　乳児を連れてきた父親と地域の小学生「赤ちゃんに出会い隊」の交流場面（東京都）

図-2　認定こども園制度で全国第1号の認定を受けた5施設のうちの1つ、井川こどもセンター（秋田県）
オープンな空間構成が進み、「コーナー保育」と呼ばれるたくさんの遊びのしつらえが設定されている。

うになってきた（表-1）。そして，2006年10月「認定こども園」に関する制度が始まり，11月に秋田県で5施設が全国初の認定を受けた（図-2）。

「認定こども園」は，幼稚園の定員割れ，都市部の待機児童の解消，過疎地域での保育施設の統合などを背景に誕生した。いち早く認定されたのは，少子過疎化の進む地方のもので，これらは，就学前の子どもたちが1箇所の保育施設に集結することで管理面のしやすさだけではなく，地区の保護者を含んだみんなが顔見知り，友人になることができ，子どもたちの育ちにとっても重要な役割を果たす。

こども園の認定を受けなくとも，保育施設は変化している。例えば，地域開放のために大人サイズで設計されているものがある（図-3）。子どもたちは，大人ができることを自分たちができるということにおもしろさを感じ，しっかりと遊びとして取り入れていた。大人が使用する機能が尊重され，子育て支援施設と同様に，地域の大人との交流が生まれている。

■子どもを対象とした建築のこれから

新しい施設の例として，幼保一体化施設について表-1のように整理しておく。この表や今まで述べてきたことに共通しているのは，施設の多次元化である。すでに全国各地で複合化をはじめとした多次元施設が誕生しているが，混ぜればいいというものでもない。子どもを対象とした建築には，従来の「部屋」の機能としての建築の計画ではなく，子どもたちの成長にとってどのような社会性を獲得できる場を提供できるかが重要だ。そのうえで，新しい局面を随時導入し，常につくりだされ続けていく居場所を創出する必要がある。

（佐藤将之）

大人サイズでつくられた流しに椅子を持ち込んで皿洗いを楽しむ子どもたち。
図-3　地域の大人たちが集まる場としても想定された保育所の流し場
　　　（東京都）

表-1　幼保一体化の利点、課題点、居場所やプログラムづくりの留意点　　　（作成：山田あすか、佐藤将之）

	利点	課題点	居場所やプログラムづくりの留意点
子どもたち	・年齢の異なる子どもたちの交流が促される。 ・スタッフの数が増え、大人たちとの交流が多くなる。 ・地区と学齢が同じ子どもとの交流が増える。	**1 短時間児と中・長時間児の差** ・帰宅意欲や園に残りたいという思いが生じるので、短／長時間児の分離の時間帯や長時間児の活動（午睡）場所の分け方に配慮が必要である。 **2 長時間児の活動場所の変化** ・時間経過とともに徐々に少なくなっていく子どもたちの活動場所の設定。寂しさを与えないようにする。	**1 短時間児と長時間児の活動場所の配置と設定** ・長時間児の午睡場所を考慮した降園までの活動を保証する場の確保。 ・送迎時にゆとりをもてる場の確保。 ・0〜5歳児が混在するため、危険回避への配慮、発達段階によって異なる活動場所の確保、什器や便器など寸法の違いへの配慮が必要である。
運営者	・低年齢児からの一貫した保育／幼児教育を提供できる。 ・幼保の機能を補える。 ・施設、人材、などの効率が良くなる。 ・定員割れ幼稚園の経営が安定する。	**1 職員や子どもの人数規模が大きくなることに対する対処** ・子どもたちの様子、成長をはじめとして情報共有に工夫が必要である。 ・保護者とのコミュニケーションのとり方。 **2 幼稚園と保育園の相違** ・勤務形態等の相違。 ・教育と預かることに対する幼保での考え方の違いを理解しあう。	**1 幼保の両機能とあり方を実践していく** ・教育し預かる場所としての意味や価値を実感できるような場所でなくてはならない。 **2 職員室の置き方への配慮** ・多くの職員がいる中で情報共有を確保することが重要である。 ・保護者とのコミュニケーションのうえで、配置やしつらえは重要である。
保護者	・多様な保育時間のニーズなどへの柔軟な対応が得られる。 ・就労状況にかかわらない保護者間の交流が発生する／就労形態の多様な保護者がそろうので、無理な交流の煩わしさがない。	**1 保護者の就労による意識差がある** ・保育への参加や園に求める機能などが異なる。 **2 職員とのコミュニケーション** ・職員がローテーション制だと担任とのコミュニケーションが乏しくなる。	**1 コミュニケーションの場所や機会の確保** ・短時間児、長時間児の子どもたちが共存するため保護者間のコミュニケーションをとるのが難しい。 ・保護者との意見交換や情報共有のための仕組みを考えなければいけない。

7 子どもと都市環境
Children and The Environment of City

地域計画 都市計画

| Keywords | Make The Town まちづくり | Environment Education 環境教育 | Place of Children 子どもの居場所 |

Books of Recommendation
- 『遊びと街のエコロジー』木下勇、丸善、1996
- 『子どものための遊び環境』ロビン・ムーア他編著、吉田鐵也・中瀬勲共訳、鹿島出版会、1995
- 「日本冒険遊び場づくり協会」のホームページ http://www.ipa-japan.org/asobiba/

■ライフスタイルや都市環境の変化

子どもたちは、まちで働く大人や家庭を守る主婦たちに見守られながら成長していた。しかしながら戦後から現在にかけて、住居の高層化、核家族化、社会に進出する女性数の増加、さらには、子どもを対象としたさまざまな施設の誕生で、社会や子どもたちの生活は大きく変化した。

筆者はかつて、東京下町の再開発が進む地域で、小学生のライフスタイルや都市環境とのかかわりについて調査を行った[1]。その研究では、塾や習い事をすることが一般化した児童の生活は広範囲に渡り、子どもたちの1日には、住居→学校→学童保育・習い事・学習塾→住居のように、目的に応じた建築物を移動する典型がみられた。さらに、学校から自宅までの通学路をスケッチしてもらったところ、高層住居に住み、まちに出ている時間が短い児童は記述が少なく、普段自宅から見えている建築を箱として描くような傾向があった（図-1、図-2）。子どもたちにとって、まちは「移動するためのもの」であり、「愛着がある場」や「遊ぶ場」ではなくなっているのだ。押し込まれた子どもたちのスケジュール、魅力的な遊び場の減少、愛着の希薄さなど、さまざまな理由が背景にある。

藤原智美の『「子どもが生きる」ということ』（講談社）では、こころが壊れる空間・育つ空間を述べて、「学ぶ」＝学校、「遊ぶ」＝ディズニーランド、「漂う」＝子ども部屋、「見失う」＝電子空間、をあげている。残念ながらさまざまな世代と共存する場である「都市環境」は、議論の対象とはなっておらず、こころが壊れも育ちもしない現在の都市環境の悲しさが浮かびあがっている。

■子どもの居場所とコミュニティ

子どもたちの遊び環境を創る時に、その過程でコミュニティが形成される例の一つとして、プレーパーク（冒険遊び場）づくりがある。日本では1970年代に、わが子の遊ぶ姿を見てその環境に疑問を抱いた建築家の活動からプレーパークが生まれたといわれている。

プレーパークは、誰でも好きな時に行けるアクセシビリティをもっている。また、「プレーリーダー」という子どもたちに遊びを伝える役割を担うキーパーソンがいるのが特徴的で、そのキーパーソンを中心として、子どもたちの居場所を考えようと地域の大人たちが集う。遊具をつくる時には、子育て中の人に限らず、大工さんや高校生や大学生までもが集まり、煮炊きやいろんな会話を通して人間関係が広がっている。もちろん、キーパーソンを介して知り合いになっていくことも多

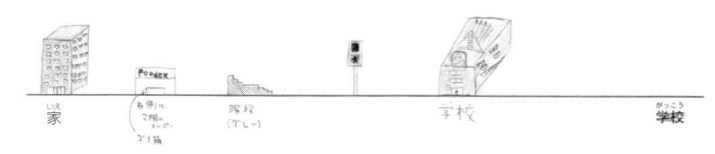

記述数も少なく、建物が「箱」として描かれ、ほとんどが灰色で塗られている。
図-1 高層住居の高層階に住む5年生の通学路記述

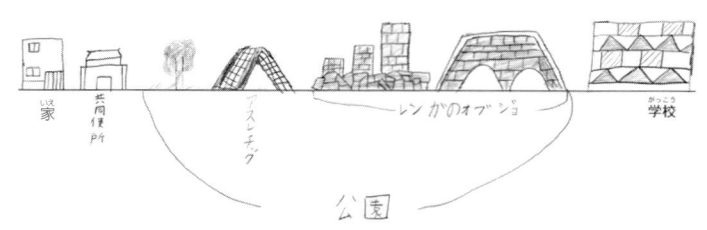

道草で立ち寄る場所が描かれ、個々に異なった色で塗られている。
図-2 低層住居に住む5年生の通学路記述

キーパーソン（プレーリーダー）が紹介されている。
図-3 烏山プレーパークの手づくり看板

い。そして、どことない手づくり感、さらには自らが製作に加われることで、愛着をもちやすい居場所となっている（図-3）。日本冒険遊び場づくり協会のホームページに、全国の一覧があるので近くの冒険遊び場を調べることができる。

また、木下勇は「三世代遊び場マップ」（図-4、図-5）を考案し、東京都世田谷区の太子堂界隈において、世代で遊び場を比較しながらまちを考えていく「時間軸」の導入によって、子どもからお年寄りまでさまざまな年代にまちへの関心をもたせることに成功した。子どもの遊びは、特に専門性をもたなくとも誰もが経験し、自分なりの考えがもてるものであり、上記の例同様にいろんな人が集うきっかけとなる。

この手法はまちづくりのあり方に大きな一石を投じた。常に変化し続ける都市環境と、それにともなって子どもの遊び環境が創り出されたり変化する様子が、マップから読み取れることにおもしろさがある。そして、現在は四世代遊び場マップとなり、この地区では伝統的なまちを考える方法となっている。子どもの居場所を大人たちが考えていくことが、まちづくりにおけるの一つの大きなファクターになっていることがわかる。

場の質をとらえる視点としては、これらの事例で述べたほかに、多様な機能・人の居方を含みうる懐の深さとしての「ポテンシャル・許容性」、「ルール・公共性・痕跡」などが議論されている[2]。

■子どもと都市環境に関する課題

子どもが都市環境に対する新しい視点を得ることによって、子ども—都市環境の関係が構築されることも忘れてはならない。つまり、子どもたちの建築・都市の使い方（あるいは使い方の理論）と環境デザインがリンクした設計や卒業設計の提案が乏しい現状が指摘できる。日本建築学会では「親と子の都市と建築講座」を開き、まち歩きや建築探検などを大学生が企画・運営することで、子どもたちが都市や建築に対して愛着をもったり新しい視点を生み出すことに一役買っている（図-6）。こうしたプログラムにも参加しながら、子ども—都市環境の関係を考察してほしいものである。

（佐藤将之）

[引用文献]
1) 『遊びと街のエコロジー』木下勇、丸善、1966

[参考文献]
1) 宮地紋子、佐藤将之ほか「都市における子どもの構築環境に関する研究」2004年日本建築学会大会学術講演会梗概集、E-2 425〜426ページ、2004・9
2) 鈴木毅ほか／日本建築学会建築計画委員会環境行動研究小委員会「体験される場所の豊かさを扱う方法論」『建築雑誌』、2004・1

図-5　具体的な遊びの様子の記録[1]

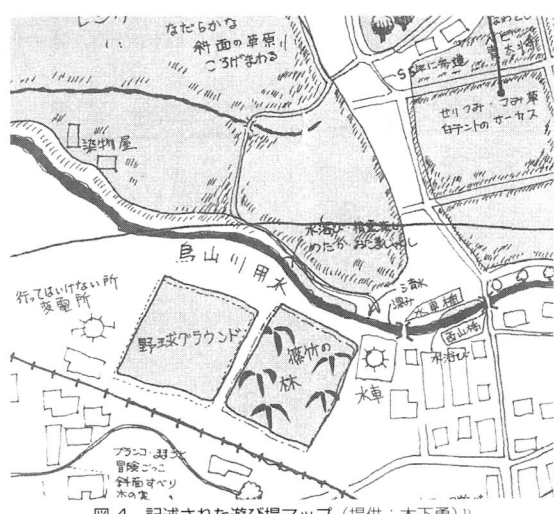

図-4　記述された遊び場マップ（提供：木下勇）[1]

図-6　下町で子どもが見つけたランドマーク

8 高齢化 Aging

建築計画 地域計画

Keywords: 福祉のまちづくり Welfare Town Planning / ニーズの多様化 Diversification of Needs / 団塊の世代 Baby Boom Generation

Books of Recommendation:
- ■『高齢者が自立できる住まいづくり 安心生活を支援する住宅改造と工夫』児玉桂子・鈴木晃・田村静子編, 彰国社, 2003
- ■『高齢者の「こころ」事典』井上勝也・大川一郎編, 日本老年行動科学会監修, 中央法規出版, 2000
- ■『高齢社会の環境デザイン』上野淳・登張絵夢, じほう, 2002
- ■『高齢者ケアの社会政策学』松原一郎編, 中央法規出版, 2000

■高齢化の現状

現在，わが国の高齢化は急速に進行している。総務省統計局による2005年9月15日（敬老の日）現在の取りまとめでは，65歳以上の人口が推計で2,556万人であり，総人口に占める割合は20.0%と過去最高となっている。さらに，将来予測として，65歳以上の人口は2015年で，26.0%に達し，4人に1人が高齢者になると考えられている。この急速な高齢化現象のおもな原因は，医療技術の進歩による平均寿命の伸長と先進諸国にみられる出生率の低下であると考えられている。

高齢者の定義にはさまざまなものがあるが，一般には65歳以上を総称として高齢者と呼ぶ。また，国際連合の基準にのっとって，65歳以上の人口が総人口の7%以上を占める場合を「高齢化社会」，14%以上を「高齢社会」と呼ぶ。この基準をわが国に照らし合わせた場合，われわれが現実問題として認識し直さなければならないことは，わが国がすでに10年以上前から「高齢社会」に突入しているといった事実と，他の諸外国との比較においてもわが国のような勢いで急速に高齢化している国は，ほとんど存在していないといった事実である。つまり，われわれはさらに続くと考えられているこの急速な高齢化に対して，他の国を模範とすることができず，自らが新たな高齢社会の道標とならざるを得ない状況に立たされているのである。その結果，さまざまな分野でこの高齢社会への対応が検討され，実践に移されている。特に，近年では居住環境の重要性も指摘されており，たとえ高齢になり体が不自由になったとしても，愛着がある住み慣れた家や街に住み続けられることを可能とするためには，どのような環境が必要かといったことが模索され続けているのである。

■居住環境の研究動向

世界的にも類をみない速さで高齢化を迎えているわが国の場合，それに対応した居住環境の整備指針を得ることが急務となっている。

高齢期における居住環境を「住宅環境」，「施設環境」，「地域環境」の3つに分類し，過去24年間（1979年1月～2002年12月）の文献調査（2,985編）からどのようなテーマが，研究として行われているのかを概観した場合，近年の傾向として，住宅環境に関する研究が減少傾向にある一方，施設環境や地域環境に関する研究では増加傾向がみられる。特に地域環境に関する研究は，その傾向が顕著であり，近年最も盛んな研究テーマとして位置づけられる。この背景には，高齢者が自立した在宅生活を送るうえで，地域単位での介護サー

街に中核機能となる「Welfare 総合サービスセンター（基幹施設）」を設置し，周辺の公共施設との連携を図る。きめ細かい福祉ネットワークにより，さまざまなニーズや緊急事態に対応（上図）。また，豊かな自然を利用したや散策路，コミュニティガーデン等をサービスセンター周辺に計画（右図）。

図-1　将来型福祉のネットワーク構想

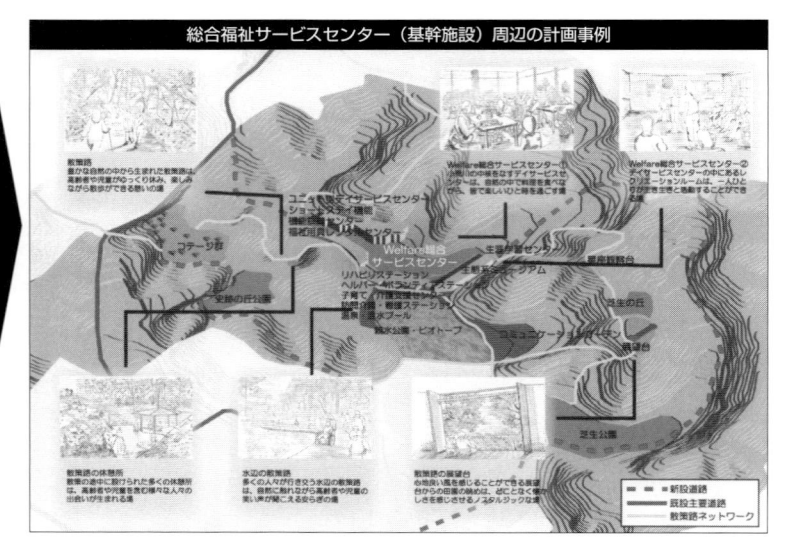

ビスや，地域や都市環境の整備の充実が重要であると認識されつつあることがその理由としてあげられる。次に，居住環境別を詳細にみると以下の傾向が伺える。

住宅環境は，その研究数が近年減少傾向である。しかしながら，わが国の高齢化対策の基本方針に在宅介護があげられていることから，今後，バリアフリーデザインやユニバーサルデザインといった考え方に基づく住宅改修や住まい方の工夫などのテーマがおもな課題になってくるものと考えられる。

施設環境は，最も研究数が少ない分野である。しかしながら，高齢化の進展にともない75歳以上の後期高齢者の増加とともに，認知症高齢者の増加が予測されており，今後，その重要性は増加するものと考えられる。

地域環境は，最も研究数が多い分野であり，多岐にわたる傾向がみられる。この傾向は，わが国の急速な高齢化に対して，地域としてどのように対応すべきかといったシステムの構築が急務であることと関係している。

以上のことから，高齢期における居住環境研究の動向を総括すると，住宅環境と地域環境においては，在宅福祉の充実とそのための地域環境の整備に関するものがおもな内容であるといえる。また，施設環境では近年，施設生活におけるQOLの向上とともに，認知症高齢者に対するケアの認識が深まったことにより，特別養護老人ホームを主とする高齢者居住施設の個室化やユニット・ケアを中心とした施設ケア水準の向上に関するものがおもな内容であるといえる。つまり，今後，高齢者の居住環境は，ハード面とソフト面の関係性を研究する課題がより重要なものになると考えられる。

■居住環境計画における課題

ここでは，さまざまな研究によって得られた知見を具体的な建築環境や地域環境の計画・設計に応用する場合のおもな課題を次に示す。

1 福祉ネットワークの構築

一般に，高齢化と聞くとバリアフリーやユニバーサルデザインなどがすぐに考えられがちであるが，高齢化といった問題は，地域や都市が抱える大きな社会問題の中の一つであることを再確認しなければならない。つまり，高齢化問題は，地域や都市といった大きなスケールの中で，どのように高齢者が安心して暮らせる街を創造しうるのかといった問題であり，そのためにソフト面とハード面が連携し得る福祉ネットワークをどのようなシステムとして構築するかが大きな課題となっている。このことは，どのような用途の施設を街のどのような場所に設置し，そこを基幹施設として高齢者の居住する住宅をどのようなソフトでどのように連携させるかといった建築・地域計画的な視点に立脚した検討課題である。

2 多様化するニーズへの対応

団塊の世代と呼ばれる人々が65歳を迎える時期が目前に迫っている。現在，65歳以上か否かが高齢者としてのひとつの基準となっているが，65歳の多くの人々が介護を要するとは考えにくい。むしろ，身体的な能力低下は進行するものの，まだまだ自立的な生活を送ることが可能な年齢である。そのため，「高齢者＝介護」といった考え方は間違っており，身体的に困難になったことをサポートしつつ，彼らのニーズにどこまで対応し得る環境を創造するかが重要となる。例えば，余暇活動や生涯学習，さらには，ボランティア活動などさまざまなニーズが考えられる。つまり，われわれが一般的に抱いている高齢者像とこれからの高齢者像が異なっていることを認識し，これから高齢期を迎えようとする人々がどのようなニーズを抱いているかを的確に把握し，それに基づいた環境づくりが求められているのである。

（赤木徹也）

表-1 高齢者の居住環境研究の概要

住宅環境研究

研究区分	研究項目	研究細項目	研究数(論文数)
住宅整備	住宅改造	設計指針・留意点	90(13)
		指針・留意点	38(3)
		問題点・改善点	26(0)
		効果	23(0)
		改善状況	26(0)
		その他	41(1)
	体系整備	事業	40(3)
		施策	30(0)
	機能寸法・形状		33(0)
	その他		47(3)
居住者特性・生活	生活行動	生活行為	17(0)
		交流	21(1)
		その他	49(7)
	家族形態		15(3)
	介護・介助		31(6)
	住み替え		16(2)
	住宅内事故		29(2)
	防犯・防災		11(1)
	属性・特性		30(1)
	意識	生活意識	34(2)
		評価	27(1)
		要求	34(0)
		その他	19(1)
	その他		90(5)
住宅分析	利用状況		44(1)
	設備		20(2)
	住宅特性		70(7)
	問題点・課題		27(1)
	その他		62(13)
その他			45(4)
合計			1,085(85)

施設環境研究

研究区分	研究項目	研究細項目	研究数(論文数)
施設整備	設計指針・留意点		72(13)
	問題点・改善点		5(0)
	改修	影響	20(0)
		その他	2(0)
	防災		26(5)
	その他		14(2)
施設分析	施設特性		42(3)
	問題点・改善点		9(1)
	利用状況		59(1)
	評価尺度		11(2)
	その他		28(1)
居住者特性・生活	生活行動	生活行為	22(1)
		生活変容	15(1)
		交流	32(6)
		領域形成	20(6)
		事故・けが	5(1)
		その他	52(5)
	特性・属性		43(3)
	意識	生活意識	10(0)
		評価	11(0)
		要求	10(1)
		その他	5(0)
	その他		19(4)
施設活動	介護・介助	介護業務	53(3)
		介護動線	3(0)
		その他	22(0)
	サービス		5(0)
	施設開放		5(0)
	その他		5(0)
その他			13(0)
合計			638(58)

地域環境研究

研究区分	研究項目	研究細項目	研究数(論文数)
地域・都市整備	設計指針・留意点		114(9)
	計画課題・問題		35(2)
	計画内容		16(2)
	バリアフリー		34(0)
	防災		40(1)
	機能寸法・形状		37(4)
	その他		18(1)
体系整備	サービス		113(10)
	施策		54(2)
	医療		22(4)
	地域活動		20(0)
	その他		29(3)
地域・都市特性	高齢化		14(0)
	世帯構成		23(4)
	施設		67(1)
	環境		17(2)
	評価		16(2)
	その他		34(6)
生活行動	生活実態		84(7)
	行動特性		103(5)
	屋外活動		24(2)
	二世帯住宅		39(2)
	防犯		3(0)
	介護		11(0)
	事故		9(1)
	その他		37(2)
居住者	属性・特性		26(2)
	意識		95(9)
	その他		36(2)
その他			92(9)
合計			1,262(95)

9 認知症 Dementia

建築計画
地域計画

Keywords
- Quality of Life 生活の質
- Homelike 家庭らしさ
- Environmental Behavior 環境行動

Books of Recommendation
- ■『痴呆性高齢者が安心できるケア環境づくり 実践に役立つ環境評価と整備手法』
  児玉佳子・足立啓・潮谷有二・下垣光編：彰国社，2003
- ■『老人性痴呆症のための環境デザイン 症状緩和と介護をたすける生活空間づくりの指針と手法』
  U.コーヘン・G.D.ワイズマン著，岡田威海・浜崎裕子訳，彰国社，1995
- ■『痴呆性高齢者のためのインテリアデザイン 自立を支援するケア環境づくりの指針』
  E.C.ブローリイ著，浜崎裕子訳，彰国社，2002
- ■『痴呆性高齢者の住まいのかたち 南スウェーデンのグループリビング』
  大原一興，O.オールンド著，ワールドプランニング，2000

■認知症とは

わが国の急激な高齢化にともない，認知症を患う高齢者の問題が深刻さを増している。一般に認知症とは，「脳自体の病的変化（器質性障害）によって，一応発達した知的機能（知能）が，社会生活あるいは職業に支障をきたす程度にまで持続的に低下した状態[1]」と言われるものであり，わが国の場合，その原因疾患の大多数は，脳血管性障害とアルツハイマー型で占められている。認知症の原因疾患に対する治療法はいまだ不明なものや，治療法がわかっていても対象者が高齢であるため手術等の外科的なものではなく，投薬やリハビリ等により治療に長期を要するのが現状である。そのため医学における認知症の原因解明や予防，および治療法の確立などの直接的な研究のみならず，看護学や介護学，および建築学など多くの分野において，多様な研究が行われている。

認知症高齢者の問題が大きく取りあげられる背景には，その特殊な問題行動があげられる。認知症高齢者の問題行動は，中核症状とそれから派生する周辺症状の2つに大別される。われわれがよく目にする問題行動は，この周辺症状に属するものである。中核症状には記憶障害，抽象思考の障害，判断の障害，性格変化，見当識障害などがあり，周辺症状には夜間せん妄，人物誤認，幻覚・妄想，徘徊，作話，攻撃的行為，不潔行為，収集癖などさまざまなものがある。現在，中核症状はほとんど改善が困難であるとされていることから，問題行動の根本的原因である中核症状を十分に理解したうえで，周辺症状に対する適切な支援が重要であると指摘されている。周辺症状は，認知症高齢者が現在生活する，またはかつて生活していた社会的環境や物理的環境，自身の性格，生活習慣などの個別的要因が複雑に関連し，さまざまな行動形態で発現する。

■居住環境計画の意義

現在，認知症高齢者の居住環境は従来の治療や看護のための収容といった目的から，認知症への対応，個別的ケア，プライバシーの確保，自立性の援助，安全性の確保など多様で高度なニーズに対応することが望まれている。特に，近年，認知症高齢者の不安や混乱を減少させ精神状態の安定に寄与し，残存能力の維持・向上にもつながると考えられる重要な研究テーマとして，生活の質（以下，QOL）があげられている。特に，2000年以降は，わが国における認知症高齢者の居住環境に関する大きな転換期であり，高齢者介護を家族のみならず広く社会の中で支援することを目的と

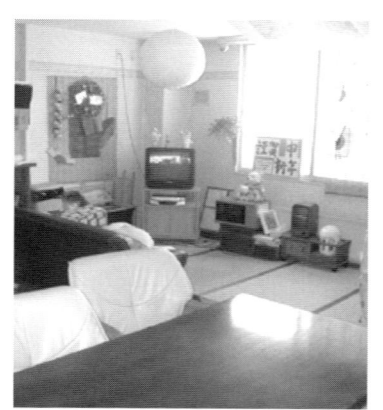

ユニットケア導入のための従来型施設時の多床室をデイルームに改修。はき出しの蛍光灯を柔らかな布で覆うといった工夫で，よりHomelikeを感じさせる環境を演出。

従来型施設時の長い廊下を柔らかなカーテンで分節化し，Homelikeを感じさせるスケールの演出。

なじみやすい居室サインを低位置に配置し，色や材質，形状などの変化によって壁と差異化させ，よりわかりやすく演出。

図-1 従来型施設のしつらい改善例

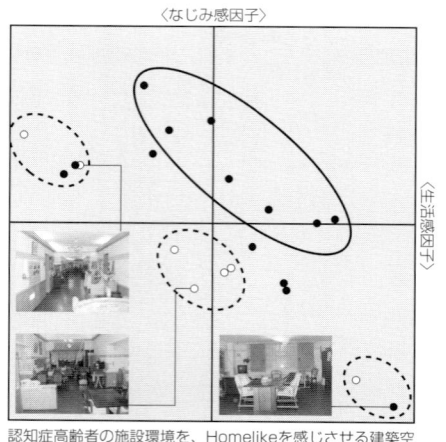

〈なじみ感因子〉／〈生活感因子〉

認知症高齢者の施設環境を，Homelikeを感じさせる建築空間とするためには，空間をヒューマン・スケールにするだけでなく，なじみ感・生活感のある空間にすることが重要。

図-2 Homelikeを感じさせる空間の心理因子

した介護保険制度が2000年4月に施行され，在宅介護の重視，それにともなう地域ケアの充実，施設においては家庭らしさ（以下，Homelike）を基礎とした小規模介護を指向するグループ・ホームやユニット・ケアの必要性が指摘されるに至り，認知症ケアにおける居住環境計画の重要性がより注目されはじめた時期と位置づけることができる。

■居住環境計画における課題

現在，建築学の立場から認知症高齢者の居住環境計画に取り組もうとする場合，環境行動的視点の重要性が指摘されている。

環境行動的視点とは，QOLといった非常に抽象的な基準に対して，認知症高齢者の行動的側面や環境的側面をおのおの単独にとらえるのではなく，それらの相互関係性をより多面的な視点でとらえ，その結果を認知症高齢者のQOL向上のための居住環境計画に役立てようとする立場である。認知症高齢者の居住環境計画における環境行動研究は，認知症高齢者の行動特性と居住環境との相互関係性の複雑さに応じて，今後，さらにその探求すべき範囲が多様化していくものと考えられる。

ここでは，現在，環境行動研究を中心としたさまざまな研究によって得られた知見を具体的な建築環境や都市環境の計画・設計に応用する場合の主な課題を次に示すこととする。

1 Homelikeの具現化

認知症高齢者が居住する施設環境では，Homelikeを基礎とした小規模介護が指向されている。2003年4月に実施された介護保険制度の改定においても，特別養護老人ホームにおける施設サービスの質的向上を目的として，画一的な集団処遇ではなく，在宅により近い暮らしという視点から，施設居住者の自立的生活を保障する個室を確保するとともに，少人数で生活できHomelikeを感じさせる環境を備えたユニット・ケアの導入が示されている。しかしながら，Homelikeを実際の環境として具現化する場合，ヒューマン・スケールの空間といったことから以外に，空間をどのようにしつらえることによって，より居住者にHomelikeを感じさせる環境になり得るのか，といった具体的な指針は示されていない。

2 従来型施設の環境改善

認知症高齢者が居住する施設形態の一つである特別養護老人ホームでは，個室を基本としたユニット・ケア対応のいわゆる「新型特養」が，新しい形態として制度化された。この制度化は，グループホームのような小規模施設のみならず，大規模施設においても，家庭らしさを基礎とした小規模介護型の施設形態を目指したものであるといえる。しかしながら，いまだ多床室を主とした大規模介護型の従来型施設が，全国で5,000を超えているのが現状であり，これらの従来型施設をどのように小規模介護型の施設に移行させうるのかをさまざまな側面から検討することが大きな課題となっている。

3 住宅・施設・地域との相互連携

現在，大きな社会的ニーズとして，在宅介護の重視とそれにともなう地域ケアの充実が求められている。しかしながら，認知症高齢者の居住環境に関する研究は，施設環境に関する研究がその大多数を占め，住宅環境や地域環境といった研究は，ほとんど行われてこなかったのが現状である。これからの認知症ケアを考える場合，住宅環境・施設環境・地域環境といった3つの環境をソフト面とハード面において，どのように連携させ，認知症高齢者のQOLを向上させるのかといった地域計画，さらには都市計画的な視点での取り組みが緊急で重要な課題であると考えられる。（赤木徹也）

［引用文献］

1)『老年期痴呆の医療と看護』室伏君士，金剛出版，1998

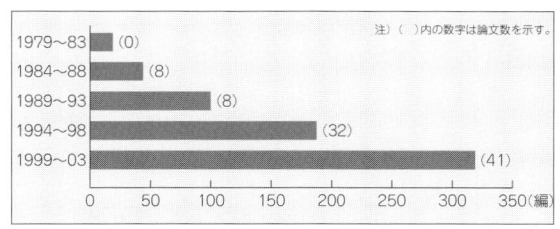

図-3 居住環境研究における研究数・論文数の経年推移

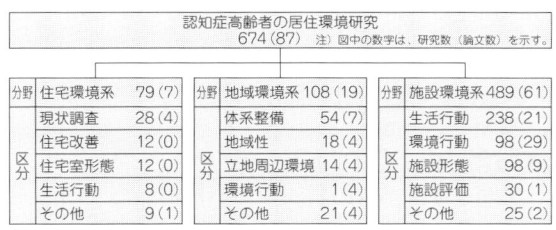

注）（ ）内の数字は論文数を示す。

年代	研究数（論文数）
1979～83	(0)
1984～88	(8)
1989～93	(8)
1994～98	(32)
1999～03	(41)

図-4 認知症高齢者の居住環境研究の類型と研究数・論文数

認知症高齢者の居住環境研究 674(87) 注）図中の数字は，研究数（論文数）を示す。

住宅環境系 79(7)
区分	研究数
現状調査	28(4)
住宅改善	12(0)
住宅室形態	12(0)
生活行動	8(0)
その他	9(1)

地域環境系 108(19)
区分	研究数
体系整備	54(7)
地域性	18(4)
立地周辺環境	14(4)
環境行動	1(4)
その他	21(4)

施設環境系 489(61)
区分	研究数
生活行動	238(21)
環境行動	98(29)
施設形態	98(9)
施設評価	30(1)
その他	25(2)

表-1 施設系の研究区分・項目と研究数・論文数

区分	項目	研究数（論文数）	区分	項目	研究数（論文数）
生活行動研究	生活行為	99(7)	環境行動研究	領域形成	32(11)
	①全般	60(5)		空間把握全般	21(2)
	②入浴	20(1)		経路探索	20(10)
	③排泄	12(1)		しつらい	15(3)
	④食事	5(0)		集まり	9(2)
	⑤リハビリ	3(0)	施設形態研究	空間構成	27(4)
	室機能・使用	49(0)		現状調査	28(0)
	①共用空間	23(1)		グループホーム	22(2)
	②居室	17(1)		その他	12(1)
	③その他の室	9(1)		小規模介護	11(2)
	環境変化	43(4)	施設評価研究	評価尺度	15(1)
	現状調査	33(4)		設計方法	9(0)
	動線	13(2)		居室・室	8(0)
				その他の研究	25(2)

認知症高齢者の居住環境研究は，その重要性の認識から増加傾向にある。しかしながら，大多数が施設環境系であり，住宅環境系と地域環境系研究は合わせて3割にも満たない。研究数が最も多い施設環境系研究では，施設評価＜環境系≒施設形態＜生活行動，の順で研究数が増加するが，学術論文数では環境行動研究が最も多い。また，年代別研究数・論文数の増加率においても環境行動研究が最も高くなっている。

10 医療施設 Medical Facilities

建築計画
地域計画

| Keywords | Hospital 病院 | Clinic 診療所 | Region 地域 |

Books of Recommendation
- ■『看護覚え書き』
  F.ナイチンゲール著、湯槇ます・薄井坦子・小玉香津子・田村眞・小南吉彦訳、現代社版、1968
- ■『脱病院化社会－医療の限界』
  I.イリイチ著、金子嗣郎訳、晶文社、1979
- ■『スペースデザインシリーズ4　医療・福祉』
  船越徹他編著、長沢泰他著、新日本法規出版、1995

■将来の医療政策の展望

　医療政策の流れとして，急性期医療[*1]には手厚く診療報酬[*2]を加算し，慢性期医療[*3]は医療保険ではなく2000年に導入された介護保険[*4]で行うという流れが定着しつつある。また，急性期から慢性期の中間に位置する回復期リハビリテーション医療[*5]の重要性も認識されつつあり，10年後の医療は急性期から回復期リハビリテーション，そして住宅復帰という一連の流れを中心にデザインされていると予想される。また，高度な都市化や社会構造のひずみによって精神疾患，特にうつ病を中心とする気分障害の患者が増大し，彼らに対する治療の要求も増加することは間違いないといわれている。

　以上のことから，今後の医療はクリニック[*6]→急性期・専門病院→回復期リハビリテーション病院→住宅という太い流れに，精神医療を加えた二本の流れが中心となるだろう。

■現在の医療施設

　このような流れに対して，現在の医療施設はどのように対応しているのだろうか。

　国民皆保険の日本は，保険証さえ持って行けばいつどこの病院に行っても診察を受けることができる。誰もがいつでも公平な医療を受けられるシステムとしてこれまでは有効に働いてきたが，患者の大病院指向に加え，高齢化の進行による慢性期医療の受療者増加により，地域の大病院（≒急性期病院あるいは専門病院）に患者が集中している。これによって昔からいわれている「3時間待ちの3分診療」がいまだに解消されておらず，クリニックと急性期・専門病院の分業が実現されていない。これは大病院に備わっているせっかくの設備が活かされていないことを意味するが，逆に大病院に治療機器，診断機器，専門医が集中している問題を指摘することもできる。

　このように高度化・複雑化した医療を大病院だけでまかなおうとして，巨大化・画一化してしまったために生まれたのが，日本の病院の一般的なデザインである。同時に，巨大となりすぎた病院は街なかを離れて郊外へ移転してしまったため，地域から完全に孤立してしまった。

■卒業設計に医療施設を選択する意味

　このような現在の施設に対するアンチテーゼとして，魅力的なクリニックを設計して患者を分散させる，あるいは大病院を専門病院に分割して，専門性を活かせる空間づくりをすることは大きな意味をもつだろう。前者は地域に根付いた小規模の施設として，後者はそれよりも大きな規模で診療科の特色を活かして設計することで，これまでの医療施設との違いを出せるだろう。それに加えて，以下に述べるような医療以外のサービスも提供できるような設計が望まれる。

■新しい医療施設の動向

　地域の中核病院の1日の外来患者数は1,000人を超える。付き添いの家族や入院患者の見舞客を含めると数千人という単位になる。毎日絶えることなく必ず数千人が訪れる施設は，その地域の一大「集客」施設であり，その集客力を狙って病院にはさまざまな利便施設が整えられつつある。最も顕著なのは購買・飲食施設であろう。以前は病院の関連団体が所有していた小さな売店や，職員食堂と厨房を同じくする外来食堂しかなかった病院にも，コンビニやレストランが出店しつつある（図-1）。また，インフォームドコンセントの普及や患者の知る権利の高まりに対応して，病院の内部に患者が自由に利用できる医学図書室を設け（図-2），インターネット端末はもちろん，職員が患者の求める情報探しを手伝うことも行っている（ただし治療についての相談は受けない）。さらにはスタッフの託児所を設置するなど，患者だけでなくスタッフのためにも利用しやすい施設とするための工夫が始まっている。もはや病院は医療だけでなく，学習や購買といった機能と複合することで地域と接続され始めている。

■設計としてのリアリティ

　制度や技術からの制約が多い医療施設を学生が設計することはほぼ不可能であるが，機能あるい

は規模をブレイクダウンすることで地域に近づけるのは卒業設計としてよい試みであろう。ただし，あまりにも現実離れしたデザインでは共感を得ることは難しい。例えば，小児病院を地域の遊び場と接続し，病気の子どもが友達と自由に遊び回れる考え方は心情としては共感できるが，現実として多くの小児患者は感染に対して脆弱であるために（特殊な感染症だけでなく，風邪のような軽度の感染でも体力を消耗して病状を悪化させる），誰もが自由に小児患者と触れ合えるような設計は受け入れることはできない。体調の良い時は外で遊べると同時に，悪い時でも遊ぶ意欲がわくような空間を一般エリアと明確に分けて設計する必要がある。

制度のように，社会的な要請の変化によって変更されるような事象については，多少踏み越えた設計は許されるが，医学のように生物学的に超えられない事象を都合よく解釈することは，医療施設の設計では許されない。

■各種医療施設の設計

卒業設計としてリアリティのある医療施設は，大規模なものではなく地域に密着した以下のような施設であろう。

1 クリニック

最初に述べたように，まずクリニックでおおよその診断を下したうえで，必要な人だけに病院への紹介を行うのが医療資源の有効な利用法である。このような本来の利用法が定着すれば，クリニックは地域の住民が日常的に集まり，ホームドクターが住民の日常の健康状態を把握しながら健康が壊れる兆候をつかむための場と位置づけられ，「治療から予防へ」という医療政策の要望にも応えることができる。

2 高齢者・リハビリテーション施設

同時に，常に自分の体に不安をもつ高齢者・リハビリテーション患者にとっても，予防医学を中心に据えた高齢者・リハビリテーション施設の存在は心強い存在となる。地域で暮らす体の弱った高齢者・リハビリテーション患者にとって最も危険なのは，誰とも会う機会を得られずに地域から孤立してしまうことであるため，デイケア施設（高齢者が集まり，食事や入浴のサービスを受ける通所介護施設）や通所リハビリテーション施設で彼らが集う機会を設けるのが有効であるが，施設までの送迎や利用料などがネックとなり，利用しない人もいる。そのような人には，訪問介護など彼らのもとに出向くことで対応しているが，マンパワーには限度があるため，小規模な高齢者・リハビリテーション施設を彼らの居場所となるように地域に配置することは有効であろう。

3 精神医療施設

現在の精神医療の最も大きな問題点は，もはや治療の必要がないのに家族がいないなどの理由で，帰るべき場所がないために入院生活を強いられている患者の存在である。病院に附設されたグループホームなどで共同生活を送る試みは多いが，最終的には地域で一人暮らしをしながら，必要なときに他人に助けを求めることができる居場所が近くに存在することが理想的である。特に精神病はかかったことがない人には理解が難しく，同じ病気を抱える患者どうしの支え合いがきわめて有効である。

以上のように，これからの医療施設を考えるということは，とりもなおさず弱者と地域との結びつきをどのように取り戻すかを考えることであることが理解されるであろう。

（岡本和彦）

*1) 急性期医療：けがのように緊急の治療を要する医療や，手術直後といった重症患者に対する治療。
2) 診療報酬：医療サービスに対する料金は病気の種類や医療施設の規模ごとに細かく定められている。
3) 慢性期医療：病気の症状は安定しているが，まだ家では暮らせない患者に対する医療。
4) 介護保険：医療サービスと同様に，介護サービス料金もサービスの内容ごとに厳密に決められている。
5) 回復期リハビリテーション医療：脳疾患や骨折は治療を受けても体に不自由が残るので，家で生活できるようにリハビリテーションを行う医療。
6) クリニック：診療所と同義。病院との違いは，入院ベッドが19床以下であることだけ。

図-1　まちなかと変わらない店がまえの病院店舗

図-2　入院中の時間つぶしから積極的な学習へ

11 施設の解体 Reform of Institutions

建築計画
地域計画

| Keywords | Institution 施設 | Conversion 転用 | Region 地域 |

Books of Recommendation
- 『監獄の誕生』 M. フーコー著、田村俶訳、新潮社、1977
- 『脱学校の社会』 I. イリッチ著、東洋・小澤周三訳、東京創元社、1977
- 『建築地理学』 長澤泰・伊藤俊介・岡本和彦、東京大学出版会 2007

■施設とは

　施設の歴史をたどるのは困難であるが、その多くは宗教施設に端を発し、そこに集まる人に対して教育や治療といったサービスを提供するようになったと考えられている。ここではその定義と説明に多くを割かないが、現在、施設と呼ばれている建物はそのようなサービスを提供するものであり、代表的なものとしては学校や幼稚園といった「教育施設」、病院や診療所といった「医療施設」、特別養護老人ホームをはじめとする種々の「介護施設」などがあげられる。

　多くの施設ではサービスを提供する専属のスタッフと空間を擁しており、逆に施設でなければそのようなサービスを受けることは困難である。つまり、住宅ではまかなえない機能を外部に委託することで施設は誕生し、その機能を専門化、高度化、集中化させることを繰り返して現在のかたちに近づいたと考えられよう。

■なぜ解体するのか

　このように機能の専門化、高度化、集中化によって効率をあげてきた施設であるが、これらをやみくもに進めればよいというわけでもない。現実には最先端の「施設」であること自体が、問題を引き起こす原因となっていることがある。

1 一極集中と巨大化

　いわゆる大病院では、医療に関してできるかぎりのサービスを提供するために数万m²という大きさの建物が存在するが、そこに行けばとにかく治療をしてくれるということで、ただの風邪でも大病院に行く傾向が日本にはある（日本の医療保険制度はいつでも、どこでも治療を受けられるが、これは世界的に珍しいものである）。このため、せっかくの医療資源は多くの患者数のわりにはたまにしか使われず、有効に利用されているとは言い難い。同様に学校でも、マンモス校では生徒全員に目が行き届かず、きめ細かな学習指導ができないおそれがあるし、介護施設ではスタッフの目が行き届かずに事故のおそれもある。

2 同じ属性の人しかいない

　このような巨大な施設に、同じような属性をもつ利用者ばかりが集まることは、作業効率の面では有利かもしれないが、利用者からすれば自分と同じような境遇の人間しかおらず、それ以外の人間のことについて鈍感になる可能性がある。特に教育の場では、社会性を養うのにさまざまな属性の人と交わることは有効であり、教師以外の大人がどのようなことをして一日を過ごしているかを知ることは、生徒の将来にも大きな影響を与えるに違いないが、現実にはそのような教育は難しい。

　このような理由から、少子化のあおりを受けて生じた小学校の空き教室（正式には「余裕教室」）に高齢者施設などを導入して、他の属性をもつ利用者との交流を深めようという試みもなされているが、建築的に両者が容易に行き来できない構造になっていたり、交流のプログラムが準備されていないなど、実現へのハードルは高い。

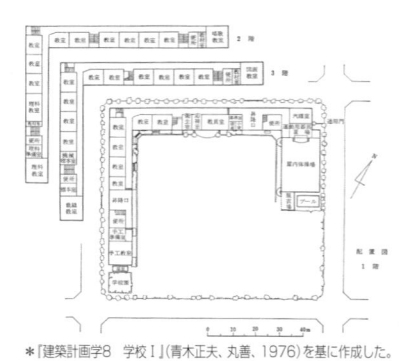

*「建築計画学8 学校I」（青木正夫、丸善、1976）を基に作成した。
図-1　典型的な小学校平面図

図-2　小学校に併設されながら段差のために児童と交流できないデイケア施設

3 転用のきかない空間

さらに小学校の転用については，北側に廊下を設け，5間×4間に固定された一般的な教室平面は思いのほか使いにくく（正方形に近い平面は内部を分割して使おうとすると換気や採光がとりにくい），他の用途に転用しずらい現状がある（図-1）。病院や介護施設でも，学校と同様の直線型の建物が転用される先はほとんどがスタッフの事務部門で，いささか持て余している状態といえる。

4 人間味のない建物

施設においては，効率を追求するほど，見通しがよく，歩く距離が短くなり，スタッフの仕事の効率を最大限に追求する空間となってしまう。高齢者施設のように生活が重視されるべき施設においては，スタッフの作業が優先されるほど，空間から生活感が失われ，利用者の求める施設像からほど遠くなる。

■現在の対応

現在すでに施設が抱えているこのような問題に対して，現実の施設ではどのような対応を行っているのであろうか。高齢者施設において数多くの先駆的な試みがなされているが，例えば，他のサービス（児童をあずかる等）との合併を行うところが増えている（図-2）。これは常に介護というサービスを与えられる役割でしかない高齢者に，何らかの仕事（例えば子どもの面倒を見る）を与えることで，責任感ややりがいをもってもらうとともに，ルーチンと化している日常のプログラムに何らかの刺激を与えることで，利用者の生活を活性化させる意図がある。

またハード面からは，施設を建設するのではなく，住宅をそのまま施設に転用することが頻繁に行われている（図-3）。施設の冷たい空間からの脱却を目指し，家庭らしさを追求する意図があるのだろう。これはサービスを提供するために施設をつくるのではなく，家庭で施設のサービスを提供しようという考え方から生まれたものだといえよう。

このような試みが高齢者施設に多いのは，施設規模が小さいために，小さな組織が少ないお金で素早くアイデアを実行できることが大きい。

■解体の手順

このように，大規模な施設の反省に基づいた草の根的な活動は続いているが，施設に対する問題点は数多く見いだすことはできても，即「解体」とまではいかない。これまでそこにいた利用者とスタッフはどこに行くのか，小規模の施設で全員を受け入れられるのか，機能的に不足はないのかといった課題が数多くのしかかる。実際に卒業設計において「施設の解体」を試みるのであれば，以下のような手続きが必要となろう。

1 敷地の選定

卒業設計全般にいえることであるが，特に「施設の解体」をテーマにする場合は，敷地ならびに周辺の現状をよく調べることが先決である。施設の解体するにあたって，いくらかの機能を地域で分担してもらうことが必要となるためである。すでにある類似の施設はどこか，使われていない建物や土地はあるか，施設までの交通手段は何か，施設のおもな利用者が地域にいるか，といった詳細な調査が解体の可能性を大きく左右する。

2 将来の予測

人口，社会，制度，技術といった，施設を成立させていると同時に縛りつけている要素がどのように変化するか，あるいは変化させたいのかを考えると，解体の方向が見えてくる。例えば，スタッフと利用者の対応が施設の特徴であるがゆえに，この比率が崩れるとたちまち現在の施設の運営のかたちは崩れてくるだろう。

3 先進例の視察

自分の試みが斬新であると思っても，必ずそのようなアイディアはすでに存在している。重要なのは，そのような先進的な現場でスタッフや利用者の話を聞き，自分の案をまた練り直す作業そのものなのである。

上記のいずれもが，いささか現実離れするおそれのある「施設の解体」という設計に対して，リアリティを与えるために必須の作業である。

（岡本和彦）

図-3 高齢者グループホームに転用された民家の外観（左）と内部（右）

12 教育環境 Educational Environment

建築計画
地域計画

Keywords: Individualal Education 教育の個別化 / Rich Living Place 豊かな生活の場 / Open to Community コミュニティに開く

Books of Recommendation:
- ■『スクールレボリューション』長沢悟・中村勉編、彰国社、2001
- ■『学校を変えなくちゃ!!』上野淳監修、学校を変えなくちゃ!!編集委員会編、ボイックス、2002
- ■『建築資料集成 教育・図書』日本建築学会編、丸善、2003
- ■『アメリカの学校建築』柳澤要・鈴木賢一・上野淳、ボイックス、2004

■さまざまな教育施設と教育制度

教育施設といっても幼稚園、小学校、中学校、高等学校、大学・大学院、また盲学校・聾学校・養護学校などの特殊学校、さらには専修学校や各種学校などさまざまである。戦後にスタートした6・3・3・4制の学校教育制度は、1962年に5年一貫の高等専門学校設置、最近では1999年に中高一貫教育の中等教育学校設置、さらに2004年からは小中一貫教育が可能になるなど、これまでの単線型の学校制度が変化してきている。海外では、イギリスは義務教育期間の5歳から16歳を年齢別に4つのグループに分けて科目設定をしており、アメリカでは州によってさまざまな制度があり、それまでの伝統的な6・3・3制に代わって、1980年代後半から5・3・4制や4・4・4制が増えてきている。北欧のデンマークやスウェーデンでは1995年から義務教育期間の7～16歳の9年間を一貫教育で行うようになっている。

教育システムに関しても、1988年に学年による教育課程区分をせず必要単位数の習得によって卒業を認定する単位制高等学校、1994年には系列を設定し、卒業必要単位数80単位のうち、35単位が必修で残りは専門教科群から選択する総合学科制高等学校が設置されるなど、特色ある学校が登場してきている。

■教育・運営方式と学習空間

教育内容・時間数・教科内容等の基準は、学校種別ごとの学習指導要領に定められているが、ほぼ10年ごとに改定されている。最近では2002年の新学習指導要領で、完全週5日制の導入、授業時数の縮減、総合的な学習の時間の導入が行われている。小・中学校では特に近年の教育の個別化・多様化というわが国の教育・施設改革の中で、それまでの一斉指導型の学習だけではなく、個人や小グループで行う個別・グループ学習、学年の複数の教師が協力して行うチーム・ティーチングなどの新しい学習スタイルが登場し、また教室に付属するオープンスペースや多目的スペース等の新しい学習空間が整備されてきている。ここでは学科の枠を超え、児童・生徒が自ら課題を見つけ調べ、その成果を発表することで自ら学ぶ力の養成が主眼におかれている。欧米でも個別化教育を推進している国が多いが、生徒一人ひとりが親や担任教師と十分協議のうえ作成された個別カリキュラムをもち、少人数のきめ細やかな個別指導が行われている学校もある。今後、わが国でもより効果的な個別化教育を進めていくために少人数学級、個別指導マニュアルの整備などが課題となろう。

なお、教科や科目に応じて教室や学習空間を利

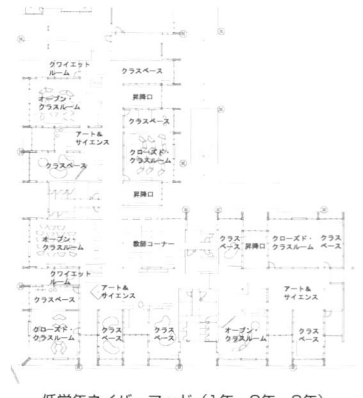

低学年ネイバーフッド (1年・2年・3年) 　　クラスベースでの授業の様子 　　オープン・クラスルームでの授業の様子 　　クワイエットルームでの学習の様子

小学校から中学までを3学年ごとにネイバーフッドと呼ばれる3つのユニットに分け、それぞれユニット内には、従来型のクローズドな教室やオープンな教室、クラスの拠点となるクラスベース、またガラスで仕切られたクワイエットルームや実習に対応できるアート&サイエンスコーナーになど、多彩な学習空間が展開する。台形机や豆の形をしたビーンズテーブル、また移動式のホワイトボードや収納など家具もさまざまなものがある。

図-1　多様な学習空間をもった学校の事例／ぐんま国際アカデミー (群馬県太田市)

用する運営方式にはさまざまなものがあるが，基本的には総合教室型，特別教室型，教科教室型がある。教科担任制をとる中・高等学校では教科教室型が採用されることもあり，また高等学校で必修の多い1年生を特別教室型，2年生以上を教科教室型とするなど運営方式を組み合わせるケースもある。

■居住環境計画における課題

教育施設は施設のタイプによってその空間構成は多様であるが，小学校や中学校を例にとると，普通教室を中心とした一般教科学習スペースや理科・図工・美術・家庭科・技術・音楽などの実習授業を行う実験・実習スペース，図書室・視聴覚室・コンピュータ室など情報検索・収集のための情報スペースのほか，屋内運動場や格技室など体育関連スペース，ホールやランチスペースなどの生活・集会スペース，職員室や会議室などの管理諸室スペースなどから構成されている。

特に，学校のIT（情報技術）化によるパソコンやインターネット技術の普及によって児童生徒が自ら学ぶ環境が整ってきており，それにともなって従来型の施設構成に変化も見られる。教室周囲に情報コーナーをもつ多目的スペースを設置したり，図書・メディア・視聴覚の機能が複合された図書・メディアセンターを学校の中心的な位置に配置したりするケースも見られる。ただこういった図書・メディアセンターは規模や設備，またサポートスタッフやシステムなどが欧米先進国と比べて不十分な場合が多い。今後，十分な量の図書やメディア，情報ネットワーク，また閲覧・学習スペースを備え，日常的に利用可能なアクセシビリティの高い図書・メディアセンターの整備が望まれる。

■生活や交流の場として見た教育環境

教育施設の生活環境としての質を高めることも重要である。木を多用したインテリア，暖かみがあり触感もよい家具，子供のスケールのアルコーブや仕掛け，居心地がよく交流が触発されるような豊かな環境をつくりたい。

また，環境負荷の低減や環境保全などの目的で「エコスクール」が注目されているが，太陽光パネルや風力発電装置の設置，また雨水のリサイクルシステムなど，どちらかというと機械設備的な対応が多いように見受けられる。しかし，エコスクールでより重要なのは，子ども達の生活環境を向上させること，特に健康や快適性に配慮した環境をつくることであり，シックハウス対策を考慮した自然素材の活用，十分な自然採光や通風・換気の確保，屋上庭園やビオトープなどの効果的な自然環境の確保などが必要である。これは単に温熱環境など物理的な快適性を確保するという効果だけではなく，子どもへの心理的な効果も期待できる。

特に近年増加してきた木造・木質系校舎は，コンクリートや金属にはない「癒し」や「やすらぎ」また「暖かみ」を与える効果がある。実際，「香りがよい」「暖かみがある」「癒される」など教師や児童，生徒の評価が高く，教育効果が高まるといった意見も聞かれた。都市部では消防法の規定もあり，純木造の校舎はつくりにくいが，鉄筋コンクリートや鉄骨造との組合せや内装の木質化，また木製家具の活用など，できる限り木を取り入れた環境をつくっていきたい。

海外に目を向けると，国や地域によっても差があるが，構造や内装，また家具に木を活用した学校が多い。特に，欧米の郊外の学校は自然環境に恵まれて敷地も広々としており，木造・木質系の低層校舎が屋内外の連続性をもちながら伸びやかに展開していたりする。こうした学校は教育環境もさることながら，子ども達の生活環境を重視して計画・デザインされており，校舎が住宅的なスケールや雰囲気をもっている点にも注目したい。

（柳澤　要）

ワーキングユニット　　　明るく開放的な実習スペース　　　コモンスペースでの個別学習の様子　　　各ユニットのホールにある娯楽コーナー

1年生から9年生（日本の中学3年生）まで児童生徒数1,000人弱の学校で，全体を縦割りの6つのワーキングユニットに分けている。各ワーキングユニット内には，数名程度のグループで利用できるグループルーム，個人・グループ学習用のさまざまなコーナーを備えたコモンスペース，実習活動に対応したタイル敷きで開放的な実習スペースなど，大小さまざまな教室が並ぶ。そのほか，教師ステーションや児童生徒数の遊びや生活のためのコーナーも設置されている。

図-2　多様な学習空間をもった学校の事例／フューチュラム（ストックホルム）

13 建築計画 インテリア計画

インテリア Interior

Keywords
- Anticipation of Activity 活動の想定
- Nodal Point of The Space and Humans 空間と人の結節点
- Space Function 空間の機能

Books of Recommendation
- ■『アクティビティを設計せよ！学校空間を軸にしたスタディ』小嶋一浩編著、彰国社、2000
- ■『図解・インテリアコーディネーター用語辞典［改訂版］』尾上孝一・大廣保行・加藤力編、井上書院、2004
- ■『河童が覗いた「仕事場」』（文春文庫）妹尾河童、文藝春秋、1997

■建築設計におけるインテリアとは

　建築の設計において，インテリア計画は空間設計の一部として重要な役割を果たす。建築を設計することは，そこに生まれる空間全体をデザインすることで，そこに生まれる人々の活動，感覚，精神に及ぼす影響をデザインすることといってもいい。建築が創り出す空間に，機能を与え，その空間を体験する人間が空間と融合し，触れ合うための結節点となる部分がインテリアだと考える。

　しかし，残念なことに大学における設計教育ではインテリアを，建築設計とは別分野として扱うことが多く，設計課題評価においても付加的要素として扱われることも少なくない。

　むろん建築を志す者たちは，設計という行為の中に，その空間を体験する人間の行動・活動のイメージが含まれていることを認識し，空間をデザインする。設計することとは，すなわち，風土，街，周辺地域，環境，文化，設備，機能，構造，内装など無数の要素を，そこで生まれる人の活動，行動，心理的影響をイメージしてコーディネートする行為だといえるだろう。

　卒業設計に限らず，建築系学生の課題設計などをみると，もちろんどの作品にもそれぞれの課題に対する学生個々人の考え，意識，提案を人に伝えるための情熱や努力があふれている。しかし，残念なことにそこに生まれた空間を体験する人の存在が感じられない作品が少なからず見られるのも事実である。そこに生まれた空間が，平面図，断面図上の線により囲まれた，ある一定のボリュームとなってわれわれの前に漠然と存在し，そこに「ラウンジ」，「オープンスペース」，「ギャラリー」といったその空間の名称だけが浮かんでいる。そこには人の存在が皆無であるばかりか，人と空間が触れ合う装置は存在しない。そんなプレゼンテーション図面を皆さんは目にしたことがないだろうか。

■インテリア計画の意味

　建築設計のうえでインテリアをデザインすることは，設計する作品をより具体的にイメージすることである。必要諸室の面積を確保し，動線を解き，構造として成立させるだけでは，建築物は完成しない。そこに人が存在し，活動し，初めてそれは建築となる。その，人々の存在，活動を第三者に，より具体的に想像させるためにも，設計・プレゼンテーション作業におけるインテリア計画

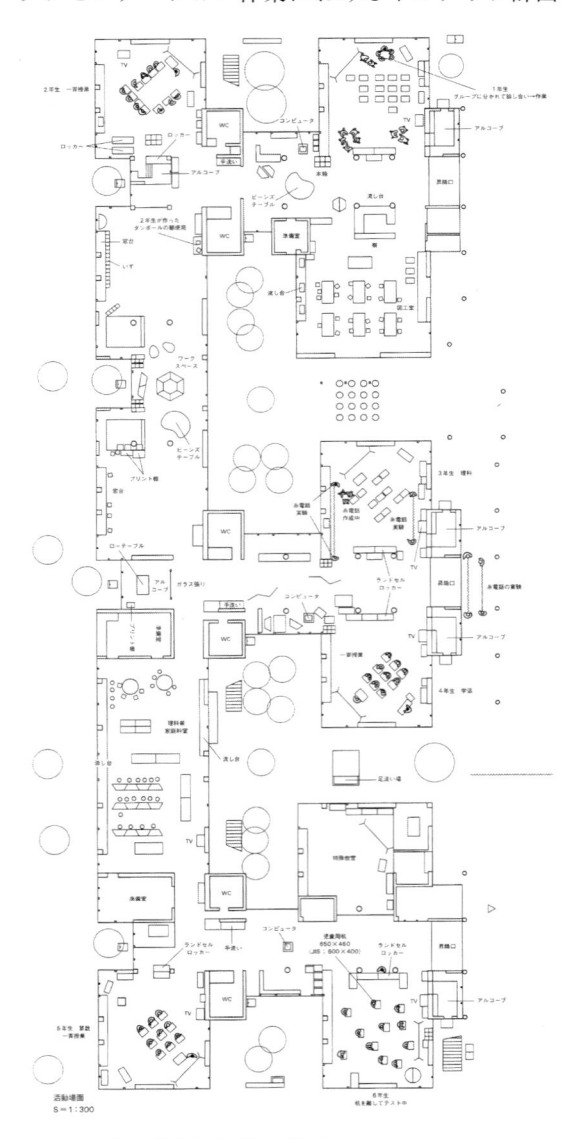

図-1　吉備高原小学校・学習スペースの家具配置

は重要といえる。

したがって，豊かな想像力，経験，建築のボキャブラリーは重要であり日常生活の中で，そうした要素の引き出しを増やすことは，建築空間同様，インテリアをデザインする際にも重要である。また，インテリアをより具体的に計画することにより，建築全体の構成，機能がより現実的なものへと発展する。インテリアを計画することとは，単に内装，仕上げ，化粧を決めることではないことを，課題設計のうえでも意識すべきである。

■体験・経験・研究成果を生かす

それでは，実際に課題設計に取り組む際，どのようにインテリア計画を行えばいいのだろうか。もちろん，自らの経験，体験，もしくは雑誌や本で紹介される優れた作品を参照し，そこで行われる活動と自らの計画する空間でイメージされる活動を重ね合わせて計画することは多いだろう。

新たな機能の提案を行う際，自らの体験，経験は過去のものであり，それらをそのまま引用することは，提案のリアリティを補うものとはなりにくい。そこで，提案を試みようとする建築の機能，仕組みに対する今日の状況・課題等を整理し，そこに自らが提案しようとする新たな機能空間における人々の活動を想像することが必要となる。その空間で，人々にどう振る舞ってほしいか，どんな活動を誘発したいと考えるのか，といったイメージの追求によりインテリアだけでなく，提案する建築物全体がより具体的に，より強い主張をもって成立する。

建築計画研究の分野では，古くから「使われ方研究」と呼ばれる調査・研究方法が行われてきた。これらの研究は，すでに存在する建築において，そこに提案された空間が，人々にどのように使われているかを克明に記録することにより得られる研究である。そうして得られた研究成果は次なる提案へと持ち込まれ，新たに提案される空間でどのようなことが起こりうるか，活動をイメージするための資料となって引き継がれる。

近年，建築家が建築計画の研究者と協働して優れた建築をつくり出す事例が増えている。建築家が，インテリア計画，家具のデザイン，レイアウトまで手がける例も少なくない。

学生課題設計，卒業設計においても，特に施設建築など機能性の強い建築を提案しようとする際，自らの経験・体験だけでなく，既往の研究を活用することは，その空間で起こりうる人々の活動をより現実的なものとして想像するために有効である。自らが創り出した空間とそこに挿入される人々を触れ合わせる仕掛けを創ることを，設計作業の一部としてとらえるべきである。

（倉斗綾子）

表-1 小学校学年スペースに見られる家具によるコーナーの一覧

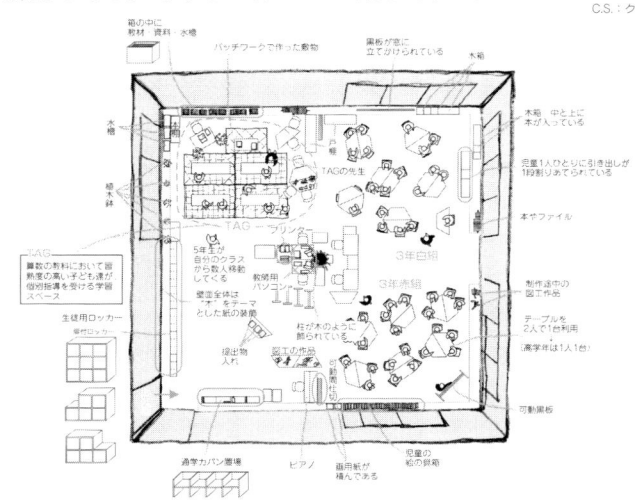

図-2 加藤学園・3年生学年ユニットの家具配置

図-3 加藤学園・3年生学年ユニット風景

14 ワークプレイス Workplace

Keywords: コミュニケーション Communication / 組織 Organization / 作業生産性 Productivity

建築計画 ファシリティマネジメント

Books of Recommendation
- ■『POST・OFFICE ワークスペース改造計画』
  岸本章弘・中西泰人・仲隆介・馬場正尊・みかんぐみ、TOTO出版、2006
- ■『建築空間のヒューマナイジング 環境心理による人間空間の創造』
  日本建築学会編、彰国社、2001
- ■『変革するワークプレイス 新しい働き方とオフィスづくりの実践』
  マリリン・ゼリンスキー著、鈴木信治訳、日刊工業新聞社、1998
- ■『仕事の場の心理学 オフィスと工場の環境デザインと行動科学』
  Eric Sundstrom・Mary Graehl Sundstrom著、黒川正流訳、西村書店、1992

■ワークプレイスの概念

ワークプレイスという言葉が着目されるようになった一つの契機は、1987年に実現したフリーアドレス・オフィスとそれらに関するコーネル大学を中心とした新しい働く場に関する研究活動である。フリーアドレスは、日本の狭あいなオフィスで欧米に対抗するために、オフィスの効率的運用から考案されたが、経済発展にともなうファシリティコストの高騰により欧米でも注目され、実践されるようになった。インターネットの整備にともなって、オフィス作業は場所から解放され、モバイルオフィス、オールタナティブオフィシングを生み出し、必ずしもオフィスビル内のスペースでない、「ワークプレイス」を生み出した。

事務的な執務作業の場は、産業革命以降の工場労働管理にともなうホワイトカラー層の出現に源を発する。効率的な執務作業環境をつくる試みは、企業による実践をもとに生産管理や産業心理学の分野で研究された。オフィスは医師の診察室や弁護士事務所のように欧州の伝統では個室主体であるが、作業の生産性や効率性を狙い、オフィス・ランドスケープといわれる方式や、個室の間仕切り壁をロー・パーティションとしたオープンプラン（大部屋方式）オフィスが台頭する。日本でも戦後オフィスビルといえば、オープンプランオフィスが主流で、大スパンや高層化を実現する構造、空調、照明、昇降設備等の建築技術がこれを支えた。

オイルショック以降の経済の停滞はオフィスのあり方にも影響したが、1980年代末には産業振興策の一環として、ニューオフィス化やファシリティマネジメント（FM）の概念が紹介され、その後のバブル景気にともなって、執務作業の場は大きく変化し「ワークプレイス」という概念が生まれた。これに大きく影響したのはコンピュータ、OA機器の出現からIT化への流れである。

■ワークプレイスの計画

ワークプレイスの計画は、スペース効率と仕事のしかた（ワークスタイル）との、また個人作業とコミュニケーションの場とのバランスや配置が大きな課題となる。利用する組織の業態や個人のワークスタイルはまちまちで、それらに応じた計画課題を見出し、計画やデザインの条件を設定（プログラミング）して、運営方法や時間・空間的に解決するかが大きな課題となる。

1 FMとPOE

組織としてのスペース効率と生産性、特に費用対効果を検討するためにFM業務が整理され、認

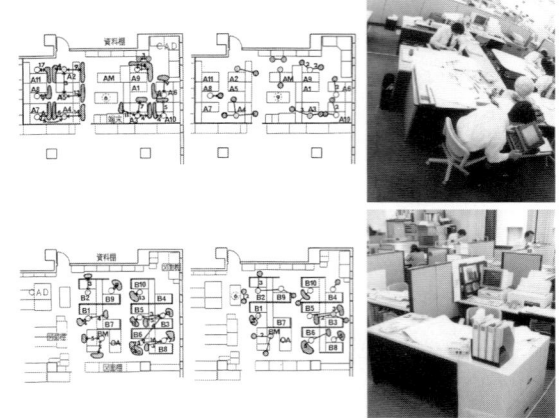

場のしつらいによって、コミュニケーションの場は異なる。パネルが低いと声をかけやすいが、高くなると場所を移動する必要がでてくる。
図-1 レイアウトとコミュニケーション

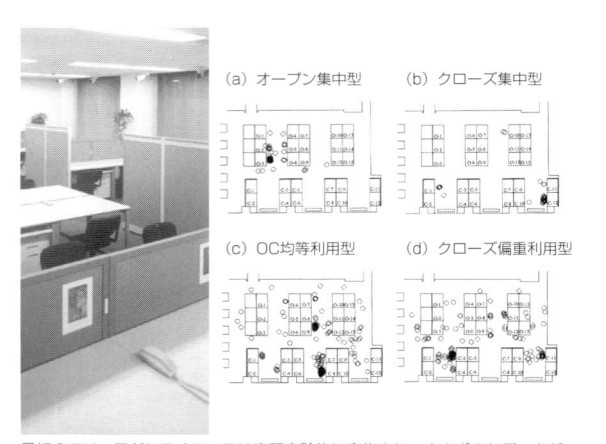

最初のフリーアドレスオフィスは実証実験的に実施され、さまざまなデータが得られた。例えば、個人によっても場所の好みがあり、オープンな場所とクローズした場所の使い分けに違いが出てくる。
図-2 フリーアドレス・オフィスの座席選択

定ファシリティマネジャー資格も設けられている。FMはすでに多くの組織で実践されている。また現状の利用実態を把握するポストオキュパンシーエバリェーション（POE）と呼ばれる手法もある。POEには観察や測定による客観的な利用実態調査だけでなく利用者満足度の調査も実施され、人間的な場としてのワークプレイスを検討する契機となる。

2 プログラミング

ワークプレイスを利用する個人や組織に典型は少ないため、個々に適合した計画を作るには、そのための組織体制、プロセス、マネジメントが必要になる。この行為はプログラミングと呼ばれ、現在ではオフィス・プログラミングをコンサルティングする企業もある。組織活動に適合した仕事の場を設定し、組織やスペースをどのようにオフィス内に配置するか、立体的（平面的＝ブロッキング、断面的＝スタッキング）に計画を作る。

3 コミュニケーションとIT技術

ワークプレイス最大の課題は、個人作業の生産性とコミュニケーションの活性化だ。ノートパソコンや携帯電話、インターネットが発達して、モバイラーを狙ったカフェや時間貸オフィスも出現し、個人作業は場所を選ばなくなっている。が、仕事の生産性や創造性を上げるには組織的活動が不可欠で、ワークプレイスの計画には、暗黙知を共有するコミュニケーションの仕組みが必要となる。

■ワークプレイス計画における課題

1 コミュニケーションと集中作業の場の配置

ワークプレイスをデザインするには、まず必要な場・しつらいを考える。どこでもワークプレイスにはなるが、むしろそこで仕事として何を使って（ツール）何をするかが問題だ。それを見出すことが第一歩となる。個人作業、共同作業、ブレーンストーミング、リフレッシュ、連絡・報告、食事、仮眠など、さまざまな行為を考え、それに必要なモノ（家具・ツール）と空間を、また、どのくらいの数や面積必要になるのか考える。そしてどのようにそれらをバランスよく機能的に配置するか、空間のつながりを考える。そのためには、仕事のしかた（ワークスタイル）をきちんと把握する必要がある。

2 フレキシビリティを実現する仕組み

近現代のオフィスビル設計では床面積とフレキシビリティの確保が最大の関心事だった。建物の寿命に比べ、組織や設備の寿命は相当に短い。そのためレイアウトや設備制御にモジュールの寸法体系の概念が活用される。家具・什器や通路幅から建築のスパンや階高に至るまで詳細で綿密なモジュールを設定できれば、フレキシビリティが増す。

3 FMを実現するインフラIT技術

IT技術は仕事のサポートばかりでなく、施設運用も支える。今ではRFIDやPHSで建物内の人やモノ、居場所もモニタリングできる。その情報をセキュリティや空調、照明等の設備制御だけでなく、仕事のためのオンデマンドサポートやコミュニケーション、さらにはレイアウトのフレキシブルな変更にも利用するアイデアを考えるとおもしろいだろう。

4 まちに出る

ワークスタイルはオフィスワークにとどまらない。まちのさまざまな場所にワークプレイスをつくることを考えたい。個人作業の場だけでなく、コミュニケーションをも可能にする場をまちのあちこちにつくる。街角のワークプレイスのネットワークがワークスタイルを変え、経済活動を活性化するだろう。離れて働く人々がグループウェアやナレッジマネジメントシステムを利用してコミュニケーションを図る一方で、ワークプレイスとして人々が遭遇し、知恵を出し合うための空間とその構成を考える必要がある。

（山田哲弥）

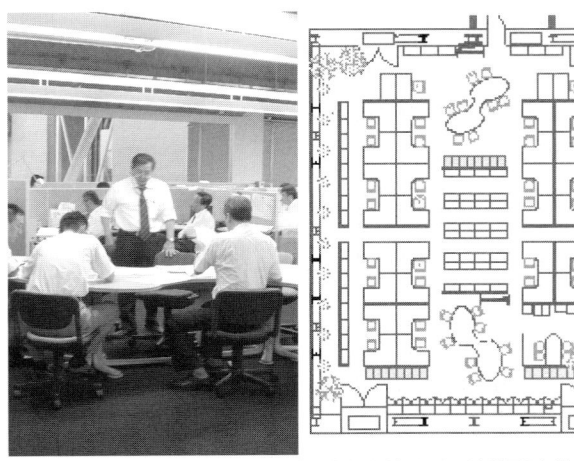

コミュニケーションの場をどこに、どのように設けるかが、レイアウト計画のカギになる。

図-3　コミュニケーションの活性化

3.6mモジュールによる対向型レイアウトの例

3.2mモジュールによる対向型レイアウトの例

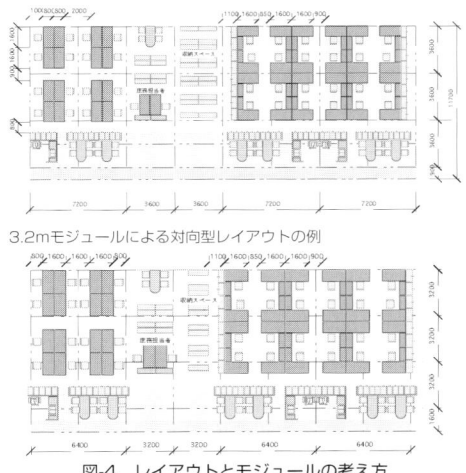

図-4　レイアウトとモジュールの考え方

15 ファシリティマネジメント
Facility Management

建築計画
地域計画

Keywords
Information Technology 情報技術 / Post-Occupancy Evaluation 使用後評価 / Programming プログラミング

Books of Recommendation
- ■『ファシリティマネジメントの実際 施設を活かす総合戦略』日本ファシリティマネジメント協会編、丸善、1991
- ■『トータルワークプレース ファシリティマネジメントと弾力的な組織』フランクリン・ベッカー著、加藤彰一訳、デルファイ研究所、1992
- ■『建築空間のヒューマナイジング 環境心理による人間空間の創造』日本建築学会編、彰国社、2001
- ■『ファシリティマネジメントが変える経営戦略』鵜沢昌和、NTT出版、2007

■ファシリティマネジメントとは

ファシリティマネジメントという言葉は，アメリカをはじめとして国際的に定着した感があるが，定義は必ずしも明確ではない。米国国会図書館によると「ファシリティマネジメントとは，経営管理，建築，行動科学，科学技術の原理を活用して，物理的作業場所と組織の業務や構成員との調整をする機能である」と定義されている。オフィスなど組織が急速に変化する中で，他の企業と競争し成功していくためには，ファシリティマネジメントによって，建物やそのシステムまた機器や家具の計画・設計・運営に関するすべての業務を調整していく必要がある。そのためには，ファシリティマネジメントを行うファシリティマネジャーは，建物の専門領域の広い範囲に精通している必要がある。またファシリティマネジメントは建物ができた後の維持管理のみに責任をもつのではなく，計画や設計など建物ができあがるプロセスを調整するという役割もある。

■ファシリティマネジメントの背景

ファシリティマネジメントは1960年代頃より始まった。製造業においては工場の最適な立地やスペースの効果的な活用，また生産設備の更新や操業シミュレーションなどは，生産性に直結する重大な関心事であった。ゆえに効果的で科学的な資産管理のためのさまざまなモデルがつくられた。1970年代になると，絶えず組織が変化しそのつどスペースの規模や構成，家具や設備を変化させなくてはならないオフィスに関しても，そのスペース・コスト管理上，ファシリティマネジメントの必要性が高まっていった。特に，オフィスでは人件費や賃貸料，家具備品などのコストの高騰が問題視され，スペースの有効利用が課題となった。また，有能な人材を集めるための快適なオフィス環境へのニーズなども高まったことも背景にある。そして研究組織としては，1979年にアメリカでFMI（Facility Management Institute）が発足し，1980年にはファシリティマネジャーの職能が確立した。ちなみに日本では，1987年に日本ファシリティマネジメント協会が設立された。

近年では，情報化の進展により情報技術を応用したさらなるファシリティマネジメントへと発展してきている。例えば情報技術は，組織全体のネットワーク化を可能にしたが，経営資産のデータ管理やそのシミュレーションなどに効果的に活用されている。これまでの施設をどう活用するかだけではなく，施設・人・情報の統合的なマネジメントが求められており，企業では不動産部門など

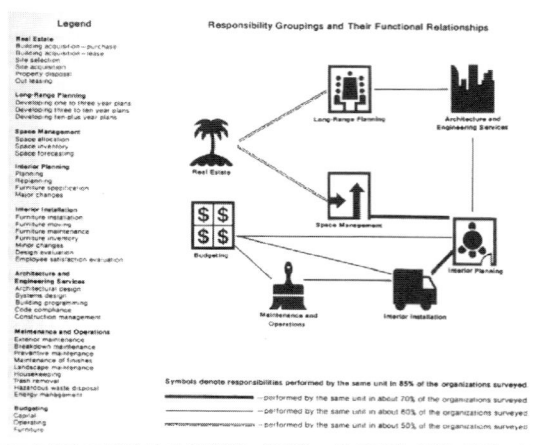

ファシリティマネジメントの機能は，不動産，インテリア，建築，技術，メンテナンス，財務管理など多くの専門領域や専門知識を包括する。

図-1　ファシリティマネジメントの機能[1]

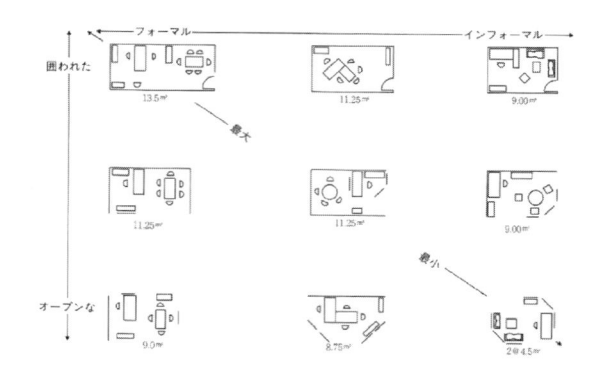

スペーススタンダードよりもスペースガイドラインのほうが，よく定義された空間の枠組みの中で業務上の異なる要求に容易に対応が可能である。

図-2　スペーススタンダード傾向[2]

このための専門部署を置いてファシリティマネジメントに取り組むようになってきている。また，ファシリティマネジメントに責任をもつ部署では，スタッフのニーズの把握など，施設の新築・改築や改修時などのプログラミングにも積極的に関わるようになってきている。

■使用後評価（POE）とプログラミング

ファシリティマネジメントにおける目標達成のためには，現状の施設の問題を調べ適切な評価を行い，またそれを新たな建設や改修に有効活用するというサイクルが成り立たなくてはならない。施設の使用状態の評価手法としては，POE（Post-Occupancy Evaluation）がある。これにはスペースや機器の利用率や占有率の調査から，ユーザーの意識調査，行動調査，満足度調査などさまざまな定量的・定性的調査がある。使用後評価（POE）は「建物完成後に，実際に使われてから，システマティックに，そして厳格な方法で評価するプロセス」と定義されているが，1960年代後期にアメリカで医療施設等での建物に対するユーザーの不満，施設機能の不備を科学的に分析するために始まり，1970年～1980年代に体系的・専門分野横断的な評価法として発展した。

一方で，施設の問題点や課題を明確にしたうえで，施設改善の目的を決めそのための解決策を検討し，計画条件や建物性能を設定する，さらに具体的な計画・設計案を検討・作成していく必要がある。このプロセスがプログラミングである。実際に改修が行われた後は，その新しい施設に対してのPOEが行われ，それがその施設の新たなプログラミングにつながる。このような絶え間ないサイクルこそがファシリティマネジメントに必要であり，より満足度の高い施設環境の実現にためには，ユーザーや居住者がPOEやプログラミングにより積極的に参加していく必要性もあろう。

■公共施設におけるPFI

ファシリティマネジメントはオフィス分野を中心に発展してきているが，オフィス以外のさまざまな施設に広く応用すべきものである。ファシリティマネジメントが，そこで働く職員や利用者と施設の関係を調整し，施設を最善の状態で活かす手法であるということから考えると，経営的にその必然性が求められるオフィスや工場などよりは，むしろ近年無駄が指摘されている公共施設にこそ応用すべき手法であると考える。

公共施設は施設の老朽化，職員・組織の変化，利用者数やニーズの変化などの課題に直面している。特に，少子化による学校の余剰教室の増加，市町村合併による公共施設の余剰化，施設改修・建替えの財源不足など深刻な問題が各地で起きている。今後は公共施設へのファシリティマネジメントの効果的な活用が急務であろう。

最近，民間の資金やノウハウを公共事業に活用するPFI（Private Finance Initiative）を導入する地方自治体が増えている。これは魅力あるプログラムやシステム，施設・設備サービスを低コストで実現し，効率的な施設運営をしていくための主要な手法で，イギリスで始まり日本では1999年にPFI推進法が制定され，実施ガイドラインが設定された。ちなみにイギリスでは，公共施設の企画・建設・運営までを1つの民間会社に任せる試みが始まり効果をあげているが，日本ではまだ部分的な民営化にとどまっている。　　　　（柳澤　要）

［引用文献］
1）『トータルワークプレース ファシリティマネジメントと弾力的な組織』フランクリン・ベッカー著，加藤彰一訳，デルファイ研究所，1992，22ページ，図1-1
2）同上，173ページ，図11-5
3）Jeremy Myerson and Philip Ross：the Creative office, Gingko PRESS，1999，P.131

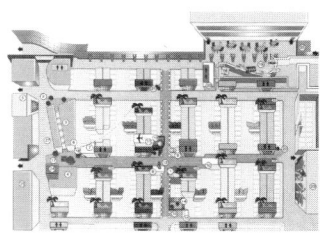

街をコンセプトにしたオフィス平面[3]　　従業員の要望が反映された空間　　常にオフィス内ファシリティマネジメントを行う不動産部門

古い工場を最新のオフィスに改造

それまで工場として利用していた建物を本社ビルに転用したい事例である。改修に際しては企業の不動産部門が中心となり，どちらかというと都心部から郊外への本社移転に否定的であった従業員の要望・意識を十分に調査し，プログラミングに反映させた。また，施設使用後も変化する組織やワークスタイルへの対応，また従業員のニーズをくみ取るための満足度調査などを行い，設備やレイアウト，食堂のテナントなどの変更を頻繁に行っている。

図-3　先進的なファシリティマネジメントの事例（ノーテル・ブランプトン・センター／トロント）

16 団地再生 Housing Regeneration

建築計画
地域計画

Keywords: Types of Family 家族像 / Image of Human Life 生活像 / Restructuring of Space 空間の再編

Books of Recommendation:
- 『徹底討論 私たちが住みたい都市 身体・プライバシー・住宅・国家 工学院大学連続シンポジウム全記録』山本理顕編、平凡社、2006
- 『団地再生のすすめ エコ団地をつくるオープンビルディング』団地再生研究会編著、マルモ出版、2002
- 『集合住宅原論の試み』黒沢隆、鹿島出版会、1998

■「団地」の成立背景と今日の課題

　郊外の広い敷地の中に、5階建程度のようかん形をした集合住宅が建ち並ぶ団地の姿は、誰もが馴染みのあるものだろう。実際、こうした集合住宅団地は非常に数が多く、戸数にして全国に300万戸程度あるといわれている。そしてそのほとんどが、自治体、旧公団（現都市再生機構）、公社によって供給された公共住宅である。

　団地建設は、いわゆる55年体制が成立した1955年に本格化し、その後、建設戸数は急激に増加していく。しかし、1973年の第一次オイルショックを契機にその数は減少に転じ、1980年代には最盛期の3分の1程度にまで落ち込むことになる。つまり団地が盛んに建設された時期は、まさしく日本の高度成長期と重なっているのであり、こうしてできた団地の風景は、日本の一つの時代を象徴するものとなっている。では、その風景を成立させた背景は、いかなるものであったのだろうか。

　団地は、戦後の住宅の不足や、都市部への人口の集中に対応するため、国の政策に基づいて建設されたものである。したがって団地は、国家の想定する標準的な家族が、理想的な生活を送るためのものでなくてはならなかった。いうまでもなく、標準的な家族とは核家族であり、核家族の理想的な生活を具現化するため、建築計画学的なさまざまな実験が行われ、その成果はnLDK型住宅として結実した。また、こうした住宅を集合させるにあたっては、どの家族にとっても居住環境が平等であることが重視され、生産効率を上げるという理由もあったのだが、均質な住戸が、均等に並べられることとなった。こうして出現したのが、団地の風景である。

　しかし現在では、社会は成熟化とともにより複雑化し、同時に家族の形態や生活の営み方もより多様なものとなった。核家族はいまだ主流ではあるものの、すでに前提とするには心もとない。加えて、団地の住戸は当時の基準であまりに過不足なく計画されたため、住宅の水準が向上した現在では、逆に核家族にとっては住みにくく、その結果、団地に住む核家族の数は減少してきている。にもかかわらず、団地は当時のままに、かつての理想的な核家族のための器としてあり続け、現在の居住者の生活を大きく規定してしまっているのである。

■団地再生の実例

　現在の団地再生は、自治体の財政難により建替えが困難であることや、社会のサスティナビリティへの志向などを背景としつつも、このように乖離してしまった居住者と住宅の形式を、再び適合させる試みであるといってよい。

図-1　高度成長期に建設された集合住宅団地

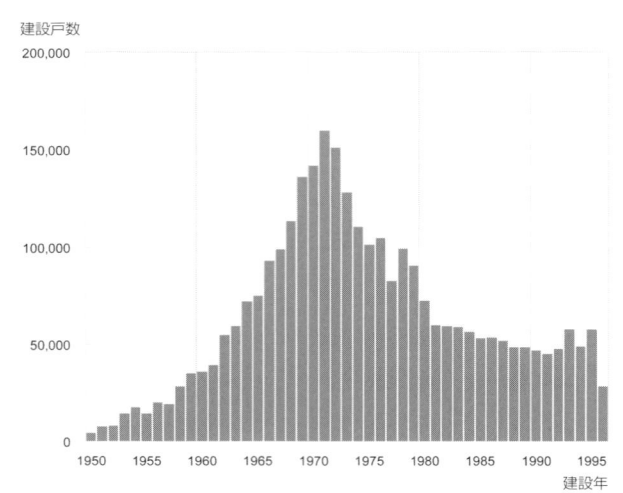

図-2　公共住宅の供給推移

例えば，団地では高齢化が進んでおり，入居当初は典型的な核家族であった世帯も，子どもは独立し，高齢者夫婦の世帯となっていることが少なくない。そのような居住者のために，団地に多い階段室型住棟へのエレベータ設置が行われている。

また，団地からは徐々に核家族が少なくなっており，逆に単身者世帯や二人住まい世帯が増えているが，団地に再び子どものいる世帯を呼び込むとともに，多様な家族を受け入れるため，画一的な住戸を多様な住戸に改める改修が行われている。

欧米では，非人間的なスケールをもつ団地の外部環境を，住棟の減築などによって，質の高い環境へと再生する試みも行われている。

■団地再生の視点

ここで，団地再生の手がかりとなると考えられる視点を，いくつかあげておこう。

1 周辺地域との関係

団地はそれ自体かなりのスケールであることが多く，周辺地域にとっても大きな意味をもつ存在である。例えば，低容積で設計された団地は，市街化が進んだ地域においては豊かな緑をもつオアシスのような場所かもしれない。あるいは，居住者以外の人通りが少なく，都市の大きな空隙のような場所かもしれない。いずれにせよ，団地の外部環境の大幅な改変は，街の構図さえをも大きく変えるものであり得る。こうした再生に取り組む際は，団地を含む街全体がどのようにあるべきなのか，明確なビジョンが求められるだろう。

2 団地の風景

団地の風景はある時代を象徴するものであり，したがって，それを見る人がその時代とどのように関わったかによって，さまざまにそのとらえられ方が変わる。例えば，ある人にとっては理想の生活が結晶化したものとして，ある人にとっては居住者の欲望や自由を閉じこめるものとして，またある人にとっては一種のノスタルジーを感じさせるものとして，団地は映るだろう。このような多義的な風景をどのように改めるか，もしくは継承するかは，団地再生にあたっては重要な視点である。

3 集合の形式

多様な家族の多様な生活を実現するという視点に立てば，平等を旨とした団地における住宅の集合形式は，大いに見直しの余地があるだろう。日本の人口はすでに減少に転じているので，一家族に一住宅という前提さえ疑うべき時代に差しかかっているのかもしれない。

4 家族像と生活像

団地が前提とした家族像や生活像は，もはや過去のものとなりつつあり，むしろ団地再生によって，それに代わる新たな家族の新たな生活を描くことこそが問われている。居住することだけに供する空間が漠として広がっていることが，団地にさまざまな問題を引き起こしているという問題意識をもてば，住宅という機能さえ自明ではない。

5 エンジニアリング的な発想

団地の再生にあたっては，壁式構造で構造壁が多く，階高も低いといった団地のもつ空間的な特徴を，大きく改める必要も生じるだろう。団地には構造的な変更を加えることが難しいように感じられるかもしれないが，実は冗長性のある，しっかりとした構造をもっている。したがって，適切な補強を行えば，かなりの構造計画の変更も可能であろうし，そのような発想がまったく新しい空間を産む契機ともなり得るだろう。また，団地は熱的な性能が十分でなく，導入されている設備も陳腐化しているが，新たな熱環境システムから居住の形式を発想するといったことも，十分にあり得る。

以上のように，団地再生は非常に広範な視点を要する難しいテーマであるが，卒業設計で取り組むに十分値する，きわめて今日的なテーマでもある。

（門脇耕三）

図-3 階段室型住棟へのエレベーター設置が行われた例

図-4 画一的な住戸を多様な住戸へと改めた事例（上：既存平面，下：改修後平面）

既存住棟の西側4住戸について，界壁の位置の変更を行い，4戸だった住戸を3戸に改めることによって，狭小な住戸を拡大している。改修後の住戸は平面計画がすべて異なっている。また，住棟北側に共用廊下の増築を行い，中央の共用階段を撤去のうえ，エレベーターを設置することで，各住戸までの段差を経ないアクセスを実現させている。

17 郊外住宅地の再編 Restructuring of Suburbs

建築計画
住宅問題

| Keywords | Redesign 再生 | The Elderly 高齢者 | Suburb 郊外 |

Books of Recommendation
■『東京の住宅地』日本建築学会関東支部住宅問題専門研究委員会、2003
■『ニュータウンは今』福原正弘、東京新聞出版局、1998
■『「家族」と「幸福」の戦後史―郊外の夢と現実』三浦展、講談社、1999

■近代の郊外開発

　明治時代に入ると都市部に工場が立地し，人口が急激に増加した。急増する人口に都市基盤が追いつかず公害や疫病が発生し，都市部は徐々に住みにくくなっていく。そんななか，選択肢の一つとして登場したのが郊外の住宅地である。
　わが国の初期の代表的な郊外住宅地は田園調布である（図-1）。田園調布は大正12年に分譲が開始された。開発に際してE.ハワードの『明日の田園都市』に触れ，実際にイギリスのレッチウォース等での視察を重ね計画された。住宅地の運営においても有名な紳士協定「土地譲渡契約書」があり（表-1），一定の質の街並みを維持するために，建物の形態や費用の目安が定められた。入居者は，紳士協定を遵守できる人々，医者や軍人，官吏等が入居した。その後，郊外住宅地開発は続き，電鉄会社のほか，土地建物会社や学校法人，信託会社等が住宅地開発に乗り出し，それらは現在でも美しい住宅地として受け継がれている（表-2）。

■戦後の郊外開発

　戦後は，地方から大都市への勤労者の移動が起こり，彼らの生活の器として大量の住宅が供給された。日本住宅公団（現在の都市再生機構）は郊外に立地を求め，公団住宅は白亜の殿堂と呼ばれるなど，「団地」はあこがれの住宅として選ばれた。しかし，団地はあくまでもステップで，戸建住宅が住宅すごろくのあがり（ゴール）として支持され，公的機関や民間業者により開発が進み，郊外はますます拡大していった。
　また，最も大規模な計画的住宅地としてニュータウンがある。ニュータウンはイギリスの大ロンドン計画（1944年）において，増大する人口を吸収するため，グリーンベルトの外側に計画されたものである。日本では，自立した都市というよりも都心部への通勤を前提としたベッドタウンの性格が強い。計画手法は，C.ペリーの近隣住区論（小学校区を単位として住区と呼び，幹線道路で囲み通過交通を廃し，その中に小学校，児童遊園や公園等のレクリエーション施設，商業施設を配置）を準用している。
　計画的な開発以外に田畑にスプロールした住宅で構成される郊外もある。スプロールの抑制を目的として，1968年の新都市計画法の中で市街化区域・市街化調整区域という区域が定められ，市街化調整区域は市街化を抑制するエリアとして設定された。自治体は次々に区域を区分しようとしたが，現状の追随で計画的意図が見えにくかったり，地主への配慮の跡が否めず，スプロールがコント

高級住宅地として支持されている。放射状の通りはイチョウ並木。
図-1　田園調布の配置図

表-1　田園調布の紳士協定

1	他の迷惑となる如き建物を建造せざること。
2	障壁は之をもうくる場合にも瀟洒典雅のものたらしむること。
3	建物は三階以下とすること。
4	建物敷地は宅地の五割以内とすること。
5	建築線と道路との間隔は道路幅員の二分の一以上とすること。
6	住宅の工費は坪当たり約百二、三十円以上とすること。

表-2　近代の著名な住宅地

成城学園／玉川学園／洗足／多摩川台／
目白文化村／大泉学園／小平学園／国立／
桜新町／常盤台　等

ロールできていないエリアも多い。ミニ開発・ミニ戸建と呼ばれる狭小敷地に，庭をほとんど取らず，隣棟間隔数10数cmで建てられる高密度の小規模開発は，都市計画のエッジ部分で今なお進行している。

■住宅地のデザイン

現在，地域の住環境に対して建築物の敷地，位置，構造，用途，形態，意匠および建築設備等についての基準や制限を定めることができる（地区計画・建築協定）。具体的には，敷地の細分化禁止や，建ぺい率や容積率の強化，壁面位置の指定，用途制限（ワンルームマンションの禁止等），建物の高さや階数の制限，屋根形状や素材，外壁等の色の指定，住宅の外構（門・塀・垣根）の制限等である。また，緑地の保全や緑化に関する協定を結び，生垣など地域の緑を形づくることもできる（緑化協定）。これらは個々の私有財産としての権利を制限する代わりに，全体で良好な住環境を形成しようとするものである。

住宅地の付加価値として，協定付きのものは少なくない。住宅部分以外に並木道や広場といった共有資産をもったり，ボンエルフ，クルドサックなどをもち，交通に配慮したり，建築家宮脇檀が提案したシンボルツリーやグリーンゾーンの設定，外構デザインの統一（住居表示板，街灯）等を行ったもの（図-3）など，これらの手法は良好な住宅地づくりに現在も貢献している。

2004年に試行された景観法でも，エリアを設定して景観を維持することができる。埼玉県戸田市では「3軒協定」という隣接する住民が3軒以上集まれば協定を締結し，景観を維持・育成できる。

住民が意識を変え，前向きに取り組もうとすれば，住環境を美しくするしくみはいろいろある。

■資産から利用へ

戸建住宅がすごろくのあがりというのは，土地所有という資産形成の側面が大きかった。一国一城の主にあこがれ，小さくても自分の家を所有することにこだわった。昨今，土地に対する意識は，資産から利用へとシフトしている。定期借地権付き分譲戸建住宅の浸透もその現れである。土地を手放したくない地主と，手ごろに住まいたい住み手との経済バランスだけでなく，隣接地に地主が住み続けている場合は，地主が地域生活の指南役となり，新規居住者を導くことができる。住み手は地主を通して，重層した土地の歴史や作法を知り，豊かな地域生活を送れる可能性が生まれる。

■郊外の現況

1997年に発生した神戸連続児童殺傷事件を契機に，郊外は批判の対象となった。核家族の集合というひびつさや，裏（路地や繁華街）のない空間，用途や居住者像のバリエーションの貧困など表面的で息苦しいという批判である。なかには立地やインフラの問題からそもそも住宅が建設されず，荒れ地のまま放置されたものもある。一方，長期経過した郊外住宅地では，世帯主のいっせい高齢化と子世代の転出による少家族化，それにともなう福祉の問題，また高齢化やコミュニティの未熟さによる地域運営の停滞といった福祉や自治の課題などが山積している。

一方で，戦前に開発された住宅地には世代継承が行われ，親の家に子世代も住み継ぎ，樹齢を重ねた木や垣根が守り続けられている場所を散見できる。最新の土地の細分化やマンションの建設等に対し，居住者の手による地区計画や協定が結ばれるケースも増えている。

■新しい枠組みづくり

住宅地の将来に対して危機意識が薄かったり，すでに高齢化等により居住者の活力が落ちた郊外は衰退することが予想される。世代交代や新規入居が行われるしくみ，遅れたインフラの解決，自治体等が介入する方法など衰退を転換するデザイン，もしくは住宅地を野に返すプロセスデザインが求められている。

また，衰退する郊外の一方で，新規開発の需要は今後も続くであろう。戦後の反省を踏まえた戸建住宅地開発の提案や，大規模マンションの代替として，デザインや共同性を加味したミニ開発の可能性等にも新しいアイデアを期待したい。

（安武敦子）

［参考文献］
1) 『明日の田園都市』E.ハワード著，長素連訳，鹿島出版会，1968
2) 『近隣住区論 新しいコミュニティ計画のために』クラレンス・ペリー著，倉田和四生訳，鹿島出版会，1975
3) 『宮脇檀の住宅設計ノウハウ』宮脇檀建築研究室，丸善，1987

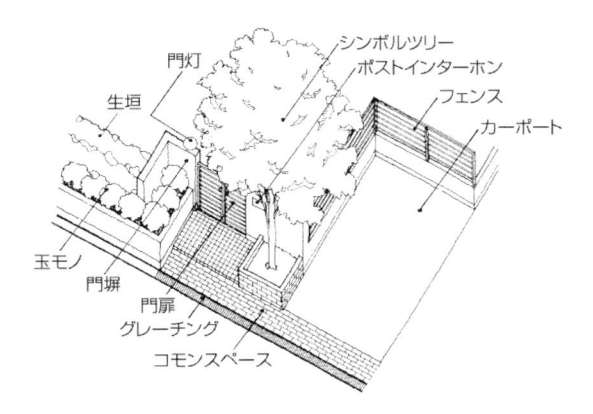

住宅の外から（街並み）の視点でもデザインされている。
図-2 宮脇檀による境界部分のデザイン

18 景観のコントロール

Landscape Control

都市計画
景観計画

| Keywords | Landscape Act 景観法 | Master Architect マスターアーキテクト | Design Control デザイン誘導 |

Books of Recommendation
- 『日本の景観 ふるさとの原型』樋口忠彦、筑摩書房、1993
- 『失われた景観 戦後日本が築いたもの』松原隆一郎、PHP研究所、2002
- 『まちづくりと景観』田村明、岩波書店、2005
- 『街並みの美学』芦原義信、岩波書店、2001

■景観とは

　山・川・海といった景の存在だけでなく、「観る」という字が入ることからもわかるように、人間が対象を観る視座も含めた言葉である。これまで日本における景観は、個人の私有権に対しては無力であり、私有地の中に奇怪な建物が建とうとも文句を言うことはできなかった。それを観る人の権利（いい景観を享受したいという権利）は保障されていなかったのである。

　まったくなかったかといえば、風致地区や美観地区、伝統的建造物群保存地区といった、その景観を守ることが明らかなケースでの地区指定や（図-1）、おもに戸建て住宅団地の新規供給時に建築協定や地区計画といった形でのルールづくりは行われていた（図-2）。また自治体の景観条例も少なくない。しかし、これらは強制力に乏しく、美しい景観を保存・誘導するものとして不足していた。

■景観法によるコントロール

　国土交通省は2003年、「美しい国づくり政策大綱」をもとに法制化を進め、2004年に景観法を施行した。自治体は景観に対して税金の優遇や、助成など支援策を講じることができるようになった。

都市部では
・オープンスペース確保のために壁面後退線の位置指定や緑化の推進
・建物のボリュームの規定
・建物の色や材質の規定
・屋上設備や屋外広告物の規制
郊外では
・見晴らしの確保（建物等の規制）
・緑地の保全
・塀の素材の指定
農村では
・棚田の保全（図-3）
・茅葺き屋根の保全
など、その土地がもつ景観資産の保全や、将来像に向かっての誘導等を盛り込むことができる。

■マスターアーキテクトによる調整

　大規模な開発になると複数の設計者が関わることが余儀なくされ、複数の設計者を束ねる存在が必要となる。日本では1989年に多摩ニュータウンの集合住宅群においてマスターアーキテクト（内井昭蔵）が登場し、全体のコンセプトデザイン、個々のブロック設計者の調整を行った。海外の著名建築家が名を連ねた1991年の福岡市のネクサスワールド（磯崎新）の事例も有名である（図-4）。

図-1 京都の伝統的な街並み
京都は景観保全の先進地で、さまざまなルールの網をかけ伝統的景観の維持に取り組んでいる。

図-2 協定により統一感のある街並み 
宮脇檀氏によりルールが作成され、建築協定や緑地協定で守られた住宅地（柏ビレッジ）。

図-3 中越の棚田の風景
景観法を適用することで耕作放棄された棚田も守ることができる。

マスターアーキテクトは施主や住民の意見を集約して全体のコンセプト（理念）を打ち出し、色彩や配置、ボリューム、用途等をコントロールする。コントロールの幅や打ち出す時期はマスターアーキテクトによって異なるが、まず理念や基本事項をブロックの担当設計者に伝え、応答しながら全体の調和を促していく。

マスターアーキテクトの立場は、施主や住民の代表であったり、デザインを牽引するデザイナーであったり、個々の設計者の理解者であったり、と複数にわたる。開発主体だけでなく自治体に雇われたマスターアーキテクトも登場している。自治体に申請される建物を景観の立場から審査し指導したり、大規模開発に対してアドバイスをしたり、住民の立場の専門家として景観を育む取り組みである。

■デザインガイドラインによる誘導

幕張ベイタウンの中層街区では、囲み型の高密度集合住宅が計画され、都市デザインガイドラインが設定された。それに基づき個々の設計が実施された。ガイドラインには、ロの字型の住棟配置や、壁面の高さ、住棟スリットの制限、壁面率、バルコニーや屋根の形状、壁面デザインの三層構成（基壇部、中間部、頂部）等が規定された。ガイドラインの運用は対立もあったが弾力的に行われ、グッドデザイン賞を受賞した。

■既存の地区へのデザインの挿入

これまで見てきたコントロールはデザインの枠組みをつくり、誘導するものであるが、すでにある複数の建物・用途が混在する地区にデザインを挿入する景観コントロール手法もある（図-5）。デザインの挿入を考える際は、中心をつくる、統一感を図る、一体感をもたせることをイメージする。中心は単体の場合もあれば、ネットワーク型の核もありうる。それはデザイン的にも機能的にも核となるようなもので、新規の建物の挿入、もしくは既存の建物を改築・再生する方法がある。合わせて周辺の動線に対して、アーケードや並木、舗装といった線（通り）のデザイン、街灯やベンチ、サインといった要素のデザインを考えたい（図-6）。

■景観の設計

これまで建築家は、景観の一部をつくることをやってきた。景観を扱うとなると主体も多様で、即時的ではなくなる。対象とする地区に対してルールをつくり、運営主体を設定・育成し、時間軸を盛り込みシミュレーションする。実際は時々に微修正が加わる。卒業制作で景観を主眼とする場合や、自分の設計した建物に景観コントロールを盛り込む場合、時間軸の考え方と運営方法が重要である。自分のつくったものを、将来像も含めてハードとソフトとともにデザインすることは今後ますます求められる。単体のデザインにとどまらず、運営やソフト部分の新しいアイデアにも期待したい。

（安武敦子）

［参考文献］
1)『かたちのデータファイル』高橋研究室、彰国社、1983
2)『幕張新都心住宅地都市デザインガイドライン』千葉県企業庁

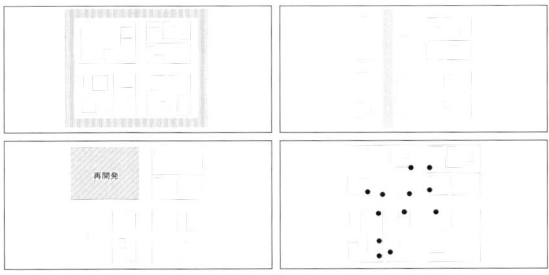

すでに諸要素が存在するところを束ねる方法として、①シンボルとなるような新しい要素を注入する、②デザイン的まとまりのある軸を挿入する、③周囲を囲み一体感を醸成する、④共通の要素を配置し統一感をもたせる。
図-5 諸要素をまとめる手法

ネクサスワールドは計画変更もあったが、著名建築家を束ねて建設された。
図-4 マスターアーキテクトによるデザイン

街灯やサイン、街路樹、舗装のデザインによって個性ある通りに仕上がっている（スペイン）。
図-6 一体感のある通り

19 公 Public 共性

地域施設計画

| Keywords | Public sphere 圏 | Internet インターネット | Anonymity 匿名性 |

Books of Recommendation
- 『公共性の構造転換』 ユンゲル・ハーバーマス著、細谷貞雄・山田正行訳、未來社、2001
- 『都市と建築のパブリックスペース』 ヘルマン・ヘルツベルハー著、森清太訳、鹿島出版会、1995
- 『パブリックデザイン事典』 パブリックデザイン事典編集委員会、産業調査会デザインセンター、1991
- 『公共圏という名の社会空間』 花田達朗、木鐸社、1996

■はじめに

筆者は，これまでの設計活動を通して，公共建築の「公共性」には，主体の問題・経済的問題・社会的問題・政治的問題等が重なり合って存在し，時代とともに変化する性質をもっていると感じている。さらに，公共建築の設計に携わる者は，この時代とともに価値が変わるであろう「公共性」を意識しつつ，利用者の立場・施設運営者の立場・発注者の意図の理解が必要となる。

では，「公共建築」の有する「公共性」をいかにとらえればよいかについて考えてみたい。

■公共性の概念

公共建築の上位概念として公共施設があり，さらに公共事業・公共財・公共部門などという公共性が問題とされる概念がある。これらの関係は，図-1に示すヒエラルキーとして表せる。

さらに，公共性の「性質」は，公共部門・公共財・公共事業・公共施設・公共建築のそれぞれから，表-1に示す10項目に整理できる。①～③は法的根拠といえ，④～⑥は経済に，⑦～⑨は施設の設置・管理・運営に関わり，⑩はオープン化に関連する。

以上の公共性の「性質」から，公共建築について考えるとき，その「主体」は「社会一般の不特定あるいは多数の人（個）の集合体」となる。また，その「性質」は，平等性・集合性・非競合性・非排除性・公開性などであるといえる。

■公共建築の役割

「公共建築」を『建築大辞典』で調べると，①官公庁・公社・公団などが所有，運営または建設する建築，②私企業や個人が独占しない公共性のある建築，③一般に開放される建築．例えば駅・博物館など，となっている。

公共建築を地域住民が日常生活に必要な生活関連施設でみると，教育施設（幼稚園・小学校・中学校），社会福祉施設（保育所・老人施設），社会教育施設（公民館・図書館・児童館），集会施設（コミュニティセンター・地区センター），体育施設（体育館・プール），行政管理施設（役所・消防署・警察署）などがあげられ，その役割もさまざまである。

一般に，公共建築が開放されるべき性質をもっていることは自明であり，公共性の性質にある「公開性」からも明らかである。しかし，実際は建築種別によっても状況は異なる。また，同一建築種別でも利用者が特定された空間領域と不特定な空間領域がある。利用行為についても特定され

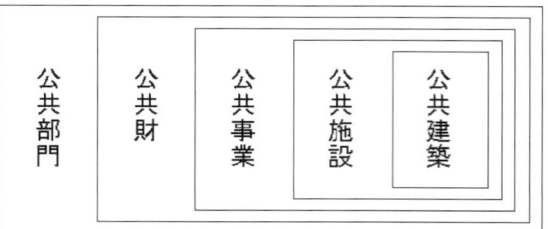

図-1 公共性に関するヒエラルキー

表-1 公共性の「性質」

① 基本的人権の保障	⑥ 非排除性
② すべての住民が対象	⑦ 公の設置
③ 平等性	⑧ 公の管理
④ 集合性	⑨ 利用手続き
⑤ 非競合性	⑩ 公開

図-2 ガララテーゼ集合住宅のピロティ（子どもたちの遊び場）

た場所と不特定な場所があり、その制限の度合いに差がある。さらに利用手続きも要・不要の違いがあり、管理・運営の方法もさまざまである。

このように、公共建築は種別による役割の違いや、公共性の「性質」成立のための規制の上に成り立っているといえる。また、公共建築内の空間の性格（秩序）も、その空間に与えられた制限、言い換えれば自由度の違いによって決められているといえる。公共性の条件を利用条件が非排他的であることと非競争的であることとしてとらえると、公共的性格は施設利用者に対する開放状態がオープンな場合に成立するものであり、開放状態はアクセシビリティ、行為の自由度、管理運営の方法などの関連の中で判断されるものと考える。しかし、ここでの「主体」は不特定あるいは多数の集合体であり、当然個の自由度が他の自由度を阻害しない必要がある。そのために空間に制限があるともいえる。このように公共性の成立には相反する側面が関わっていることになる。

■公的領域と私的領域

国家と社会の関係性においての圏域ではなく、単に個人と社会の空間をプライベートとパブリックとしてとらえると、「個人的な」と「集団的な」に置き換えて表現できる。これらの間には、セミ・プライベートやセミ・パブリックとして表現される空間が存在し、個人と集団の相対性の中で判断される概念であるといえる。

一方では個々人の意志によって、個人の領域と帰属する集団の領域に制御を与え、他方では他者の判断によって形成される領域がつくられている。

ヘルツベルハーは『都市と建築のパブリックスペース』の中で、「もし、個人性という言葉が人間の一部を示すものであるとしたら、共同性とは人間の全体もしくは人間の集団を示すことになろう。個人性とは自分自身での方針決定ということにおいて、人間と関わるものだ。しかし、共同性は人間に関わるものでは全くなく、それは『社会』と関わるものなのだ」と述べている。

仮に、空間を扉で2つに分けるとした場合、扉を不透明にするか半透明にするか透明にするか、によって、利用者全員が直感的に公と私のレベルの差を感じることができれば、公私のヒエラルキーサインとして有効となろう。

図-2は、バーナード・チュミ設計でパリ郊外にできたラ・ビレット公園である。誰もが出入りできる公園で、お国柄、時代性によって公共性の性格も変化してとらえられる。

■ジャーナリズムからインターネットへ

公共性の原理の機能変化は、公共性の圏そのものの構造の変化に基づくといえる。新聞や書籍が情報発信の中心となっていた時代は、著者・発行者・印刷所等が特定され、ラジオ・テレビのマスメディア時代に至っても、その情報の責任の所在は明確に示されていた。しかし、近年の急速なIT化により、コンピュータや携帯電話のウェブによる情報の受発信が、マスメディアとは比較にならないほどの巨大な射程と影響力をもつようになった。

公共性の圏が拡張される反面、そこでの情報内容は不確実となり、さらに情報の匿名性により、公共性の圏から離脱しているともいえる。インターネットによる情報量の豊富さや、アクセスの手軽さによる展開と、匿名性がもたらす非公共性によって、公共性の定義がますます混沌になったと感じられる。

（広田直行）

図-3 メンツェングラッドバッハ美術館の屋上公園（屋上が公園化され「まち」と「まち」をつないでいる）

図-4 ラ・ビレット公園（公園はカップル専用?）

20 複 Complex 合化

| Keywords | Interaction 交流 | Dieresis and Connection 分節と接続 | Efficacy of Complex 複合化による効果 |

Books of Recommendation
- 『複合化は新しい機能を提供できるか　施設の複合化の課題』
  日本建築学会大会、建築計画部門PD資料、日本建築学会／建築計画委員会編、1994
- 『都市開発と複合施設』
  鋼材倶楽部編、日本鉄鋼連盟、1988
- 『新しい都市の時代をひらく複合開発』
  鋼材倶楽部、日本鉄鋼連盟、1994

建築計画

■建築の複合化とは

近年，従来のビルディングタイプでは分類できない，多様な機能を併わせもつ建築物が多く誕生している。都心部では，都市再開発の一環として，商業施設，ホテル，オフィス，住宅等が複合化された巨大なコンプレックスが次々と誕生している。また，郊外や地方でも公共施設を中心に複合化された建築の事例は増加しており，今や珍しいものではない。住宅と商業施設等の複合化は，すでに「下駄履きマンション」という形で古くから登場しており，ニュータウンの団地計画などにおいても，この形式は取り入れられてきた。また，オフィスと商業施設，オフィスとホテルなどの複合についても，すでに多くの事例が存在し，これらに対し改めて機能の「複合化」を意識することも少ない。今となっては，これらは一つのビルディングタイプになっているといえるだろう。

ここで，改めて「複合」という言葉の意味をとらえ直す。辞書によると，「2種以上のものが合わさって1つになること」（『広辞苑』岩波書店）とある。建築において，この合わさって1つになることをどのように解いていくべきか，そこに何が生まれるのかを考えることは重要であると考える。

■複合化することの意味

卒業設計では，これまでにない機能，空間への提案性を重視した設計作品を目指す学生が多く，またそうした作品が求められている。そうした課題の中で，既存のビルディングタイプをそのまま提案することは少なく，それらに対する問題提起や新たな提案を行うことが一般的である。そこで，異種のビルディングタイプを複合し提案する作品が卒業設計では多く登場する。

それでは，新たな建築を提案する際，複合することの意味とは何であろうか。「2つ以上のものを合わせて1つにすること」から生まれる効果とは何であろうか。単体であることと複合化されることの違い，そこに発生する新しい関係性，人々の動き等，ここに新しい空間，環境，場を見つけることができるだろうか。

近年多く見られるようになってきた公共施設の複合化事例について見てみると，これまで行政上の所轄や補助金の関係で個別に整備してきた施設が，1つの建物として整備される例も増えつつある。この背景には，諸制度の緩和や自治体の財政状況などさまざまな要因があるといえるが，利用者の利便性を考慮し一体的な複合施設として整備するメリットは大きい。しかしその一方で，複合施設として一体的に整備されているにもかかわらず，エントランスが施設ごとに分けられていたり，受付を別に設けたり，光熱費等の分担を明確化するために施設内を明確な境界により分節するといった事例も少なからず見られる。

はたしてこうした複合化にどのような意味があるのか。複合，合築，併設といった言葉の意味を今一度整理してみる必要があるだろう。

■建築の複合化における課題

ここでは，国内で最も数の多い公共施設である学校施設の複合化を例にあげ，なかでも近年着目されている高齢者施設との複合化について，その課題を示す。

古くからある複合化建築の代表。

図-1　下駄履きマンション

高齢者施設を訪ねる子どもの姿、学校に招待される高齢者の姿、建築の複合化から生まれる活動や風景。

図-2　学校と高齢者施設の複合化

1 複合のしかた

1つの建物に複数の機能を内包させる場合と，敷地内に完全に分棟としてつくられる場合がある。前者の場合にも，入口を分けるなど動線の交わりが起こらないように配慮した設計が多く見られる。

2 境界のつくり方

同じ建物に複数の機能をもたせる際，特に学校施設との複合では，機能や活動によらず，完全に施設機能ごとの明確なゾーニングをするのが一般的である。しかし，その異なる機能のゾーンの間に存在する境界をどのように計画するかにより，機能の混合，共有，人々の交流の図られ方は大きく変わってくる（表-1，表-2）。

3 複合することにより発生する現象

表-2に示されるように，建物が分棟型である，境界を施錠している，アプローチを分けているなど，積極的に交流を招く仕掛けがつくられていない場合にも，スタッフや教師などによる定期的な交流行事などは実施される。また，児童生徒と高齢者が触れ合う交流が不可能な場合も，視線の行き交いなどがあることにより，互いの存在，雰囲気を共有するメリットが得られている。

4 複合することの意味

深刻な少子化が進む今日，学校という巨大な容積をもつ建物を活用するうえで，複数の機能の複合は一般的な方法となりつつある。しかし，今日すでに取り組まれている事例に見られるように，1つの躯体を分節し共存しているだけの複合には，新たな活動の展開，交流の発生を期待することは難しい。一方，そのような場合にも，共存していること，複合されることにより発生する新たな現象が少なからずあることもまた事実である。

（倉斗綾子）

[引用文献]

1,2) 斎藤潔「公立小中学校と地域公共施設との複合化に関する建築計画的研究」東京都立大学大学院工学研究科博士論文

表-1 高齢者支援施設と複合された公立学校における複合形態・管理・運営方式と自然交流の有無（東京都の例）[1]

表-2 複合化の建築形態と相互交流の実態（東京都の例）[2]

21 オープン化
Opening The Facilities

Keywords	Security セキュリティ	Public Spirit 公共心	Accessibility アクセスシビリティ

Books of Recommendation
■『地域施設の計画』
日本建築学会編、丸善、1995

建築計画
地域計画

■オープン化の意義

　公共建築の第一の役割は，住民一人ひとりへのサービスであり，各種建物別に需要にともなう施設機能が計画されている。これらの公共建築がオープン化され，地域住民のより身近に開放された場所として存在することは，公共空間として一人ひとりの個人活動の場所の増加につながり，選択の幅も広がることとなる。これは，地域コミュニティ形成においても，より多くの住民交流の場を供給することとなり，好ましいことといえる。

　また，施設がオープン化することは，特定の目的をもたない利用者の「ぶらり来館」利用や，複合施設においては，来館目的以外の「ついで利用」につながる。これらの「ぶらり来館」や「ついで利用」によって，施設認知度や利用率が高まることは，地域的拠点形成につながる。

　さらに，近年多くみられる複合化された公共施設においては，相互の機能的連携を成立させるために，おのおのの施設のオープン化が必要となる。今後は公共施設整備の方法として，既存施設のストック活用やネットワーク化による補完利用，さらに官と民を連携した大規模な複合化などの増加が予想される。このため，施設オープン化の計画指標と方法論が一層重要になる。

■オープン化されたスペースの特性

　これまでのコミュニティ施設調査から，施設内を予約なしで自由に利用可能なスペース（＝施設内オープンスペース）には，日常性と非日常性の二面性をもつ空間があることが明らかになっている。また，施設によっては，時間や曜日によってオープン化の状況を変更している例もある。このような運用に違いがある空間は，特に大空間である体育室や大集会室などの多目的利用が可能な空間に多い。それは，公共性の「性格」の非競合性と非排除性に起因し，団体利用と個人利用の両方の用途をもつ空間であっても，別々に供給するには面積的に難しいため困じている運用方法と考えられる。

　施設内オープンスペースを設計者の設計意図から特定してみると，この空間には開放空間と非開放空間があることがわかる。開放空間は，文字どおり扉や受付がなく，自由に出入りできるスペースである。非開放空間は，扉はあるが，設置目的として自由な利用を意図したスペースである。また，開放空間のなかでも行為の自由度には違いがあり，その違いの区分線を示す空間形態の視点としては，ハキカエ線，天井形状・天井高，床仕上げ・床レベルなどがあげられる。

図-1　OaZO（外部公開空地）

図-2　OaZO（内部公開空地）

これらの施設内オープンスペースの集積面積が、延べ床面積に占める割合をIOS率（＝Inner Open-space率）とすると、この値は、施設のオープン化の状況を示す指標として有効である。IOS率については、地域性・施設規模・利用圏域などによって異なることが確認されている。

■オープン化の方法

では、具体的にオープン化のためにどのような方法があるかについて考えてみる。

まず、オープン化の概念は、「物理的オープン化」と「制度的オープン化」に大別できると考える。

前者は、文字通り、壁や扉をなくしてスペースの一体化を図ることや、不透明の壁から透明のガラスにすることで視覚的に開放する、など空間構成のオープン化である。例えば、体育館において、アリーナと空間的に連続させて休憩室や控え室を設けることで、練習中の空き時間は単なる休憩に止まらず、他人のプレイを観戦する楽しみができる。大きなイベント時には、各スペースを一体的に利用することで空間の多機能対応も可能となる。また、廊下と調理・陶芸・音楽などの実習室の境壁をガラスにすることで、室内での活動内容が他者にも認知され、おのずと情報発信されていることになる。このほかに、公開空地も物理的オープン化の一つの方法であろう。近年では外部公開空地（図-1）と内部公開空地（図-2）に分けられ、アクセシビリティの向上の寄与に止まらず、内部公開空地はまさに施設のオープン化として位置づけられる。

後者は、施設の運営・管理上の方法である。利用手続きの簡略化、活動内容の情報発信、などを始めとして、施設機能が個々人の要求レベルに対応することが重要となる。また、既成概念を取り払い（オープン化）、施設空間に止まらずに事業を社会に展開することで一施設の機能を越えた多様な活動拠点になる。

■オープン化とセキュリティの関係性

オープン化の促進に相反し、セキュリティの問題が増加する。具体的な問題点としては以下があげられる。
① ホームレスへの対処。
② スペース確保の競争。いわゆる「場所取り」によるいさかいの処理。
③ 団体利用と個人利用の需要バランスによる稼働率の問題。
④ 利用登録団体数と施設規模・圏域の関係からくる需要に対する施設整備状況の問題。
⑤ 非行の発見と対処。
⑥ 公共心の低下による施設維持管理の問題。特に、管理者が常駐していない施設においては、大きな問題となっている。

これらの施設管理にかかわる問題点の解決策が必要となる。

（広田直行）

表-1　オープン化の状況をみる視点

オープン化の状況	：	IOS率
空間形態として	：	物理的開放
		ハキカエ線
		天井形状・天井高
		床仕上げ・床レベル
運営方法として	：	多目的利用の空間
設計意図として	：	設置目的

図-3　江別市コミュニティセンター断面パース（内部と外部の連続性を意図した設計例）

前庭と連続するホール　　キャノピー下の大空間　　ピロティ

22 余暇と共生

Leisure and Coexistence

Keywords: 環境共生 Environmental Coexistence / コミュニティ活動 Community Activity / 生活・居住環境 Living and Residential Environment

生活空間計画
地域施設計画

Books of Recommendation
- ■『成長の限界 ローマ・クラブ「人類の危機」レポート』ドネラ・H・メドウズ、デニス・L・メドウズ、J. ランダース、ウィリアム・ベアランズ3世著、大来佐武郎監訳：ダイヤモンド社、1979
- ■『「成長の限界」からカブ・ヒル村へ』ドネラ・H・メドウズ、カブ・ヒル・コーハウジング、神谷宏活・鈴木哲喜構成、生活書院、2007
- ■『ホモ・ルーデンス』ヨハン・ホイジンガ著、高橋英夫訳、中央公論新社、1963
- ■『果てしなく美しい日本』ドナルド・キーン著、足立康訳、講談社、2002

■生活時間・生活活動・生活空間を考える

厚生労働省の調査によれば、2005年の年間総実労働時間（事業所規模30人以上）は約1,800時間程度となり、この10年間に75時間程度短縮している。その一方で、正社員の労働時間はほとんど短縮しておらず、年間総実労働時間は2,000時間程度と横ばいであり、実質的には労働時間の短縮は進展していない側面も顕在している。また、2003年には15歳以上人口に占める60歳以上人口が50％を超え、本格的な高齢社会に突入している。このような社会的背景において、地域社会環境や生活・居住環境における人々の生活活動を総体的にとらえるうえで、生活時間・生活空間とその相互補完関係が重要な要素として位置づけられよう。

生活時間における労働時間と余暇時間の実態は、18歳から60歳までの生産年齢人口においては、労働時間のほうが長く、余暇時間は短いといわれている。しかし、生涯を通して生活時間を総体的にとらえると、労働時間と余暇時間の相互補完関係は異なってくる。年間総実労働時間を2,000時間程度として、20歳から60歳までの40年間を働くと仮定すれば、生涯労働時間は8万時間程度となる。付随する要素を加算したとしても、10万時間には満たないといわれている。その一方で、余暇時間は、生理的必要時間（睡眠時間等）や労働時間以外の教育期間における拘束時間等を除いておおよそ30万時間程度と推計されている。したがって、「長寿社会の到来は、必然的に余暇の時代を出現させる[1]」ことが指摘されている。

また、生活意識や労働意識の変化により、余暇活動は人々の生活にゆとりや豊かさをもたらす不可欠な要素として認識され定着してきている。余暇は単なる生活における気晴らしや暇つぶしとしてではなく、生活において生きがいや自己実現・自己開発へとつながる活動・時間として、そして生活の力点として人々に認識されてきている。このような余暇意識の浸透は、ともに生きる環境の創出に向けた基礎的構成要素となろう。

■余暇志向・余暇活動・余暇空間を考える

余暇活動を時間的側面からとらえると、余暇活動空間は個室空間、家・庭空間が主要な空間となっているが、空間的側面からとらえると、多様な活動を行う空間としての主要な役割を近隣空間が担う傾向が現れている。また、近隣空間における余暇活動を時間的側面からとらえると、スポーツやショッピングが主要な活動となっており、創作活動も増加傾向がみられている。余暇活動は、個室空間や家・庭空間から近隣空間へと展開されて

参加と協同・協働に基づく共生に向けて

教養・文化活動等の学習や習い事・稽古事等の基礎的活動による知識の習得

↓

創作活動等の練習や応用、サークル・クラブ活動等による新たな価値の創造と参加

↓

人や社会と積極的に関わる活動等に自らの価値を見出し、社会・地域環境に貢献する社会性を有する活動への協同・協働

図-1　余暇志向に基づく自己実現・自己開発

図-2　共生する暮らし（Cobb Hill Cohousing）

いる。

加えて，余暇志向の多様化，生涯余暇時間量の増大，可処分所得の伸び止まり，高齢社会への対応，社会性余暇活動の顕在化等により，余暇志向に対応する近隣空間の余暇環境整備と充実が必要と考えられる。日常生活と直接的に連関する近隣空間は，そこで行われる活動を通して，さまざまな共生が紡ぎ出される場としてとらえることができよう。

■共生を考える――参加と協同・協働

現在，人々の生活は質としての豊かさを求める志向へ，余暇は，非日常から日常へ，成長から成熟へと変化し，創造的志向や社会的な価値の実現につながる貢献等の社会性を有する志向も顕在している。このような近年の余暇環境への関心の高まりは，自由時間を活かし充実させ，自らの喜びや生きがいとして積極的に人や社会と関わる志向として，単なる高齢者福祉に止まらず，地域における生涯学習，地域社会への貢献，地域文化の継承と創出，そして，まちづくりへと展開される。

わが国の人口減少社会において，地域の人的資源や物的資源を積極的に活かし循環する必要性を考えるとき，共生は地域社会・地域環境再生のキーワードととらえることができよう。それは，持続可能な循環型社会の構築につながるものである。

このような持続可能な社会への活動志向は，エコヴィレッジやコウハウジング等の暮らしにもみられ始めている。時間の流れの中で，人・活動・空間の関係性に基づく生活・居住空間計画の視座から共生を広義にとらえると，地域の環境破壊，消費の膨張を減らし，地域固有の自然・歴史・文化等の諸資源を守り発展させるために，個々の生活と自然環境・社会環境とが相互に調和し合い良好なコミュニティを形成・持続し得る，地域に暮らす居住者との共生，そして自然，生物，エネルギー，資源，建築物，その周辺をも含み込んだすべての環境との共生，その多面的なアプローチが必要とされている。

1 ソフト・ハード――同時進行・両面価値づくり

周辺地域を含めたさまざまな生活の場面における単なる生活情報や空間等の提供としてとらえるのではなく，ライフサイクル・ライフステージの変化とともに柔軟に対応可能なサービスとネットワーク，その受け皿空間を築き発展し得る可能性を有する。

2 ひと・こと・もの――タカラモノづくり

長年に渡って培われてきた良好なコミュニティや築かれてきた環境をタカラモノとしてとらえ，単に空間・施設・機能・用途等の更新のみならず，連関する周辺地域の良好な環境創出に寄与する観点をも含み込んだ，次世代に残し得る人に優しい生活・居住空間づくりであることが求められる。

3 発意・感受・合意――居住者主役のまちづくり

さまざまな立場の人々が相互に現状を認識・理解し，イメージを共有・反映することが可能となり，生活環境への考えを具現化していく方策として，参加と協同・協働の概念も大切な要素である。居住者主役の合意形成づくりは，地域の活性化へとつながる重要なプロセスであり課題と考えられる。

（北野幸樹）

[引用文献]
1）『余暇の動向と可能性』瀬沼克彰，学文社，2005

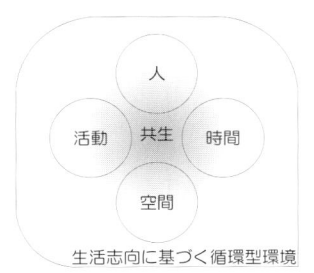

生活志向に基づく循環型環境

図-3　相互浸透関係より紡ぎ出される生活・居住環境

---

① **周辺地域との調和・連関**
：周辺地域を含み込んだ計画と連関する適正な機能・用途・規模・空間・環境づくり
② **適正・維持可能性**
：個々の空間・施設の性能・機能に関する適正な維持可能性
③ **環境形成・保持と資源循環**
：省エネルギーや廃棄物処理の資源循環を含めた地域における適正なライフサイクルコスト
④ **コミュニティ醸成**
：近隣コミュニティ、日常生活圏、地域の公的計画との関係性に基づくまちの担うべき役割
⑤ **メニュー構成**
：イベント、空間・施設展開、規模の拡大・縮小、機能の強化、用途の可変性等
⑥ **プログラム展開**
：現状認識に基づく企画・計画、柔軟性に富む手法、プロセス、事業費、事業手法等
⑦ **継続性・持続性**
：1日・1週間・1カ月・1年～へと展開し続く計画、活動志向への対応、ネットワーク等

↓

参加と協同・協働、そして共生へ
人に優しい・環境に優しい―――人が優しい・環境が優しい

図-4　ソフトとハードの同時進行（社会的環境要素と物理的環境要素の側面から）

23 保存・修復

Conservation, Restoration

Keywords: Authenticity 真実性 / Practical Use 活用 / Context of City 都市の文脈

建築計画 地域計画

Books of Recommendation
- 『建築の保存デザイン 豊かに使い続けるための理念と実践』田原幸夫、学芸出版社、2003
- 『ヴィオレ・ル・デュク 歴史再生のラショナリスト』羽生修二、鹿島出版会、1992
- 『近代建築』オットー・ヴァーグナー著、樋口清・佐久間博訳、中央公論美術出版、1985
- 『デザインの鍵 人間・建築・方法』池邊陽、丸善、1979

■保存修復とは

あり得ない話だが，ローマの都市建築遺産がすべて合理性，利便性の名のもとに現代建築に建て替えられたとしたら，誰が訪れるであろうか。言うまでもなく，現代の生活やデザインがさまざまな時間を積み重ねた多元的な環境の中に息づいていることに魅力があるのであり，一度でも現地を訪れれば，それが「保存修復」によって維持されていることに気づくはずである。

日本においても，木造建築を中心とした長い年月にわたる「保存修復」の伝統がある。また，70年代頃から「歴史的街並み」といった景観的視点から市民を巻き込んでの保存運動が展開されてきた歴史もある。しかし，近代建築についてはいまだ混沌とした状況にあり，機能主義によってつくりだされた建築が，今や保存の対象となってきている今日，それによって豊かに育まれてきた環境を失わないためにも，保存修復の議論を成熟させることは，われわれにとって急務であろう。

読んで字のごとく「保存修復」とは，「存在を保つために，修理復原する」ことであり，創造力が求められる現代建築では「後ろ向き」と揶揄される風潮があった。それは，重要文化財のを保存修復するように，国家の管理のもとで永久的に原形をとどめようとすること（これは対象となる建築にとっては重要なことであるのだが）に比重をおいていたことにより，博物館などの「動きのない」活用例が大半を占めていたことからもくるものであろう。

しかし近年，地球環境保全の理念も追い風となり，「社会的ストックとしての建築を，大切に使い続ける」という動きが高まっていることも見逃せない。いまこそ，かつての文化財的保存から，いきいきとした環境づくりのための保存（創造的保存）へと大きく転換するためにも，「保存修復」は建築史の領域を超えて，現代の建築デザインの重要課題であることを認識してほしい。

■保存修復の意義

保存修復は「時間を引き継ぎ，次代につなげる行為」であり，身の回りの生活空間を，真に豊かなものとするための「手段」である。よって，そのやり方（手法）次第で，その豊かさを失う場合もあれば，より輝きを増す場合もある。さも保存に配慮していることを装うためにファサードの皮一枚残しただけの「アリバイ的な保存」もあれば，N.フォスターのカレ・ダール（ニーム／フランス）のように，熟慮された結果としての「壊すという保存」もあるのだ。要は，その豊かさを保全する

図-1 ミラノプロジェクト1994（ドムスアカデミー修了作品：内田尚宏）
イタリア各地に存在する修復現場を一時開放することで「保存とは何か?」を問うプロジェクト。仮設のユニットが各修復現場を巡回することで，修復現場が移動博物館となる。

修復中の建物内部では，フレスコ画やアーチの修復過程を見ることができる。

夜景。養生シートに修復中の人の動きが浮かび上がる。

図-2 「壊すという保存」ニームのカレ・ダール（1984年国際コンペ案 フォスターアソシエイツ／撮影：山崎俊裕）
ローマ時代の神殿メゾン・カレと広場をはさんで対時していた旧劇場の遺構を解体し，現代建築で置換。「モノ」ではなく「空間」を保存した。

ために「何を受け継ぐのか」が問われているのである。また，現代の創造的保存は「いかに使い続けるか」にその本質がある。そのための重要なカギは「活用や転用」のアイデアにあるだろう。「どのようなプログラムをもって，その価値を受け継ぐのか」を見きわめてほしい。

しかし，現実的には経済至上主義的価値観や新築を前提とした現行法体系の壁はいまだ厚く，その「文化的」価値観がすべて認知されることは難しい。また，日本の場合，地震に対する「安全性」と文化財としての「真実性（オーセンティシティー）」が相矛盾し，建築に大規模な補強をすることが必要になる場合が多い。その結果，建築の歴史的価値が損ないかねないのである。使い続けることが現代の保存の本質である以上，「安全性」は最優先されるべきものであるが，受け継ぐべきものからぶれることなく，バランスのとれた解決策を導き出せる能力も，これからの保存に携わる建築家に求められる大切な条件の一つになるであろう。

■保存修復の課題

建築には耐用年数があって，それを過ぎると「保存か解体か」という議論が始まるものではなく，そもそも建築は，メンテナンスされながら存在するもの（存在を保つ＝保存）であって，その時代背景や状況に応じてかたちや用途を変えながら使い続けていくものなのだと思う。そういった意識が設計者に浸透していけば，「保存・修復」，「再生」といった言葉の意味も変容してゆくであろう。ここでは，現在の保存デザインを卒業設計のテーマとする場合の課題を以下に示すこととする。

1 保存デザインとオーセンティシティー（真実性）

建築の保存デザインを考える場合，大別して，①修復（Restoration），②置換（Replacement），③付加（Additions）の3つに手法が考えられると思われる。おそらく，卒業設計のテーマとして「保存」を取り上げる場合，前述したように，使い続けるための「活用や転用」のアイデア，それを実現するためのプログラムが重要なカギとなるだろう。若々しい斬新なアイデアやデザインを期待することはもちろんだが，それを強調するあまり，オリジナルの建築の価値が損なわれるとしたら本末転倒である。手法にとらわれることはないが，オーセンティシティーについては慎重に考えてほしい。「何を残したのか」もわからないうえ，保存すべき建築を自らの作品のための下地にしているような，現代建築家の作例もあるが，大切なことは先人の創造行為に対し敬意をもって接し，偽造することなく正しく後世に伝えることである。

2 周囲の環境との関係を考える

2006年度の東海大学の卒業設計の中に，江ノ島をテーマにしたものがある（江ノ島リノヴェーション―記憶の建築化）。綿密な調査・分析を踏まえたうえで，島を埋立て地から切り離す（元の形態に修復）というアイデアに驚いたが，このような地形そのものを疑い，ランドスケープと結びつけて提案することもあっていいと思う。また，都市型建築の場合，歴史的文脈の読み取りが重要なことは言うまでもない。建築は自立したものではなく，その背景となっている都市の文脈（時間的堆積）によって活かされているものである。単体としての建築がその地域や都市と結びつくことで，より広がりのある提案とすることもできるだろう。

3 持続のためのプログラムを考える

現実的には，その建築を維持するために資金や組織づくりの面で越えなければならない課題は多い。その計画が「絵空事」に終わらないよう，自分なりの判断基準を明確にしたうえで，リアリティのあるプログラムを設定されたい。（内田尚宏）

［参考文献］
1）『建築の保存デザイン 豊かに使い続けるための理念と実践』田原幸夫，学芸出版社，2003

図-3 「日本の近代建築再生例01」
外観は修復のみ。中庭側に現代の広場を構成するためのフレームを付加し，新旧を対比している。（新風館／旧京都中央電話局）

図-4 「日本の近代建築再生例02」
中庭側にガラスアーケードを明らかに現代のものとわかるように付加。倉庫の彫りの深い窓のオーセンティシティーを維持する過去の時間の堆積を表現している。（ヨコハマ赤レンガ倉庫）

図-5 「歴史的町並みの中の近代建築保存プロジェクト」川越町町＠家プロジェクト 2003：内田尚宏
蔵造りで有名な小江戸川越は，観光地化の陰で，城下町時代から受け継がれてきた時間的，空間的に厚みをもった町としての魅力が失われつつある。このプロジェクトは，現在廃墟となっている近代建築とそれに向き合う更地に「奥行き」を再生することをテーマに「道のような建築」を構想したものである。

24 スケルトン・インフィル

Skelton・Infill

建築計画 / 構造計画

| Keywords | Open Building オープンビルディング | Sustainable サスティナブル | Housing Complex 集合住宅 |

Books of Recommendation
- 『SI住宅』建築思潮研究所編、建築資料研究社、2005
- 『NEXT21 その設計スピリッツと居住実験10年の全貌』「NEXT21」編集委員会編著、エックスナレッジ、2005
- 『サステナブル集合住宅 オープンビルディングに向けて』Stephen Kendall and Jonathan Teichier著、村上心訳、技報堂出版、2006
- 『地球家族 世界30カ国のふつうの暮らし』マテリアルワールド・プロジェクト（代表ピーター・メンツェル）、TOTO出版、1994

■スケルトン・インフィルとは

　スケルトン・インフィル（SI）は、集合住宅のあり方としてユニバーサルデザインと同じように一般に広く知れる言葉となった。スケルトン・インフィルの「スケルトン」は共用部分、つまり一般に躯体のことで、「インフィル」は私有部分、つまり中身のことである。高田光雄は『NEXT21』の中で、「スケルトン」を基幹的・共同的・耐久的性質が強い社会的部分、「インフィル」を末端的・個別的・消耗的性質が強い内装等の私的部分、と説明している。耐久性を求められる構造や共用設備といった「スケルトン」と時代の変化や居住者の生活スタイルの変化に合わせて可変する「インフィル」を組み合わせることで、長寿命で柔軟な生活空間をつくり上げることを目的としている。サスティナブル（持続可能）という考えが定着してきた現在、スケルトン・インフィルは建築関係者だけでなく一般の人々にも徐々に浸透し、新たな建築のあり方の一つとして認識され始めている。

■歴史的背景と事例

　あまり耳慣れない言葉かもしれないが、スケルトン・インフィルはオープンビルディングという考えがもとになっている。オープンビルディングとは、1960年代にオランダの建築家ニコラス・ジョン・ハブラーキンが提唱したもので、インフィル（内装設備）、サポート（躯体）、アーバンティッシュ（街並み・街区）をそれぞれふさわしいデザインとすることで、住み続けられる住環境をつくり出そうという考えである。

　日本でスケルトン・インフィルの先駆けとなったのが、日本住宅公団（現在の都市再生機構）のKEP（Kodan Experimental Project）である。KEPシステムは、躯体と内装部分を分離するシステムとして1973年から試作住宅実験が始まった。1998年以降は、KEPの技術と実績をもとに居住者の要求も組み込んだKSI（Kodan Skelton Infill）住宅が誕生した（都市住宅技術研究所資料による。都市再生機構の都市住宅技術研究所は、事前に申し込みをすれば見学可能）。

　スケルトン・インフィル住宅の代表例は、都市基盤整備公団の東雲キャナルコートCODAN、実験住宅として実施された大阪ガスNEXT21（1994年）（図-1）などがあげられる。NEXT21については、試行10年後の2005年に、その成果（「NEXT21 その設計スピリッツと居住実験10年の全貌」）が報告されている。

　住宅以外のスケルトン・インフィルの例として代表的なものは、そのコンセプトがデザインとなり社会性をもった黒川紀章の中銀カプセルホテルであろう。作家性・作品性・時代性を象徴する形となっている。また、既存の建物をスケルトンとして使用したコンバージョンの例は、東京国立近代美術館工芸館（近衛師団司令部庁舎から美術館に変更）やラティス芝浦（オフィスから集合住宅に変更）（図-2）など数多くある。最近の建物は用途変更しやすいように、もしくは手を加えることなくそのままの状態でさまざまな用途に使用できるように、設計時から工夫しているものも増えてきている。

■スケルトン・インフィルの可能性

1 スケルトン

　どんなモノがスケルトンになりうるか。スケルトンを箱と考えるか、線と考えるか、点と考える

図-1　大阪ガス実験集合住宅NEXT21

か。建築界でスケルトンといえば一般的には箱のようなものと考えるであろう。例えば，引き出しや弁当箱のようにある程度の用途は決まっていても，人によってその空間の使い方は異なり中身もばらばらだが，何をどのように入れてもサイズが合えばきちんと収まる。そのような箱をつくるのか，それとも血管，食道，電線，ケーブルのような管，線，幹をつくるのか，はたまた脊髄，脳といったコアをつくるのか，スケルトンを高田が言うように，基幹的・共同的・耐久的性質が強い社会的部分とのみとらえると，さまざまな形がスケルトンになりうる。

そのスケルトンも，既存のものを使用するのか，それとも新たにつくり出すのかで，その役割や表現方法は異なる。既存のものを使用するときはインフィルとの相性はどうか，"帯に短し，襷に長し"ではないかを問い，新しく建てるのであれば今あるものを壊してまで，もしくはその空間をなくしてまでつくる必要があるのかなど，考えることは尽きない。

2 インフィル

インフィルを高田の言うように，末端的・個別的・消耗的性質が強い私的部分と考えると，インフィルの設計が本当に必要なのかがまず疑問となるところであるが，少なくても建築家としての提案や現段階での最善策の提示は必要であろう。

もしスケルトンに既存のものを利用するのであれば，そのスケルトンからインフィルの形や内容が導き出されるであろう。スケルトンのもつ個性，立地や周辺環境，時代性，社会状況などから判断し，今必要とされているもの，そのスケルトンだからこそ生み出されるインフィルが必然と形づくられる。スケルトンが独特な建築的特徴をもてばなおのことおもしろい。建築家の腕が試されるというものだ。

もしスケルトンから設計するのであれば，インフィルに利用者や社会の要求をどの程度反映させるのか，また設計者としての提案はどう盛り込むのかが問題となる。スケルトンが箱のようなものであれば，そのサイズや中の可変性が問題になるであろうし，線や幹のようなものであれば，運河の船着場のようにあらゆるところに着岸する可能性や，木の幹のようにさまざまな方向へ枝分かれしていく可能性をもつ。スケルトンがコアであれば，果物のように種を中心に膨らんでいくようなインフィルもあろう。もしかすると，四次元空間も頭において考える必要があるかもしれない。

3 システム

スケルトン・インフィルの設計では，そのシステムを提案することもできる。実際に敷地を決めてつくる必要はなく，どこかで使える，どこでも使えるスケルトンとインフィルのシステムである。持続可能な社会を可能とするために，スケルトンを核にしてインフィルが循環するような建築はできないものか。

■今後のスケルトン・インフィル

スケルトン・インフィルという考えが出てきてからかなり年月が経っており，今までの取り組みにはある程度答えが出ているといえる。そこでスケルトン・インフィルは，次の段階へ移る時期にきていると考えていいだろう。『地球家族 世界30カ国のふつうの暮らし』（TOTO出版）では，30カ国もの世界の暮らしをスケルトンとインフィルに分けて写真で紹介している。スケルトン・インフィルといっても，実際にはスケルトンが彼らの住宅で，インフィルが家財道具一式である。しかし，これだけ多様なスケルトンとインフィルを紹介されると，そのあり方というものをもう一度考えさせられる。今までにないスケルトン・インフィルの解釈，さまざまな取り組みであらわになった問題点への対応策など，潜在的な可能性が大いにあるテーマといえよう。

（亀井靖子）

図-2 ラティス芝浦（左：外観、右：内部）

25 3R 3R (Reduce, Reuse, Recycle)

建築計画／都市計画

| Keywords | Sustainable Society 循環型社会 | Long Life 長寿命 | Ecology 生態学 |

Books of Recommendation
- 『循環型社会白書（世界に発信する我が国の循環型社会づくりへの改革）我が国と世界をつなげる「3R」の環』環境省編、2006
- 『都市 この小さな惑星の』リチャード・ロジャース＋フィリップ・グムチジャン著、野城智也・手塚貴晴・和田淳訳、鹿島出版会、2002
- 『地球共生 美しいこの星を守りぬくために』月尾嘉男監修、講談社編、講談社、2006
- 『不都合な真実』アル・ゴア著、枝廣淳子訳、ランダムハウス講談社、2007

■3Rとは

3Rとは「Reduce（リデュース／廃棄物の発生抑制）」「Reuse（リユース／再使用）」「Recycle（リサイクル／再生利用・再資源化）」のことである。

2004年6月に米国・シーアイランドで開催された主要国首脳会議（G8サミット）で小泉首相が3Rの取り組みを通じて、地球規模での循環型社会づくりを推進しようという「3Rイニシアティブ」を提唱し、G8の各国首脳の間で合意された（『循環型社会白書』より）。

日本は循環型経済社会システムをつくり出すために、2010年度までに最終処分量を産業廃棄物、一般廃棄物ともに1997年度比で半減し、再生利用率を産業廃棄物で47％、一般廃棄物で24％にするとともに、資源生産性（GDP／天然資源等投入量）を39万円/tに増加する等の目標を定めている（経済産業省3R政策より）。平たく言えば、循環型社会とは環境にやさしい社会のことである。

現在、身近に行われている3Rをあげてみよう。Reduceでは、食品ストアなどでビニール袋を減らす運動や過剰包装を減らす努力をしている。Reuseでは、昔から行われているビール瓶や牛乳瓶の再利用や若者に人気のフリーマーケットがある。Recycleでは、古紙がトイレットペーパーに、ペットボトルがフリースのジャケットに生まれ変わって活躍している。きっとほかにも身近なところに3Rは山ほどあるだろう。もちろん建築でも、解体現場や建設現場ではごみの分別が徹底されており、資源ごみのリサイクルも行われている。コンバージョンやリノベーションなど既存の建物の再利用も盛んになってきた。

■政府の掲げる課題

経済産業省は3R分野で、特に重点的な取り組みが重要になると思われる課題4つ「最終処分量削減」、「建設ストック（建設廃棄物）」、「金属資源3R」、「3Rエコデザイン・再生生産技術」について詳細なロードマップを示している。最終的にはどの分野もつながっているが、建築に直接関係してくる課題は、2番目の「建設ストック」と4番目の「3Rエコデザイン・再生生産技術」であろう。

「建設ストック（建設廃棄物）」については、今までに建てられたものとこれから建てられるものに分け、必要な技術や対象物をあげて、短・中・長期計画についてまとめている。具体的には、建物のメンテナンス、アスファルト・コンクリート等の建設廃材リサイクル技術、省エネ・省資源へのシステムなどの項目があげられている。

「3Rエコデザイン・再生生産技術」についてはライフサイクルの設計、3R共通要素と各要素に関する設計技術の開発・高度化がまとめられ、その内容は流通や管理にまで及んでいる。

環境省による産業廃棄物の業種別排出量（図-1）を見ると、建設業の占める割合が高いことがわかる。われわれが何とかしなくてはならない。

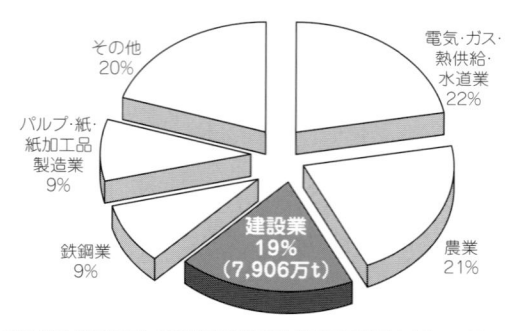

総量417,156万tで、建設業は産業廃棄物排出量の19％を占めている。
図-1 産業廃棄物の業種別排出量（環境省）

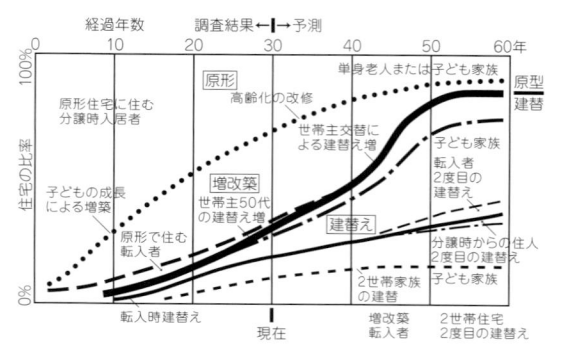

図-2 時系列で見た住宅改変の実態と予測

■建築分野からのアプローチ

　社会の一番小さい単位は家族というが，建築では住宅設計がすべての建築設計の基本である。そこで住宅から3Rへの取り組みを考えてみよう。3Rの目的は地球規模での循環型社会をつくることであるが，その解決策の一つに建物の長寿命化がある。日本の住宅の平均寿命は約30年ときわめて短い。そこで今まで行われてきた建設廃材，産業廃棄物を増やすスクラップアンドビルトを減らし，省エネ・省資源を目指すことを考える。

　図-2は時系列で見た住宅改変の実態と予測を，図-3は住宅改変のしくみを示している。図-3が示すように，家族構成の変化やライフステージ，ライフスタイルの変化，所得・貯蓄といった状況から派生する居住者の住要求と住宅がバランス（均衡）を保っているときには住宅改変は起こらない。しかし，居住者の住要求と住宅の間にギャップ（離齬）ができたときに増築，改築，建替え等の住宅改変が行われる。

　住宅の寿命を延ばすためには，建替えを減らせばよい。建替え理由には内外装の汚れ，耐震性や耐久性，築後年数などの「住宅の老朽化」，子どもの成長，高齢化，二世帯などの「家族生活の変化」，生活レベルの向上や間取りの改善といった「住生活の快適性」がある。どのようにしたら，住宅を建替えることなく居住者の住要求に応えることができるであろうか。

　「住宅の老朽化」に対しては，躯体の耐震性・耐久性の向上，外装材の開発，メンテナンスフリーなどが考えられる。「家族生活の変化」には，フレキシビリティ，住替えのしやすさ，ユニバーサルデザインなどがキーワードになろう。「住生活の快適性」が一番難しい。人間の欲が入ってくるからであり，技術開発だけでは解決できないからである。

　しかし，こういう部分こそ建築家の腕の見せ所ではないか。「時代に流されないデザイン」や「時代を象徴するデザイン」は，建物に価値が生まれるため容易な建替えが防げる。例えば，オーストリアでは公共住宅を有名建築家に頼むことで建物の質を上げ，さらにはデザイン価値，後々の歴史的価値を高めることに成功している。最近では，東雲キャナルコートCODANの設計者が山本理顕や隈研吾などであるように，日本でも有名建築家を公共住宅の設計に起用し始めた。

　「住生活の快適性」への解決策は，住宅内部の設計だけにとどまらない。外とのつながり，地域とのつながりをもたせることで，その景色なくしては地域が成り立たないというような豊かな空間を生み出すことも可能であろう。住戸をセットバックさせるだけで地域とのかかわりが生まれ，ふっと一呼吸できる空間が生まれる（図-4）。また，既存建物の余分な部分や使われていない部分を削ることで，より質の高い住環境をつくり出す「減築」という考えも数年前から活発に議論されている。

　こうした住宅への取り組みや考えは，公共空間や都市など規模の大きなものの設計にもつながる。「住宅」という言葉を「駅」に置き換え，「居住者」を「乗客」もしくは「利用者」に置き換えてみよう。さらには，「住宅」を「地球」に，「居住者」を「地球人」に置き換えれば，そのまま地球規模の循環型社会を目指すことになる（地球は建替えられないが…）。

■3Rの発展系

　最後に，最近では月尾嘉男が，3RにRepairとRenewalを加えた5Rを提唱している。Repairは修理して何度でも使うこと，Renewalは太陽エネルギーなどの活用で再生が可能な素材やエネルギーを使うことである。さらに有馬孝禮が，必要ないもの，無駄なものを断るRefuse（拒絶），プラスチックや紙，木材などの有機物の燃焼による利用であるRecover（熱回収），持続的生産に人類自らがかかわるRenew（再生産）をあげていることにも触れておく。

（亀井靖子）

［参考文献］
経済産業省：「3R政策」
http://www.meti.go.jp/policy/recycle/index.html
財団法人クリーン・ジャパン・センター
http://www.cjc.or.jp/school/index.html

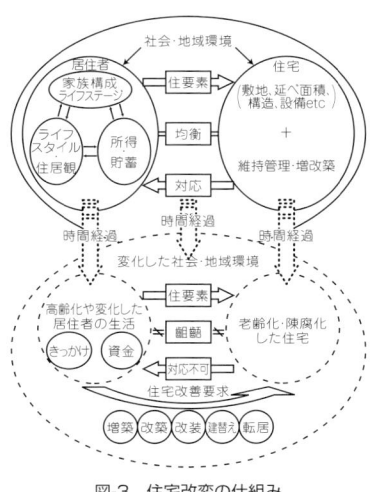

図-3　住宅改変の仕組み

図-4　東京町家「9坪の家」（設計：伊礼智）
住宅をセットバックさせることで外と中のつながりを生み出す。室内は広く感じ，また周辺環境にはゆとりを与える。

26 自然環境

環境工学
建築計画
都市計画

Keywords: Natural Environment 自然環境 / Cultural Environment 人文環境 / World Heritage 世界遺産 / Global Environmental Problem 地球環境問題

Books of Recommendation:
- ■『新建築学大系8　自然環境』
  木村健一・吉野正敏・村上周三・森山正和・荒谷登、彰国社、1984
- ■『成長の限界　ローマ・クラブ「人類の危機」レポート』
  ドネラ H.メドウズ、デニス・L・メドウズ、J.ランダース、ウィリアム・ベアランズ3世著、大来佐武郎監訳、ダイヤモンド社、1972
- ■『世界遺産（全12巻）』
  ユネスコ、講談社、1996

■環境の原点

イギリスの精神科医ドナルド・ウイニコットは，人間の環境の原点は無意識化される対象，すなわち「ホールディング＝抱えること」であると論じている。われわれは恵まれた環境や快適な環境のもとでは，自分達の身の回りを取り巻くさまざまな環境そのものの存在を忘れてしまうことが確かにある。幼児期に親に抱えられたことを記憶している大人は，きわめて少ないであろう。

また建築・都市環境では，快適な温熱環境にある部屋や建物内から出る際に，温熱環境の変化を知覚し，はじめて自分がそれまでいた環境の存在を認識する。物的環境だけでなく，学校・会社・近隣等の社会的環境や人的環境の移行によっても，われわれは確かに環境の存在を改めて認識することがある。

日常の生活環境や社会環境を離れて山や海等の自然環境を求めて移動することも，人間が生理的・本能的に有する「環境移行」行動の現れとみることができる。すなわち人間は時々刻々変化する周りの環境に対して，無意識と意識の間を行き交いながら，自分を抱える環境の存在を知覚し，その価値を再認識する生物であるといえる。

■自然環境とは何か

「自然環境」という用語を，辞典で調べてみると「人間や生物を取り巻き，その生存や行動などに密接な関連をもつ，土地・大気・水・生物などからなる自然界の状況」（『大辞林』），「原生自然から身近な緑まで，地形，地質，植生，水面等の自然的要素によって構成される環境」（『建築学用語辞典　第2版』）とある。土地には山・谷・中洲・丘陵・扇状地・海岸・半島等，多様なものがあり，地質にも土・岩・泥・砂・砂利等，多様なものが存在する。また大気には空気・水蒸気のほか，各種の組成物が存在し，その場所の気候や気象条件により日照・日射，雨・風雪をもたらす。雨雪は大地を流れる水流となり，その一部は植物の吸水・蒸発作用により再び大地や大気中に還元される。雨雪は河川・湖沼・海・氷河を形成し，一部は大気と恒常的に循環を繰り返している。

「自然環境」に対しては，人間の社会的，経済的，文化的活動等，人間の諸活動により形成される環境の総体としての「人文環境」という概念が考えられる。「人文環境」には人間の社会・経済活動（居住・教育・学習・労働・医療・福祉・交通），文化的活動（趣味・娯楽・余暇），さらに人間を含むすべての生物の存在と相互関係が含まれる。

表-1　世界遺産登録基準

	登録基準項目	事例数(2006年7月現在)
文化遺産基準	(i) 人類の創造的才能を表す傑作である。	644
	(ii) ある期間，あるいは世界のある文化圏において，建築物，技術，記念碑，都市計画，景観設計の発展における人類の価値の重要な交流を示していること。	
	(iii) 現存する，あるいはすでに消滅した文化的伝統や文明に関する独特な，あるいは稀な証拠を示していること。	
	(iv) 人類の歴史の重要な段階を物語る建築様式，あるいは建築的または技術的な集合体または景観に関する優れた見本であること。	
	(v) ある文化（または複数の文化）を特徴づけるような人類の伝統的集落や土地・海洋利用，あるいは人類と環境の相互作用を示す優れた例であること。特に抗しきれない歴史の流れによってその存続が危うくなっている場合。	
	(vi) 顕著で普遍的な価値をもつ出来事，生きた伝統，思想，信仰，芸術的作品，あるいは文学的作品と直接または明白な関連があること（ただし，この基準は他の基準とあわせて用いられることが望ましい）。	
自然遺産基準	(vii) 類例を見ない自然美および美的要素をもつ優れた自然現象，あるいは地域を含むこと。	162
	(viii) 生命進化の記録，地形形成において進行しつつある重要な地学的過程，あるいは重要な地質学的，自然地理学的特徴を含む，地球の歴史の主要な段階を代表とする顕著な例であること。	
	(ix) 陸上，淡水域，沿岸および海洋の生態系，動植物群集の進化や発展において，進行しつつある重要な生態学的・生物学的過程を代表する顕著な例であること。	
	(x) 学術上，あるいは保全上の観点から見て，顕著で普遍的な価値をもつ，絶滅のおそれのある種を含む，生物の多様性の野生状態における保全にとって，もっとも重要な自然の生育地を含むこと。	
複合遺産基準	上記文化遺産基準(i)～(vi)，自然遺産基準(vii)～(x)の両方で登録されたもの	24

表-2　地球環境・建築憲章

長寿命	・住民参加による合意形成
	・新しい価値の形成
	・建築を維持する社会システム
	・維持保全しやすい建築の構築
	・変化に対応する柔軟な建築
	・高い耐久性と更新の容易性
	・長寿命を実現する法制度の改革
自然共生	・自然生態系を育む環境の構築
	・都市部の自然回復，維持，拡大
	・建築の環境影響への配慮
省エネルギー	・地域の気候にあった建築計画
	・省エネルギーシステムの開発と定着
	・建設時のエネルギー削減
	・地域エネルギーシステムの構築
	・自然エネルギーの活用に対応した都市の空間構成
	・省エネルギーに寄与する交通のための都市空間
	・省エネルギー意識の普及・定着
省資源循環	・環境負荷の小さい材料の採用
	・再使用，再生利用の促進
	・木質構造および材料の適用拡大
	・建設副産物の流通促進による廃棄物の削減
	・生活意識の変革と行動への期待
継承	・良き建築文化の継承
	・魅力ある街づくり
	・子どもの良好な成育を促す環境整備
	・継承のための情報の整備

■自然環境の様相と今日的課題

世界の自然環境にはいろいろな様相がある。太古の昔に形成された地形や地層は，その地域特有の気候・風土により多様かつ固有な風景を形成してきた。世界的な自然環境と生態系保護の動向としては，湿原の保存を目的とした「ラムサール条約」，そして生物多様性の保全，その構成要素の持続可能な利用および遺伝資源の利用から生じる利益の公正かつ衡平配分，以上3つを目的とした「生物多様性条約」（2006年現在188カ国＋EC加盟）等がある。

わが国の湿地帯や沿岸域には渡り鳥をはじめ実に多様な生物が生息するが，高度成長時期には十分な環境アセスメント調査が行われないまま，湿地帯や河川・河口，海岸・干拓地が埋立てや護岸工事で変容し，山岳地帯では生態ネットワークを分断する道路建設やゴルフ場・スキー場の大規模開発が進められた。しかし近年，自然環境や生態系に配慮しながら，持続可能な人文環境の保全・創出を目指すサスティナブルデザインや修復型デザインの意識が高まり，開発されたものを可能なかぎり原風景に戻そうという試みも萌芽しつつある。都市の緑地再生や公共空間の再構築を目指したダウンゾーニングや，密集地域の減築提案等も今後取り組むべき課題といえよう。

■世界遺産

世界の自然環境保護に対する最も大きな取り組みは，ユネスコによる世界遺産の指定である。世界遺産は2006年7月現在，830（文化遺産644，自然遺産162，複合遺産24）存在し，日本では13が登録されている。このうち自然遺産は屋久島，白神山地，知床の3箇所である。自然遺産の保護は人類の恒久的課題であり，人文環境の構築にかかわるすべての人間は，世界遺産に対する深い理解・認識と，保全のための課題・対応策について積極的に取り組む必要がある。日本を代表する富士山は，世界遺産指定の声がこれまで何度となくあがったが，ゴミの多さや森林資源の管理保全体制が組織化されていないことなどから，いまだ世界遺産の登録は厳しい状況にある。

■地球環境問題

世界の人口は現在増加の一途をたどっており，人口の増加にともなうエネルギー，食料資源，産業，大気汚染等，地球規模の課題が多数存在する。全地球的な視点で資源・人口・軍備拡張・経済・環境破壊等の問題に取り組む国際的シンクタンク機関「ローマクラブ」は，1972年にまとめた研究報告「成長の限界—人類の危機」において，人口増加や環境汚染の傾向がそのまま続けば，100年以内に地球上の成長は限界に達することを示した。また，続く1992年のレポート『限界を超えて生きるための選択』では，資源採取や環境汚染の行き過ぎによって21世紀前半に破局が訪れるという，さらに深刻なシナリオが示されている。

これらの問題提起に対する動きとしては，気候変動に関する政府間パネル（IPCC）の組織化や温室効果ガス抑制を目指した京都議定書の策定等が行われている。日本建築学会が中心になって建築関連団体が2000年に制定した提言として「地球環境・建築憲章」がある。この憲章では①長寿命，②自然共生，③省エネルギー，④省資源・循環，⑤継承の5つの骨子が今日的課題として示されている。またこの憲章に対応すべく，2005年には都市の発展と制御に関して①市場経済主義信仰からの脱却，②緑地の確保と社会制度の保障，③都市建築の制御・市民参加，以上3つの柱からなる提言が日本建築学会でまとめられており，ぜひ一読を薦めたい。

（山﨑俊裕）

図-1 第二の高峰K2（撮影：東海大学山岳部K2遠征隊）

図-2 長年の河川の侵食によって形成された大自然渓谷グランドキャニオン

図-3 海と共存しながら信仰対象となっている厳島神社（撮影：小沢朝江）

図-4 資源開発で失われた斜面緑地再生事例（淡路夢舞台／安藤忠雄）（撮影：藤田大輔）

図-5 修学院離宮庭園の景観（撮影：小沢朝江）

図-6 文化的景観を創出する棚田と集落（長崎県諫早市けやき団地／現代計画研究所）

27 風土 Climate

建築計画 / 地域計画 / 環境デザイン

Keywords	Topography 地形	Climate Condition 気候条件	Human Habitat 集落

Books of Recommendation
- ■『風土　人間学的考察』和辻哲郎、岩波書店、1935
- ■『風土論序説』オギュスタン・ベルグ著、中山元訳、筑摩書房、2002
- ■『集落の教え100』原広司、彰国社、1998
- ■『集落探訪』藤井明、建築思潮研究所、2000

■風土とは何か

われわれは風土という言葉を普段何気なく使っているが，風土とはそもそもどのような概念であろうか。百科事典には「風土とは人々に意識され，その生活・文化・産業に影響を与え，また人々によって耕され，変化させられていく自然。風土は気候と土地とを意味するが，それは単純なる自然ではなく，人間の存在を前提とし，その活動の基礎となる自然環境を指している。従ってそれは国々により，地域によってそれぞれの特色をもつ」（『平凡社百科事典』）とある。風土の概念・意味は気象・地形等の自然環境やその場所の物理現象だけでなく，固有の人間の生活文化を含む総合的な概念を指すようである。

和辻哲郎は『風土　人間学的考察』の中で，日本やアジアのモンスーン的風土を特殊形態ととらえ，日本は熱帯的・寒帯的であることから二重の性格を有していると考察し，日本人の情緒・感性や物に対する考え方は，自然を抜きにしては語れないことを指摘している。また和辻の著書に影響を受け，哲学と地理学の両視点から独自の風土論を展開するオギュスタン・ベルグは，「風土」という日本語に対して，地理学上人間が居住可能な地域を意味するギリシャ語「エクメーネ」と，広義の環境ないしは人間集合・存在を意味するフランス語「ミリュー」とを同時に対応させている。現代の社会的状況や技術的状況の中で風土という概念は徐々に薄らいでいるが，建築・集落・都市のデザインは，本来その場所の気候・地理・生活文化と密接に結びつくもので，また歴史的な文脈の中でもそのあり方を論じる必要があろう。

■風土と建築・集落・都市の様態

1 気候と建築・集落・都市のデザイン

ル・コルビュジエは，デザインに困ったらアルジェリアのガルダイアへ行けといった言葉を残している。集落・建築・都市のデザインソースは必ずしも気候の良い場所だけでなく，気候の悪い場所・厳しい場所でも，そこに居住する人の英知や創意・工夫によってさまざまなものが創出されている。世界各地の風土と集落・建築・都市デザインの関係を深く読み解くことは，その意味で有用な知見になる。

世界の風土を学ぶためには，まず地理学上の気候区分が重要になる。世界の気候区分としては，ケッペンが植生分布に着目して分類したものが基本となっている。日本の気候区分は，ケッペンの気候区分をもとに，複数の気候学者により細分化されたものが提案されており，特に吉野正敏は各地の気温と降水量から日本の気候区分を323に小区分している。

日本の高温多湿の気候は，古来より木造の建築文化を形成し，通風性を確保するため開放的な空間となった。日本建築の特質は，内部から外部空間まで視覚的に連続する空間であり，外部の庭園や自然風景を内部に借景として取り入れることを古来から求めてきた。また，間口が狭く奥行きの

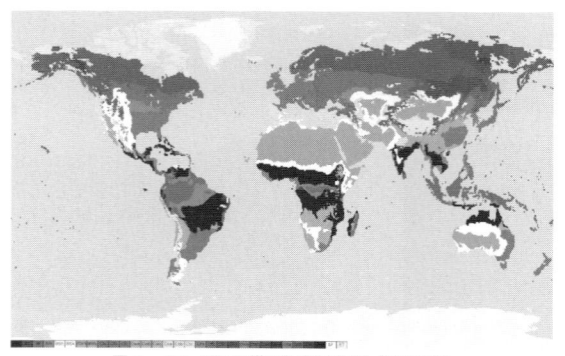

図-1　ケッペンの世界気象区分図（31区分）

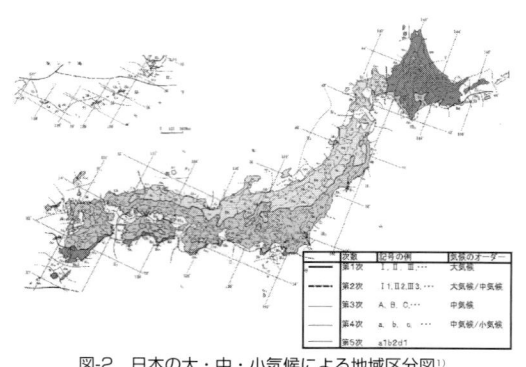

図-2　日本の大・中・小気候による地域区分図[1]

長い京都の町家では，建て込む都市住宅群の中で中庭と通り土間を用いてプライバシーを確保し，外部空間に対する開放性を確保している。

地面から床を上げて床下の通風を確保する建築形式は，高温多湿のアジアモンスーン地域の住居に多く見られるものである。通風性を確保することは，木造建築の耐用年数を延ばすと同時に，居室内部の快適性の確保や食物保存等に有効な手段であった。

開放的な日本の建築に対して，湿度の低いヨーロッパや乾燥少雨の中東・北アフリカの気候では，通風のための大きな開口部や高床は不要となる。特に砂漠的気候では，通風性はかえって暑さを助長する。建物の外壁面や屋根面の開口は，強い日射や熱風を遮るため小さいほうが都合がよく，小さな開口は外敵の侵入に対しても有効となる。外壁は遮熱や外敵防御のために厚くなり，建築材料は低湿少雨の気候条件で可能な日干しレンガや採掘が容易な岩石が用いられている。

2 世界の集落・都市の形態

集落・都市に安住するためには，外敵から身を守る防御策が必要となる。国が陸続きのヨーロッパや中東・アフリカの集落・都市は，水と食料を確保しつつ，外敵から身を守るための巧妙かつ多様な集落・都市形態を生み出してきた。集落・都市の外周は，外敵の侵入を阻む堅牢な防御壁が発生し，内部の街路は外敵にわかりにくく逃避に有利な折れ曲がった複雑な形態となる。広場・街路に面する建物配置，高さ・プロポーションは巧妙に設定され，外敵への攻撃に有利な狭い街路，屋根伝いに逃げられる連続する建築群，見張りと籠城機能を有する高層建築群等が要所に配置された。

外部に対して閉鎖的なこれらの集落・都市空間内部には，広場や水場が適所に配置され，各種行事や市場・憩いの場として機能した。外敵から身を守る手段には，集落の人口規模を一定以下にすることも考えられる。外敵侵入の際，敵に悟られず情報伝達と逃避行動を可能にする中南米の離散集落の形態は，現代のユビキタス・情報ネットワーク社会と対比してみると誠に興味深い事例である。

3 風土と生活様態

風土は集落・都市で営まれる生活と深く関係する。土地が痩せて農耕を営むことが困難な地域では，頻繁に移動を繰り返す遊牧や狩猟による生活が行われる。北アフリカ・ベドウイン族の大きなテント住居，モンゴル遊牧民のゲル，アメリカインディアンのティピ，エスキモーの氷の住居イグール等，地域の風土・生活と住居の様態は密接に関係している。文化人類学者のマードックは，世界の800を超える集落の人口規模と家族制度・婚姻様態の調査を行い，これらの集落の婚姻様態が一夫一妻を基本としながら，時には一夫多妻の形態をとることが多いことを示している[1]。また一妻多夫の形態はきわめて少なく，この形態が存在するのはおもに土地が痩せている地域であることを明らかにしている。人類生態学者の鈴木継美は，マードックの調査結果を人類生態学的に考察し，一妻多夫の結婚形態は子どもの出産コントロールと家族の増加による土地分割を避けることをおもな理由にあげている[2]。風土が家族や結婚形態，住居・集落の形態にも影響を及ぼすという点において興味深く，現代住空間を再考するヒントにもなると考えられる。

（山﨑俊裕）

［引用文献］
1)『新建築学大系8 自然環境』木村建一・吉野正敏・村上周三・森山正和・荒谷登，彰国社，1984，34～35ページ，図1.11

［参考文献］
1)『社会構造 核家族の社会人類学』G.P.マードック著，内藤莞爾訳，新泉社，1978
2)『人類生態学と健康』鈴木継美，篠原出版，1989

図-3 内外空間が連続する栗林公園掬月亭（撮影：小沢朝江）

図-5 山岳都市シエナの複雑な街路・建築群とランドマークの大聖堂

図-7 枯山水庭園に連続する東福寺本坊の回廊（撮影：小沢朝江）

図-9 乾燥低湿な荒野に建つF.L.ライトの工房タリアセンウエスト

図-4 干潮の少ない海と共存する漁村集落丹後伊根町（撮影：小沢朝江）

図-6 大自然太平洋に対峙するソーク研究所（設計：L.カーン）

図-8 雪深い飛騨山中の世界遺産集落白川郷（撮影：小沢朝江）

図-10 自然地形と素材を生かした南欧集落マテーラ（撮影：渡辺研二）

28 ランドスケープ
Landscape

都市計画
建築計画
環境デザイン

| Keywords | Mental Phenomenon 心的現象 | Visual Environment 視覚環境 | A Sense of The Vanity 無常観 |

Books of Recommendation
- 『土木工学大系13 景観論』 中村良夫・小柳武和・篠原修・田村幸久・樋口忠彦、彰国社、1977
- 『新体系土木工学59 土木景観計画』 篠原修、技報堂出版、1982
- 『景観地理学講話』 辻村太郎、地人書館、1937
- 『造園の空間と構成 環境／建築とのかかわりあい』 鈴木昌道、誠文堂新光社、1973

■ランドスケープとは

　ランドスケープ（Landscape：英語）に対応する日本語の訳を辞書で調べてみると、景観・景色・風景、あるいは造園・造景等と記述されている。景観・景色・風景という前半3つの言葉は、日常的には同義語として使われているが、それぞれの言葉の由来や原義・ニュアンスには本来微妙な違いがある。また造園・造景という後半の訳も少々違和感をもつ人がいるのではないだろうか。「景観」という言葉は、植物生態学者の三好学がドイツ語のLandschaftに対して与えた訳語で、当初は植物群落の様相を言い表すために用いられたとされている。ちなみに英語のLandscapeに対応するオランダ語はLantschappen、フランス語はPaysage等が当てられているが、国によりこれらの言葉の由来や原義、ニュアンスは差異を有すると考えるのが自然である。

　景観の概念について、中村は「景観とは、人間をとりまく環境のながめにほかならない」と定義し、篠原は「景観とは、対象（群）の全体的な眺めであり、それを契機にして形成される人間（集団）の心的現象である」と定義している。一方、進士らは「風景」と「景観」を対比させ、「風景」は人文社会学的なアプローチにより、人間の意識、記憶、思想、精神等あらゆる側面との関係を踏まえた視覚環境の総合像、「景観」は自然科学的アプローチにより、写真等によって正確かつ客観的に分析・把握される視覚的環境像と定義している。オギュスタン・ベルグは『風土論序説』の中で、風景について語る際には、
①風景という語で示される何かが考察の対象になること
②風景を呼ぶ言葉が生まれること
③風景画の画家が風景を描くこと
④娯楽のために庭園が自然の美しさを再現すること
⑤風景が口承文学や筆記された文学のきっかけになること

以上5つの基準が満たされるべきであると定義し、特に最初の基準の重要性を指摘するとともに、これらの基準を満たさない限り、風景について語るのは言葉の濫用と断じている。

■日本の自然風景と精神性

　「山紫水明」といわれるように、日本の自然風景は湿潤な温帯モンスーン気候にあって山々は紫にかすみ、川は澄み切った美しい風景としてたとえられる。日本人の自然や風物に対する感受性は豊かな四季の変化によって育まれてきたと考えられ、古代の万葉集や古今和歌集、源氏物語や枕草

図-1 モエレ沼公園（基本設計：イサムノグチ、実施設計：アーキテクトファイブ／撮影：藤田大輔）

図-2 養老天命反転地（設計：荒川修、マドリン・キンズ／撮影：藤田大輔）

図-3 アクロス福岡（設計：日本設計／ステップガーデン設計：エミリオ・アンバーツ）

図-4 土門拳記念館（設計：谷口吉生）

図-5 オークランド美術館（設計：ケビン・ローチ）

子,徒然草,方丈記等,日本を代表する古代文学作品には日本の自然風景を独特の感性で詠ったものが多数存在する。日本人の情緒は自然・風物の移ろいから派生する「もののあわれ」や「無常観」と深く結びついていると考えられる。鴨長明の著した『方丈記』の一節「行く河の流れは絶えずして,しかももとの水にあらず,淀に浮かぶ泡沫は,かつ消えかつ結びて久しくとどまりたる例なし」は,日本人の無常観や事物のとらえ方をよく表現しているといえよう。

伝統的な日本の庭園デザインでは,室内に自然を借景として取り入れたり,回遊式庭園や枯山水庭園をつくり,四季の移ろい・変化を楽しむ文化を形成してきた。わが国の庭園は特に京都で発展したが,その理由としては周辺に庭石としての名石が産出されたこと,植木や湧泉,流水に恵まれ,庭園の材料にこと欠かなかったこと等があげられている。

日本に漢字や詩をもたらした中国では,風景の概念はおもに古代の詩人によって形成されたと考えられているが,中国では六朝時代に宋の宗炳(東晋・寧康(375)年～宋・元嘉(443)年)によって,絵画史上最古の山水画論『画山水序』が著されている。宗炳は湖南省周辺の名山を遊歴し,晩年にこの書を残しているが,この書には絵画制作の方法として透視図法がすでに説かれている。

日本の風景概念は,人間の視点と外界の対象との距離を無視することによって成り立っているのに対して,西洋の風景概念は,人間と外界との距離を測定することによって成立すると考えられている。西洋と日本の風景に対する精神性の違いは,長年の歴史や風土によって異なる形でそれぞれ形成されたと考えられるが,西洋では石造建築=永遠性,日本では木・紙による建築=無常観ととらえてみるのも興味深い視点である。

■今日のランドスケープデザインの様相

自然風景に対しては人工風景という概念が考えられるが,ここでは特に今日のランドスケープデザイン手法の様相をとらえるため,以下に優れたモデル的計画・設計事例を示した。

①人々の集い・憩いの場として公共空間をデザインした例:モエレ沼公園
②自然をコラージュした巨大な箱庭的実験場としての例:養老天命反転地
③階段状の屋上空間に人工的に大規模な植栽を行い,広場と一体的な公共空間を創出した例:アクロス福岡
④野鳥の集う人工池と豊かな周囲の自然景観に見事にマッチした建築の例:土門拳記念館
⑤屋上を大規模な緑化公園とした美術館の例:オークランド美術館
⑥歴史的な広場・パスを美しく保全している例:ハーバード大学オールドヤード
⑦手入れの行き届いた緑豊かな集住コモンスペースの例:タウンハウス諏訪
⑧噴水と敷石が優れたランドスケープを創出している例:ハーバード大学タナーファウンテン
⑨再開発事業によって優れた公共空間と庭園を創出した例:イエバ・ブエナ・センター・エスプラナードガーデン
⑩アトリウム内部に大規模な植栽を導入した初期の例:IBM本部ビル
⑪広場の巨大なパブリックアートが街角のシンボルとなっている例:シカゴ連邦州立裁判所前パブリックアート

これらに共通する点は,いずれもその場所の美しい風景,すなわち人間の自然に対する意識・記憶・思想・精神の視覚的総体として具現化されている点である。

(山﨑俊裕)

図-6 ハーバード大学オールドヤード

図-8 ハーバード大学タナーファウンテン(設計:ピーター・ウオーカー)

図-10 IBM本社ビルアトリウム

図-7 タウンハウス諏訪アプローチ(設計:山設計工房)

図-9 イエバ・ブエナ・センター・エスプラナードガーデン

図-11 シカゴ連邦州立裁判所前広場パブリックアート(制作:カルダー)

29 ライトスケープ Lightscape

環境工学 / 建築計画 / 都市計画

Keywords: Night View 夜景 / LED 発光ダイオード / Light Pollution 光害

Books of Recommendation:
- ■『陰翳礼讃』谷崎潤一郎、中公文庫、1975
- ■『夜は暗くてはいけないか　暗さの文化論』乾正雄、朝日選書、1998
- ■『光と色の環境デザイン』日本建築学会編、オーム社、2001

■ライトスケープとは

表題にあげたライトスケープという言葉は一般的な言葉ではない。そもそもランドスケープやタウンスケープという言葉で使われる「－スケープ」という言葉は、「景観」を意味し、これは本来視覚的にとらえる光も含んでいる。また、夜間照明というと、ライトアップのような意図をもって何かを照明するという語感もあるが、夜間の景観をつくる光源には室内から外へ漏れ出す光も含まれている。そこで、このようにさまざまな意図や目的によらず夜間の景観を構成している光の環境をライトスケープとあえて呼んでみたい。

都市のライトスケープを構成する人工照明を分類すると、街灯・信号、電飾・ライトアップ、照明された広告物、建築物内部から外部への漏れ光、その他の人工照明（自動車の照明など）、に大別される。また、後述する光害（ひかりがい）という観点も踏まえて対象の幅を広げると、月明かりや星空からの光などの自然界の光にまで範疇は広がる。近年は、後述する光害で示されるように、ただ夜をやみくもに明るくするのではなく、本来は暗いはずの環境に節度をもって照明を加えるという姿勢も重要視されている。

■ライトスケープの歴史

では、人工照明によって形づくられるライトスケープはどのような歴史があるのであろうか。松明や灯明、石油ランプといった燃焼を原理とする照明器具を古い歴史をもつ照明だとすると、電力による照明器具の歴史はごく浅い。白熱電球の原理自体は19世紀の初頭に発見されているが、エジソンによる実用的な炭素電球が発明されるのは1879年であり、社会基盤の一つとして、一地区のすべての消費者に電力を供給する方式が確立したのは、1882年のエジソン社の事業だとされる。それ以来、さまざまな照明が都市の夜を彩ってきた。

意図的に演出として建築の外部を照明で彩る手法は、当初は光量の少ない電飾として始まった。ネオン管によって派手な演出を行う手法は、1900年のパリ万博で紹介されて人目を引いたという。その後、投光器を用いたライトアップの手法が生まれると第一次大戦後のパリやロンドンで流行した。

より日常的な照明としては街灯が都市の夜の景観の基調の一つとなる。わが国の街灯には水銀ランプが多用されてきたため、一般的な夜間の景観としては白っぽい光がイメージされる。一方、欧米においては赤っぽいナトリウムランプが用いられてきたため、より温かみのあるライトスケープ

図-1　樹木への電飾、壁面への投光、窓の輪郭の電飾。青色LEDを用いた左の樹木以外はすべて暖色系（モントリオール）

図-2　カーテンウォールに設置した照明器具による色彩を変化させる夜間照明。青・緑・赤とさまざまに変化させる（台北）

図-3　LEDの街灯

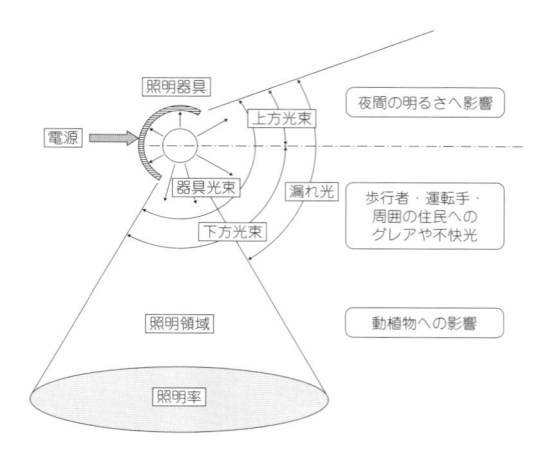

＊『光害対策ガイドライン』（平成18年12月改訂版）に基づき作成。

図-4　光害に関連する用語と関係

が広がっている。また，建物から外部への漏れ光についても，わが国においては，室内照明として蛍光灯が好まれてきたため，夜間，室内から外に漏れる光の色は白っぽいものが多く，水銀ランプの街灯と合わせて，夜景の原風景というべきものの色は白っぽいものとなっている。

■LEDとライトスケープ

近年になって登場した新しい光源としてLED（発光ダイオード）がある。これは半導体によるまったく新しい発光原理の光源であり，最近の白色LEDの実用化にともない，ますます将来が期待されているが，通常の照明用途としての普及度はまだ数%に過ぎない。LEDの特徴は，小型軽量で長寿命であり，蛍光灯等で使用される水銀を使用しない点も環境保全上の利点としてあげられる。効率は年々改善し，すでに白熱電球を超え，近い将来蛍光灯やHIDランプといった高効率の光源に迫るともいわれている。光束当たりのコストはまだ従来のランプの100倍以上ではあり，演色性にも改善の余地があるなど，今後の改善が切望される課題もある。建築空間においては，すでに長寿命性を利点として街灯照明にも使われている例もある。また，小型軽量でさまざまな光色を発生できることから，建築の形態と融合した照明や，従来にはない光を纏うような照明も出現するかもしれない。

■光害の問題と対策

社会の進展と都市の開発にともない，認知されてきた新しい問題として光害がある。これは，星や月の光のような自然界に本来ある光と人工照明によって形成される光環境が，不適切に使用・運用された人工照明によって阻害されている状況をいう。狭い国土に人口が密集したわが国を夜間に衛星軌道から眺めると，日本列島の形が明確にわかるように光っている。このような状況は天体観測への障害や動植物の健全な生育を阻害，室内への入射光による安眠の妨害，さらには夜間の照明エネルギーの不適切な消費は，地球環境問題につながるなどのさまざまな問題をもたらす。そこで当時の環境庁（現在の環境省）は，「光害対策ガイドライン」を平成10年に制定し（平成18年改正），実際に地方自治体が地域の照明計画を策定するためのポイントを取りまとめた「地域照明環境計画策定マニュアル」も平成12年に作成し，光害対策を地方公共団体・事業者・市民へ啓蒙・普及し，より良い光環境の創造を狙っている。

光害対策のため，屋外で用いる照明器具設備の性能や仕様の推奨基準として，総合効率や照明率，上方光束比，グレア（まぶしさ）対策などの項目があげられている。総合効率とは照明器具の電力と実際に照射される光束の比率であり，60lm/W（入力電力200W以上の場合）が推奨されている。照明率とは照明器具から発した光束のうち，照射目的とする範囲に実際に到達する割合であり，できるだけ効率の良い器具の使用が求められている。上方光束比とは照明器具から発する全光束のうち，水平より高い角度で空に向かって発する光束の割合である。これについては，地域の性質やそこに求める望ましさに応じてまず地域を類型化したうえで，それぞれの類型における推奨値が示されている。この類型は自治体において定めるものとして，地域を本質的に暗い地域から都市中心部における周囲も明るい地域までの4つの光環境類型に分類をする。

人間諸活動や動植物への影響についての検討や，照明器具をどのようなスケジュールで使うかという時間設計という概念もあげられている。例えば，商店街は閉店後に必要最低限の照度に変える，高齢者住宅においては夜間の廊下の照明は，利用頻度の下がる期間は人感センサーによって制御する，オフィスビルでは夜間の漏れ光を防ぐためのカーテンなどを用いる。

自発光式の広告看板も光害の要因であるが，これについても漏れ光への配慮・点滅や着色をしない，高効率照明器具の使用や点灯時間の管理等の対策がガイドラインでは示されている。

また，光害に関連する国際的な指針として，国際照明委員会（CIE）において，周辺建物への影響や広告看板の明るさについて許容値が定められているので適宜参考にすることが望ましい。

〔宗方　淳〕

表-1　照明環境の類型と照明器具の上方光束比推奨値（「光害対策ガイドライン」（平成18年12月改訂版）に基づき作成）

照明環境類型	地域特性	上方光束比		
		「あんしん」の街路照明器具	「たのしみ」の街路照明器具	
			短期目標	行政による整備
照明環境Ⅰ	自然公園・里地で本質的に暗い地域	0%		
照明環境Ⅱ	村落・郊外住宅地で街路灯がある程度	0〜5%	0〜15%	0〜15%
照明環境Ⅲ	都市部住宅地で街路灯や屋外広告物がある			
照明環境Ⅳ	大都市中心部・繁華街で屋外照明や屋外広告が密		0〜20%	

表-2　障害光を抑制するための諸指標の許容最大値の例　（CIE150 2003）

項目	指標	条件	国立公園	暗い産業的・居住的地方領域	やや暗い産業的・居住的郊外領域	明るい都市中心・商業地域
周辺地所の窓等の明るさの限界	鉛直面照度	減灯時間前	2lx	5lx	10lx	25lx
		減灯時間以降	0lx	1lx	2lx	5lx
過剰に照明された建築物壁面と看板	輝度	建物表面	0cd/m²	5cd/m²	10cd/m²	25cd/m²
		看板	50cd/m²	400cd/m²	800cd/m²	1000cd/m²

30	サ Soundscape サウンドスケープ		
建築計画 地域計画	Keywords	Sound Environmental Design 音環境デザイン	Sound Map サウンドマップ	Spatial Cognition 空間認知
	Books of Recommendation	■『世界の調律 サウンドスケープとはなにか』 マリー・シェーファー著、鳥越けい子訳、平凡社、2006 ■『サウンドスケープ—その思想と実践』 鳥越けい子著、鹿島出版会、1997 ■『サウンド・エデュケーション』 マリー・シェーファー著、鳥越けい子・若尾裕・今田匡彦訳、春秋社、1992 ■『音のデザイン—感性に訴える音をつくる』 岩宮眞一郎、九州大学出版会、2007		

■音のデザイン—サウンドスケープの視点

建築・都市空間の設計といえば、一般に外観、動線、空間のスケールといった見た目や機能に目が行きがちであり、視覚的なイメージが主導することが多い。一方で、ヒトが感じる空間の印象には音が大きな影響を与えていることも事実である。

サウンドスケープとは、環境音に付随する意味性や審美性、機能性に焦点を当てたときにみえてくる「音の風景」を意味する。外部環境における音の交錯をノイズとして扱うのではなく、個々の環境音からなる音環境を音楽と同様に聴く対象として扱うという思想を表現した言葉である。

建築・都市分野での音というと、道路や鉄道等による環境騒音、集合住宅で生じがちな近隣騒音がよく話題にのぼる。環境騒音に関しては、おもに音量など一元的な物理特性でその影響や許容範囲を論じることが多く、法令による騒音レベルの規制という観点からは、このように音をうるささという面で一元的に評価することが問題改善に有効である。一方、個々の空間のクオリティを議論する場合には、音を騒音というネガティブな面だけでなく、精神的な満足を含むプラス面から見直して積極的に計画する姿勢が必要になる。このような場面で、音のもつ個人的・社会的意味に焦点を当てることが「サウンドスケープ」的な視点をもつということであり、音環境を積極的にデザインするうえでの基本姿勢ともいえる。

■サウンドスケープ計画の意義と実際

サウンドスケープという視点から空間を考えることは、人が空間を過ごすときに感じる聴覚的な空間イメージ、自然の音、街の音、人々のざわめき、聞こえてくる会話、ひいてはそれらから人々が抱く心象を想像することを促し、視覚的イメージを超えてよりリアルな身体感覚とともに空間設計を見直すという意味をもつ。サウンドスケープ計画は、人が空間から受ける心象をポジティブにデザインする糸口になりうる。

サウンドスケープ計画は以下のように大別される。

1 空間の演出

建築デザインや意匠デザイン、オブジェなどと組合せ、人の集まる商業施設や観光スポットにおける音響計画に導入されることが多い。対象空間をゾーニングしたうえで、拡声器の高音質化や分散配置、独自の放送コンテンツのデザインなどが時間的・空間的な変化を含めて計画される(図-1)。事例によっては建築音響への配慮不足、拡声器の過剰使用・画一的なプログラム運用など問題もあるが、優れたデザインは空間印象に独特の雰囲気

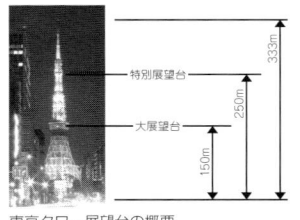

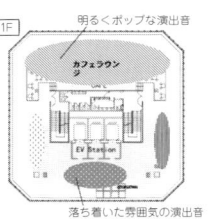

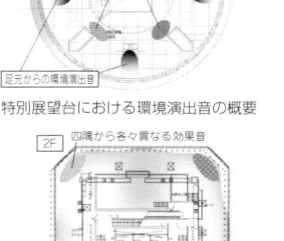

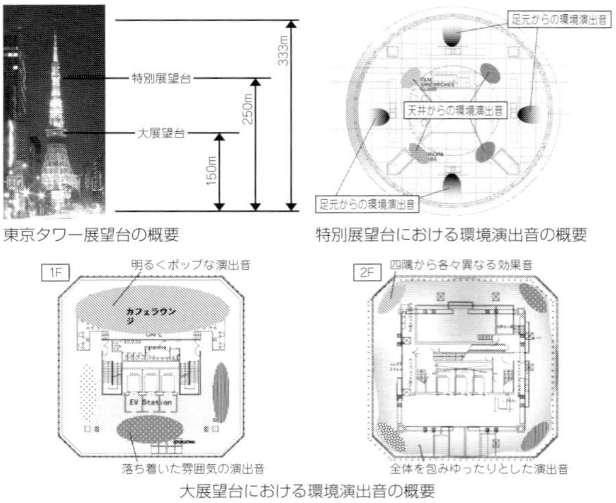

図-1 東京タワー展望台リニューアルプロジェクトにおける音環境デザインの事例[1]

表-1 各フロアにおける音環境デザインの概要[2]

	全体	大展望台		特別展望台
		2F	1F	
デザインの目的	「展望」にふさわしい静けさの創出。	各方向に広がる眺望を回遊しながら楽しませる。	・エレベータ待ちの来場者を飽きさせない。 ・カフェからゆっくりと展望を楽しませる。	宇宙船内のような浮遊感と非日常的雰囲気の創出。
デザインコンセプト	・音環境の整理。 ・不必要な音の除去。	方角毎に異なる音環境を創出。	・落ち着いた雰囲気の創出。 ・カフェの雰囲気に合った音づくり。	個性的な音環境の創出。
デザイン手法	・有線放送の廃止。 ・呼び出し放送の削減。 ・「インフォメーション・ボード」の設置。	・全体を包み込むゆったりとした演出音。 ・四隅の柱から異なる効果音。 ・昼間と夜間で演出音を変化させる。	・吸音板を天井に設置。 ・カフェ周辺に明るくポップな演出音を配置。	・アルミやガラスを内装材に使用し残響感を創出。 ・天井と足下のスピーカから効果音を流す。

150

や変化を与える。

2 公共空間の音環境設計
駅や空港など，情報伝達性能の向上と喧騒感の緩和が求められるスペースが対象となる。室内の吸音計画，サイン音やスピーカ配置の工夫が主体となる。最近では視覚障害者への移動支援として，改札やトイレ，出入口など駅の各所で音声やサイン音を流す事例も増えており，音環境設計はこのようなサイン音やアナウンス放送がその役割を果たすためにも重要である。

3 聞こえてほしい環境音の保全・導入
公園などでは噴水や水の流れを利用して音環境演出をする例も増えているが，水音や虫の声といった自然音やお寺の鐘のようなサウンドマークの保全，さらにはこれらの導入や育成という観点もありうる。大分県竹田市の瀧廉太郎記念館の庭園計画のように，当時のサウンドスケープの再現というコンセプトで設計された空間の例がある。

4 サウンドインスタレーション，サウンドアート
音に耳を澄ますといった行為を促す仕掛けとして，あるいは音を積極的に使ったアート作品として公園や広場に置かれる。「耳のオアシス」（杉並区），「Wave Wave Wave」（福島県いわき市）など。

これらの観点を複数盛り込んだ総合的なサウンドスケープ計画としては，イベント会場やテーマパークに導入された事例がある（図-2）。

■サウンドスケープ計画の課題

1 サウンドスケープの設計法
サウンドスケープを考える場合，背景となる音や付加する音など音環境を構成する個々の音について，種類と音量，それらの聴こえ方のバランス，聴取可能な範囲などの面から聴覚的な空間イメージをもちつつ計画を進めるのが基本である。この際，拡声装置の安易な利用は個々の音の効果を失わせるとともに，空間の喧騒感を高めやすいので十分に注意する必要がある（図-3）。拡声装置以外にも，誘鳥木（鳥）や草むら（虫）などで自然音を呼び寄せたり，風音なら樹木や風鈴を使うこともできる。建築空間内部の音響現象，例えばささやきの回廊やフラッターエコーといった特異現象を演出に使うなど，新しいアイディアを盛り込んだ設計法の展開も期待される。

2 運用を見据えた計画
サウンドスケープ計画が導入された事例でも，メンテナンス不良やデザイン意図を理解しない運用によって，計画当初の音空間は失われてしまっている例も多い。大きな音量を発する音源の出現で全体が台無しになってしまうこともある。運用方法も視野に入れた，長期的に持続可能なサウンドスケープの計画というのも重要な課題である。

3 サウンドスケープ計画の普及
本来は街づくりなどランドスケープを計画する場合はもちろん，建築の内部空間の設計においてもサウンドスケープ的観点で空間を見直したい。空間を連続させれば，音は空間全体に広がっていく。ある人にとっては活動に欠かせない音でも，その他の人には騒音となることもある。多くの人々が自分に必要な音を拾い分けながら気持ちよく音空間を共有することは，このように困難を伴うという事実を十分に認識し，音の面から空間設計を見直すという態度をすべての設計事例に取り入れたい。

（上野佳奈子）

[引用文献]
1) 船場ひさお「公共空間における音環境のユニバーサルデザインに関する研究」九州大学学位論文，2006，62ページ・図4-3, 64ページ・図4-4, 65ページ・図4-5
2) 同上，64ページ・表4-1
3) 平栗靖浩・川井敬二・辻原万規彦・河上健也・矢野隆「アーケード街路の音環境：熊本市・長崎市中心市街地における実測調査」日本建築学会環境系論文集，No.604, 2006，4ページ，図1

音環境計画のコンセプト

園内騒音源の対策
- 園内自動車の騒音規制（バス90dBA・小貨物車85dBA・タクシー80dBA：30km/hパワーレベル）、運行規制
- ゴミ運搬車、カート、送風機、遊具機械の低騒音化

近隣地域への騒音対策（米軍居住地が隣接）
- エネルギーセンターの騒音防止、イベント音の伝搬制御
- 居住者の招待、雇用

自然環境音の保全と導入計画
- 誘鳥木（鳥）、草むら（秋の虫）の養成

雰囲気をつくる音
- ストリートオルガン、パフォーマンス、船舶の汽笛
- 個人呼出の廃止を含めた情報伝達システムの検討

サウンドマーク
- カリヨン（連鐘）の音を園内全体に届かせる

図-2 臨海テーマパークの音環境計画事例

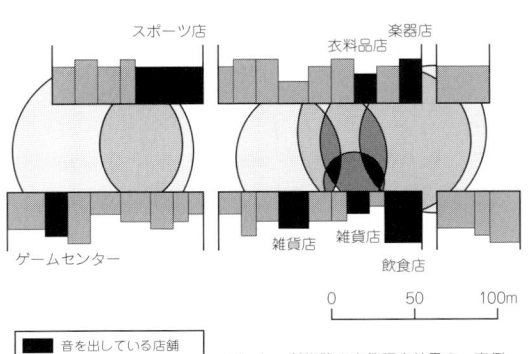

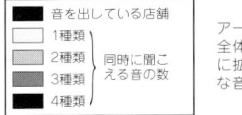

図-3 街路空間における拡声音の空間分布マップ[3]

アーケード街路の実態調査結果の一事例。全体の音環境計画がなく個々の店舗が自由に拡声器やその音量を設定すると、無秩序な音環境となりやすい。

31 イベント空間 Space of Event

建築計画
地域計画

Keywords: 劇場・ホール Theatre and hall | パフォーマンス Performance | コンサート Concert

Books of Recommendation:
- ■『劇場の構図』清水裕之、鹿島出版会、1985
- ■『ホールの計画と運営 伝統芸能劇場から新多目的ホールまで』山崎泰孝、鹿島出版会、1987
- ■『病院におけるコンサート会場に関する調査研究』勝又英明・千原弘人、日本建築学会、地域施設計画研究24、2006

■イベント空間とは

　イベント空間は何のためにあるのだろうか？人々の交流，コミュニティの交流，住民主体のまちづくり，地域振興，周辺商店街の活性化，発表の場の提供などいろいろと考えられる。共通していえることは，人々の集まり，交流することにより何かが生まれてほしい空間であることである。

　イベント空間を考える際に，まず「イベント」とは何かを考えてみたい。『広辞苑』によると，「①（出来事・事件の意）催し。行事，②（運動競技・試合の）種目。試合」とある。『建築大辞典 第2版』によれば，イベントとは「催し，行事。大は都市規模の博覧会，小はコミュニティの祭り，行事まで様々である」とある。さらにイベント空間とは「イベントを開催する場所。都市においては，集客力大きくイベント空間もかなりな大きさを伴うこととなること，イベントの質も高度化，商業化することから，非日常的な空間，施設を必要とする。最近はイベント広場等として常設，半常設の施設となることも多い」。これらによれば，イベントとは「催し，行事，試合」を示している。

　そこで本項目で扱うイベントとは，スポーツイベントはスポーツ施設に譲り，「催し，行事」としたい。しかし「催し，行事」といっても，鑑賞系，参加系がある。鑑賞系としては，芝居を見る，音楽を聴くということで，基本的に受け身である。一般的には舞台と客席はセパレートしている。プロセニアム（額縁）を思い浮かべてもらえばよい。観客はプロセニアムを通して芝居を覗き込むこととなる。参加系は祭りやコミュニティの催しなど，住民が自ら参加していくものである。イベントの原点は「祭」ではないのだろうか。祭が行われるのは，社寺の境内であったり道筋であったり辻であったりする。

■イベント空間としての計画

1 計画空間系

　計画空間系はイベント空間として計画されたもので，劇場，コンサートホール，展示場，スタジアム，アリーナ，体育館，演芸場，寄席，能舞台，ライブハウス等がある。

2 非計画空間系

　非計画空間系はイベント空間として計画されていない空間で，多様な空間がある。人が集まりやすい一定の広さや空間があるものとしては，公園，道路，駅前広場，広場，駅，石切り場，倉庫等がある。

　例えば路上ライブ（図-1）を行っている道路や駅前広場，歩行者天国（図-2）などで，これらの空間はイベント空間として計画されたわけではない。しかしたとえイベント空間として計画されていなくても，立派なイベント空間といえる。また，ロンドンのコベントガーデンの広場にはいつもいろいろなパフォーマンス（図-3）が行われており，聴衆は半円状に取り巻いて鑑賞している。ここはまったくの平土間の屋外空間であり，客席も舞台も何もない。しかし舞台となっているのは，演者の後ろ方向に外廊がある部分である。この状態はギリシャ・ローマにある円形劇場が原型といえる。

　人が集まりやすい一定の広さや空間がないものとしては，電車の車内，自動車の車内，船内，図

図-1　代々木体育館脇での路上ライブ（東京都）

図-2　銀座の歩行者天国での大道芸（東京都）

書館，病院，福祉施設，学校等の事例がある。

　例えば，大英図書館の書架・閲覧空間を使って行われたダンスパフォーマンスがある。ここでは図書館の書架・閲覧空間をダンサー達が踊り，観客はダンサーと同様に書架・閲覧空間を移動し，あるいは静止しながら鑑賞するのである。ここでは書架・閲覧空間が舞台空間でもあり鑑賞空間にもなっている。この場合は，イベント空間としてはもちろん計画されたものではなく，パフォーマーや演出家の発想によってイベント空間に変質させたケースである。

　別の例では，ロンドンのキングスクロス駅におけるコンコースでのパフォーマンス（図-4）である。この場合は，数人の旅行客に扮したダンサーが予告なくダンスを行うというもので，舞台も客席もなく，コンコースが突然，イベント空間となったケースである。

　ロンドンのチェルシーウエストミンスター病院内アトリウム（図-5）では，アトリウム空間の広場を利用して，定期的に入院患者や地域の人達のためにコンサートを行っている。日本でも病院や福祉施設内でのイベントの例が多くある。

■屋外のイベント空間

　欧米で気候の温暖な地域では，野外イベントは多く行われている。ロンドンでは毎年9月に行われているプロムス（PROMS）というクラシック音楽イベントが行われる。その最終日はラストナイトプロムス（図-6）と呼ばれ，主会場のロイヤルアルバートホールからハイド・パークの特設会場にある大画面テレビに生中継で放映される。数万人の聴衆がピクニックしながら，音楽イベントを楽しんでいる。この場合，ロンドンの公園であるハイド・パークがイベント空間となっている。

　日本の気候では，真夏は暑く外にはいられず，冬は寒いため同様に外にはいられない。また雨が多いので，屋外イベントには不向きである。スポーツイベントならば可能であるが，音楽や演劇の公演には条件が過酷であるといえる。気候に左右されずイベントを行おうと思うと，屋根を付ける必要がある。

　屋外イベントの場合，周辺に漏れる音の問題がある。音がうるさいと周辺住民から苦情がくることとなる。屋外イベント空間の立地をみると，公園の中（例えば日比谷の野外音楽堂）であったり，丘陵の中（オープンシアターEAST）であったりする。これらのイベント空間は，住宅地から離れているため，音漏れがあっても問題ないためである。イベント空間を計画する場合には，周辺の状況を十分勘案する必要がある。

■最後に「イベント空間」とは何か

　ここで最も主張したかったことは，「どこでもイベント空間である可能性がある」ということであるが，もし質の高い演出のイベント行おうと思うならば，それなりの施設や装備が必要である。しかし，ほとんどのものは仮設（照明や音響機材を持ち込む）でも可能であり，要はどのようなイベントをどのような頻度で行うかが，常設のイベント空間とするか，仮設対応のイベント空間とするのかが計画の分かれ目となる。　　　（勝又英明）

図-3　コベントガーデンでの大道芸（ロンドン）

図-4　キングクロス駅でのダンスパフォーマンス（ロンドン）

図-5　チェルシーウエストミンスター病院アトリウムでのコンサート（ロンドン）

図-6　ハイド・パークでのラストナイトプロムス（ロンドン）

32 残余空間 Remaining Space

| Keywords | Gap すき間 | Conversion コンバージョン | Ruins 廃墟 |

建築計画
地域計画

Books of Recommendation
- ■『廃墟論』リストファー・ウッドワード著、森夏樹訳、青土社、2003
- ■『なにもない空間』ピーター・ブルック著、高橋康也・喜志哲雄訳、晶文社、1971
- ■『軍艦島　眠りのなかの覚醒』雑賀雄二、淡交社、2003

■残余空間と何か

　残余空間とはどのような空間だろうか？　残余空間は大きく分けると二つになる。「残余敷地系」と「残余建物系」である。一つ目の「残余敷地系」は何らかの理由で建物か建っていない敷地である。例えば「建物と建物のすき間」、「構築物のすき間」である。二つ目は「残余建物系」である。建物は建っているが、その建物が使用されていない場合である。例えば廃墟や廃校、工場跡地などである。この場合も建物が使用されていないには何らかの理由がある。

■残余敷地として放置されている理由

　残余敷地として放置されているのはそれなりに理由がある（表-1）。この理由を明らかにすることにより残余空間活用の糸口がつかめるかもしれない。残余空間となってしまった理由を解決する方向が、その空間の再活用のコンセプトとなるかもしれない。残余空間として放置されている理由を考えてみると、その「理由の種類」により大きく二つに分類できる。「残余空間である理由が明確な空間」と「残余空間である理由がわかりにくい空間」である。

　「残されている理由が明確な空間」とは、法的に「建築制限のある地域」や軍事基地内などである。役所で調査すれば簡単にその理由がわかるものである。使用することが危険である土地も理由は明確である（図-1,2,3）。

　「残されている理由がわかりにくい空間」としては、敷地・建物の表面上、残余理由がわからないものである。「なぜこの土地や建物が活用されずに放置されているのだろうか？」というような土地を見かけることがあるが、もちろん何らかの理由がある。例えば、土地に瑕疵がある場合であり、過去にその土地や建物で事件・事故があった場合である。過去に災害や事故・事件があり、それが原因で人命が損なわれ、その事件・事故を知ってしまうと、通常の人ならば、その土地・建物の利用を躊躇する場合である。別の例としては、土地や建物の関係で係争となっているものである。これも表面的にはわかりにくい。遺産相続争いや借地借家上のトラブルなど、権利関係が複雑な物件である。また別の例としては、表面的には更地だが、土地の下に何かトラブルや構築物がある場合である。瑕疵としては工場や病院跡地などの土壌汚染である。構築物としては、土地の下部に鉄道や道路の構築物があり、その土地の上部の利用に制限を受けている場合である。

表-1　残余敷地の分類

残余敷地の分類	残余敷地の生じた理由(例)				
	法的	狭い、小さい、など利用しにくい	危険	建築不能	利用の用途がない
都市計画系					
市街化調整区域	○				
都市計画区域外	○				
建物					
建物のすき間		○			
建物の屋上		○		○	
建物の地下				○	
構築物系					
高架線(鉄道・道路)下		○			○
道路上部		○			
道路地下				○	
橋の下			○		
歩道橋の下		○			
跡地系					
工場跡地			○		
廃線跡				○	
遊園地跡地				○	
病院跡地			○		
軍事系					
防空壕			○		
地雷原			○		
機雷原			○		
軍事境界線			○		○
基地	○				○
建築制限系					
送電線鉄塔下	○				
地下に巨大空間がある場合の地上	○				
地下鉄道地上部	○				
地下道路地上部	○				
水道管本管地上道路部	○				
緩衝系					
高速道路脇の緩衝緑地帯					○
火葬場の周辺			○		
原子力発電所の周辺			○		

図-1　高速道路の高架下（川の上部）

■「残余建物」の活用

　元の用途としては社会的寿命がきた建物は，残余空間の一形態であるといえる。この建物はそのまま放置されるか，取り壊されて新たな空間として蘇るかである。旧建物を取り壊さず，旧建物のコンバージョンにより，新たな活用が行われることは残余空間からの脱却といえる。表-2は残余建物の活用（コンバージョン）の例である。元の建物は工場，倉庫，庁舎，学校など大空間や規模の大きい建物が多い。転用後の用途としては，博物館，商業施設，芸術文化育成施設など人が多く集まる施設に転用されている例が多い。まったく異なる用途に転用されていることがわかる。

■すき間としての「残余空間」

　残余空間において最も典型的なものは，建物と建物の「すき間」である。建築基準法によれば，第一種・第二種低層住宅専用地域内では敷地境界線と外壁の間隔は，最低1mまたは2m離すことが定められる場合がある。隣家と合わせると2mのすき間ができることになる。また，民法によれば隣地境界線と建物の間隔は，50cm確保する必要があるとなっている。この「すき間」は，建物どうしがあまり建て込み過ぎないようにという配慮であるものである。しかし，現実にはこのすき間が十分環境のために活用されているとはいい難い。このすき間は，配管スペースや室外機置場，裏方通路程度にしか使用されておらず，いわば建物の負のスペースである。

　海外には，建物と建物の「すき間」を利用した空間の好例がある。英国エジンバラのロイアルマイルには「クロース」と呼ばれる，建物と建物のすき間を利用した路地が約60あるといわれている。これは，建物のすき間を有効活用して美しい路地空間を創出したものである。パリにはパサージュ（図-4）と呼ばれるアーケードがある。建物と建物の「すき間」の路地に鉄骨のアーケードを架けた商店街である。両者とも「すき間」を利用して，魅力的な空間を創り出している。建物と建物の「すき間」のデザインに限らず「残余空間」をデザインすることのおもしろさは，既存のデザインの中に自分のデザインを埋め込んでいくおもしろさがあり，いわば対比のおもしろさである。

（勝又英明）

表-2　残余建物の活用例（旧施設の一部を残して再生）

残余建物の用途	残余建物の種類	活用施設名	活用例
工場	紡績工場	倉敷アイビースクエア	ホテル，資料館，レストラン
	紡績工場の倉庫	金沢市民芸術村	劇場，稽古場，レストラン
	酒醸造所	サッポロファクトリー	大型商業複合施設
	ドック(ドライドック)	横浜ランドマークタワードックヤードガーデン	広場，商業施設
倉庫	倉庫	横浜赤レンガ倉庫	商業施設，ギャラリー，ホール
	倉庫	ベニサンピット	劇場，稽古場
採掘場	採掘場	軍艦島	（世界遺産として申請予定）
	大谷石地下採掘場	大谷資料館	資料館
庁舎	近衛師団司令部庁舎	国立近代美術館工芸館	美術館
	中央電話局	新風館	商業施設
	浄水場旧急速濾過場上屋	神戸市水の科学博物館	博物館
	廃駅	交通博物館	博物館（大宮に移転）
学校	世田谷区立池尻中学校	世田谷ものづくり学校	芸術文化育成の拠点
	新宿区立淀橋第三小学校	芸能花伝舎	芸能文化の総合的拠点
	港区立三河台中学校	みなとNPOハウス	NPO等の育成・支援，市民活動拠点
	大学・研究所	国立公衆衛生院	（活用を検討中）

図-2　道路上のすき間

図-3　鉄道上部

図-4　パサージュ（パリ）

33	空間認知 Spatial Perception		
	Keywords	Human Body 人体 / Ceiling Height 天井高 / Image イメージ	
建築計画 インテリアデザイン	Books of Recommendation	■『空間に生きる 空間認知の発達的研究』空間認知の発達的研究会、北大路書房、1995 ■『平面・空間・身体』矢萩喜従郎、誠文堂新光社、2000 ■『パターン・ランゲージ』C.アレグザンダー著、平田翰那訳、鹿島出版会、1984	

■空間認知とは

「はじめて目にする建築。内部へ入り，辺りを見わたす」。われわれはときどきこんな場面に遭遇する。意識的にせよ無意識的にせよ，空間を構成する要素から何らかの手がかりを読み取って必要な情報を得ようとする。

そこでどんな情報が得られるのかは，着目する手がかりによって異なる。例えば，椅子が向かい合って置いてあるとすれば，たいていは椅子の配置に着目することだろう（図-1）。椅子と椅子との間隔が話をするのにちょうどいい距離であれば，きっと会話するシーンをイメージするに違いない。また，見方によっては空間の形状，大きさに焦点を当てる場合もある。となれば「ひとりでいるよりはむしろ大勢で過ごしたい広さだ」，などと思うのかもしれない。

空間から手がかりを得て，把握するまでの一連の流れを，「情報処理」によって考察すると次のようになる。つまり，外部からの「情報（空間からの刺激）」を，感覚器によって「受容」し，ある特定の信号として「符号化（経験的にとりためたイメージとシンクロさせるなど）」する。最後には，これを一つの経験として「貯蔵」する。空間認知は，以上にたとえられるような感覚上・心理上の運動だと考えられる。

■明確でない高さの計画

「起きて半畳，寝て一畳」という古くからの言葉が示すように，面積の単位が人体の寸法を基準にしてきたことはよく知られている。住宅の計画において，平面の形状・大きさを決めるとき，人体を踏まえた検討が要求されるわけだ。住宅が人間の生活を入れるための容器だと考えれば，それはごく当然のことなのかもしれない。

考慮を要するのは何も平面ばかりではない。人体の寸法からは測りきることのできない高さの計画も重要である。というのも，近年，天井を高くとることで垂直方向に広がりをもたせた設計事例が増えつつある（図-2）。ともすると，空間計画においてまったく手の届かないような天井高は必要がないとも思えてしまう。天井を高くとるというのは，一見無駄なように見えてしまう。しかし，必要であるべきところには人体スケールを超えて（少し高い）設定が必要だということは，なんとなく皆が知っているのだ。

ここで，住宅の室内を想定し，天井高について標準の場合とそれよりは少し高い場合について意味の違いを検討するため，次のような実験を行った。平面，高さが可変で，無窓・白色の実大空間

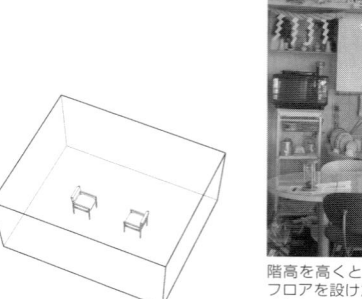

図-1 空間と椅子

図-2 高階高住宅
階高を高くとり、住戸内にスキップフロアを設けた事例。LDの天井を高くした。

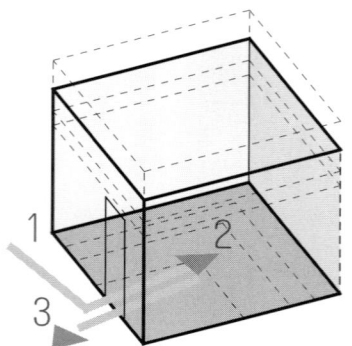

1：室内に入る（被験者30名、順番に1人ずつ空間を体験）。
2：3分間室内を体験（不定点観測、自由姿勢）。「どのような室空間として使いたいか」をイメージし、内容を記述する。
3：3分経過後、退室する。退室時点で回答を終えない場合、引き続き待機場所にて回答する。

図-3 実験の手順

＊実験は、都市基盤整備公団（当時）の八王子試験場で行った。実験室は、天井と壁とが可動式のパネルにより構成されている。
設問：「だれが、どのような状態で、どのようなことをするのか」という構成で、イメージした室空間でのさまざまな生活場面について、具体的に記述してください。

を用い，計14パターンを被験者に一人ずつ提示する。そこで被験者は「どのような室空間として使いたいか」をイメージし，記述する（図-3）。被験者はおもに建築系の学生30名。体験場所や姿勢は特に指示をしていない。

図-4は，被験者の記述から「どんな人物が登場しているか」，「どんな姿勢で過ごしているか」，「どんな動線を描くか」の3点を読み取ってそれらを類型化し，プロットしたものである。図から室空間とイメージの相関関係が把握できる。

左図，領域①，②に着目しよう。そこには「団らん」，「飲食」，「就寝」，「寛ぎ」，「ゆったり」，「落ちつく」といったイメージ要素が分布する。「リビング・ダイニングにおける家族，友達の交流」がイメージの典型モデルとなろう。この領域に対応する空間は右図，領域①'，②'のサンプルである。天井高はいずれも2,550mm以下だった。

領域⑤には，「運動」，「演奏」，「開放」，「フォーマル」などのイメージ要素が分布する。被験者の回答を見ると「シャドウピッチング」，「本に囲まれた勉強室」，「立食パーティ」，「トランポリン」などの記述がみられる。特に領域①，②で想定したようなイメージのモデルはない。空間を広く使うことを意識したものといえる。領域⑤に対応する空間は，領域⑤'のサンプルにあたる。領域⑤'においては，室空間の天井高はいずれも3,000mm，3,600mmである。

領域を比較すると，①-①'および②-②'はリビングやダイニング，個室での日常生活を描いた空間だと推定できる。一方，⑤-⑤'は非日常的空間を意味し，使い方が未開拓な空間だと言い換えられる。空間の天井高に関しては，3,000mmを境として2,250mmおよび2,550mmの場合と，天井高3,600mmの場合とではイメージの質が異なることがわかった。

■立体で検討することの重要性

C.アレグザンダーは著書『パタン・ランゲージ』において，「申し分のない天井高の分布」について触れている。

「建物全体にわたって，特に連続した部屋では天井高を変えていくこと。そうすれば，別の空間に入るたびに相対的な親密度を感じとれるようになる。特に公的な部屋または人の多く集まる部屋の天井は高くし（10〜12フィート／3.0-3.6m），少人数の集まる部屋は低くし（7〜9フィート／2.1-2.7m），2人以下の部屋やアルコーブはごく低くする（6〜7フィート／1.8-2.1m）こと」。

図-5 申し分のない天井高の分布

以上を踏まえると，平面の形状・大きさに機能や意味があることはいうまでもないが，それと同様に天井高においても，いわば「見えざる」機能や意味があるのだと考えられる。空間を計画する際，人体の寸法を考慮することはもちろん大切だが，空間認知に触れる部分の寸法計画もまた重要である。それには平面と高さ，立体で検討することが必要である。

（大崎淳史）

［参考文献］
1) 大崎淳史・西出和彦「場所の知覚・形成からみた室空間の立体規模に関する考察」日本建築学会大会学術講演会梗概集 E-2, 2005

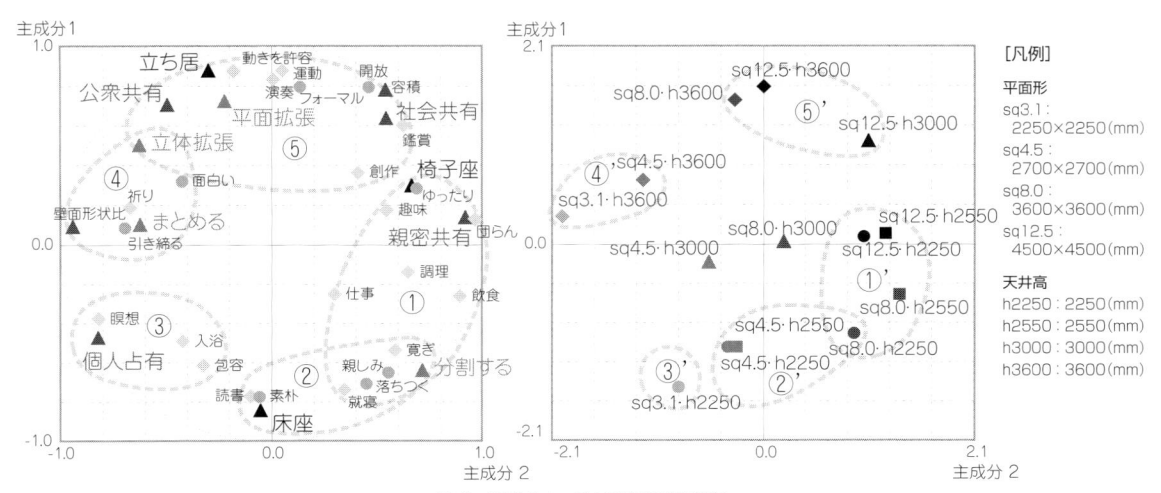

図-4 場所イメージと対応空間の分布

34 アフォーダンス Affordance

インテリアデザイン 建築計画

Keywords: Ecological Psychology 生態心理学 / Search 探索 / Unconscious 無意識

Books of Recommendation:
- 『生態学的視覚論　ヒトの知覚世界を探る』ジェームス・J.ギブソン著、古崎敬訳、サイエンス社、1986
- 『アフォーダンス　新しい認知の理論』佐々木正人、岩波書店、1994
- 『デザインの輪郭』深澤直人、TOTO出版、2005
- 『誰のためのデザイン？　認知科学者のデザイン原論』D.A.ノーマン著、野島久雄訳、新曜社、1990

■アフォーダンスとは

　アフォーダンスとは、知覚心理学者であるジェームス・J. ギブソンが提唱した造語（アフォード（afford）「～を与える」という意味の動詞を名詞化したもの）で、環境が人間に提供する意味/価値といった情報と定義づけられ、生態心理学の主要な概念である。日本では、生態心理学者の佐々木正人がアフォーダンスに関する文献を多数執筆している。アフォーダンスは、環境の中に存在するさまざまなもの、物質、場所、事象などに備わっており、直接的に知覚されるものである。傾斜や凹凸が少なく堅い表面は、立ったり歩いたりすることをアフォードするが、断崖絶壁や水面は、歩行をアフォードしない。

　アフォーダンスと行為の関係は、パブロフの条件刺激のような刺激と反射の関係とは異なり、ある行為を不可避的に引き起こすものではない。椅子は「座る」という行為と合わせて考えなくても、最初から「座る」というアフォーダンスをもっている。つまり、人間はアフォーダンスに反応するのではなく、環境の中のさまざまなもの、物質、場所、事象などにアフォーダンスを探索し、ピックアップしている（図-1）。

　さらに、アフォーダンスは「印象」や「知識」といった主観的なものと考えられやすいが、これは誤解であり、アフォーダンスは客観的な「意味」や「価値」といった情報である。この建築が「風雨をしのげるか」、「居住できるか」といった「価値」を決めるのは、そこに「住みたいか住みたくないか」といった「印象」に関わりなく、この建築がもつ性質で決まる。つまり、その場がきれいであろうが汚かろうが、屋根があれば「雨をしのぐ」という行為をアフォードしている。

■アフォーダンスとデザインの関係

　環境の中に存在するさまざまなもの、物質、場所、事象などは、必ずアフォーダンスを備えている。したがって、空間/建築を創るということは、アフォーダンスを創るということになる。つまり、デザインするということは、空間/建築そのものの意味/価値を創ることであり、デザインの仕方によっては、人間にとって有益なアフォーダンスを創ることができる一方で、不要なアフォーダンスを創ることにもなりかねない。

　空間/建築をデザインする場合、デザイナーは「この角度から見るのが美しい」、「こんな風に使ってほしい」といった願望をもっており、これにユーザーも同調することが多い。言い換えると、デザイナーもユーザーもいいデザインということ

図-1　「座る」というアフォーダンス

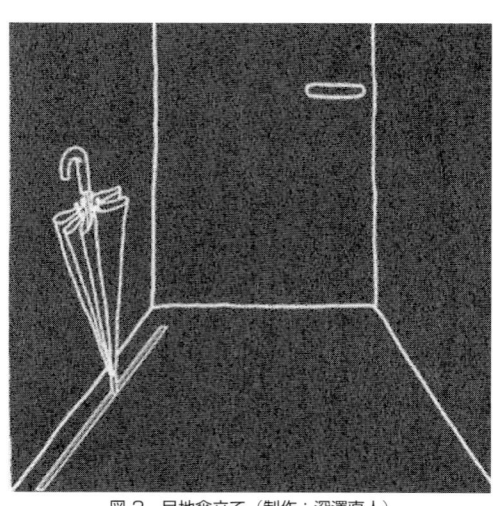

図-2　目地傘立て（制作：深澤直人）

は，主観的な「印象」や「知識」に影響を与える刺激を創ることと思い込んでいるといえる。

工業デザイナーの深澤直人は，自然な行為を傘立てのデザイン（図-2）に活かした事例を示して多様性のデザインについて解説している。雨が降った日に建物内に入り，傘立てがなかった場合，ほとんどの人は傘の先端を床面の目地に引っかけて立てる行為を行う。これは傘が滑って倒れないようにという考えから発生した行為で，この環境の下で探索し見つけたアフォーダンスが「目地」であったということになる。この自然な行為を見出すことができれば，壁面から少し離れた床面に目地と同様の溝を掘ることで，無意識にそこに傘を立てる行為が想像できる。傘を立てた人にとって床面に掘られた溝がデザインされた傘立てであるという意識はないだろう。つまり，ユーザーはデザインされたという意識をもたずに目的が達成でき，デザイナーは傘立てをデザインしたことになる。

このようなユーザーの無意識の中でデザインがはめ込まれていることが，アフォーダンスとデザインの関係を考慮したデザインといえる。デザインによって人間の行為を規定するのではなく，主たる機能を満たしながらも多様なアフォーダンスをピックアップできるということがいいデザインなのである。

■アフォーダンスをテーマにするということ

アフォーダンスとデザインの関係から考えると，ある空間を体験して「あれ，この空間来たことあるような気がする」や，ある建築を見て「なんかこの環境にうまくはまってるなぁ」と感じることができる空間/建築こそがアフォーダンスをコンセプトとしたときの理想的な最終型といえる。デザインコンセプトが主張しすぎず，その環境にはまっているという心地よい感覚をもたせることが重要な要素である。

岡来夢・橋本雅好が行った「痕跡」が生成された要素の作為性に関する調査の結果（図-3）では，【file.06枯山水】のような意図して「痕跡」をデザイン要素にした事例については，作為的と感じ，一方で，【file.80看板の汚れ】のような長い時間を経て蓄積・生成された「痕跡」については，不作為的と感じていた。そんな中，【file.01雪の中にできた道】のような「痕跡」は，作為的/不作為的に評価が分かれた。道の先にある駅に向かうといった目的を達成するための行為の中で，無意識に行った経路探索という行為が，その環境に本当に必要な経路を表出させた（デザインした）と感じたことが想像できる。

アフォーダンスとデザインの関係を明らかにすることは，多様なもの，物質，場所，事象などが存在する環境において，視覚・嗅覚・味覚・触覚・聴覚という五感を駆使した人間の無意識の行為との関連性を定義づけることであり，難しい部分もある。しかし，環境に空間/建築をデザインするうえでは，避けては通れない課題である。アフォーダンスをテーマにするということは，潜在的な可能性が無限に広がっている環境を眺める中で，人間の無意識の行為を意識し，多くのアフォーダンスを抽出することが大切である。

最後に，この文章からピックアップできたアフォーダンスが卒業設計の可能性を広げ，思わず「あっ，やられた」と言ってしまう卒業設計を目にする日を期待している。

（橋本雅好）

［引用文献］
1）『デザインの生態学　新しいデザインの教科書』深澤直人・佐々木正人・後藤武，東京書籍，2004

図-3　「痕跡」の生成要素と作為性の関係

実験の概要
提示した事例は80事例で，被験者は9名であった。画像の掲示方法は，液晶プロジェクターを使用し，提示時間は1事例20秒間とした。被験者は，その間に「痕跡の生成要素を作為的と感じたか不作為的と感じたか」について選択する。

図-4　環境に存在するアフォーダンスを探せ

35 プログラム Program

建築計画／都市計画

Keywords	Existence Mode 存在様相	Social Reality 社会成立性（あり得る）	Building and District 建築と街

Books of Recommendation
- 『建築プログラムのデザイン』湯本長伯、建築雑誌 1995建築年報、日本建築学会、1995.9
- 『建築プログラム概念による建築計画論再考』湯本長伯、日本建築学会大会学術講演梗概集（建築計画）、日本建築学会、1996
- 『建築デザインとプログラムの分離　建築計画設計の未来像』服部岑生、建築雑誌、日本建築学会、2000.1

■計画・設計の前提となるプログラム

設計の対象となる建築（総体）には、目的－要求－機能－空間という、異なるレベルのあり方（存在様相）がある。このことと、社会的存在である建築を、社会内に存在させるための「方程式」ともいえる「建築プログラム」も、本質的なかかわりをもっている。

建築プログラムとは、建築が社会に存在するための目的－要求－機能－空間のそれぞれのレベルにおいて、正当性（正当な理由：reason）をもつためのものであり、しかも事後に確認される正当性（reason）とは少し異なり、設計時に設定されるものである。まさにプロ（前に）グラム（言う）ものである。したがって、設計という行為の中にあり、現実にリアルなものではないが、リアリティ（本当らしさ）を求めるものである。

以上のような概念を建築プログラム（単にプログラムといえば、このことを指す）と呼んでいるが、下位概念として、「状況プログラム」、「存在プログラム」、「空間プログラム」といったもので構成されていると考えている。結果として、一つの建築は一つのプログラムに依拠しているが、同じ建築プログラムから複数の設計物ができることもあり、事実、F.L.ライトは、同一の考え方に基づき、同じ間取り（隣接関係を表示する平面グラフとして同一）で実形状が○、△、□とタイプの違う住宅を設計している（図-1）。

この例は、プログラムの設定が「空間プログラム」のあるレベルまではまったく同じであるが、実形状のみが異なるという例である。

社会状況のとらえ方、その建築がおかれる状況の設定、目的－要求－機能－空間のセットのとらえ方など、プログラムの世界でまずデザインしてみることで、質的に大きく異なる新しいものへと近づくことができる。一言で言えば新しい状況のとらえ方であり、しかもまだどこにもないが、リアリティのあるものでなければならない。

建築計画の実践とは、この「プログラム」をつくることと要約できる。

■階層的なプログラム事例

1 街を形成するプログラム

都市の中で最も割合の大きいのは、やはり住宅で

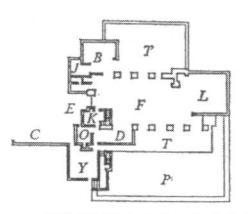

a 一定所得層の人々のための住宅、1938
b RJ邸（カルフォルニア）、1938
c VS邸（ウィスコンシン）、1941
d 各室の隣接関係を示すリニアグラフ

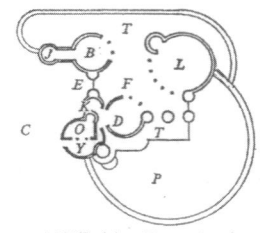

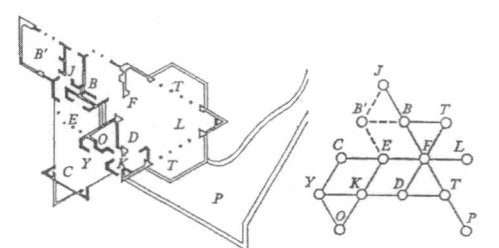

B 寝室
B' 予備寝室（Sundt house）
C カーポート
D ダイニング
E 入口
F 家族室
J 浴室（バスルーム）
K キッチン
L リビング
O オフィス
P プール
T テラス
Y 庭

図-1　F.L.ライトの3つの住宅平面

図-2　パリ・デファンスの集合住宅

ある。例えばそれが4割だとすると，この住宅をどのようなプログラムでデザインするか，都市にとって死活的な命題であることになる。ここであげる事例は，パリの集合住宅で，ラ・デファンス地区整備公社E.P.A.D.による。これを簡単に要約すると，

①住宅形式を集合住宅とし，その塊（ボリューム）で都市の景観を構成する。
②その塊は，それぞれ個性をもった形態・位置をもち，街景観の要素とする。
③構成材はコンクリート（プレキャスト）とし，できるだけ少数タイプの部材をうまく使って，かつ，多様な形態語彙を街区につくり出す。
④以上を踏まえつつ，しかし生活の単位は，エレベーター・階段を共有することで区切られており，1住戸－階段室共有単位－建物単位，という階層構造をもっている。すなわち，滑らかな階層構造を可能とすることで，居住する住戸に対する確かな位置感覚をもてて，「居場所」を感じることができる。それぞれの建物の設計者は異なるが，共通のプロデュースに基づき，つくられている。

もちろん都市再開発として，土地の取得方法や開発手法などにも，独自の新しいプログラムがあるが，ここでは建築と都市にかかわるプログラムに止めておく。少数の限られた要素を繰り返し使って，地球全体を包み覆ってしまうというプログラムには，著名なバックミンスター・フラーのジオジディック・ドームがある。

2 あたかも街のような一つの建築を形成するプログラム

理解のための例として，いくつかの建築をあげることができる。例えば「カーニバルショーケース（栗生明）」は，丹波篠山の山中にある職員労働組合の保養施設である。この建築物のプログラムは，大きなガラス屋根の中に種々の機能群が建物の形をとって，街のように配置されているというものである。建築の普通おかれる状況を，ガラス屋根で覆うという簡単な技術で，逆転させてしまっていることがおもしろい。一つの入れ物（ショーケース）の中に街が入れ込まれ，もちろん街はまた一つ一つの建築で成り立っている。しかし，一つの入れ物はまた，一つの建築なのである。この建物は建築の造形としての完成度ではなく，さまざまな新しいプログラムを込めたデザインであるといえる。

メゾネットという言葉が小さいメゾンとして，建築の中にまた建築があることを示すように，こうした空間の相互貫入はそれ自体魅力的である。その他の事例としては，例えば「横浜人形の家（板倉建築研究所）」もあげられる。長い間「ドールハウス」が愛され続けてきたように，「家（エコ／オイコス）」という概念は，そもそも空間概念の原型なのであろう。自分なりに新しい空間構造を考えることは，魅力的であると同時に創造の糧になる。世界を描き出す「曼陀羅」の創造である。

3 1建築ほぼ1空間の建築プログラム

ここでは，主空間が強い意味をもつ，教会建築のプログラムを例にする。

教会はまず，個人にとっての祈りの空間である。しかし個々人が勝手に使うわけではなく，どのような教会でも儀式が行われ，葬婚祭も行われる。「神と向き合う」ことも大切だが，多くの人々と会する集合施設でもある。さらに，この事例（聖イグナチオ教会（村上晶子・板倉建築研究所））はカトリック教会（イエズス会）であるので，ローマのバチカン公会議（第2バチカン公会議：1962～65）の結果に従い，特に典礼の部分が大きく変わっていることを反映している。もし基本的なルールに沿った形で典礼が行えなければ，そもそも教会として使うことができないことになる。教会にもプログラムがあるのか？ といった見解もあるが，建築が社会内に存在する以上，必ずプログラムはあるし，カトリック教会の場合，その中心部は全世界共通なのである。

このプログラムを要約すると，「カトリック教会のプログラムの中心は，ミサ聖祭である。これは，最後の晩餐を記念し，主の食卓である祭壇を囲み，キリストのからだの象徴であるパンを裂き，その血の杯の象徴であるぶどう酒を飲む。より良いミサへの参加ができるように，よく見えてよく聞こえること，主の復活の喜びに預かれる精神的な明るさがふさわしい。

この建築に入ってみると，まず第一にいくつか

図-3 空間構造の入れ子のプログラム（作成：安波さやか）

図-4 献堂式の様子（聖イグナチオ教会）

のことを実感するだろう。「明るいこと」、「祭壇のみならず、会する人々が（相互に）よく見えること」、「祭壇との距離が近く、またそのことを感じること」等々である。この教会は、カトリック教会の中でも、新しいプログラムに基づいてデザインされている。またもし求められるプログラムが変われば、教会建築も変わるということである。

以上、「都市の一部である建築群」、「建築空間が多重の入れ子になっている建築群あるいは街」そして「ほぼ1空間の建築」の3つを代表例にあげたが、さまざまな建築作品を「プログラム」の観点から、自分で分析してみれば大変参考になるに違いない。

■プログラム論の適用例（住宅の設計）

学校によっては、1住宅の設計は卒業設計として認めないというところもあるようだが、一例として参考に供する。

1 状況プログラムのデザイン

かつて住宅の設計課題といえば、「標準家族＝両親＋子2人」を念頭に設計せよというものが多かった。しかし状況把握（設定）が普通では、なかなか新しいものは生まれない。また事実として、前記標準家族が全世帯に占める割合は低下し続けており（もともと決して全世帯がそうであったわけではないが）、すでに1/4～1/5になっているとも言われ、また単身世帯が1位になったという報告もある。この家族に関する状況プログラムを現実に合わせて、「母娘2人（中年以上）の共働き世帯」とか、「父娘2人の老親介護世帯」、「男性2人のペア世帯」、「3～40代のキャリア女性と猫一匹の世帯」など、状況プログラムそのものをデザイン（この場合は問題意識の投影という意味で）してみると、さまざまに新しい存在のしかたが見えてくる。もちろん、「夫婦＋子供5人の世帯」といったプログラムも現実にあり、住宅のとらえ方がまったく異なって見えるだろう。

2 存在プログラムのデザイン

ある状況のプログラムの中で、その住宅をどのように社会に位置づけ、そして存在させていくのかを考える。病院・劇場ホール等の公共的建築と違い、社会との関係が強くなく、明確でないと感じるかもしれない。

例えば、その地域に1,000人の潜在患者がいて、そのうちの○○％が30～40分以内で通院可能で、1日当たり□□人の患者を診て地域医療を担う、などといった社会存在プログラムは、描きにくいかもしれない。しかし病院も、実際に建設され存在することで、また社会に影響を与え、新しい存在プログラムをもつことになるように、たとえ小さい1住宅であっても、社会と何の関係ももたないことはあり得ない。外部に向かって完全に閉じ、中庭からの光と風だけに頼っている住宅は、一つだけ見るとそれも一つのプログラムと見えるかもしれないが、それが群となって地域に広がった時に、その異様さは際立ち、居住空間とは思えなくなる。そうした必ずしも顕わに見えない社会性についても、建築プログラムには織り込まれるべきである。

たとえその住宅に常駐しているのが猫一匹だとしても、それなりに開いた部分は必要なのである。

3 空間プログラムのデザイン

その住宅の目的－要求－機能が整理されたとして、それらを空間に分節し、そしてそれらをどうつなぎ合わせるか、というプログラムである。現代の住宅は、居住する人数が半世紀前に比べると大きく低下している。基本的には分節する空間の数を減らして、インテリア要素で「生活場面」を転換・生成していくことが多くなるであろうが、しかしイギリス人の住宅観は、例えば趣味のためのホビールームは、そのことだけに使い、つくりかけの帆船模型がそのまま転がっていて、いつでも再開できる空間装置であることを理想とするという。必要に応じた大きさの空間が一つあって、舗設（しつらえ、インテリア要素の設定）によって、空間の機能が転換されるような和室空間の考え方とは異なるものであり、「空間への翻訳」の段階だけを取っても、かなり多様なプログラムが考えられるのである。

■まとめ

建築のプログラムは、それをこの世に存在あらしめるための基本原理であり、単なるトピックスではない。むしろこうしたとらえ方を意識的作業として行うことで、豊かなアイデア・テーマ・プロジェクトを生むことができるはずである。

（湯本長伯、村上晶子）

図-5　ユーザーによる原寸体験の様子

36 ユビキタス（コンピューティング／ネットワーク） Ubiquitous

Keywords コンピューティング Computing／ネットワーク Network／地理情報システム Geometrical Information System

建築計画・都市計画

Books of Recommendation
- 『ユビキタスとは何か　情報・技術・人間』坂村健、岩波書店、2007
- 『サイバースペース入門　ヴァーチャルリアリティと電子ネットワークが創る異次元空間』三菱総合研究所先端科学研究所、日本実業出版社、1995
- 『地理情報システムの世界　GISで何ができるか』矢野桂司、ニュートンプレス、1999

■新しい時代を示唆する言葉

ユビキタスとは「遍在する」とも訳され，どこでもコンピュータを使える，PC＋ネットワークの恩恵を受けることができる，ことを示す。また言い換えれば，「いつでもどこでも誰でも欲しい情報が得られる」環境を表す言葉である。人類の知性が，多く空間あるいはそれを支えるハードウエアに依存していた時代から，目に見えないソフトウエアに多くを依存する時代への転換をも示唆している。したがって，建築または空間という見える存在と見えない機能，主となるものとそれを支えるシステム等々，建築・都市・インテリアにかかわる新しいプログラムをも示唆している。

■関連概念

上記のように考えると，「ソフトとハード」，「ネットワーク構造」あるいは「GIS地理情報システム／空間と情報のシステム」等が関連概念としてあげられる。また二次的な関連概念として，「都市インフラ構造」，「コミュニケーション・ルートの構造」等もあげられる。

■コミュニケーション・ルートのアナロジー

これまで，さまざまな都市モデルの提案があるが，その中にはコミュニケーション・ルートの構造に，ネットワーク構造を踏まえたものがある。人間が道をつくる動物であり，例えば古代ローマ帝国のように，その「道」が帝国の中心的な機能部分として，情報と人とものを運んでいたことを考えれば，道＝コミュニケーション空間こそ，都市や建築にとって死活的に重要なものといえる。菊竹清訓も，海上都市モデルの根底にネットワークをおいている。

■トピックス

1 ソフトとハード

どこまでを空間に担わせるか，何が目に見えない情報機能で支えられるか，基本的なプログラムを描くための良い素材である。このレイヤーでのプログラム設定によって，空間の配列に大きな影響がある。

2 ユビキタス

「何時でも何処でも誰でも欲しい情報が得られる」と，人間の空間内行動が大きく変わる可能性がある。空間が行動に与える影響，情報が行動に与える影響，それらがシームレスに人々の行動を変えていくことにもなる。初期のコンピュータ・ネットワークは，かさばる電力や情報のケーブルを床下に収納するため，OAフロアという空間的影響を与えただけだったが，今後はますますそうした目に見える物理的空間は減りつつ，情報のネットワークと人間との接点を，どう空間の中に作るかという命題が生じてくる。まずは"ユビキタス"という言葉に載せて，要するに新しい生活のスタイルという「状況プログラム」をデザインし，その新しい状況の上に新しい建築プログラムを生み出せばよいのである。

3 地理情報システム等

空間（場所）に埋められた情報を，その位置に従って取り出せるシステムといえる。位置・地名・用途地域などの基本的な情報から，種々の店舗情報・建築情報など，人間行動に相当な影響を与える情報の提供が多層に行えるシステムであり，現在も進歩しつつある。

■まとめ

ユビキタスとは，そもそも「神はどこにでもいる」ということであり，仏教の遍照（仏の慈悲はいずこも照らす）と同義である。たとえささいなことでも，ユビキタスであれば人間の生活を変える。携帯電話を端末とするナビゲーションなども，現代生活を大きく変えつつある。

空間の仕組みとその下部構造（インフラストラクチャー）との関係を考えるうえで，根本的なプログラムにかかわる好適なトピックスである。

（湯本長伯）

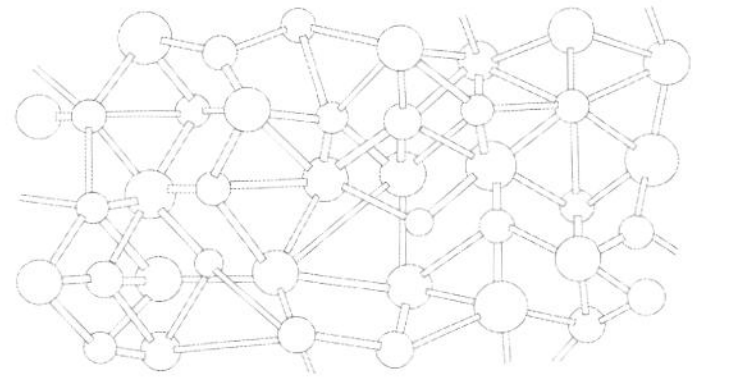

図-1　ネットワーク構造（インターネット・モデル／制作：安波さやか）

5 卒業設計事例

卒業設計レポート

東京工業大学

能作文徳／平成16年度

■東京工業大学での卒業設計

　東京工業大学では，卒業論文，卒業設計の両方が必修となっている。4年生になると12月まではおもに卒業論文を行う。10月に卒業設計主旨発表があったが，現在は行われていない。卒業設計のテーマを卒業研究の内容と兼ねる必要はなく，テーマは各自で自由に決めるため，研究室のカラーはあまりみられない。卒業研究が終わると1月に中間発表があり，その頃から本格的に卒業設計に取り組むことになる。2月の終わりに提出，発表会がある。発表会は全員が発表した後，さらに選抜者による講評会が行われる。優秀者は7月に行われる大学の卒業設計展に修士設計とともに展示される。

■プラン作成まで

　1月の中間講評までは小規模な施設を考えていたが，先生方の講評で大きく方向転換をすることにした。私が学部生のときにせんだいメディアテークや金沢21世紀美術館が建てられたこともあり，大きな公共建築について考えてみたいと思っていた。この卒業設計の機会に，建築における「公共性」とは何か，ということを自分なりに考えたかった。はじめに航空写真を眺めて敷地を探した。敷地の形状が気に入って選んだものだったが，予想以上に広いことに後から気づいた。敷地へ行き，周辺にある神宮球場や国立競技場などとの関係性を考え，かたちを発想する手がかりとした。また人がたくさん集まり，人が流れていくような場所をつくるために，人の滞留や流動をかたちにできないかと考えた。

　その後，人の流れを表す平面ダイアグラムを繰り返し納得のいくまでスケッチした。参考になったのは植物図鑑や果物の図鑑である。デザインの初期段階では，建築の作品集のほかに建築と関係のない資料も，かたちや空間構成を発想するきっかけとして役立った。動線やスケールを考えながらプランを

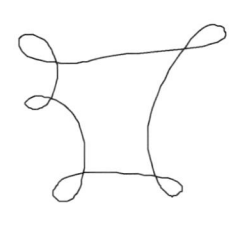

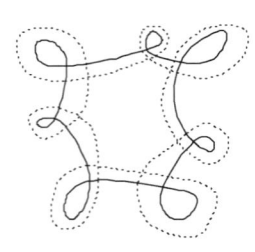

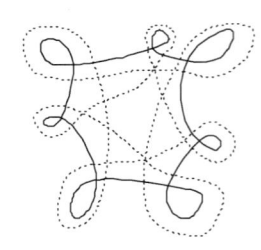

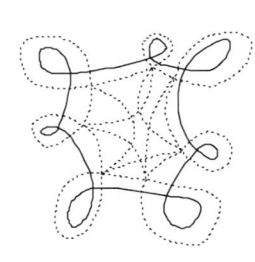

図-1　ダイアグラム

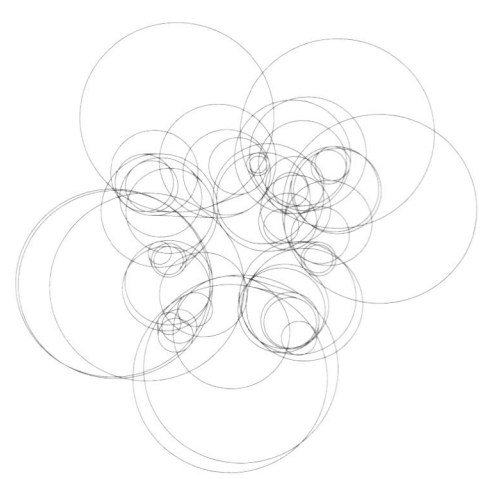

図-2　ダイアグラムから円弧への変換

図-3　食事の様子

調整し，さらに曲線を円弧の組合せに変換していった。抽象的なダイアグラムを機能や構造といった観点から検討し，建築として成立させていく作業は，手間がかかり大変だったが，自分のアイデアが具体化していく楽しいものだった。

プランをまとめあげるまでの間は，とにかくスケッチをたくさんするよう心がけた。スケッチでチェックしきれず，不安な点が出てくるとスタディ模型を作り，立体的にも検討した。製図室に研究室の先輩が顔を出しに来てくれたので，よく相談にのってもらったが，先輩のアイデアを引き出すためにもスケッチや模型はとても役立った。研究室の指導教官と卒業設計について直接相談することはなかったが，論文ゼミの中で出てきたキーワードが参考になることが多く，思い出しながらアイデアのきっかけとした。

■完成までのマネジメント

中間講評から大きく変更したこともあり，実質的に設計にかけた時間は1カ月程度だった。かなり短期間で完成させたことになるが，時間はあればあるほどよかったと思う。

設計を始める段階で提出までのスケジュールを作成し，これを掲示して，ヘルパー（手伝いをしてもらう下級生）にもスケジュールを意識して作業してもらうようにした。卒業設計ではヘルパーが不可欠であり，自分がヘルパーとして作業したときのことを思い出し，効率よく作業が進められるように工夫した。自分が特に気をつけたのは食事の時間だった。楽しく，かつ安上がりに食事ができるよう，スーパーで惣菜を買ってきて，皆でとるようにした。後半は皆疲れてくるので，食事は気分転換の時間として重要だった。大切なのはヘルパーとのコミュニケーションだと考えている。

提出の直前で忙しくなっても，午前3時から8時には家に帰って寝るようにしていた。徹夜は生活リズムを崩すので結局は効率が悪く，避けるべきだと考えている。また提出が近づいて疲れてきても，最後まで皆で楽しんでやるようにしていた。

■特に気をつけたこと

最終的に図面としてまとめていく段階で気をつけたのは，とにかくプリントアウトを頻繁にすることだった。自分の設計の全体的な進行状況を把握するため，スケールをチェックするため，さらに先輩やヘルパーから意見をもらうためなど，いろいろな点から重要なことだと考えている。出力された最終の状態を常にチェックしながら進めることは，図面が評価の対象になる卒業設計では特に重要なことだと思う。

（「雲の下にみちと平原が広がっている」／工学部建築学科）

図-4　全体模型

図-5　模型（拡大）

卒業設計レポート

東京理科大学

虎居亮太／平成16年度

■東京理科大学の卒業制作事情

東京理科大工学部建築学科では，α方式とβ方式というものがあり，前者を選んだ者は卒業論文と卒業制作，後者を選択した者は卒業論文のみを行うという制度がある。基本的に意匠系の学生のほとんどがα方式を選択するが，各人の自由であり，例年学年の約半数となっている。12月半ばに卒論提出で，そのすぐ後にガイダンス，1月に2回の中間報告，2月の半ばに提出という流れである。卒論提出から卒業制作提出まではほぼ2ヵ月間であり，私を含め大半の人が卒論提出後の期間で取り組んでいた。指導体制としては，基本的には各自が所属している研究室の教員が行うことになっているが，おもに進捗状況のチェックのみであり，エスキスを受けたい場合は自主的に接触する。

■はじめにしたこと

何らかのテーマで積み重ねてきたことをさらに発展することはもちろん大切なことだが，なるべく自分のなかでの建築観を狭めたくないと思い，学生の時にしかできないようなもので，かつ今まで自分がやったことのないものをつくりたいと思った。最初に考えていたのは，とにかく楽しくてわくわくするもの，新しい空間，大きなもの，程度である。それと緑をたくさん使うこと，人がいっぱい集まるところ。漠然と考えているうちに駅をつくろうと思うようになった。

準備段階の具体的な作業としては，建築作品またはその他のものから，印象的なものを集める，植生について詳しく調べる，駅の規模やつくりを調べる，などであった。テーマにかかわらず，気になっていた本もいくつか読んだ。とにかく建築をつくっていく際のきっかけを探していた。

■制作のプロセス

なんとなく方向性が定まってきたところでパースや模型をつくってみた。曲面が多く，模型で表現しきれなかったので，ラフな模型をつくっては，Photoshopで素材をざっくりと貼り付けたりして確認した。これは手間がかからずお勧めの方法である。その後は，規模が大きいこともあり，だんだんとスケールダウンして部分部分のスタディを行った。ただし，設計の方法も含めて今までと違うようにと意識し，ほとんど平面を描かなかった。計画先行の駅に対して，なるべく計画しないことを意識したゆえでもあり，その違和感がしだいにコンセプトとなっていった。それが1月末ぐらいであったが，それはあまりにも複雑で大規模な施設である駅について平面的に取り組んで，いき詰まった経緯を踏んでからである。

■プレゼンテーションについて

案の性格からも，建築を勉強していない一般の

図-1 模型写真（浮遊するような構造物の足下に森をつくる）

人にもわかりやすく，インパクトのあるようなものを心がけた。A1の手描きパースをはじめ，イメージと文章をおもに提示した。コンセプトとプレゼンテーションの表現をなるべく一貫したものにしたかったからである。また，内容はほぼ関連のないものとなったが，卒論で学んだ論の構成を意識し，問題意識とその回答がうまく伝わるように心がけた。さらに，やりたいことが伝わりやすいように，一目だけ見る人，少し見てくれる人，じっくりと見てくれる人といった，三段階の密度を意識してつくるようにした。逆に，深く考えたことでも，案の理解を妨げるようなものは載せないようにと努めた。

■模型について

提出用の模型は1/1,000の全体コンセプト模型（300×900mm）と，1/150の断面模型（600×1,200mm）をつくった。特に草原や木肌を表現するのに苦労した。画材屋だけでなく，手芸用品店，ホームセンター等，いろいろな店で常に意識していると思わぬものが使えたりする。また，模型写真はどうしても最後になってしまうため，時間もなく完成度が低くなりがちだが，せっかくつくった模型のなかでも最も伝えたいことを表現できる媒体なので，手を抜かずきちんと撮れるようにスケジュールを立てることが重要である。

■マネジメントについて

まずは自分について。なるべく規則正しく生活することが大事である。一人ではなく，ヘルパーとともに大人数で作業をするので，うまくリズムを取っていかないと，指示も出せず，なかなか効率があがらない。作業環境は，当時同じ建築学科の友達とルームシェアをしていて，広い共用部があったこともあり，学校ではなくアトリエ化した自宅で行っていた。しかしその際に，引きこもるのではなく，時々学校に行き皆と話したり，進行状況を知ることも重要であったように思う。

次にヘルパーについて。最終的には計10人の人に手伝ってもらったが，終盤，継続的に模型作業を手伝ってくれたのは実質6人である。なかでも，コンセプトが固まる前の序盤から（といっても1月中旬）来てくれた1人が，案の経緯をよく理解していてくれて大変助かった。相談相手になるだけでなく，模型作業など，さらにヘルパーが来てくれたときに代りに指示を出せるような存在でもあった。このようにサブリーダー的な存在をつくると，作業がスムーズに運ぶのでお勧めである。もちろん料理をつくったり，休憩を与えたりと，きちんとヘルパーの皆に気を配って，楽しくやることが一番大切である。

■卒業設計その後

学校に提出した後にも，出品作品に選ばれたり，自主的に展覧会に応募したりと，学内だけではなく，今までとはまったく異なった評価軸で作品を見てもらえる機会があるのが卒業設計の大きな特徴である。時間が経過し，自分の考えも設計方法も変わっていくなかで，当時の排泄物であるような作品がいろいろな人に見られるのは，段々と嫌になっていった。しかし，今になって思うのは，自分の作品を通じて見えてくるいろいろな人の評価軸や，完成させた当時の自分の考えなど，卒業制作はさまざまな点で自分のなかでの定点となるものであるように思う。良い機会なので，手を抜かずしっかりと定点を定めることを意識すれば，とても良い卒業制作ができ上がるように思う。

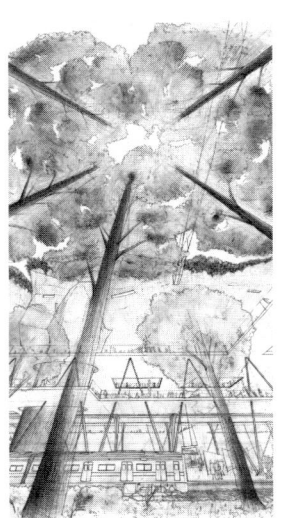

（「delightful station」／工学部建築学科）

図-2　駅構内のパース

図-3　屋上から見渡す風景（イメージ）　　図-4　制作風景

図-5　見上げと鳥瞰の手描きパース

卒業設計レポート
日本大学

浅野剛史、清水純一／平成17年度

■日本大学の卒業制作事情

日本大学生産工学部は,建築工学コース,建築環境デザインコース,居住空間デザインコースの3コースがあるため,コース内でのセレクション（1次審査）がある。建築工学コースの1次審査では,非常勤の先生が審査員となり2次審査に進める作品を選ぶというものである。そこで全体の2割に絞られる。その後一週間の手直しを行い,学科全体のプレゼン（最終審査）へと進むことができる審査方法となっている。コース内セレクション後に1週間の手直し期間があったので,全体の作品レベルは数段に上がったと思われる。

■テーマの着眼

A：大学に入る前からアートに興味をもっていたためか,漠然とアートを軸としたまちづくりを考えていきたいと思っていた。もともと地元（取手市）でアート関係のまちづくりボランティアに参加していたので,実際に体験をしながらテーマと敷地を見つけていこうと思った。この体験を通して設計するほうがリアリティもあると思い,卒業制作の敷地とテーマが決まった。また,いくらテーマや敷地が良くても,卒制（卒業制作）ではやりたいことをやらなければ意味がないと思っていた。

S：アプローチとして考えられるのは,敷地からテーマから発想することの2つがある。敷地選定ならば,問題を多く抱えた土地を選ぶ。さらにポテンシャルを強く見いだせる敷地を選ぶことは,卒制を設計していくうえでやりやすく,伝わりやすいものになると思った。また,敷地とテーマは密接につながってくるものと考えた。具体的に,武蔵野の風景である崖線が都市開発の波に直面している事実を知り,どうにかこの問題を建築で解決できないかと敷地から考えていった。

■戦略

1 プレゼンテーション

S：第一に「わかりやすさ」を大事にした。自分が何をやりたかったのか相手に伝わらなけらば何もならない。一目で何をやりたかったのかがわかるようなポスターを作ることは効果的だと思う。また,そこには序文として卒制の概訳を短く載せることで,見る人にとって「わかりやすさ」につながったと思う。紙面の構成では流れを意識した。起承転結を守ることで,見る人にとっても見やすいものになると思う。図面に関しては,1/100か1/200くらいの縮尺でしっかり描くことを心がけた。

2 模型

S：見栄えが綺麗になることを意識した。やはり例年の卒業制作で良い作品というのは見栄えがするものだった。大きさに指定がなければ,でき

るだけ大きな模型を作るほうがよいと思った。また，光模型を作製することも綺麗に見せるために効果的だった。会場に合わせて模型の表現を考えるという戦略もある。

3 失敗したこと
A：模型で表現すればよいと思い，手書きの概念図やパース等を描かなかったこと。やはり手書きの概念図やパースがあると見ごたえもあり，言いたいことが伝わりやすいと最終審査後にわかった。審査会でも概念図の有無を聞かれた。

4 大変だったこと
A：プレゼンテーションシートをプリントアウトする時間と切り貼りする時間が予想以上にかかった。プリントアウトに設ける時間は，1日設けておいたほうがよいと思う。模型材料の購入では，模型のサイズが大きいため模型材料も大きくなり，材料の搬入が大変だった。

5 気をつけていたこと
S：図面やプレゼンテーションシートはこまめに出力するようにしていた。やはりパソコンの画面で見るものと実際プリントされたものとでは，色合いやイメージ等も全然違う場合がある。また，自分の進行状況が一目で理解できるので，遅れているかどうかの判断にもなった。

6 工夫したこと
A：食事やおやつなどの休憩時間が息抜きにもなる。また作業時間の目安となって，生活リズムをつくるのにちょうどよかった。作業時間の予定を組むよりも先に，食事の時間を設定しておくと規則正しい生活ができる。また，その日の作業や買出しに行くメモなどを付箋紙に書き込んで，忘れないようにパソコンに貼り付けておいた。

■一次審査までの取り組み
A：たくさん情報を収集していたので，いろいろと考え込んでしまうことも多々あった。だから考えを整理するために，よく友人に話を聞いてもらい意見をもらうようにしていた。スタディの段階では，手書きのスケッチと簡単な模型を交互に作りイメージをまとめていった。一次審査ではプレゼンテーションシート，図面は大きなサイズにしてできるだけ目立つようにした。発表前は後輩などにプレゼンの練習を聞いてもらった。

■最終審査前の一週間の取り組み
A：コースセレクション後に，審査員の先生との懇親会があった。コースセレクションで指摘された問題点について，先生からアドバイスをいただけた。アドバイスを参考にプランの一部を変更し，プランに合わせて模型も作り直した。さらにプレゼンテーションの補強のために，新しく1/50の断面模型も作った。セレクション後のお手伝いさんは，最大で10人の時もあった。

■大事にしていたこと
A：自分がやりたいことを見失わないこと。どこかの建築家のプレゼンを真似した表現にしないことを意識した。なるべく友人，後輩，先輩，先生など多くの人に話しを聞いてもらった。

S：卒制に限らず，設計をやるうえで大事にしていたことは，問題意識をしっかりもつことではないかと思う。問題意識のない作品は中身のないものになる。「何でやったのか」，「何を思ったのか」，「何をやりたかったのか」を常に自分の作品と向き合いながら進めていくことこそ，作品の意図を相手に明確に伝える根本ではないかと思う。

（A：浅野剛史／S：清水純一）

（「アートリウム」／生産工学部，「大地のテーブル」／生産工学部）

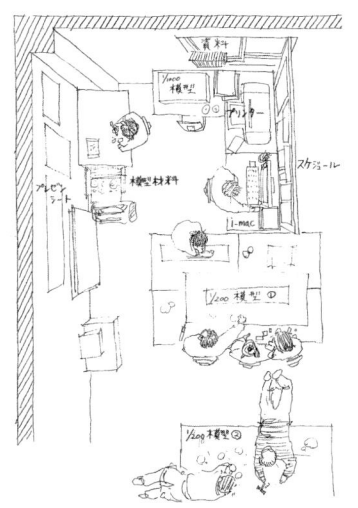

図-5　作業ブース①／「アートリウム」（浅野剛史）

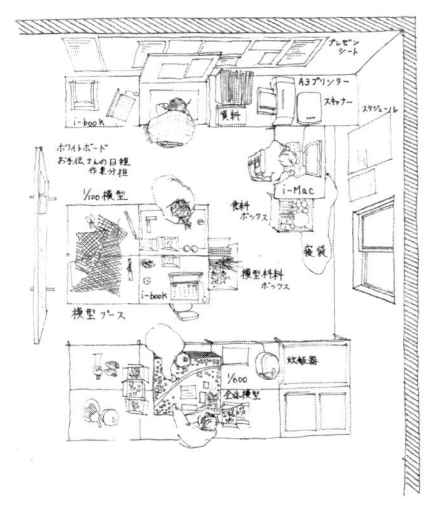

図-6　作業ブース②／「大地のテーブル」（清水純一）

卒業設計レポート

工学院大学

新井伸二郎、有賀佐和子、佐久間英彰、原山翼、森野和彬、門谷百莉子／平成17年度

準備する

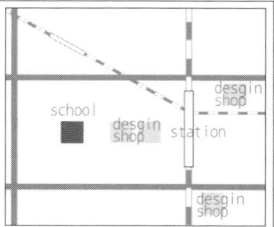

立地特性：学校が都心にあり、周辺には量販店や模型材料がそろう文具店があり、すぐに買いに行くことができる。しかし、多くの学生がそこに集中し、品切れとなるため、事前の確認を心がけた。

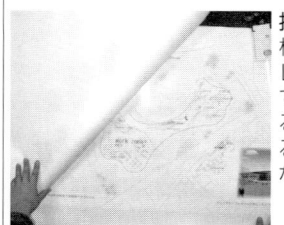

提出：卒業設計の提出は、模型の提出はなく、A1のプレゼンシート6〜10枚程度で、その中で自由に表現する。提出時間は必ず厳守する。1秒でも遅れてはならない。

エピソード：最終提出時に、印刷が予想外に時間がかかった。シートのデータの容量が重過ぎて印刷が1枚につき30分ぐらいかかってしまった。ぎりぎりで印刷していたら、到底間に合わなかった。

確認する

作業場：学校が高層ビルなので、作業場が狭く研究室の人数ごとに場所を平等に割り当てられる。模型を置く場所がないので、ダンボールに入れて重ねて置く。

エピソード：作業場が狭いため個人の場所の領域が曖昧になってしまい、模型道具等が散乱し自分のものがわからなくなってしまった。自分の物に名前を書いたりシールを貼って他の物と区別した。

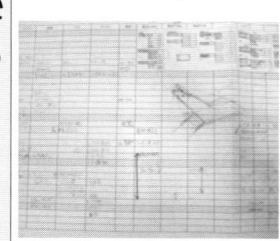

スケジューリング：論文提出日が9月末なので、本格的に卒業設計を始めるのは10月となる。提出は例年1月末なので、制作期間はおよそ4カ月間となる。

エピソード：自分の性格を考え常に余裕をもってスケジュールを立てた。共用のプリンターを使う場合、直前に印刷が集中しないよう皆で順番を決めた。提出間際に学校に入れなくなるアクシデントもあった。

コミュニケーション

意見交換：仲間内で発表をして、他の人に意見をもらう・与えるなどをすることにより、卒業設計をいろいろな面で身のあるものにできる。また、仲間内で発表をして自分の進行状況を確認する。

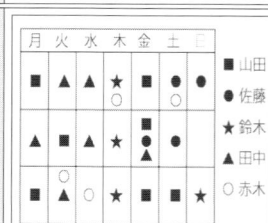

助っ人：たいてい、研究室の後輩が卒業設計の助っ人として作業を手伝ってくれる。また、手伝うことで、助っ人自身もプラスになるので、できるだけ後輩は関与するとよい。

エピソード：助っ人の予定も聞きながらスケジュールを立てた。追い込みになると友達や家族にも手伝ってもらったり、模型作りでは、模型材料を売っているお店の店員さんに相談に乗ってもらったりして専門知識を得た。

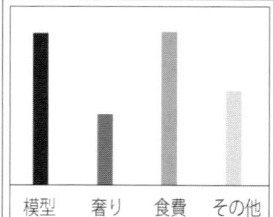

費用

費用：費用は、おもに模型代と食事代が占める。泊りが多くなると、食事代がばかにならない。また、手伝ってくれた人を奢ることもあるので、その分も考慮しておく。

エピソード：卒業設計の費用は、バイトをしてあらかじめ貯めておいた。共同で使える模型材料などは、必要な人で一緒に購入して、余らないようにした。費用の相場は10万円ぐらいといわれている。

節約生活：食事は外食が多くなるため、節約するためにご飯を炊き、自炊をして皆で食べた。立地上スーパーが近くにないためおかず不足に。さらに、模型材料の端材でスタディ模型を作り模型代も節約した。

5 卒業設計事例

スケジュール

10月1日	卒業設計スタート	Aタイプ	論文＋設計 論文（9月末日提出、発表なし） 設計（1月25日提出）
11月20〜22日	学園祭期間		
12月1日	卒業設計中間提出	Bタイプ	論文 論文（1月25日提出、発表あり）
12月31日〜1月3日	大学閉館		
1月21〜22日	大学入試センター試験期間（大学入館禁止）	Cタイプ	論文＋設計 論文（11月4日提出、発表あり） 設計（1月25日提出）
1月25日	卒業設計提出日		

＊2006年度の例

＊われわれの卒業制作には3つのタイプがあり、選択は自由。今回は、設計をメインで行うAタイプを選択した。

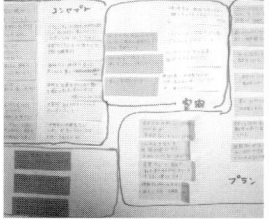

デザインする

考える・見つける

コンセプトメイキング：アイデアの素を逃さないように常にメモを取った。仲間と話す、他分野の常識を取り入れアイデアを昇華させた。それらを整理して空間へ落とし込んだ。アイデアはどこででも出せる。

敷地選定：大学が都心にあるため、大学を拠点にして、都内の敷地探しができた。候補はいくつかあげておいて、その中で一番おもしろいことのできそうな、特徴ある敷地を選んだ。

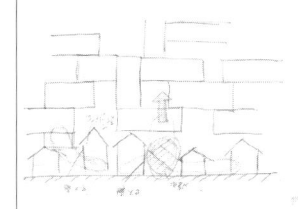

伸ばす

スケッチ：理論をだらだら語っているようでは進まない。考えたアイデアは常にビジュアル化してメモを取った。人に話を聞いてもらう時には、それらを基にして話した。自分のアイデアを時系列的に記録に残す。

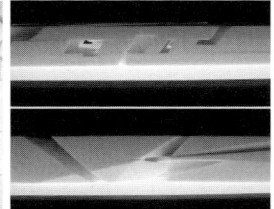

スタディ模型：空間的なアイデアを具現化するために作ってみる。やりたいことが表現されているかどうか検討し、時間も力もかけず作る。模型の精度は関係なく、次のステップに進むために何個も作る。

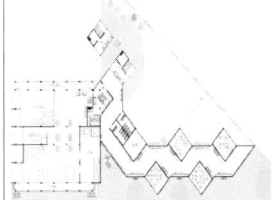

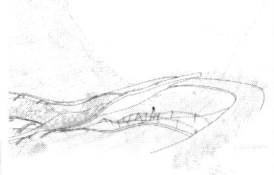

作成する

図面：提出日が近づいたので、イメージが完全でなくとも、図面を描き始めた。無理やり進めることで、見えてなかったものが見えるようになった。最近はPCで図面を描くのが主流だが、手書き図面も人気がある。

模型：卒業設計には模型提出がなかったため、特に表現したい部分だけ詳細に模型を作った。その浮いた時間をプレゼンテーションに当てて、表現に力を入れることができた。

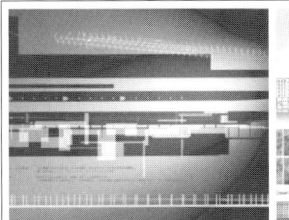

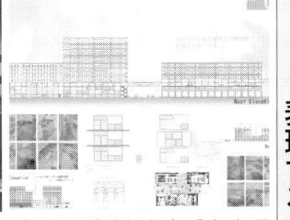

表現する

プレゼンテーション：自分の空間の曖昧な存在感を表現するため、模型では表現しにくい抽象的な空間をCGを利用して表した。模型写真は多少加工を加えるだけでも印象が変えることができる。

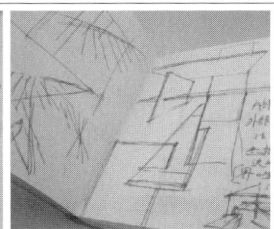

最後に：具体的な作業ができなくとも、コンセプトや敷地の候補などは、どんな時でもできる。日頃から考えておくとよい。

卒業設計レポート

千葉大学

木村麻美、斉藤健／平成18年度

■千葉大学の卒業設計について

千葉大学工学部デザイン工学科建築系は，毎年約40～50名の学生が卒業設計を行う。卒業設計履修者には卒業論文も義務づけられ，11月上旬の卒業論文発表会終了後からが卒業設計本番となる。平成18年度から一週間ほど締切りが延び，2月中旬が締切りとなった。

提出物はA1のプレゼンボード10枚とA1サイズ以内（平成19年度からサイズ規定はなし）の模型となっていて，提出翌日に展示発表会が製図室で行われる。さらに18年度は，千葉大学の4学科（工学部都市環境システム学科，デザイン工学科意匠系，園芸学部緑地環境学科）の有志の学生が集まり，大学内の語らいの森で卒業制作の青空展示会を行った。

■アンケート

平成18年度までの卒業設計経験者（50名）に，卒業設計に関するアンケート調査を行った。

■これから卒業設計を迎える後輩へ

卒業設計が終わり一年が経った現在，卒計は一生つきまとうものだという先輩の言葉が思い返される。実際この一年間を振り返ると，前半では卒業設計展で，後半では就職活動でと自分の作品と向き合う場面が非常に多かった。「卒計は一生つきまとうもの」だからこそ後悔のないように。

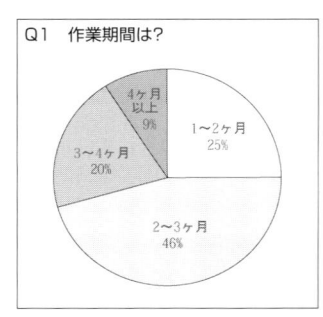

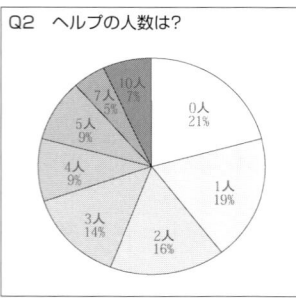

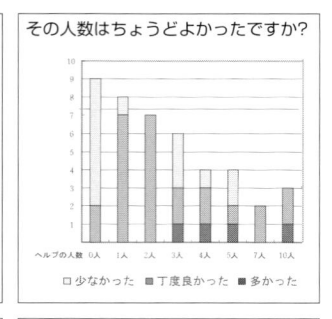

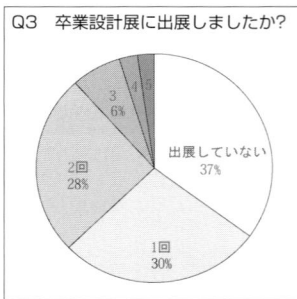

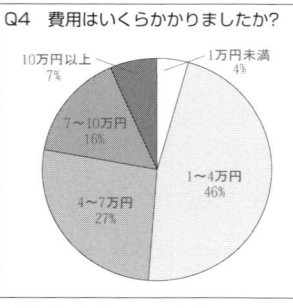

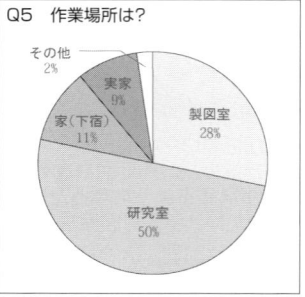

Q1 作業期間は？
- 1～2ヶ月 25%
- 2～3ヶ月 46%
- 3～4ヶ月 20%
- 4ヶ月以上 9%

Q2 ヘルプの人数は？
- 0人 21%
- 1人 19%
- 2人 16%
- 3人 14%
- 4人 9%
- 5人 9%
- 7人 5%
- 10人 7%

その人数はちょうどよかったですか？
（ヘルプの人数別：少なかった／丁度良かった／多かった）

Q3 卒業設計展に出展しましたか？
- 出展していない 37%
- 1回 30%
- 2回 28%
- 3回 6%
- 4回 —
- 5回 —

Q4 費用はいくらかかりましたか？
- 1万円未満 4%
- 1～4万円 46%
- 4～7万円 27%
- 7～10万円 16%
- 10万円以上 7%

Q5 作業場所は？
- 製図室 28%
- 研究室 50%
- 家（下宿）11%
- 実家 9%
- その他 2%

Q6 一番力を入れたところは？
- 1位 12票：模型
- 2位 10票：コンセプト、アイデア
- 3位 4票：プレゼンボード（パース、スケッチ、密度…）

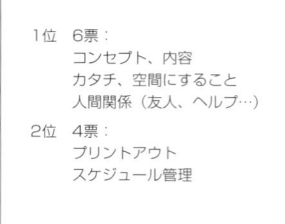

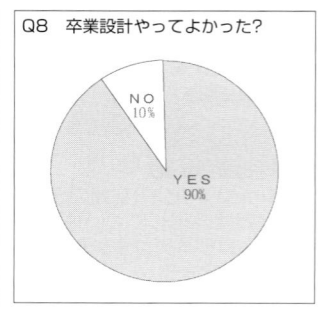

Q7 一番苦労したことは？
- 1位 6票：コンセプト、内容　カタチ、空間にすること　人間関係（友人、ヘルプ…）
- 2位 4票：プリントアウト　スケジュール管理

Q8 卒業設計やってよかった？
- YES 90%
- NO 10%

NITONA HEALTHCARE COMMUNITYCENTER

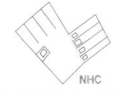

千葉市中央区仁戸名町。大規模な病院や福祉施設が集まるまち。それゆえに周辺には独特の閉鎖感が漂っている。本計画ではボランティアネットワークの形成と，その拠点となる住民，患者，高齢者が集う健康増進とコミュニティを目的とした施設を計画し，心身とともにまちが健康になることを狙う。

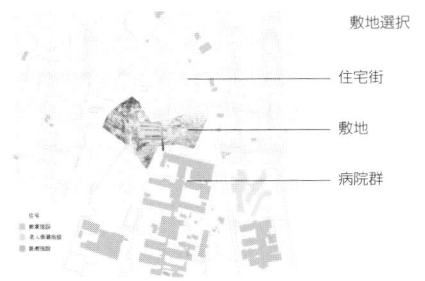

敷地選択
住宅街
敷地
病院群

敷地隣の病院で卒論の調査を行っていた。その中で，「病院とまち」の関係を考えるようになった。

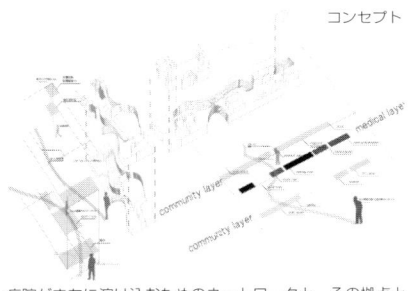

コンセプト

病院がまちに溶け込むためのネットワークと，その拠点となる健康増進センター＋コミュニティセンターを計画する。

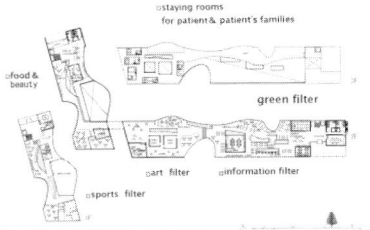

staying rooms for patient & patient's families
food & beauty
green filter
art filter   information filter
sports filter

2つの施設の機能をエリアで分けるのではなく、細長い建物のなかに薄い層を重ねるように配置する。

模型で特に注意したのは縮尺と、素材、密度感である。1：500の全体模型と、断面がわかる1：100の部分模型を作った。

千葉大学卒業設計事例

	木村の場合	斉藤の場合
	学内弥生賞 柳澤研究室	学内奨励賞 栗生研究室

卒業設計の流れ

	木村の場合	残り週	斉藤の場合
	敷地決定 コンセプト	残11週	敷地決定 地形模型1/5,000
		残10週	敷地データ入手 敷地模型1/500
	設計意図提出	残9週	
		残8週	敷地模型1/300
	平面・断面計画 スタディ模型	残7週	
	設計意図再提出	残6週	ビルディングタイプ ボリューム1/500 イメージパース
		残5週	ダイアグラム
	プレゼンボード ダイアグラム	残4週	コンセプト1/300 構成模型1/200
	図面	残3週	外観スタディ1/100
	模型1/100 :ヘルプ	残2週	コンセプト1/100 内観模型1/100 メインパース プレゼンボード
	模型1/500 パース 模型写真 プリントアウト	残1週 締め切り	図面 模型写真 プリントアウト

斜面は本棚の背板のように

横須賀一の駅前に，図書館の移転計画がある。斜面とビルに囲まれたこの土地は，それだけでメディアの保存にふさわしい素質を備えていると考えられた。敷地面に賑わいをもたらし，敷地背面で壁一面の本棚をつくる。それはまるで背後にそびえる山の斜面が本棚の背板のようにである。開架図書に閉架図書が積み重なり，すべてのメディアは視覚化され，小面積に多量の本を収納することが可能になった。

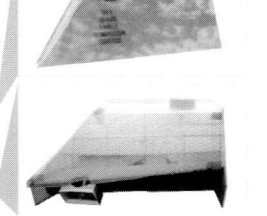

卒業設計レポート

東京電機大学

饗庭淳矩／平成17年度

■東京電機大学の卒業制作事情

東京電機大学情報環境学部情報環境デザイン学科，メディア・人間環境デザインコース，建築・都市デザイン部門という学科内の部門のみ，建築系の卒業研究か開発型プロジェクトを選択できる。そして，開発型プロジェクトを選択した場合に制作の提出が課せられる。

また，開発型プロジェクト選択者も前期（4～7月）はサーベイを行い，後期（9～1月）に設計案をまとめる場合が多い。人によっては論文としてまとめる。私の場合は4～11月までほぼ論文を執筆。10～12月に設計を行い，1月初旬にポスター・模型の展示と講評会（1日のみ）を行う。学内選考があり，3月に千葉県建築学生賞，5月にレモン画翠展に出展する。

■卒業設計ができるまで

1 何から始めたか

・敷地を歩く
・自転車で走る
　を繰り返し，
・そこにいる人の様子
・時間帯によっての感じ方
　について利用者の学生にアンケートを行った。

2 問題発見

鉄道の音に注目。見えないけど聞こえる鉄道。見えない理由は，敷地の谷になっている部分が街を寸断して，その中に鉄道が埋もれて走っている。つまり，「街が寸断されている」という問題点を発見。

3 スタディの風景

アイデアが浮かんだらすぐにスケッチ（図-1）。満足に描けなかったらCGを使う。

実際のスケール感に照らす場合は模型を利用。割合は，スケッチ：CG：模型＝4：3：3程度。

■完成までのマネジメント

11月末に研究室独自の発表があり，10月あたりは論文と制作を同時進行。12月20日ぐらいからプレゼンテーション用の模型・図面の作成に入る。正月を除く2週間はほとんど不眠不休。朝日が昇るのを見て少し休憩するという感じ（図-2）。家に帰ったのは3日に一度くらい（着替え・シャワーのみ）。作業はすべて研究室で行う。所属研究室で制作を行ったのは自分だけだったので，大き

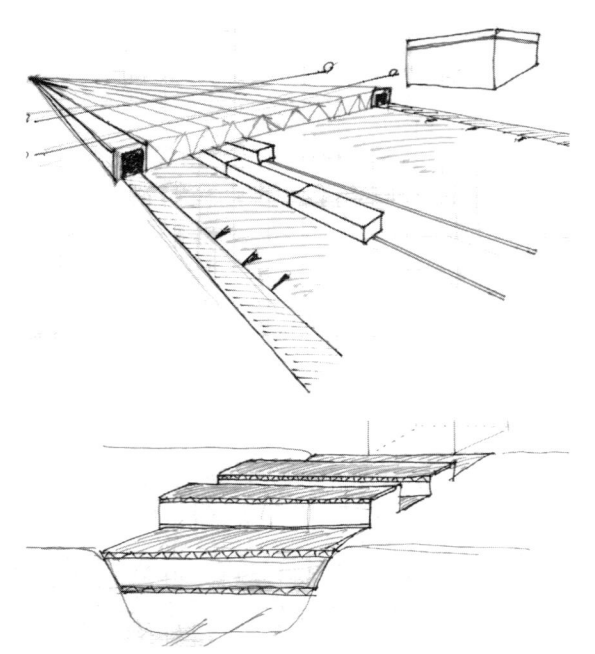

図-1　アイデアのスケッチ化

図-2　大学屋上から見る朝日

図-3　制作風景

な机を目いっぱいに利用。後輩は計3人に手伝ってもらう（図-3）。模型経験があまりなかったため教えながらの作業。任せておいて別の作業というわけにはいかなかった。

1 アドバイザー

アルバイトの知り合いに他大学の建築専攻の人（1学年上で卒業設計経験あり）がいて、アドバイスをもらう。丸一日来てもらい作業をともに行う。

2 インスピレーションを与えてくれたもの

毎週行った指導教員とのディスカッション。海外のコンペの案（MVRDVなどの）。敷地（何度も足を運んで考えたこと）。

■制作データ

提出図面：平面図、断面図、アクソメ図（図-4）、パース画（図-5）

模型：1/300　約2畳（図-6）

利用アプリケーション：VectorWorks, FormZ, Illustrator, Photoshop, Excel

スケッチブック（A4サイズ）：2冊費やした。

■教訓

マイペース、そして感謝の心を忘れないように。

■作品概要

作品名は「BOARD」、サブタイトルは「弧（個）を結び街（輪）へ」。

■制作主旨

広くて何もない街、千葉ニュータウン。何もなくて寂しい、つまらない、言っているだけではなく何とかしたい、そんな思いを胸に制作を始めた。

しかし、何もないわけではなかった。千葉ニュータウン中央駅から離れたところに、住宅・オフィス・学校がある。それを引き寄せることが大事だと気づいた。それを建築の力でできないだろうか。もしできないのなら、駅を中心とした街へと変わるきっかけとできればいい。

街の写真を見れば見るほど、街の中心部を通る北総線沿いの谷が南北を分断し、それぞれのコンテンツを離してしまっている。交流が距離に負けてしまっている。距離を感じさせている原因の谷をふさぎ、個々の孤立を結ぶ。やがてそれは輪となり、街となっていく。谷をふさぐBOARD（板）は自由な行き来ができるもの。人が人という情報を引き付け、それがどんどん大きな輪（街）となっていく。BOARDにはあらゆる情報を発信できる、そんな役割をもたせる。

3つのステージであり、スタジオ・プレゼンルーム・ギャラリーである。層に分けて、下層に公的な機関、街の特産物ショップ、最下層（鉄道と同レベル）には広大な駐車場を配置。あくまで街を歩いて楽しめるように、できるだけ車から降りてほしいという思いを込めて。

何もない、とは迷うことがない。しかし、それは迷いながら新しいものを発見できないということでもある。何かに迷い、見つける。予測できない、意外性のある。そんな魅力あふれる街とするために。

（「BOARD」／情報環境学部情報環境デザイン学科）

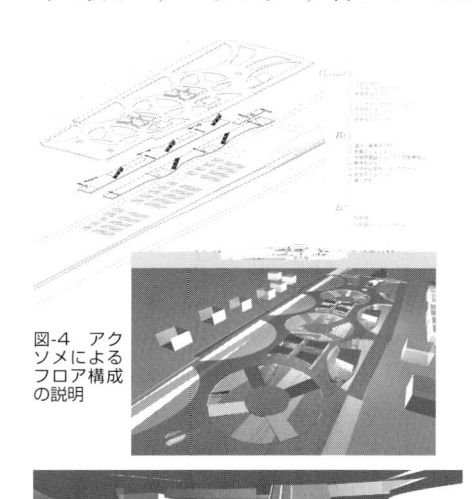

図-4　アクソメによるフロア構成の説明

図-5　CGによるパース

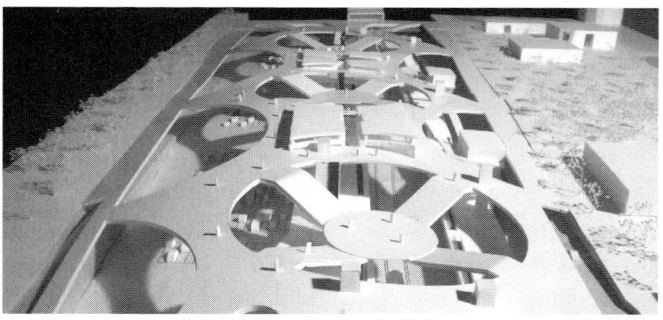

図-6　最終のプレゼン模型

卒業設計レポート

東海大学

信田健太、堀場英／平成17年度

地方都市再生／GROOVE NET
―都市創発の源泉（信田健太）

■設計概要

　主要都市への情報・人口集中と対照的に，地方都市は人口，経済力，都市空間等の面で衰退する現状にある。本設計では地方都市モデルとして神奈川県小田原市を選定し，埋没した状況にある小田原城と駅前を結ぶ中間領域に注目し，城郭の堀の一角に回遊性のある交流空間と時代に対応できるフレキシブルな単位空間の連続体を提案した。
　ここでは時代の異なる文化の波紋をメタファーとして，錯綜するスラブ空間を地下空間に挿入し，埋没した堀の再生と小田原市特有の文化を表出する建築空間を計画した。また建築単体で自己完結するのではなく，都市全体へ浸透していく原点となる新しい形の都市再生を目指した。フレキシブルな単位空間を提案しているため，機能とプログラム像は希薄と思われがちだが，未来の多様なプログラムに対応できる建築空間，専用施設でも雑居ビルでもない地方都市固有の魅力を最大限に表出する空間こそが，未来の地方都市には必要だと考えた。

■卒業設計において大切なこと

　卒業設計で大切なことは，いろいろな疑問から出てきた建築なり空間が，対象とした都市に対してどれだけ影響力があるのかを示すことである。また広い視野をもてるかどうかも重要である。

　長い期間同じことを繰り返し考えているとだんだん視野が狭くなり，客観的にものを見られなくなる。そのような時，必要なのが周囲の仲間である。自分の頭の中だけで考えるのではなく，他人に言葉で話すことで，自然と内容が整理され客観的にものが見えてくる。私の場合は，お手伝いの後輩に司令塔と模型制作係がいた。特に重要なのが司令塔で，私の考えを理解し最も身近な第三者の目となった。司令塔は模型制作係へ指示を出し，模型制作に関する質問をほとんど処理した。このことで思考中は集中力を切らすことなくスムーズに作業を行うことができた。お手伝いさんにも予定があるので，おのおのの予定を把握し，スケジュールをしっかり立てられる司令塔であればなお心強い。あとは睡眠欲に負けない体力と健康な体が重要な要素である。
　唯一失敗したのが模型の大きさだった。表現したい大きさでそのまま作ったため，搬入の際にエレベーターに載せにくい，乗用車に入らないなどの問題が生じ，事前にちゃんと考えておけばよかったと思った。
　内面的にはモチベーションの高さと精神的余裕も大切であるが，何より楽しむことである。嫌々やっていては良い建築も生まれない。私の場合，提出一週間前に設計した建築が，コンセプト不成立のために破綻し，一から設計し直したが，そういうアクシデントも楽しいと思えば手は動くものである。結果的には図面とパースを3日で完成させ，模型は2日前に完成した。設計から図面までは自分で作業したが，模型やスケジュール管理な

図-1　模型によるプレゼンテーション

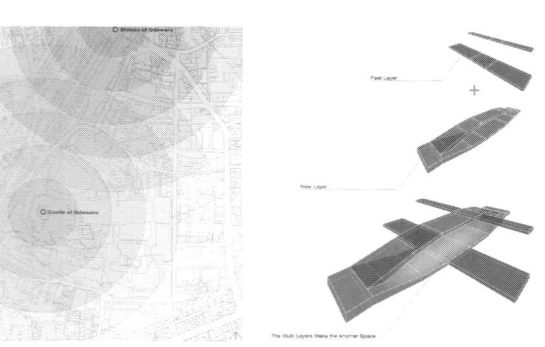

図-2　敷地分析と形態の図解

どの面でお手伝いの後輩にとても支えられたので，私のチームは一心同体，みんなで制作した卒業設計となった。

難しい要求にもめげずに立ち向かってくれた後輩や，多くの議論を交わし思考を高めてくれた仲間，常に厳しい目で指導して下さった指導教員である杉本教授にはとても感謝している。

若者の居場所／APOSC―文化の集合による拡張型居場所空間（堀　場英）

■設計概要

私の卒業テーマは，「居場所」の具現化である。根幹の問題意識となっていたのは，大きな秩序によって建築・都市がつくられている現状に対し，部分と部分の関係性，すなわち内側からの小さな秩序の重なりによっても建築・都市がつくられるのではないかと考えていたことである。この都市的な問題意識に対し，社会的な問題として若者の居場所論が存在していた。これらの点に着目しながら，具体的な対象敷地を渋谷区宇田川町の一角に設定し，混沌とした渋谷の文化の中で若者達がつくり出す小さな文化＝「個」の存在，個の関係性から生まれる部分と部分の緩やかな関係の中から，多様な流れ・交流を生み出す場をつくり出し，「居場所」の具現化を目指した。

平面的にはさまざまなボリュームをばらばらに配置し，ブロックが角で接しながらいろいろな角度で連なっていくことにより，すき間や突き当たりに多様なスケールの場所が生まれることを期待した。また，これらの関係性をつくり出す空間が断面方向にも展開していくことで，立体的な関係を生み出すことができると考えた。

設計プロセスとコンセプトは非常に評価されたが，デザインへの変換に時間がかかってしまい，機能とプログラム像がやや伝わりにくくなってしまった。しかし最初のモチベーションである居場所の具現化については，部分と部分の緩やかな関係性の中から生まれる渋谷の新たなかたち・空間を提案できたのではないかと考えている。

■卒業設計において大切なこと

テーマ設定は非常に大事だと思う。テーマ設定のしかたはさまざまだと思うが，自分が考える建築や空間が，設定した都市や敷地に対してどのような力をもたらすことができるかを伝えることが重要だと思う。

卒業設計ではお手伝いさんを含め，研究室の仲間の存在が非常に大事になってくる。卒業制作中は広い視野をもつことも重要である。自分の世界に入りすぎて視野が狭くなりがちだが，仲間やお手伝いさんとの何気ない話，課題の相談等をすることは，自分の視野を客観的にしてくれる。

私は製作中，5人のお手伝いさんがいた。1人がリーダー，4人が模型担当になってもらった。リーダーは自分にとって右腕となる存在であり，非常に重要な役割である。自分の指示を理解し相談にものってくれる良き理解者である。模型係に指示を出し，質問や相談はほとんど彼が引き受けてくれた。そのおかげで自分の作業を実に円滑に進めることができた。

失敗した点・反省した点は，お手伝いさんのスケジュール管理であった。リーダーがいない時や模型班の人が抜ける時が提出間際にあり，あせったことを覚えている。卒業設計では自分のことだけでなく，かかわってくれる人たちへの気遣いを忘れてはいけないと思う。卒業制作中に一番感じたことは，仲間の存在と自分を見守ってくれた多くの方々の存在である。卒業設計は自分だけではできないものだと思う。難しい作業や要求に対して負けずに立ち向かってくれたお手伝いさん，何時間も長い時には一日中議論をして自分の思考を高めてくれた同期の仲間，院生の先輩，常に厳しく叱咤，激励し指導して下さった山﨑教授にはとても感謝している。

（「GROOVE NET」／工学部建築学科，
「APOSC」／工学部建築学科）

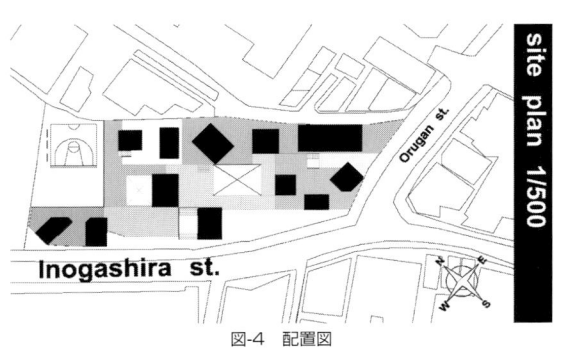

図-3　模型の鳥瞰写真

図-4　配置図

卒業設計レポート

首都大学東京

柴家志帆／平成18年度

■首都大学の卒業制作事情

毎日が楽しく、辛く、悩みぬいて、完成させた卒業設計。建築学科で学んできたことの集大成。そんな卒業設計の記憶をここに記す。

私の大学は、4年生の1年間で卒業論文と卒業設計の両方をこなすハードなカリキュラムである。卒業論文の提出は12月、卒業設計の提出は2月。その間にわずか2カ月しかない。夏頃からぼんやりとテーマについて模索していたが、なかなか決定できず、結局12月から本格的に始動した。

■卒業制作の進め方

まず考えたことはプログラムだった。今年の私の大学は、つくりたい空間や設計手法を最初に決定し、それに適した機能や用途を考えるという順序で設計に取り組む人が多い傾向にあった。そんな中、私が最初にプログラムを決定しようと考えたのは、私自身、設計手法や規則性のある建築にあまり興味がなかったからだ。一つひとつの空間を大切に、誰もがイメージできるような建築を設計したかった。

12月の末にプログラムを「図書館」に決定した。インターネットの発達により、利用者が少なくなってきた図書館を、立ち寄り施設として設計することを考えた。敷地は、地下鉄のコンコースの隣、公園の下、地下である。立ち寄り施設にするために駅とのリンクをまず考えたが、敷地に悩む日々が続いた。時間に追われ、何度ももっと早くからやればよかった、と後悔した。そんな時、週に1回行われる研究室会議で、先生に手を動かせと繰り返しアドバイスをいただいた。先生のアドバイスに気を引き締められ、ペースをつかむことができた。

悩みすぎず、たとえ仮決定でもその方向で手を動かし、イメージを膨らませること、これが、卒業設計で最初にぶつかった壁を越えるきっかけであり、教訓となった。

年末はひたすらスタディし、正月はさすがに手を休めてゆっくりした。冬休みが終わり、1月9日卒業設計中間発表。年が明けても研究室会議は毎週ある。中間発表や研究室会議で人から客観的に

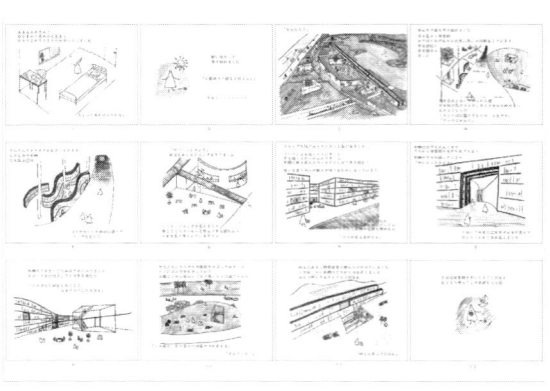

図-1 場のイメージ

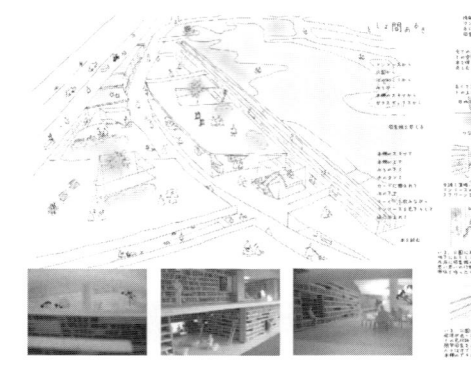

図-3 プレゼンテーションボード

図-2 作業風景（模型制作）

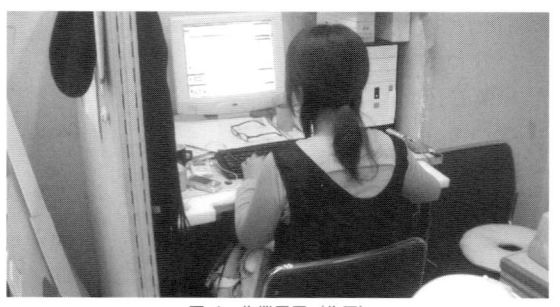

図-4 作業風景（作図）

見て言われたアドバイスは宝物。しっかりメモをとり自分なりに飲み込んで考える。卒業設計は今までで一番長い間ひとつの建築と向き合うので，時々自分の考えがどこかで道をそれていないか，見えなくなることがある。定期的に人に説明したり，意見をもらうことが大切だと感じた。

1月半ば，製図室入り。手伝いの後輩を5人抱えて卒業設計一色の生活が始まった。もう自分の悩みだけで手一杯になっている時間はない。

この時，まず考えたのはスケジュール管理だった。自分，後輩，模型，図面…。人生で一回の卒業設計，私が無理するのは当然だと思った。でも，後輩は忙しい生活の貴重な春休みを，テストや就職活動と重なりながらも，私のために時間をつくってくれているのだ。そう思うと，ただのお手伝いではなく，一緒に考えて，楽しんで，つくり上げて，吸収できるものは全部もって行ってほしかった。

最初に設計の概要をすべて説明し，感じたことは遠慮なく言ってもらった。自分のイメージと皆のイメージをできるだけ近づけて作業を開始したことが，スムーズに模型作業が進んだカギだったと思う。毎晩（朝?）寝る前に，次の日にしてもらう作業を紙に書いて壁に貼り，誰がどの作業に向いているかを考えながら仕事を割り振った。

模型の説明で，自分が図面を描く時間がなくなる不安に駆られたこともあったが，それでも説明時間は削らず，みんなが帰宅してから図面を描いた。図面が進むたびにプリントして後輩に見せることで，お互いのペースを確認した。

自分の考えていることを人に伝えるのはとても難しく，やり方しだいで効率ダウンもありえる。この，後輩との作業の進め方は，卒業設計の二つめの教訓である。

生活はというと，毎日だいたい6時に寝て，10時頃起きる。最後の1日は完全に徹夜だった。学校に寝泊りして，家で寝たのは1カ月で4, 5回だ。

■講評会

2月13日卒業設計講評会。

私の大学は，12日の昼提出，13日の午前中にポスターセッションが行われる。そこで校内の先生方が上位10人を決定し，その10人が午後，外部からの審査員も含めて全員の前でプレゼンテーションする。そして最後に賞が決定するという流れになっている。

そして無事，賞をいただいた。受賞の時に後ろから背伸びして見守る後輩の笑顔が忘れられない。

■作品データ

提出図面：8枚 + 絵本1冊
模型：1,800×900×230（1畳）
使用したアプリケーション：VectorWorks, Illustrator, Photoshop, てがき
スケッチの量：スケッチブック2冊 + 紙たくさん
無駄になった模型の量：かぞえきれない!!

（「としょ間あるき」／工学部建築学科）

図-5　閲覧スペース

図-7　全体模型

図-6　制作を手伝ってくれた後輩たち

図-8　書架スペース

6 レファレンス

卒業設計作品集 — 工学院大学

- [名　称] 建築設計優秀作品集
- [内　容] 当該作品集には、卒業計画の優秀作品のほか、学部優秀作品や修士優秀作品、および学外競技設計における入選作品なども記載されている。
- [購入先] 工学院大学生活共同組合
- [価　格] 600円
- [概　要]
  - 大賞：最優秀賞2作品（建築学科1作品＋建築都市デザイン学科1作品）
  - 優秀賞の選定および成績：計画・設計系教員の合議により、成績と優秀作品の選定が決定される。優秀作品は、一次の図面審査で各学科別に上位1割が選出され、その中から二次審査の公開プレゼンテーションで決定される。
  - 卒業計画作品数（2006年度実績）：建築学科45作品、都市デザイン学科72作品
  - 卒業計画日程（2006年度実績）：
    Aタイプ…論文＋設計「論文（9月末日提出、発表なし）、設計（1月25日提出）」
    Cタイプ…論文＋設計「論文（11月4日提出、発表あり）、設計（1月25日提出）」
    ＊建築学科（Aタイプのみ）、建築都市デザイン学科（AタイプまたはCタイプ）
  - 卒業計画作品の制作：原則としてA1判12枚以内。
  - 作品展：毎年8月に工学院大学新宿校舎9階で、「工学院大学建築設計優秀作品展」を開催。

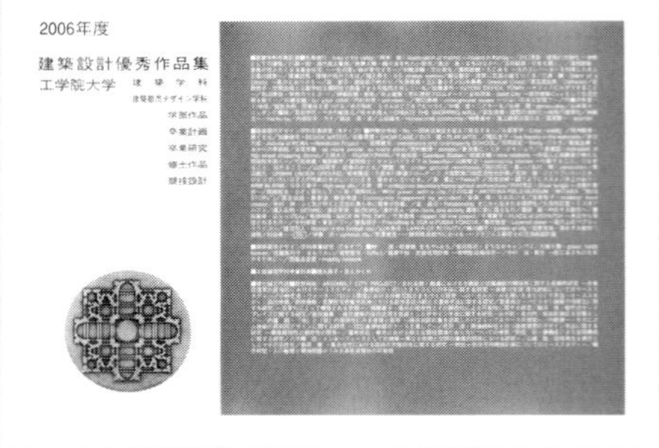

卒業設計作品集 — 東海大学

- [名　称] PROJECT FILE 200X
- [内　容] 学部優秀作品については、セメスターごとに課題内容と作品講評を担当教員の対談形式でレビュー。卒業設計は、優秀トップ10の作品掲載と発表会の質疑応答・総評、卒業設計経験学生の後記等をレビュー。このほか、研究室紹介や常勤、非常勤、OB等の人物紹介等、毎年志向を変えた企画内容を取り入れている。
- [購入先] 非売品。学部学生全員に配布。
- [概　要]
  - 最優秀卒業設計賞：TD賞（Tokai Design賞）1点
  - 優秀卒業設計作品ノミネート・Top10：計画系教員全員による採点でTop10を選出。これら10点の口頭発表の後、公開でTD賞1点（日本建築学会出展）、JIA神奈川エントリー作品5点、レモン画翠展1点、近代建築社1点を公開審査で決定。
  - 卒業設計作品数（2006年度実績）：41作品
  - 卒業設計日程（2006年度実績）：
    卒業研究報告書（7月下旬提出、発表なし）
    卒業設計中間提出（10月17日）・中間発表（10月24日）
    卒業設計提出（1月22日）・卒業設計発表会（1月29日）
  - 卒業設計作品の規定と要求内容：原則としてA1判8枚以上。設計要旨・趣旨、説明図・ダイアグラム、案内図、配置図、各階平面図、立面図、断面図、詳細図、透視図・アクソメまたは模型写真、模型（縦横高さ合計2.5m以内）、梗概A4判1枚
  - 作品展：卒業設計発表後、湘南校舎ネクサスホールに約1週間展示。

卒業設計作品集 — 駒沢女子大学

- [名　称] 卒業制作作品集（CD-ROM）
- [内　容] 当該作品集には、卒業制作の全作品が掲載されており、名前や作品、ゼミ等で検索できるようになっている。また、学内および学外の展示会の模様も含まれている。
- [購入先] 駒沢女子大学空間造形学科にて管理。入学希望者等には無料配布。
- [概　要]
  - 最優秀賞：1作品
  - 優秀賞の選定および成績：教員が採点を投じ、集計後、合議して選出する。
  - 卒業制作作品数（2006年度実績）：空間造形学科58作品
  - 卒業制作日程（2006年度実績）：論文もしくは設計、制作（12月21日提出、1月14日プレゼンテーション）
  - 卒業制作作品の制限：設計はA1判4枚以上、制作はA1判2枚以上、論文は制限なし。
  - 作品展：毎年1月に駒沢女子大学博物館で「学内展」、2月に都内ギャラリーを借りて「学外展」を開催。

卒業設計作品集 — 東京芸術大学

- [名　称] 空間
- [内　容] 建築科大学院生の企画・制作による年刊誌であり、内容や体裁は定まっていないが、例年、大学院生を含む在校生の課題作品や、教員・研究室紹介などが掲載されている。最新24号には、2005年度の卒業制作・修了制作が掲載されている。このほかに卒業・修了制作については、2月末に開催される卒業・修了作品展の会場で、美術学部全体の作品集が販売されるが、例年、展覧会期中に売り切れてしまうため、会場以外での入手は困難である。
- [購入先] 南洋堂、ジュンク堂、青山ブックセンター本店、GAギャラリー、レモンN画翠、TOTOライブラリー、八重洲ブックセンター本店、三省堂神田本店、NADIff、ワタリウム、有隣堂六本木ヒルズ店、丸善日本橋店、東京デザインブックセンターデザインブックス、書泉グランデ、ケーススタディーショップ等
- [価　格] 1,200円
- [概　要]
  - 卒業制作作品数：例年20作品程度
  - 卒業制作日程：例年1月中旬提出
  - 卒業制作の制限：なし
  - 作品展：毎年2月下旬に東京都美術館および東京芸術大学構内で、「東京芸術大学卒業・修了作品展」を開催。
  - 優秀賞（買い上げ作品）の選定および成績：教官の合議による。

卒業設計作品集　　東京工業大学

[名　称] Ka
[内　容] 当該作品集には、卒業設計の優秀作品のほか、修士制作、学部、修士の設計課題レポート、学外競技設計の入選設計など、デザイン教育に関する1年間の内容が記載されている。さらに毎号特集テーマに基づいて、卒業生などによる対談等の巻頭記事が組まれる。
[購入先] TIT建築設計教育研究会（事務局：東京工業大学大学院理工学研究科建築学専攻内）
[価　格] 1,000円
[概　要]
・大岡山建築賞：金賞、銀賞（受賞者数は審査により年毎に異なる）
・大岡山建築賞の選定および成績：全員を対象とした発表会を行い、教員全員の審査により成績と優秀作品が決定される。優秀作品は、次の日に講評会を行い、教員全員の公開投票により大岡山建築賞が決定される。
・卒業計画作品数：卒業研究として論文、設計は必修であり、全員が制作する。
・卒業計画日程：
論文+設計「論文（12月提出、発表会あり）、設計（2月提出）」
・卒業設計作品の制限：原則としてA1判7枚分以上。
・作品展：講評会で発表した学生の作品は、7月に百年記念館で開催される作品展で展示される。

卒業設計作品集　　東京理科大学

[名　称] 東京理科大学工学部第二部建築学科平成17年度卒業設計集
[内　容] 当該作品集には、卒業設計のみが掲載されている。
[購入先] 山名善之研究室
[価　格] 無料配布。
[概　要]
・大賞：最優秀賞1作品、築理会賞1作品
・優秀賞の選定および成績：第一部および第二部計画・設計系教員と非常勤講師の合議により、成績と優秀作品の選定が決定される。すべての作品についてプレゼンテーションを行い、優秀作品を決める。
・卒業計画作品数（2006年度実績）：第二部建築学科23作品
・卒業計画日程（2006年度実績）：卒業設計あるいは卒業論文のどちらかを選択する。
・卒業制作日程：提出（1月26日）
・卒業計画作品の制限：原則としてA1判10枚以内。
・作品展：毎年4月に東京理科大学九段校舎5階製図室で、「東京理科大学建築学優秀作品展」を第一部・第二部同時に開催する。

卒業設計作品集　　東京大学

[名　称] 卒業設計
[内　容] 各年度の卒業設計全作品がモノクロ縮小版で掲載されている。
[購入先] 非売品。東京大学工学部1号館建築学科図書室にて閲覧可能。
[概　要]
・辰野賞：2～4名程度
・奨励賞：5～10名程度
・各賞の選定および成績：全教員が投票を行い、その集計結果をもとに計画・設計系教員が会議を行い、辰野賞と奨励賞が決定される。審査経過・選評、教官推薦作品一覧、成績上位30名は建築学科ホームページに掲載される。
・卒業設計作品数（2006年度実績）：
53作品
・卒業設計日程（2006年度実績）：
ガイダンス（7月10日）、提出（2月11日）
・卒業計画作品の制限：2006年度より制限を緩和し、図面はA1判枚数制限なし、模型もサイズ・個数とも制限なし。
・作品展：2月に「卒業設計展」を東京大学工学部1号館3階で開催、3月に「公開講評会」を東京大学安田講堂で開催。

卒業設計作品集　　東京電機大学

[名　称] 東京電機大学情報環境学部建築デザイン作品集
[内　容] 当該作品集には、開発型プロジェクト（一般の卒業設計に当たる）の優秀作品のほか、学部優秀作品が記載されている。
[概　要]
・開発型プロジェクト作品数（2006年度実績）：5作品
・卒業研究・開発型プロジェクト日程（2006年度実績）：
卒業研究…論文（1月12日提出・発表）
開発型プロジェクト…設計（1月12日提出・発表）
＊卒業研究あるいは開発型プロジェクトかを選択。

卒業設計作品集　日本大学

[名　称] 日本大学生産工学部建築工学科優秀作品概要集
[内　容] 当該作品集には、次年度より毎年の刊行となり、卒業設計の優秀作品のほか、学部優秀作品も記載されている予定。
[概　要]
- 最優秀賞（桜建賞）：2作品
- UIA記念賞：1作品
- 建築工学科デザイン賞：5作品程度
- 各賞の選定：非常勤講師を含む全教員による一次審査（投票）により、上位20作品程度を選出。一次審査通過の学生は、5分程度の口頭発表を行い、その結果により計画・設計系教員が二次審査投票後、意見交換のうえ各賞を決定する。
- 卒業設計作品数：70作品程度
- 卒業設計審査：2月中旬
- 図面枚数等の制限：基本スペースは縦2,000×横3,600（mm）。
- 作品展：毎年2月中旬～4月中旬に日本大学生産工学部4号館地階展示室で作品展を開催。

卒業設計作品集　武蔵工業大学

[名　称] 武蔵工業大学卒業研究梗概集・作品集ならびに修士研究梗概集・作品集（CD・ROM）
[内　容] 卒業論文梗概集、修士論文梗概集、卒業設計作品集、修士設計作品集
[購入先] 非売品（有償頒布については検討中）
[概　要]
- 蔵田賞：最優秀作品1作品
- 卒業設計優秀賞：優秀作品2006年実績6作品
- 卒業設計ゲスト審査員賞：2006年実績6作品
- 優秀賞の選定及び成績：蔵田賞、卒業設計優秀賞は計画・設計系教員の合議により決定される。ゲスト審査員賞は上記優秀賞とは別に、個人賞として選定する。
- 卒業計画作品数（2006年度実績）：建築学科33作品、建築学専攻12作品
- 卒業計画日程（2006年度）：
  設計のみ「設計（2月13日提出）」
  論文＋設計「論文（12月6日提出、発表あり）、設計（2月13日提出）」
- 卒業計画作品の制限：原則としてA1判10枚。
- 作品展：毎年4月に他大学と合同で横浜赤レンガ倉庫において、「卒業設計赤レンガ祭」を開催。

卒業設計作品集　文化女子大学

[名　称] 卒業研究作品集
[内　容] 当該作品集には、住環境学科および生活造形学科全学生の卒業研究が掲載されている。
[購入先] 文化女子大学造形学部
[概　要]
- 優秀作品の選定：学科全教員の合議により、優秀作品が決定される。
- 卒業研究作品数（2006年度実績）：
  131作品（インテリア設計、家具等の実物制作含む）
- 卒業研究日程（2006年度実績）：
  ①建築・インテリア設計、②家具・照明器具の実物制作、③論文のいずれかを選択。最終提出期限はいずれも1月17日、設計・制作の場合は12月中旬に模型および実物の提出があり、最終提出までに図面とレポートをまとめて提出する。
- 卒業研究作品の制限：なし
- 作品展：毎年2月に文化女子大学新宿校舎20階で、「造形学部卒業研究展」を開催。

卒業設計作品集　早稲田大学

[名　称] 早稲田建築学報2007（2006年10月発行）
[内　容] 早稲田大学建築学科の1年間の成果を報告している。本号では早稲田大学理工学部建築学科における学部・大学院の6年一貫教育カリキュラムについて、および構造デザイン研究についての特集、また、2005年度の学生優秀作品と建築学教室の近況報告を掲載している。学生作品紹介では、卒業設計だけでなく学部2・3年生の設計製図課題の優秀作品、修士計画・修士論文の優秀作品紹介に加え、それらの講評会の模様を収録。毎年10月発行。
[購入先] 早稲田大学生協、大型一般書店
[価　格] 1,000円
[概　要]
- 早稲田大学の卒業計画は、2005年度より共同設計へと移行した。各グループは芸術分野（建築史、建築計画、都市計画）と工学分野（構造、環境工学、生産）の学生を含む3名で構成されており、特定の分野に留まらず幅広いテーマ設定を行うことが求められている。本号では、共同設計実施の第1年目ということもあり、巻頭に全作品を1カットずつ収録した。
- 掲載優秀作品（2005年度）：
  修士計画…成績上位者5名
  修士論文…各分野の最優秀論文6名
  卒業計画…成績上位グループ5グループ（15名）
  学部2・3年生優秀作品…各課題成績上位者若干名
- 卒業計画の成績判定：
  全グループによる口頭プレゼンテーションを経て、建築学科全教員の合議により成績および優秀作品の選定を行う。ただし、カリキュラムの改正により、卒業計画は大学院を含めた6年一貫教育の通過点の意味合いが強く、特別な表彰は設けていない。これに代わり、学部卒業論文、修士計画および修士論文にはそれぞれ優秀作品に対して表彰がある。優秀作品は2月の公開講評会にて発表を行う。
- 卒業計画作品数（2005年度）：66作品（184名）
- 卒業計画日程（2005年度）：中間提出（2005年9・12月）、最終提出（2006年2月初旬）
- 卒業計画の制限（2005年度）：原則としてB2判24枚以内。
- 優秀作品公開講評会（2005年度）：2月28日に早稲田大学大隈講堂において開催。一般入場無料。
（早稲田大学理工学術院助手・永井拓生）

■索引

あ−お

アイコン	76
アクセシビリティ	129, 132
アクティビティ	86
アナロジー	39, 163
アフォーダンス	158
安全・安心	100
偉大なる壁	20
居場所	76, 103, 161, 179
イベント	152
イベント空間	152
イメージ	55, 59, 80
医療施設	88, 110
インターネット	128
インテリア	116
インフィル	138
インフォームドコンセント	110
ヴィトルヴィウス	26, 54
エコスクール	115
黄金比	53
オープン化	132
オープンスクール	86
オープンスペース	87, 98, 114
オープンビルディング	138
屋外イベント	153
音環境デザイン	150
オフィス・ランドスケープ	118

か−こ

介護	107
学習空間	114
仮想現実空間	33
家族像	122
課題発見	11
かたちの知覚	51
学校	84, 86, 114
活用	136
家庭らしさ	108
カリヨン	151
感覚	52
環境	94
環境アセスメント調査	143
環境教育	104
環境共生	134
環境行動	108
気候区分	144
気候条件	144
機能	58
機能計画	18
機能図	18
規模	58
規模計画	14, 35, 38
教育環境	114
教育施設	114
境界	131
共生	134
巨大化	112
京都議定書	143
近隣住区論	124
空間操作	59
空間単位	53
空間認知	150, 156
空間の再編	122
空間プログラム	160, 162
クリニック	111
グループホーム	109, 111
ケア	107
計画条件	11
景観	37, 99, 126, 146, 148, 161
景観法	101, 126
劇場・ホール	152
ゲシュタルト	51
ゲニウスロキ	11
圏	128
減災	98
建設ストック	140
建築十書	26
行為	59
光害	148
公開空地	133
郊外住宅地	124
公開性	128
公共空間	92
公共建築	128
公共心	132
公共性	105, 128
構造計画	20
交通バリアフリー法	94
交流	115, 130
高齢化	106, 110, 123, 125
高齢化社会	106
高齢者	52, 113, 124, 135
高齢社会	106
高齢者施設	131
五感	51, 159
子育て支援施設	102
5W1H	32
子どもの居場所	104
コミュニケーション	52, 118, 119
コミュニティ活動	134
コモン	33
コラージュ	76
コンサート	152
痕跡	159
コンセプト	19, 30, 31, 34, 38, 39, 45, 57, 76, 80, 126, 127
コンセプト模型	67
コンテクスト	37
コンバージョン	54, 138, 140, 154
コンピュータネットワーク	33
コンピューティング	163
コンポジション	39

さ−そ

再生	124
在宅福祉	107
サウンドスケープ	150
サウンドマップ	150
作業生産性	118
サスティナビリティ	23, 122
サスティナブル	38
サスティナブルデザイン	33, 143
3軒協定	125
残余空間	154
残余敷地	154
残余建物	155
シークエンス	26, 38, 54, 60
シーン	57, 58
市街化調整区域	124
視覚環境	146
敷地	11, 36, 44, 45, 49, 56
敷地選定	16, 27, 35, 36
敷地調査	31
施設	112
施設環境	106
施設タイプ	47
施設の解体	112
自然環境	142
自然景観	31
自然風景	144, 146, 147
社会成立性	160
社会的寿命	155
写真	64
集合住宅	138
住宅環境	106
修復	136
重要伝統的建造物群保存地区	99
集落	144
縮尺	74
出生数	102
出生率	102
循環型社会	140
省エネルギー性能	23
障害者	52, 94
状況プログラム	160, 162, 163
条件設定	11
使用後評価	120
少子化	102, 112
象徴	55
情報技術	120
照明模型	68
将来予測	31
人工景観	31
人工照明	148
真実性	136
人体	156
心的現象	146
人文環境	142
診療所	110
スーパースケール	15
すき間	154
スクラップアンドビルト	141
スケール	57, 74
スケジュール	28, 40, 173
スケッチ	56, 63
スケルトン	23

スケルトン・インフィル……………… 138	転用……………………………112, 155	プライベート……………… 33, 53, 129
スタディ模型………………17, 35, 67	動線計画…………………………… 58	ぶらり来館……………………………132
図と地……………………………… 51	特別養護老人ホーム…………109, 112	フリーアドレス・オフィス……… 118
スプロール………………………… 124	匿名性…………………………128, 129	プリンタトラブル………………… 29
3R………………………………… 140	都市環境…………………………… 104	プレーパーク……………………… 104
生活・居住環境…………………… 134	都市の文脈………………………… 136	プレゼンテーション…………………
生活像……………………………… 122		……18, 28, 30, 33, 34, 35, 39, 41,
生活の質……………………100, 108	**な―の**	64, 66, 69, 70, 74, 76, 82, 87, 88,
生態学……………………………… 140		116, 169, 170, 173
生態心理学………………………… 158	長屋………………………………… 54	プレゼンテーションシート…79, 81, 83
生物多様性条約…………………… 143	ニーズの多様化…………………… 106	プレゼンテーション模型………… 67
世界遺産…………………………… 142	ニュータウン……………………… 124	プログラミング……………119, 120
セキュリティ……………………… 132	認知症……………………………107, 108	プログラム…………………………
設計手法…………………………… 46	認知症高齢者…………………108, 109	28, 30, 31, 34, 35, 36, 37, 38, 44,
設計条件…………………………… 18	認定こども園……………………… 102	47, 49, 78, 81, 105, 112, 137, 160
設計プロセス……………………… 56	ネクサスワールド………………… 126	プロジェクトマネジメント……… 69
設備計画…………………………… 22	ネットワーク……………………… 163	プロポーザル……………………… 88
騒音………………………………… 150	ネットワーク化…………………… 132	分節………………………………… 130
総合学科制高等学校……………… 114	ノーマライゼーション…………92, 94	保育所……………………………… 102
ゾーニング……………86, 89, 96, 131		防火区画…………………………… 96
組織………………………………… 118	**は―ほ**	冒険遊び場………………………… 104
存在プログラム……………160, 162		防災……………………………96, 98
存在様相…………………………… 160	パース……………………………… 64	防災訓練…………………………… 99
	パーソナルスペース……………… 52	防災まちづくり…………………… 98
た―と	ハートビル法……………………… 94	防犯………………………………… 100
	廃墟………………………………… 154	防犯環境設計……………………… 100
ダイアグラム…18, 31, 34, 82, 87, 89	配置計画………………………16, 57	保存………………………………… 136
タウンスケープ…………………… 148	ハインリッヒの法則……………… 10	ボランティア活動………………… 107
建物用途…………………………12, 14	ハキカエ線………………………… 132	ボリューム………………………… 60
単位制高等学校…………………… 114	パタンランゲージ………………… 157	ボリュームチェック……………… 35
団塊の世代………………………… 106	発光ダイオード……………148, 149	ボリュームバランス……………… 51
探索………………………………… 158	バナキュラリズム………………… 46	
団地再生…………………………… 122	パフォーマンス…………………… 152	**ま―も**
断面模型…………………………… 68	パブリック………………33, 53, 129	
地域………………………………… 112	パブリックアート………………… 147	幕張ベイタウン…………………… 127
地域解放……………………101, 103	バブルダイアグラム…………19, 39	マスターアーキテクト…………… 126
地域環境…………………………… 106	バリアフリー………92, 94, 97, 107	まちづくり………………………… 104
チーム・ティーチング…………… 114	バリアフリーデザイン…………… 107	街並み景観………………………… 98
地球温暖化………………………… 23	犯罪不安…………………………… 100	マップづくり……………………… 99
地球環境・建築憲章……………… 143	犯罪予防…………………………… 100	マネジメント………40, 167, 169, 176
地球環境問題……………………… 142	光環境……………………………… 149	密集市街地………………………… 98
地形………………………………… 144	美観地区…………………………… 126	無意識……………………………… 158
中間領域…………………………… 53	非競合性…………………………… 128	無常観……………………………… 146
鳥瞰模型…………………………… 68	避難………………………………… 96	メタファー………………………… 39
超高層住宅………………………… 96	避難安全性………………………… 96	模型………………………64, 83, 169, 170
長寿命……………………………… 140	避難計画…………………………… 96	模型材料…………………………… 64
地理情報システム………………… 163	避難経路…………………………… 96	模型写真………………………70, 73
ついで利用………………………… 132	非日常的用途……………………… 13	モデュール………………………… 53
つなぐ……………………………… 62	非排除性…………………………… 128	モデュロール……………………… 53
デイケア施設……………………… 111	ヒューマンスケール……………15, 52	モバイルオフィス………………… 118
ディテール………………22, 57, 61	病院………………………………… 110	
データ破損………………………… 29	ビルディングタイプ…36, 46, 84, 130	**や・ゆ・よ**
テーマ…………………44, 46, 49	ファシリティマネジメント…118, 120	
テーマ設定…………………………	ファシリテーター………………… 35	夜景………………………………… 148
……27, 28, 30, 32, 33, 34, 36, 76	風景…………………………55, 146	ユニット・ケア……………107, 109
適正規模…………………………… 14	風致地区…………………………… 126	ユニバーサルデザイン……………
デザインサーベイ………………… 31	風土………………………………… 144	……52, 92, 107, 141
デザインモチーフ………………… 82	複合化……………………………… 130	ユニバーサルスペース…………… 93
デザイン誘導……………………… 126	複合施設…………………………… 47	ユビキタス……………33, 145, 163
天井高……………………………… 156	福祉ネットワーク………………… 107	要求機能…………………………… 18
伝統的建造物群保存地区………99, 126	福祉のまちづくり………………… 106	養護学校…………………………… 95

幼稚園	102, 114
用途	56
用途計画	12
用途地域	31, 36
用途変更	13
幼保一体化	102, 103
余暇	134
余裕教室	112

ら－ろ

ライティング	71
ライトアップ	148
ライトスケープ	148
ライフサイクル	140
ライフサイクルエネルギー	23
ライフサイクルコスト	23
ライフスタイル	104
ライフライン	98
ラムサール条約	143
ランドスケープ	33, 55, 137, 146, 148
リサーチ	30, 32
リサイクル	23, 140
リデュース	140
リノベーション	11, 46, 78, 140
リハビリテーション	95, 110, 111
リユース	140
レイアウト	75, 76, 80, 84
歴史的街並み	136
レリーフ模型	68
ロケーション	37
路地	99, 102

わ

ワークショップ	35, 99
ワークプレイス	118

A–Z

CO_2排出量	23
CPTED	100
FM	118
GIS	163
Homelike	109
IOS率	133
JABEE	26
LCC	23
LCE	23
NEXT21	138
nLDK型住宅	122
PFI	121
POE	119, 120
QOL	89, 107, 109
UIA	26

- 本書の複製権・翻訳権・上映権・譲渡権・公衆送信権（送信可能化権を含む）は株式会社井上書院が保有します。
- JCOPY 〈(一社)出版者著作権管理機構委託出版物〉
本書の無断複写は著作権法上での例外を除き禁じられています。複写される場合は，そのつど事前に(一社)出版者著作権管理機構（電話03-3513-6969, FAX03-3513-6979, e-mail：info@jcopy.or.jp) の許諾を得てください。

建築系学生のための　卒業設計の進め方

2007年11月10日　第1版第1刷発行
2019年9月20日　第1版第4刷発行

編　者　　一般社団法人 日本建築学会 ©

発行者　　石川泰章

発行所　　株式会社 井上書院

東京都文京区湯島2-17-15　斎藤ビル
電話 (03)5689-5481　FAX (03)5689-5483
https://www.inoueshoin.co.jp
振替00110-2-100535

印刷所　　株式会社ディグ

製本所　　誠製本株式会社

装　幀　　川畑博昭

ISBN 978-4-7530-1055-4　C3052　　Printed in Japan

建築・都市計画のための 空間学事典 増補改訂版

日本建築学会編　A5変形判・324頁・二色刷　本体3500円

建築および都市計画に関する重要なキーワード272用語をテーマごとに収録し，最新の研究内容や活用事例を踏まえながら解説した，計画・設計や空間研究に役立つ用語事典。

CONTENTS
知覚／感覚／意識／イメージ・記憶／空間の認知・評価／空間行動／空間の単位・次元・比率／空間の記述・表現／空間図式／内部空間／外部空間／中間領域／風景・景観／文化と空間／コミュニティ／まちづくり／災害と空間／環境・エコロジー／調査方法／分析方法／関連分野ほか

空間デザイン事典

日本建築学会編
A5変形判・228ページ・フルカラー　本体3000円

世界の建築・都市700事例により98のデザイン手法を解説

空間を形づくるうえでの20の概念を軸に整理された98のデザイン手法を，その意味や特性，使われ方を多数のカラー写真とともに解説。

CONTENTS
立てる／覆う／囲う／積む／組む／掘る・刻む／並べる／整える／区切る／混ぜる／つなぐ／対比させる／変形させる／浮かす／透かす・抜く／動きを与える／飾る／象徴させる／自然を取り込む／時間を語る

―世界の建築・都市デザイン―

空間体験

日本建築学会編
A5判・328頁・フルカラー
本体3000円

計画・設計の手がかりになるよう，世界の建築・都市92を厳選し，その空間の魅力をあますところなくビジュアルに再現する。

CONTENTS
1.表層／2.光と風／3.水と緑／4.街路／5.広場／6.中庭／7.塔／8.シークエンス／9.架構／10.浮遊／11.集落／12.群／13.再生／14.虚構

空間演出

日本建築学会編
A5判・264頁・フルカラー
本体3000円

世界の建築・都市76を厳選し，その空間に込められた演出性の視点から，その効果や空間の面白さをわかりやすく解説する。

CONTENTS
1.対象／2.対比／3.連続／4.転換／5.系統／6.継起／7.複合／8.重層／9.領域／10.内包／11.表層／12.異相

空間要素

日本建築学会編
A5判・258頁・フルカラー
本体3000円

空間を構成する要素に着目し，世界の建築・都市169を厳選。要素がもつ機能的，表現的，象徴的な役割を読み解く。

CONTENTS
1.柱／2.壁・塀・垣／3.窓／4.門・扉／5.屋根／6.天井／7.床／8.階段・スロープ／9.縁側・テラス／10.都市の装置／11.建築の装置／12.仮設の装置

＊上記の本体価格に，別途消費税が加算されます。